高等院校经济管理类系列教材

现代商务谈判
(微课版)

毕　鹏　邓陶然　编著

清华大学出版社
北京

内 容 简 介

本书共分为十章，全面系统地阐述了现代商务谈判的理论和方法，其内容包括：商务谈判概述、商务谈判的原则与程序、商务谈判的有关理论、商务谈判的准备、谈判过程中的策略技巧、商务谈判策略、商务价格谈判、合同条款的谈判、商务风险的规避、各国的商务谈判风格。

本书既可作为高等院校国际经济与贸易、工商管理、营销管理等相关专业的"现代商务谈判""国际商务谈判"课程的教材，同时也可供政府、工商企业的高级管理人员作为学习和工作的参考用书。

图书在版编目(CIP)数据

现代商务谈判：微课版 / 毕鹏，邓陶然编著. --北京：清华大学出版社，2025. 8.
(高等院校经济管理类系列教材). -- ISBN 978-7-302-69945-3

Ⅰ. F715.4

中国国家版本馆 CIP 数据核字第 2025G66Q91 号

责任编辑：孙晓红
封面设计：杨玉兰
责任校对：周剑云
责任印制：刘海龙

出版发行：清华大学出版社
    网   址：https://www.tup.com.cn, https://www.wqxuetang.com
    地   址：北京清华大学学研大厦 A 座   邮 编：100084
    社 总 机：010-83470000   邮 购：010-62786544
    投稿与读者服务：010-62776969, c-service@tup.tsinghua.edu.cn
    质量反馈：010-62772015, zhiliang@tup.tsinghua.edu.cn
    课件下载：https://www.tup.com.cn, 010-62791865
印 装 者：三河市人民印务有限公司
经 销：全国新华书店
开 本：185mm×260mm   印 张：17 字 数：412 千字
版 次：2025 年 8 月第 1 版   印 次：2025 年 8 月第 1 次印刷
定 价：58.00 元

产品编号：101651-01

前　　言

随着信息时代的到来，经济全球化的步伐进一步加快，企业面临的竞争环境也愈发严峻，商务谈判已成为利益相关方进行利益分配时的竞技场。小到一笔简单的商品买卖，大到国家间的合作，谈判都是解决分歧的最佳途径。至今，让我们记忆犹新的重要谈判都关乎重大利益，如中国加入世贸组织的谈判、中美经贸协议谈判、关于全球气候问题的哥本哈根会议谈判、中国铝业收购必和必拓的谈判等。谈判结果除了受实力因素影响外，谈判技巧和沟通技能也至关重要，甚至谈判高手在关键时刻能发挥力挽狂澜的作用。各种商务活动的实现、商务目标的达成，都离不开商务谈判活动，离不开高素质的谈判人才。本书正是为满足这一需求而编写的。

本书广泛借鉴了国内外现代商务谈判的理论与实例，紧密结合我国企业商务活动的实际，系统地阐述了商务谈判的基本概念、谈判过程及其各阶段的策略技巧、商务价格谈判、合同条款的谈判与履行，并对国际商务谈判的特点、风险规避及不同国家的商务谈判风格进行了介绍。此外，本书结合现代企业商务谈判的成功案例，对现代商务谈判的相关理论进行了概述和评价，使其在实际商务活动中更具指导性和参考价值。

本书主要面向高等院校管理类、经济类学生，内容上突出"理论+实践"的特色，紧密结合当前国内外贸易的发展变化情况，配合最新的谈判理论与实践案例，融入国际商务谈判的相关内容与谈判技巧解读，符合由浅入深的学习规律，致力于培养学生分析、应对和解决问题的能力。

本书具有以下几个方面的特点。

(1) 以商务谈判为核心内容。本书不赘述谈判的基础知识，而是直接深入探讨商务谈判所涉及的核心内容。

(2) 理论与实际相结合。鉴于本学科的实用性特点，理论部分以够用为原则，重点阐述实务性内容。每章中穿插小案例，并在每章结束时提供案例分析。

(3) 内容体系较为完整。本书不仅论述了商务谈判的理论部分，还对商务谈判人员、商务谈判过程，以及谈判过程中的策略技巧进行了全面论述。

(4) 便于读者学习和应用。每章均包含本章小结、复习思考题、案例分析题，便于读者学习和应用。对于书中的一些重点内容还提供了微课视频，以帮助读者更加便捷地掌握商务谈判相关知识。

本书由佳木斯大学经济与管理学院毕鹏和邓陶然共同编写。具体编写分工如下：毕鹏负责编写第一章至第五章；邓陶然负责编写第六章至第十章。

在本书的编写过程中，我们参考了大量国内外的文献资料和业界的研究成果，在此表示衷心的感谢。现代商务谈判是一门涵盖广泛、内容丰富的学科，由于编者水平有限，书中难免存在不妥或疏漏之处，敬请各位专家和读者批评指正。

编　者

目 录

第一章

商务谈判概述

微课视频

　　谈判作为人际交往的一种重要方式，在企业运营中也是不可或缺的重要手段。企业作为社会经济活动的基本组织，在对内对外的交往活动中，需要运用谈判这一手段来了解、沟通信息，并进行商品物资的购销、经济技术的合作等。企业在与其他经济单位的经济往来中，难免会遇到冲突或争议，这时也可以运用谈判这一手段来进行协商、调解。同时，随着世界经济的全球化，越来越多的企业参与跨国投资与经营，开展跨国经济技术合作，使国际商务谈判也日益增多。因此，了解商务谈判的原则、方法，善于运用商务谈判策略和技巧来处理复杂的商务活动，不仅是企业深入市场、参与市场竞争的重要手段，同时也是对商务工作者的基本要求。

第一节　谈判与商务谈判

　　谈判是人们交流合作的重要组成部分，同时也是一种普遍存在的社会现象。它与人类社会的发展有着同样长久的历史。谈判所涉及的范围非常广泛，市场上，买主与卖主为了某项交易而讨价还价；公司里，职员与他的上级讨论他的定职、提薪及发展问题；人才市场上，求职者与用人单位进行双向选择；会议室里，公司的代表为签订一份合同而进行紧张的磋商；国际交往中，外交官员为改善双边关系频繁接触和会晤；国际组织大会上，各成员为争取应得利益进行多边讨论等。在人类的交往活动中，随时随地都在发生着各种各样的谈判。

一、谈判的概念

　　谈判是指人们为了协调彼此之间的关系，满足各自的需要，通过协商而争取达到意见一致的行为和过程。

　　首先，谈判的基本动因是人们某种未满足的需求。如果一方或双方认识到有可能从对方那里获得需求的满足，就有可能萌发谈判的动机，因此，可以这样说，成功的谈判者应是懂得说服对方，懂得制造需求的人。其次，谈判是针对攸关双方利益的事项进行协商、调整并达成协议的过程，也是一个"谈"与"判"的过程，在此过程中双方都站在某种角度阐述和表明自己的立场、观点、意图和要求，即所谓"谈"；同时还要判断、理解对方的意图，可见谈判也是进行信息双向沟通的过程，即所谓"判"。最后，谈判需要在两个或两个以上的主体之间进行。谈判的结果是使谈判者部分或全部的需求得以实现，或者说谈判是谈判者实现需求的基础和有效手段。

二、谈判的特点

　　谈判是人类交往活动的重要组成部分。

　　首先，谈判具有普遍性的特点。它广泛存在于各个领域，从国家、政党之间的政治、军事活动，到民间经济主体之间的商业交往，再到家庭成员之间的纠纷，谈判存在于社会的各个角落。参与谈判也不只是政府相关人员、企业主管的专利，各种社会组织及个人都有可能参与谈判活动。

其次，谈判具有行为性的特点。谈判是人的理性行为。无论是在国家之间、组织之间进行，还是在个人之间进行，进行谈判活动的总是具体的人。人都有自己的思想、情感、爱好、性格、价值观念、欲望、需求等，这些因素可以引发人的动机，而动机又支配和影响着人的行为。谈判就是人在动机的支配下采取的一种为了满足需求的行为活动。每个人的需求不同，为了满足需求达到目的，就要互相交换条件。谈判就是双方不断调整各自需求使彼此的意见相互接近，最终达成一致的过程。

最后，谈判既有合作性，又有竞争性。谈判的前提是参与者都存在着尚未被满足的欲望和需求，而需求和对满足需求的渴求正是谈判的共同基础，要想通过对方使自己的需求得到满足，就必须把谈判当作参与各方彼此合作的过程。谈判的目标不是一方独得所有的利益，而是让参与各方都感到自己有所收获，这样才能达成协议。只有谈判双方都重视谈判的合作性，在合作的基础上进行协商，双方才能有进有退，为实现双方的利益目标而共同努力。同时，谈判双方都希望在谈判中获得尽可能多的利益，为此双方会进行积极的讨价还价，相互交换条件，采取适当的策略技巧，因此谈判也是双方实力的较量，具有很强的竞争性。了解和认识谈判的这种双重性，对于谈判者制定谈判战略方针，以及选择和运用谈判策略和技巧有着十分重大的意义。

三、谈判的起源与发展

在原始社会前期，人类的生产力水平极其低下，人们在抵抗自然灾害、获取简单的食物方面都需要依靠集体的力量，个人只有在群体中才能生存，因此协调行为就必不可少。这种自发的、原始的协调活动已经具备了谈判的基本属性，是谈判发展的雏形，也是谈判活动的萌芽。在原始社会的中后期，开始出现农业与畜牧业，人类随之有了物质财富。但是，这种物质财富远远不能满足人们的需要，于是便出现了争夺物质财富的冲突与斗争。这种冲突既存在于原始氏族成员之间，也存在于各个氏族和部落之间。为了解决冲突，人类可能会采取不同的办法：一种办法是诉诸武力，强者靠武力来征服弱者；另一种办法是谋求和平解决，有理者取胜或双方利益共享。在解决冲突时，人们主要是通过非武力的手段来进行的。即使使用武力来解决，在此之前一般也有双方的接触和协商。不管人们是否意识到，实际上他们已经在运用谈判了。

在奴隶社会，由于部族之间、奴隶主之间争夺土地和财富的战争接连不断，因此谈判活动也逐渐多了起来。从古书中发现的有关谈判的文字记载表明，当时谈判已经成为常见的交际活动，而且谈判的方式、程序都比较完备。

进入近代的工业社会后，由于资本主义制度的确立，生产力迅速发展，国际交往日益密切。随着国际贸易不断扩大，各领域的磋商谈判发挥着越来越重要的作用。

谈判伴随着人类社会的产生而产生，也伴随着人类社会的发展而发展。第二次世界大战以后，国际形势发生了巨大的变化，世界局势朝着用和平方式解决国际争端的方向发展，同时，各国间的联系与交往也越来越频繁，越来越密切。因此，谈判活动也越来越受到人们的重视，这主要体现在以下几个方面。

(一)应用范围越来越广泛

首先，从参与谈判的人员来看，谈判再也不是少数人的专利，而是上至国家首脑，下至平民百姓,人人都有可能参加的活动。其次,从谈判涉及的内容来看,谈判已经不仅仅局限于解决军事、政治、经济问题,而是扩展到科技、文化、教育、卫生、体育等各行各业。最后,从谈判波及的区域来看,谈判已不仅仅是两个国家、两个组织之间的交涉,而更多的重大谈判已涉及多个国家、多个地区,甚至波及全球各个国家。

(二)作用越来越重要

现阶段和平与发展已成为当今世界的主流,而和平与发展中遇到的问题,也需要通过谈判来协商解决。和平和进步力量的发展,使那种用武力解决冲突的行为逐渐受到人们的鄙弃,尤其是 1945 年发表的《联合国宪章》更是明确规定,禁止违反宪章使用武力和武力威胁等一切非和平方法,并进一步规定了以谈判为主的和平解决争端的种种方法。通过谈判解决争端的办法在国际上已得到了普遍应用,并且受到越来越多国家的重视和肯定。此外,由于科学技术和社会经济的迅猛发展,出现了很多全球性的问题,使全球范围内的生产和消费逐渐成为一个不可分割的有机整体。这种发展形势,促使人们必须通过谈判来协调行为、统一意志。

(三)谈判活动越来越正规

首先,谈判原则逐步确立。无论是国家之间、组织之间还是个人之间的谈判,无论是政治、军事、经济领域的还是科技领域的谈判,都需要有一些共同的原则来约束谈判人员、制约谈判活动,这些原则目前已基本完善,如联合国宪章原则、和平共处五项原则、国家主权和自然资源永久性原则、公平互利同谋发展原则等。这些原则是保障谈判科学、公平、合理的准绳。其次,谈判策略、手法逐渐规范。随着社会不断发展,文明程度日益提高,那些不道德手法,如欺骗、离间、讹诈、强权等,逐渐受到人们的鄙弃,那些阴谋诡计已逐渐被淘汰,人们越来越趋向于在公平、合法的同等条件下展开竞争。最后,谈判技巧日益提高。由于科学技术的迅速发展,各门科学的相互渗透,人们将人类在各种交往活动中积累起来的宝贵经验开始用于谈判实践,人类的谈判艺术、谈判技巧也趋于完善、充实。

(四)谈判科学越来越受到关注

目前,在一些国家的现代管理教育中,谈判已成为一门重要课程。日本和美国已成立了专门探讨研究谈判问题的学术团体。它们的宗旨是将有关谈判的一系列问题理论化,培养同经济发展相适应的谈判人才。国内外相继有不同文字、不同内容的谈判专著问世。这些都说明对谈判科学的研究已逐渐展开,并初见成果。

四、商务谈判的概念与特点

谈判的种类很多,其中包括外交谈判、政治谈判、军事谈判、经济谈判等。商务谈判是经济谈判的一种,它是指不同利益群体之间,以经济利益为目的,就双方的商务往来关系而进行的谈判。商务谈判一般包括货物买卖谈判、工程承包谈判、技术转让谈判、融通资金谈判等涉及群体或个人利益的经济事务。商务谈判除了具有谈判的一般特点外,还有自己的特点，具体表现在以下三个方面。

第一，商务谈判以获得经济利益为基本目的。不同的谈判者参加谈判的目的是不同的，外交谈判涉及的主要是国家利益；政治谈判关心的主要是政党、团体的根本利益；军事谈判关注的主要是敌对双方的安全利益。虽然这些谈判都不可避免地涉及经济利益，但常常是围绕着某一种基本利益进行的，其重点不一定是经济利益。而商务谈判的目的则十分明确，谈判者以获取经济利益为基本目的，在满足经济利益的前提下才会提及其他非经济利益。虽然参与商务谈判的双方要受其他非经济因素的影响和制约，但其最终目标仍是经济利益。

第二，商务谈判以价值谈判为核心。商务谈判涉及的因素很多，谈判者的需求和利益表现在众多方面，但价值几乎是所有商务谈判的核心内容。这不仅是因为在商务谈判中价值的表现形式——价格最直接地反映了谈判双方的利益，而且还由于谈判双方在其他诸如质量、数量、付款形式、付款时间等利益要素上的得与失，拥有的多与少，在很多情况下都可以折算为一定的价格，并通过价格升降而得到体现或予以补偿。

第三，商务谈判特别注重合同条款的严密性与准确性。商务谈判的结果是由双方协商一致的协议或合同来体现的，而合同条款实质上反映了各方的权利和义务，其严密性与准确性是保障谈判获得各种利益的重要前提。有些谈判者在商务谈判中做了很大的努力，好不容易为自己争取到了较有利的结果，而且对方为了求得合同，也迫不得已作了许多让步，似乎这时谈判者已经获得了这场谈判的胜利。但是，在拟订合同条款时，谈判者却掉以轻心，不注意合同条款的完整性、严密性、准确性、合理性、合法性，结果被谈判对手在条款细节上略施手段就掉进陷阱，不仅把到手的利益拱手送出，而且还要为此付出惨重代价，这种例子在商务谈判中屡见不鲜。因此，在商务谈判中，谈判者不仅要重视口头上的承诺，更要重视合同条款的准确性和严密性。

第二节　商务谈判的种类

根据不同的标准，可以将商务谈判划分为不同的类型。

一、按参加谈判的人数规模划分

按参加谈判的人数规模来划分，可以将谈判分为谈判各方只有一人参加的个体谈判，以及各方都有多人参加的集体谈判。一般关系重大而又比较复杂的谈判大都是集体谈判。

谈判的人数规模不同，在谈判人员的选择、谈判本身的组织与管理上也都有很大的不同。例如，在谈判人员的选择上，如果是一对一的个体谈判，那么所选择的谈判人员必须是全能型的，也就是说，他必须具备本次谈判所涉及的各个方面的知识和能力，如国际金融、国际贸易、商品、技术和法律等方面的知识。因为在谈判中只有他一个人应对全局，难以得到他人的帮助。虽然在谈判前的准备工作中，他可以得到同事的支持和协助，在谈判过程中也可以收到领导的指示，但整个谈判始终是以他一个人为中心来进行的，因此他必须根据自己的经验和知识做出分析、判断和决策。个体谈判尽管有谈判者不易得到他人帮助之不足，但它也有自身的优势，那就是谈判者可以随时有效地把自己的谈判设想和意图贯彻到谈判中去，不存在集体谈判时内部意见协商困难，以及某种程度上的内耗问题。集体谈判则正好相反，它在人员安排上可以互相配合，在运用战略上可以相互呼应，但是需要进行更多的协调和组织工作。

二、按参加谈判的利益主体的数量划分

根据参加谈判的利益主体数量来划分，可以将谈判分为双方谈判(两个利益主体)及多方谈判(两个以上利益主体)。很显然，双方谈判的利益关系比较明确，也比较简单，因而容易达成一致意见。相比之下，多方谈判的利益关系则要复杂得多，因此难以协调一致。比如，在建立中外合资企业的谈判中，如果中方是一家企业，外方也是一家企业，两家企业之间的意见就比较容易协调；如果中方有几家企业，外方也有几家企业，谈判将困难得多。这是因为中方几家企业之间存在利益上的不一致，需要进行协商谈判；同样地，外方几家企业之间也存在利益上的矛盾，也需要进行谈判，然后才能在中外企业之间进行协商谈判，这样，矛盾点就大大增加，关系也更为复杂。

三、按谈判双方接触的方式划分

按谈判双方接触的方式来划分，可以将谈判划分为面对面的口头谈判与间接的书面谈判两种。

口头谈判是双方的谈判人员在一起，直接进行口头交谈协商。这种谈判形式的好处是便于双方谈判人员交流思想感情。双方谈判人员随着日常的直接接触，会由"生人"变为"熟人"，产生一种所谓的"互惠要求"。因此，在某些谈判中，有些交易条件的妥协让步完全是出于个人情感。一般情况下，在面对面的谈判中，即使实力再强的谈判者也难以保持整个交易立场的不可动摇性，或者拒绝做出任何让步。面对面的谈判还可以通过观察对方的面部表情和姿态动作，来审查对方的为人及交易的真实可靠性。

书面谈判是谈判双方不直接见面，而是通过信函、电报、电传的方式进行商谈。这种谈判方式的好处在于：在阐述自己的主观立场时，用书面形式比口头形式显得更为坚定有力；在向对方表示拒绝时，要比面对面的谈判方式方便得多，特别是在与对方人员已经建立起个人交往的情况下更是如此。这种谈判方式还比较节省费用。缺点是不便于谈判双方相互了解，而且信函、电报、电传等通信媒介所能传递的信息量有限。因此，这种谈判方式只适用于交易条件比较规范、明确，内容比较简单，谈判双方彼此比较了解的谈判。对一些内容复杂、随机、多变，而双方又缺少对彼此必要了解的谈判，这种方式并不适用。随着现代通信业的发展，通过电话进行谈判的形式已属日常。

四、按进行谈判的地点划分

按进行谈判的地点来划分，可以将谈判分为主场谈判、客场谈判、中立谈判三种。

主场谈判是对谈判是在其所在地进行的那一方来讲的。相应地，对谈判的另一方来讲，该谈判就是客场谈判，他是以宾客的身份进行谈判的。中立谈判是指在谈判双方所在

地以外的其他地点进行的谈判。在中立地进行谈判，对谈判双方来讲就无宾主之分了。

不同的谈判地点使得谈判双方具有不同的身份(主人身份和客人身份，或者无宾主之分)。谈判双方在谈判过程中都可以借此身份和条件，选择运用某些谈判策略和战术来影响谈判，以争取主动权。

五、按谈判中双方所采取的态度与方针划分

根据谈判中双方所采取的态度与方针来划分，可以将谈判划分为三种类型，让步型谈判(软式谈判)、立场型谈判(硬式谈判)和原则型谈判(价值型谈判)。

(一)让步型谈判

让步型谈判也称友好型谈判或软式谈判，谈判者为避免冲突，随时准备为达成协议而让步，希望通过谈判签订一个各方都满意的协议。采取这种谈判方式的人，他们不是把对方当作敌人，而是以朋友相待。他们的目的是要达成协议而不是占据优势。因此，在一场让步型谈判中，一般的做法是：提议、让步、信任对方、保持友善态度，以及为了避免冲突和对抗而主动让步于对方。让步型谈判强调的是建立及维护双方的关系，是一种类似家人或朋友之间协商的谈判，从这种意义上讲，可以说让步型谈判是一种旨在维持关系的谈判。如果谈判双方都能以宽大及让步的心态进行谈判，那么达成协议的可能性及谈判的成本与效率都会令人比较满意，并且双方的关系也会得到进一步的加强。然而，由于利益的驱使，加上价值观及个性方面的不同，并非人人在谈判中都会采用这种谈判方式。而且，这种方式并不一定是明智的、合适的，在遇到强硬的谈判者时，往往会对我方十分不利。因此在实际的商务谈判中，人们很少采取这种方式，一般只限于双方的合作关系非常友好，并有长期的业务往来的场合。

(二)立场型谈判

立场型谈判也称硬式谈判，谈判者将谈判看作一场意志力的竞赛，认为在这样的竞赛中，立场越强硬者，最后的收获也就越多。在立场型谈判中，双方把注意力都投入到如何维护自己的立场、抬高自己的地位等方面，处心积虑地要压倒对方。立场型谈判者往往在谈判开始时就提出一个极端的立场，进而固执地加以坚持，只有在谈判难以为继、迫不得已的情况下，才会做出极小的松动和让步。在双方都采取这种态度和方针的情况下，立场型谈判必然导致双方的关系紧张，增加谈判的时间和成本，降低谈判的效率，即使某一方屈服于对方的意志而被迫让步签订协议，其内心的不满也是显然的。因为在这场谈判中，他的需要没能得到应有的满足。这会导致他在以后协议履行过程中的消极行为，甚至是想方设法阻碍和破坏协议的执行。从这个角度来讲，立场型谈判没有真正的胜利者。总之，立场型谈判常常会使双方陷入立场性争执的泥潭而难以自拔，如果不注意尊重对方的需要和寻求双方利益的共同点，就很难达成协议。

(三)原则型谈判

原则型谈判也称价值型谈判，它具有四个特点：主张谈判对事强硬，对人温和，把人

和事区分开来；主张开诚布公；主张在谈判中既要达到目的，又要不失风度；主张尽量保持公平正直，同时又要让别人无法占便宜。原则型谈判不像让步型谈判那样只强调双方的关系而忽视利益的获取。它要求谈判双方尊重对方的基本需要，寻求双方利益上的共同点，争取拿出能令双方都满意的方案。当双方的利益发生冲突时，则坚持根据公平的原则来寻找共同性利益，各自都作必要的让步，达成双方可接受的协议，而不是一味退让，通过委曲求全来达成协议。原则型谈判也不像立场型谈判那样，在立场上各不相让。它主张调和双方的利益，这样，谈判者常常可以找到既符合我方利益，又符合对方利益的替代性立场。原则型谈判者认为，在谈判双方对立立场的背后，存在着某种共同性利益和冲突性利益。我们常常因为对方的立场与我们的立场相对立，而认为对方的全部利益与我方的利益都是冲突的。但是，事实上在许多谈判中，如果深入地分析双方对立的立场背后所隐含的或代表的利益，就会发现双方的共同性利益要多于冲突性利益。如果双方能认识到和看重共同性利益，调节冲突性利益也就比较容易了。

上述三种方法都是比较理论化的谈判方法，现实中的谈判往往与上述三种方法有所差别，或者是三种方法的综合。

六、根据谈判的内容划分

企业商务经济活动的内容是多种多样的，因此商务谈判的内容也是复杂多样的。从我国企业商务经济活动的主要内容和具体对象来看，经常碰到的商务谈判类型有货物买卖谈判、投资谈判、租赁谈判、服务贸易谈判、技术贸易谈判和损害及违约赔偿谈判等。

货物买卖谈判主要是买卖双方就买卖货物本身的有关内容，如质量、数量、货物转移的方式和时间、买卖的价格条件和支付方式、交易过程中双方的权利、责任和义务等问题所进行的谈判。货物买卖谈判涉及两种形式，一种是现汇贸易谈判，另一种是易货贸易谈判。在商务谈判中，货物买卖谈判是应用最广泛的一种谈判。

投资，简单地说就是把一定的资本(包括货币形态的资本、物质形态的资本、所有权形态的资本和智能形态的资本等)投入和运用于某一项以盈利为目的的事业。投资谈判是指谈判的双方就共同参与或涉及的某项投资活动，明确该投资活动所要涉及的有关投资金额、出资方式、投资周期、投资的内容与条件、投资项目的经营及管理，以及投资者在投资活动中的权利、义务、责任和相互之间的关系等内容时所进行的谈判。

租赁谈判是指企业从租赁公司或其他企业租用机器和设备时所进行的商务谈判。这种谈判主要涉及机器设备的选定、交货、维修保养、租赁期终止的处理、租金的计算及支付，以及在租赁期间内租赁公司与承租企业双方的责任、权利、义务关系等方面的内容。

服务贸易是在贸易中应用十分广泛并且发展非常快的一种形式，包括运输、咨询、广告、项目管理、设计、劳务、旅游等方面的商务合作。随着第三产业的发展，服务贸易谈判所占的比例也越来越大。服务贸易谈判是服务的供求双方就服务形式、内容、时间、价格、费用的计算方法及支付方式等方面的权利、责任、义务关系所进行的谈判。由于服务本身不是物质商品，因此服务贸易谈判与一般货物买卖谈判有所不同。

技术贸易谈判是指技术的接受方与技术的转让方，就双方在转让技术的形式、内容、质量规定、使用范围、价格条件、支付方式等方面的一些权利、责任、义务关系问题所进行的谈判。由于技术本身的特点，使技术贸易谈判与一般货物买卖谈判有着较大的区别。

在损害及违约赔偿谈判中，损害是指在商务活动中，由于一方当事人的过失给另一方造成的名誉损失、人身伤害和财产损失；违约是指在商务活动中，合同一方的当事人不履行或违反合同的行为。在上述两种情况下，负有责任的一方要向另一方赔偿经济损失。在损害及违约赔偿谈判中，首先必须根据事实和合同规定明确责任的归属，只有在此基础上，才能根据损害的程度，协商谈判经济赔偿的范围和金额，以及其他善后工作的内容。

第三节　商务谈判的地位与基本功能

只要有商务活动就有商务谈判。商务谈判是商务活动过程中最关键的活动。随着商品经济的高度发展，企业间经济交往越来越频繁，商务谈判也扮演着越来越重要的角色。

一、商务谈判的地位

商务谈判贯穿于商务活动的全过程，在商务活动中占据着重要地位，具体表现在以下几个方面。

(一)商务谈判是企业商业活动的桥梁和纽带

商务谈判主要是在企业与企业之间、企业与其他部门之间进行的。每个企业都需要与其他部门或单位协作，这样才能完成生产经营活动。实际上，经济发展越快，分工越细致，专业化程度越高，企业间的联系与合作就越紧密，也就越需要各种有效的沟通手段。随着改革的进一步深化，市场体制逐步完善，企业拥有了充分的自主权和独立的经济利益，成为真正独立的商品生产经营者。企业有权在国家宏观调控下进行生产经营活动，有权维护自己独立的经济利益和各种合法权益。这样，谈判就成为经济活动中企业之间，以及企业与其他各种经济实体之间联系的主要媒介。企业通过谈判获得生产要素、销售产品，处理合同纠纷，磋商解决生产经营过程中涉及多方的各类问题。因此，商务谈判是企业商业活动的桥梁和纽带。

(二)商务谈判是信息流的有效传播途径和载体

商务谈判是商流、物流、信息流、资金流的统一过程，是一个完整的系统。这个系统活动本身形成了两个方向截然相反的信息流，即生产信息流和消费信息流。前者是指从生产企业流向消费者的信息，后者是指从消费者流向生产企业的信息。商务谈判的过程是信息交流的过程。在这里，商务谈判成了生产信息流和消费信息流的有效传播途径和载体。

(三)商务谈判是企业营销战略思想的具体实践

现代企业市场营销战略思想的主要内容是树立良好的企业形象，采取以市场活动为中心、以消费者为中心的方针，视吸引顾客为企业市场活动的最高目标，从顾客的角度出发来检验企业的营销策略。那么，在这一思想的指导下，企业的产品营销活动要体现三种精神：首先，确保产品价值的体现，吸引顾客和赚取利润是商务活动中的重要目标；其次，"顾客利益至上"，顾客第一、服务第一；最后，为社会发展作贡献，销售的商品为顾客所认可，使社会物质文明得以进步，社会文化水平得以提高。商务人员通过商务谈判来实践企业整个营销战略，满足顾客需求，实现商品的价值，改善企业形象并提高产品声誉。因此，商务谈判人员是企业营销战略的执行者、实施者，使营销战略思想最终在谈判过程中得以实践与体现。

(四)商务谈判是企业营销管理的重要内容

商务活动离不开商务谈判。要谈判，就要进行计划、组织和协调的工作，就要投入大量的人力、财力、物力。商务谈判一旦达成协议，企业必须认真履行，按照协议规定的权利、义务组织生产经营活动，围绕协议条款安排人力、物力、财力。若在履行协议过程中出现纠纷，则需要协调甚至是重新谈判，可见，商务谈判也是企业营销管理的一项重要内容。

二、商务谈判的基本功能

实践证明，一次成功的谈判可以拯救整个企业，而一次失败的谈判可能会葬送一个企业。商务谈判的特殊地位，决定了它在商务活动中具有重要作用。商务谈判的基本功能是商务谈判产生与存在的基础，是其价值所在，具体包括协调功能、沟通功能、促销功能、发展功能、效益功能和社会功能。

(一)协调功能

在商务活动中，成交一笔买卖或交易，在交易的程序上，首先要进行询价或报价，并进行磋商，然后进行签订合同、履行合同等一系列的工作程序。从询价或报价到签订合同，买卖双方将就商务或劳务的数量、质量、价格、付款方式、交货日期等方面进行反复磋商，只有取得一致意见，才能达成交易。而这些磋商，往往是在谈判桌上来较量和解决的。谈判更好地协调了彼此的利益关系，因此被视为"合作的事业"。

(二)沟通功能

商务谈判是企业与客户之间的桥梁和纽带，能够使企业与客户之间的沟通变成现实。这种沟通的重要内容之一，则是信息的交流与传递。在谈判桌上一般可获得下述情报或信息：顾客对产品设计及产品的主要评价与要求；顾客的差评信息及对产品的使用情况；对价格的意见，以及顾客愿意支付的价格与产品成本的关系；同类产品市场变化情况；竞争者的产品质量、特点与功能；竞争者有关市场营销的战略与战术的变化情况等。商务谈判人员在谈判过程中，不仅会搜集自己所需要的情报，供企业决策者参考，而且还会向顾客传递有关产品、服务及企业发展的信息。商务谈判实现信息的双向沟通，而这些信息对于签订合同和扩大企业影响是至关重要的。

(三)促销功能

企业商务活动的中心任务就是推销商品或服务。推销的成败完全取决于商品或服务的条件，以及商务人员的业务素质，其中包括谈判的能力和技巧。从某种意义来说，介绍与推荐自己企业的商品、服务或表达合作的愿望是一种被动的行为，而吸引顾客的注意和兴趣，激发顾客的合作愿望和得到顾客对企业的信任则是一种主动行为的结果。一个优秀的商务谈判者，不仅是能够妥善处理各种意见、问题的能手，而且也是消除各种误解与疑虑，增强顾客信心的重要保障。这些都是洽谈交易的必要条件。

(四)发展功能

商务谈判关系到企业的生存与发展。对于一个企业而言，应具备规模经济与效益，以及长期的发展目标，并为建立长期稳定的销售渠道及保持其畅通无阻而努力。同时，对许多企业来说，为了扩大市场占有率和降低管理成本，节约费用，他们宁可寻找中间商经销商品，也不愿意负责全过程的销售。然而，对许多陌生的顾客来说，指望他们积极主动地订货是不现实的，因此企业需要通过谈判来增进对顾客的了解，以求问题得到解决。了解并巩固原有顾客固然很重要，但善于发展和培养新顾客也同样重要，因为不开发潜在的市场，不拓展新的市场，企业就没有发展。要发展和培养新顾客，并维护与老顾客的关系，就离不开商务谈判。

(五)效益功能

商务谈判是以经济利益为目的的谈判。经过商务谈判人员的艰苦努力，双方消除分歧、达成共识，最终以较优惠的价格条件购得商品、劳务或技术，或对方接受了建议，增加订货量等。这些都直接为本企业创造了经济效益。

(六)社会功能

商务谈判虽然主要表现为企业经济活动，但它也属于谈判，是人类行为的一个组成部分。所以，客观上商务谈判直接为企业服务，同时也间接地推动了社会文明的进步。商务谈判方式、手段的改进都给商务谈判研究提供了新的内容；商务谈判成功的策略、技巧、风格等，也为人们改进人际关系、培养沟通能力提供了典范，为整个社会文明进步做出了贡献。

第四节　国际商务谈判

国际商务谈判是相对于国内商务谈判而言的。国际商务谈判是国际商务活动的重要组成部分，在国际商务活动中占据相当大的比重。有关研究表明，在国际商务活动过程中，销售人员、企业在各个地区的管理人员、律师及工程技术人员等 50%的工作时间用于各种各样的商务谈判中，其中多数是与来自不同文化背景或不同国家的对手之间的谈判。

一、国际商务谈判的含义

国际商务谈判是国际商务理论的主要内容和核心。它是指在国际商务活动中，不同国家之间的商务活动主体为满足某一需要或达到某一目标而进行的讨论或洽谈等的商业活动的总称。尽管目前还没有让大家都接受的表述一致的定义，但我们应该完整、准确地理解国际商务谈判的含义。

(一)国际商务谈判是国际商务活动的主要内容

在国际商务实践活动中，谈判占有很大的比重，并往往起决定性作用。

(二)国际商务谈判是国际商务交易的讨论、洽谈等商业活动的总称

我们不能仅仅把签约这一辉煌时刻称为国际商务谈判，也不能把它理解为仅仅是签约之前那一阶段的事情，它还包括签约之后协议的履行阶段。签约只是交易的开始，更重要的是协议的完满执行。相当一部分人只重视了签约之前那一阶段的研究，但却忽略了签约之后的事情。

(三)商务谈判的主体分属于不同的主权国家

谈判中利益主体分别是不同国家的政府、企业或公民，也就是说谈判主体分属于不同的主权国家。同一个国家的人，大家彼此熟悉，但也许会代表不同的国家进行谈判。在这种情况下，国家和民族利益必须充分考虑。

(四)国际商务谈判是国内商务谈判的延伸和发展

国内商务谈判和国际商务谈判都是商务活动的必要组成部分，是企业发展国内市场和国际市场业务的重要手段。与国内商务谈判相一致，国际商务谈判仍然是以实现商业利润为目标，以价格谈判为核心。只不过，在一定程度上，国际商务谈判的商业目标表现得比较间接和委婉。

二、国际商务谈判的作用与意义

由于国际商务谈判是对外经济贸易工作中不可缺少的重要环节，因此在对外经济贸易活动中，如何通过谈判达到预期的目标，以及如何提高谈判效率已成为一门学问，并引起了人们的普遍关注。在现代国际经济交往中，许多交易往往需要经过艰难的、频繁的谈判，虽然交易中所提供商品是否优质、技术是否先进或价格是否低廉对于交易的成败至关重要，但事实上交易的成败往往在很大程度上取决于谈判的成功与否。在国际商务活动中，不同的利益主体需要就共同关心或感兴趣的问题进行磋商、协调和调整各自的利益，谋求在某一点上达成一致，从而使双方在都感到有利的条件下达成协议。因此可以说，国际商务谈判是一种在对外经济贸易活动中普遍存在的一项十分重要的经济活动，也是调

整、解决不同国家和地区政府及商业机构之间不可避免的经济利益冲突的必不可少的一种手段。

首先，国际商务谈判是经济全球化的必然要求。进入 21 世纪，经济全球化的步伐进一步加快，越来越多的国家、企业更大程度地跻身于国际经济大舞台，积极参与国际竞争。无论是政府之间、城市之间还是企业之间，各种经济、文化和社会活动不断增多，商务往来频繁密切。根据联合国跨国公司中心统计，20 世纪 60 年代后期，西方发达国家有跨国公司 7 276 家，受其控制的国外子公司有 27 300 家；到 20 世纪 70 年代末 80 年代初，跨国公司的数量已增加到 10 000 多家，受其控制的国外子公司和分支机构已达104 000 家。而到 1996 年，跨国公司则增至 44 000 家，受其控制的子公司则达 28 万家，其在全世界的雇员也增长到 7000 多万人。这些跨国公司控制了世界工业生产总值的90%，国际贸易的 50%～60%，国际技术贸易的 60%～70%，对外直接投资的 90%。跨国公司目前还在以前所未有的速度扩张。我们相信，没有国际商务谈判活动，跨国公司就无所谓扩张和发展。

其次，国际商务谈判是国际商务合作形式多样化的必然要求。世界经济一体化的标志之一就是国际商务合作形式的多样化。跨国企业开展国际商务合作有许多灵活的形式，如国际商品贸易、国际技术贸易、国际服务贸易、对外直接投资、开办合资企业、专利权使用协议、项目统包、合同分包、管理合同和签订融资协议等。这意味着我们参与的国际商务谈判可能会涉及各种不同的形式。作为一名商务谈判人员，必须了解哪一种方案是可行的，不同的合作形式有不同的困难，要努力寻求解决办法。

最后，国际商务谈判也是中国跨国企业迅速增长的必然要求。随着中国对外开放不断深入及外资引进力度的持续加大，我们接触到的外国产品或品牌不断增多。同时，我国企业在境外的业务也在不断扩张，虽然目前规模仍然有限，但是中国跨国企业的业务已经遍及世界的各大洲。在外国企业在中国境内开展经营活动、中国企业在国外进行跨国经营的过程中，国际商务谈判活动频繁进行。这也使得市场对高水平的国际商务谈判人才的需求日益迫切。

三、国际商务谈判的特点

国际商务谈判既具有一般商务谈判的特点，又具有国际经济活动的特殊性。与国内商务谈判相比，国际商务谈判的主要特点如下。

(一)国际性

国际性是国际商务谈判的最大特点，又称跨国性。其谈判主体属于两个或两个以上的国家。谈判者分别代表不同国家或地区的利益。通常以国家的简称加具体的谈判对象来称呼特定的国际商务谈判，如"中美知识产权谈判""中美俄关于某某工程建设的谈判"等。由于国际商务谈判的结果会导致资产的跨国转移，因此国际商务谈判会涉及国际贸易、国际结算、国际保险、国际运输等一系列问题。在国际商务谈判中，要以国际商法为准则，并以国际惯例为基础。国际商务谈判的这一特点是其他特点的基础。

(二)跨文化性

国际商务谈判不仅是跨国的谈判，而且是跨文化的谈判。不同国家的谈判代表有着不同的社会、文化、经济、政治背景，谈判各方的价值观、思维方式、语言、宗教、风俗习惯等各不相同，因而在谈判中会涉及跨文化沟通，各国谈判人员常常表现出不同的谈判风格。

(三)复杂性

国际商务谈判的复杂性是由跨文化性和国际性派生而来的，是指国际商务谈判所面临的环境因素比单纯的国内商务谈判要更加复杂多变。从事国际商务谈判的人员将花费更多的时间与精力来适应环境的复杂性和多变性。国际商务谈判的这种复杂性体现在若干差异上，如语言及其方言的差异、沟通方式的差异、时间和空间概念的差异、决策结构的差异、法律制度的差异、谈判认识上的差异、经营风险的差异、谈判地点的差异等。

(四)政策性

国际商务谈判既是一种商务交易谈判，也是一项国际交往活动，具有较强的政策性。由于谈判双方的商务关系是两个国家或地区之间整体经济关系的一部分，因此常常涉及两国之间的政治关系和外交关系，在谈判中两国或地区的政府常常会干预和影响商务谈判，这一切都会给谈判带来影响。因此，国际商务谈判必须贯彻执行国家的有关方针政策和外交政策，同时，在国际商务谈判中还应注意国别政策，执行对外经济贸易的一系列法律和规章制度。

(五)困难性

进入国际商务谈判协议签订之后的执行阶段，总是会出现各种纠纷或其他意外，需要调解的矛盾多，经历的环节多，解决起来相当困难。这就要求谈判者必须事先设想到某些可能出现的意外事件并进行相应的防范与准备。此外，国际商务谈判活动的国际性与复杂性，也决定了国际商务谈判的难度更大。

本 章 小 结

商务谈判在商贸企业中有着举足轻重的作用。本章主要阐述谈判与商务谈判的概念，以及各种商务谈判之间的区别，商务谈判的种类、功能与地位，以及什么是国际商务谈判。

复习思考题

1. 您是如何理解谈判的？谈判有哪些形式和特征？
2. 什么是商务谈判？它具有哪些特征？

3. 商务谈判的类型有哪些？它们的内容是什么？

4. 为什么说商务谈判是一种艺术？

5. 如何学习商务谈判这门课程？

案例分析题

中欧谈判，一波三折——中国加入 WTO 谈判征程中的经典案例

我国政府于 1986 年 7 月 10 日正式申请恢复在关贸总协定的缔约国地位。尽管中国为恢复关贸总协定地位表现出了极大的诚意，并做出了重大让步，但并没有赢得其他缔约方在谈判中采取合作的态度。相反，以美国为代表的少数缔约方更是蓄意阻挠，提出过分的要求。这种不考虑中国特殊国情、企图以加入世界贸易组织(WTO)为要挟的不合作态度，导致持续 8 年之久的中国恢复关贸总协定缔约国地位的谈判未能在 1994 年 12 月月底之前，也就是在 WTO 成立之前与其他缔约方达成协议。直至 20 世纪末，中美关于中国加入世界贸易组织的谈判才达成了协议。中欧谈判正是在这样的背景下进行的，它的成功解决为推动中国加入 WTO 做出了重大贡献。

1. 中美握手，欧盟态度积极

在中国加入世界贸易组织的问题上，欧盟和美国历来都坚持"密切协调"的立场，而且欧盟也常常跟随美国的领导。因此，中美协议的达成必然会为中欧谈判铺平道路，加快中欧之间的谈判进程。的确，中美就中国加入世界贸易组织达成的协议在欧盟引起了强烈反响。欧盟各国舆论对中美达成的协议普遍给予了积极评价。英国、法国、德国、意大利、比利时等国的主流媒体异口同声，称赞中美达成的协议标志着中国在加入世界贸易组织的进程中"已经排除了主要障碍""跨过了决定性阶段"，中国加入世界贸易组织"只是个时间问题"。舆论还指出，中国的加入将使"世界贸易组织更趋完整""经济全球化将飞速发展"，并为世界经济的安全和稳定"开启历史之门"。欧盟委员会及其各成员国对于中美达成协议这一"历史性事件"，一开始感到有些吃惊，反应谨慎，但在消息得到证实后便纷纷表示欢迎。与此同时，他们也立即表示，希望尽快重启与中国的谈判，并且一再强调他们的要求不同于美国。

2. 特殊要求，欧盟开价更高

中国与美国、欧盟就加入世界贸易组织问题的谈判是同时启动的。欧盟的立场历来是：凡是美国从与中国达成的协议中所得到的利益，欧盟也要"自动享有"，此外，欧盟还有自己的特殊要求。因此，在多年的中美、中欧谈判中，欧盟的要价实际上比美国还要高。一般的说法是，在中美、中欧谈判中，欧盟提出的要价有 80% 与美国相同，接下来 20% 的要价再由它自己与中国进行讨价还价。欧盟的特殊要求，或者说 20% 的要价，主要包括：要求中国在银行业、电信、分销、人寿保险及机械制造领域降低关税；放宽对欧洲生产的食品、酒类、药品、化妆品、玻璃制品、陶瓷制品的市场准入条件；在外国投资、电子行业放松控制；在石油产品、丝绸生产等领域取消垄断等。另外，中国将是第一个享受 WTO 成员在协议中明确允许经历一个过渡转型期的国家。这是原欧盟贸易谈判代表布

里坦的提议，也是 WTO 在纳入新成员的历史进程中的首次例外。20 世纪 50 年代，加入 WTO 的成员均属于市场经济体制国家，60 年代加入 WTO 的部分国家，如波兰和罗马尼亚均享有 WTO 特殊制定的严格协议，因而对中国而言，欧盟正在寻求中国加入 WTO 的特别协议和条件，这将是更为进步的、积极的协议。中国是一个特殊的国家，接纳中国加入 WTO 应当有适合双方关系的方法和创新。欧盟加强与中国政府的对话和谈判，旨在建立一系列有利于中国在其"过渡时期"应履行的义务和条件。

3. 西雅图之旅，未雨绸缪

1999 年 11 月 30 日，备受世人瞩目的世界贸易组织第三届部长级会议在美国西雅图开幕。会议计划启动新一轮全球多边贸易谈判，即所谓的"千年回合"谈判，并为拟议中的此次谈判确定框架和主要议题。

这次会议主要讨论了关于协议的实施，所谓的"既定议程"，以及新一轮谈判是否应加入新议题三个方面的问题。尽管西雅图会议未能达成具体成果，但中国却利用这次会议提供的机会，积极与各方进行接触，推动加入世界贸易组织的进程。在西雅图会议期间，时任中华人民共和国对外贸易经济合作部部长的石广生分别会见了美国总统克林顿和欧盟贸易委员拉米。在与拉米会见时，双方就中国加入世界贸易组织问题交换了意见，均希望尽快结束中欧谈判，并同意尽快对新一轮中欧谈判做出安排。

石广生抓住机会，主动出击，在他的西雅图之行中会见了 16 位美国参议员、29 位众议员、全美农场主协会主席、7 个州的农场主协会主席，以及多家美国大公司的负责人等各界人士。他代表中国政府介绍了中国加入世界贸易组织的进展情况，重申了中国政府在台湾地区加入世界贸易组织和新一轮多边贸易谈判问题上的立场。很显然，石广生的这些会面都为中国加入世界贸易组织的征程进一步铺平了道路。

4. 鸿沟难填，交锋三次坚城难下

2002 年 1 月 25 日，中欧谈判继续进行。由于欧盟和中国之间的技术谈判已经取得明显进展，因此原定两天的双边谈判将再延长半天，于 28 日正式结束。

欧盟委员会负责贸易的发言人古奇在谈判结束后的新闻发布会上表示，欧盟与中国的谈判取得了实质性进展，欧盟方面希望尽早结束新一轮技术级磋商，争取早日在北京签署有关协议。古奇透露，由于谈判内容涉及各方利益，因此欧盟委员会将就欧中谈判的进展情况向欧盟 15 个成员国政府汇报。古奇强调，正如欧中双方在联合公报中所说，双方同意 2 月下旬在北京就一些重要问题再进行新一轮技术级磋商，但到目前为止谈判所取得的实质性进展已经确保了协议的最终签署。古奇还表示，欧盟委员会负责贸易的委员拉米已经做好了前往北京的准备。他说，根据下一轮技术级磋商的进展情况，拉米希望尽快飞赴北京与石广生举行会谈并签署欧中关于中国加入世界贸易组织的协议。

中欧在这轮谈判中讨论了关于市场准入方面的重要问题，其中包括工业品关税和配额及农产品关税配额，双方还就服务贸易问题进行了一整天的讨论，围绕一些关键问题进行了谈判，包括电信、金融服务(银行、保险、证券)、经纪、分销、旅游和专业服务(律师和会计)。

2002 年 2 月下旬，中欧在北京举行了新一轮谈判。中欧双方代表团团长仍然是之前的龙永图和贝塞勒。谈判结束后，龙永图表示，通过 1 月在布鲁塞尔和北京的两轮磋商，中欧双方的谈判立场已十分接近。中方认为，双方进行部长级会谈的条件已经成熟。石广生欢迎欧盟贸易委员拉米访华，以最终结束中欧关于中国加入世界贸易组织的谈判。

中方显然对通过新一轮谈判达成的协议持乐观态度。2002 年 3 月 10 日和 13 日，石广生连续两次在谈到中欧谈判时指出，中国非常重视同欧盟的谈判，近两个月来，双方加快了谈判进程，先后在布鲁塞尔、北京进行了两轮会谈，取得重要进展。对于欧盟关心的问题，中国都做出了积极反应。除了中国对任何世界贸易组织成员都不能承诺的内容之外，中欧之间剩下的问题已经不多。3 月 27 日这一周，欧盟贸易委员拉米先生将应邀来北京进行新一轮双边谈判，我们将本着平等协商、互谅互让的原则，期望尽快结束谈判，达成协议。

欧洲的一些企业家似乎比中国政府还要着急。2002 年 3 月 3 日，欧洲商业联合会和欧洲外贸协会联合会发布了一封公开信，呼吁欧盟尽快结束与中国关于中国加入世界贸易组织的谈判。这封名为《欧盟不应再拖延中国加入世贸的进程》的公开信指出，尽管欧盟还有一些特殊要求，但应该认识到中国已经做出了一些让步，欧盟方面期望达到 100% 的要求是不现实的。公开信还提醒欧盟注意，中国已经与一些主要贸易伙伴达成了协议，如果欧盟拖延与中国的谈判，可能会给美国国会中那些反对中国加入世界贸易组织的人提供帮助。公开信还呼吁欧盟采取灵活的态度，为达成最终协议创造条件，以便在最近几周内尽快结束与中国的谈判。公开信指出，尽快结束谈判不仅有助于加强世界贸易组织，同时也有助于欧盟扩大对中国的出口。

2002 年 3 月中旬，拉米在包括讨论中欧谈判问题在内的欧盟贸易部长非正式会议结束后表示，中欧谈判"转入政治阶段的时刻已经到来"。但他同时表示，这并不意味着所有"技术性"问题都已得到解决。十天后，欧盟贸易委员拉米与中国对外贸易经济合作部部长石广生在北京进行了为期 4 天的部长级谈判。这已是自 2000 年以来中欧举行的第三轮谈判。

起初，中欧双方显然都持乐观态度。美联社 2002 年 3 月 28 日的消息说，带着乐观的表现和取得进展的迹象，欧洲和中国贸易谈判代表今天重启谈判，双方都希望此次谈判能够为多年来中国加入世界贸易组织所进行的谈判画上一个圆满的句号。法新社在 3 月 28 日的报道中说，中国充满信心地预计，谈判正进入最后冲刺阶段。谈判期间，时任中国国务院总理朱镕基会见了拉米。拉米在会见后说："我认为同朱总理的会谈反映了中方非常重视我们的访问和双方都希望达成的目标。我们将竭尽全力争取在这次谈判结束后达成一项双边协议。"

路透社在 3 月 29 日的报道中指出，中国和欧盟的谈判代表都乐观地表示，他们有望在北京达成协议。但双方也暗示，在关于中国应在多大程度上及多快的速度开放市场等问题上，都不打算大幅度偏离目前的立场。显然，正是由于这一原因，第三轮中欧谈判仍未达成协议。看来，双方在谈判前都可能过于乐观了。

谈判结束后，拉米的发言人古奇表示："谈判取得了一些进展，但尚未达成最终协议。"他还说："4 天的会谈是在建设性的气氛中进行的，双方都取得了积极进展，并在一定程度上缩小了他们在悬而未决问题上的分歧。"拉米在会谈结束后对记者表示："充分考虑到欧盟与中国重要的贸易关系的敏感性，我们应该达成一个平衡的一揽子交易。"

他还表示："我将立即向我所代表的欧盟 15 个成员国及欧洲议会汇报，以便评估如何才能最好地准备未来新一轮的谈判。"中国对外贸易经济部的发言人仅表示，会谈是积极的、建设性的，并且富有成果，但没有进一步透露详细情况。

5. 世贸出面干预，中方因势利导

2000 年 2 月 17 日，应石广生的邀请，时任世界贸易组织总干事穆尔开始对中国进行为期 3 天的访问，主要讨论中国加入世界贸易组织的问题，以及中国加入世界贸易组织还面临哪些障碍。

对此，中方回应积极。时任国务院总理朱镕基当天下午在中南海会见了他，双方就中国加入世界贸易组织的问题深入交换了意见，并表达了积极合作的态度。第二天，石广生又与他举行了会谈。

这 3 天的访问给穆尔留下了良好的印象，他对中国年内加入世界贸易组织持乐观态度，并表示中国加入世界贸易组织也是世界贸易组织的努力方向。

与此同时，中国也在加快其他双边谈判和世界贸易组织中国工作组内的多边谈判进程，全方位地推进中国加入世界贸易组织的进程。

6. 共同促进，一锤定音

5 月 11 日，拉米对新闻界发表谈话表示，他希望在下周举行的谈判中与中国达成一项协议。他说："我们希望这是与中国的最后一轮谈判。"拉米承认，开放中国电信市场问题是中欧谈判的关键，并表示仍然要坚持在这个问题上的立场。他说："电信对我们来说当然是至关重要的。欧盟工业具备竞争优势，我们拥有中国移动电信市场 90%的份额，我们希望巩固这一地位。我们的目标是使外资在中国移动电信合资企业中的持股比例达到50%。"5 月 15 日，拉米率领欧盟代表团抵达北京，与中国展开新一轮谈判。拉米在抵达北京时对记者表示："如果我们要有所进展，就必须表现出灵活性。"

当记者问他对这一次最终达成协议是否持乐观态度时，拉米说："很可能，是的，有希望。"拉米的发言人古奇表示，这次达成协议的可能性大于上一次，因为双方建立了一种融洽的关系。新一轮的谈判当然不会一帆风顺。第一天的谈判结束后，欧盟表示，要达成一项旨在为中国加入世界贸易组织铺平道路的协议需要更多的时间。古奇对记者说，现在说中国表现出了更多的灵活性还为时过早，但也指出过去的技术谈判是在积极和建设性的气氛中进行的。

第 5 天，在古奇第 5 次出现在记者面前时，双方终于达成共识并签订了协议。

7. 好评如潮，谈判获得双赢

中欧双方都对中国与欧盟就中国加入世界贸易组织达成的协议表示满意。中国称之为"双赢协议"，欧盟称之为"第一流的协议"。由此看来，中欧协议确实是双方互相妥协的产物。

据悉，直到第 4 轮谈判的初期，欧盟方面还在坚持其所谓的 20%"特殊利益"，要求中国扩大电信、保险市场的准入额度，降低汽车、化妆品和酒类的进口关税。具体来说，欧盟要求在中国合资电信公司中享有 51%的控股权；在中国合资人寿保险公司中享有 50%以上的控股权；还要求中国从欧盟进口汽车、酒类、化妆品和工业设备的关税降低到17.5%的水平。欧盟的要求远远超出了中美协议中的规定。按照中美达成的协议，美国在中国合资电信公司和人寿保险公司中的股权最高不得超过 49%，中国对从美国进口的产品征收 25%的关税。

欧盟的要求过于苛刻，远远超出了中国所能接受的范围，中方显然无法答应。中方一再重申自己的原则立场：中国是一个发展中国家，中国的承诺只能与目前的发展水平相适应，中国不会牺牲自己的根本利益来求得加入世界贸易组织。对于谈判方的个别要求，中国能满足的将尽量满足，但是，中国不能承诺的对谁都不能承诺。也就是说，中国没有答应美国的，同样也不能答应欧盟。

另外，有分析认为，中国之所以拒绝欧盟的要求，也与美国国会审议是否给予中国永久正常贸易关系地位(Permanent Normal Trade Relations，PNTR)有关。中国担心欧盟的过高要求可能会冲击中美已经达成的协议，从而妨碍美国国会通过给予中国永久正常贸易关系地位的提案。

事实上，欧盟正是利用美国国会部分议员对中美协议的刁难，企图阻挠美国国会通过给予中国永久正常贸易关系的机会，才向中国提高要求的。中美两国政府也确实都希望中欧尽早达成协议，以便对美国国会通过给予中国永久正常贸易关系地位的提案起到积极的促进作用。但是，中方并不因此而让步，中方始终坚持"对欧盟的让步不能超过美国"，允许服务业外资股权达到 49%是"底线"。在中国的强硬立场面前，欧盟不得不收回自己的过高要求，转而在其他方面寻求中方让步，作为其放弃过高要求的"补偿"。同时，由于美国参众两院的专门委员会已经通过了给予中国永久正常贸易关系地位的提案，众议院最终通过的可能性也很大，欧盟坚持高要求的"王牌"已经没有多大意义。于是，欧盟调整了自己的策略，通过相互让步与中方达成了协议。

尽管在电信方面及其他一些方面，中欧协议与中美协议内容一致，欧盟未能获得比美国更优惠的条件。但是，在其他方面欧盟获得了一定的补偿。按照摩根士丹利公司的一位中国经济专家的说法，"欧盟已经得到了他们能够期望的最好结果"。

在降低关税方面，欧盟取得的成果与美国大体相当。但降税产品的范围扩大到了 150多种，其中包括一些欧洲特有产品，如英国的杜松子酒和意大利的皮革等，这些在中美协议中并没有被包括，而且这些产品的关税从过去的高达 70%下降到了 38%。欧盟的谈判代表非常明智地进行了取舍，这使得欧洲企业能够在它们最有优势的领域里保持领先地位。

在开放中国保险市场方面，欧盟的谈判官员为欧洲的人寿保险公司争取到了七项新的许可，这对于一直由美国主导的市场来说是一个巨大的进步。中国保险业对欧盟的开放时间比对美国的开放时间提前了两年，这将使欧洲公司能够更充分地管理和控制保险业的合资公司，并且更自由地选择他们的合作伙伴，同时受到管理当局的干预较少。但在这个领域，欧盟仍未能取得合资公司的控股权。

盖斯赫表示，在中欧达成的协议中，欧洲的银行业似乎并未获得太多利益。尽管欧洲银行一直希望能够经营人民币业务，但目前它们仍然被限制在只能经营外汇业务。只有广东省的珠海是个例外，在这里欧洲银行可以经营人民币业务。目前，欧盟方面非常希望能在更多地区经营人民币业务。不过，欧盟在其他一些方面取得了进展，它为欧洲的非金融机构争取到了发放商品信贷的权利，包括为购买卡车和拖拉机在内的所有机动车提供信贷，而不只是为购买轿车提供信贷。

中欧达成的协议受到了预料之中的好评。总之，在总体环境良好的条件下，中欧双方通过对各自利益的正确认识和趋势的正确预测，最终取得了双赢的良好结果。

(资料来源：费建平. 中欧谈判，一波三折：中国加入 WTO 谈判征程中的经典案例，讲师宝网页. 2016.https://www.jiangshi99.com/article/content/128435.html，有改动.)

思考：

1. 在中国加入世界贸易组织的谈判过程中，中欧谈判经历了哪些阶段？谈判的主要内容是什么？

2. 在中欧谈判过程中，中国运用了哪些谈判策略？解决了哪些问题？

3. 回顾中欧谈判的过程，我们能从中得到哪些启示？

第二章

商务谈判的原则与程序

微课视频

本章主要探讨商务谈判的具体原则和程序，商务谈判原则是商务谈判程序建立的关键前置环节，遵循商务谈判的原则可以为制定商务谈判的程序打下坚实的基础。

第一节　商务谈判的原则

商务谈判的原则，是指在商务谈判中谈判各方应当遵循的指导思想和基本准则。商务谈判的原则，是商务谈判内在的、必然的行为规范，是商务谈判的实践总结和制胜规律。因此，认识和掌握商务谈判的原则，有助于维护谈判各方的权益、提高谈判的成功率和指导谈判策略的运用。商务谈判的原则，包含丰富的内容。其基本原则如下。

一、平等互利原则

平等互利是商务谈判的一项基本原则，不论是涉外谈判，还是国内贸易谈判都应严格遵循。所谓平等，是指商务谈判中无论各方的经济实力或强或弱，组织规模或大或小，其在经济、法律地位上都是平等的。在商务谈判中，当事各方对于交易项目及其交易条件都拥有同样的否决权，若想达成协议只能协商一致，不能一家说了算。所谓互利，是指交易双方在谈判中都有利可得，彼此不以牺牲对方利益为目的。平等是谈判的前提，没有平等就不可能建立起真正的谈判。只要是正常交易，就要求双方地位平等、权利平等、义务平等。地位平等表现为双方都是自主的、受法律保护的谈判主体。权利平等表现为双方在谈判中都享有建议权、说明权、辩解权、获利权等。义务平等表现为义务与权利一致，双方在享有某种权利的同时就要承担相应的义务，不能只享受权利而不承担义务，也不能只承担义务而不享受权利。谈判各方必须充分认识这种相互平等的权利和地位，自觉贯彻平等原则。贯彻平等原则，要求谈判各方互相尊重、以礼相待，任何一方都不能仗势欺人、恃强凌弱，把自己的意志强加于他人。只有坚持这种平等原则，商务谈判才能在互信合作的气氛中顺利进行，从而达到互利互惠的谈判目标。可以说，平等原则是商务谈判的基础。

互利是平等的客观要求和直接结果，也是谈判的诱因。交易双方都是抱着一定的利益目的走到一起来的，没有互利，谈判就不能发生。互利突出表现为双方的可接受性，即谈判的时间地点、环境、气氛、内容、程序、方式、结果都有利于双方，都能为双方所接受。商务谈判不是竞技比赛，不能一方胜利一方失败，一方盈利一方亏本。因为，谈判如果只有利于一方，不利方就会退出谈判，这样自然导致谈判破裂，谈判的胜利方也就不复存在。同时，谈判中所耗费的劳动，也就成为无效劳动，谈判各方也就都成为失败者。坚持互利，就要重视合作；没有合作，互利就不能实现。谈判各方只有在追求自身利益的同时，也尊重对方的利益要求，立足于互补合作，才能互谅互让，争取互惠"双赢"，才能实现各自的利益目标，取得谈判的成功。

二、真诚守信原则

"人事无信难立，买卖无信难存"——真正决定谈判发展前途的是谈判各方人员之间的信任感。真诚守信是创造信任感的前提。真诚是谈判的首要条件，只有出于真诚，双方才会去认真对待谈判；守信则要求谈判双方在交易中"言必信、行必果"。守信能够给予谈判双方安全感，让对方放心与你进行交易，同时也可以减少讨价还价环节，消除疑虑，促使双方尽快达成协议。如果双方缺乏信任感，互相猜疑，互相欺骗，势必会破坏双方的合作，使谈判陷入困境，其结果是各自的目的都难以实现。可以说，谈判双方真诚守信，就在很大程度上奠定了谈判成功的基础。诚信在商务谈判中的价值不可估量，它会使谈判方的劣势变优势，使优势更加充分发挥作用。诚信来自谈判双方的正直、公平以及履行协议的责任感；信誉来自产品的物美价廉、货真价实、质量第一和服务周到。在谈判中贯彻诚信原则，谈判者应当做到以下几点。

(1) 守信，即遵守谈判过程中自己所作的承诺，此乃取信于人的核心。

(2) 信任对方，这是守信的基础，也是取信于人的方法。只有信任对方，才能得到对方的信任。

(3) 不轻诺，这是守信的重要保障。轻诺寡信，终将失信于人。

(4) 诚恳，以诚相待，这是取信于人的积极方法。

诚实守信，并非原原本本地把企业的谈判意图和方案告诉对方，而是一方面要站在对方的立场上，将其希望了解到的情况坦率相告，以满足其权威感和自我意识；另一方面，也要把握时机，以适当的方式向对方坦露我方意图，过早坦露容易导致对方早早摸清我方的底牌，过迟会使对方感到我方没有诚意。最重要的一点是必须以诚挚的态度，创造和谐友好的谈判氛围，增强对方的信任感，缩短双方的距离，消除对方的心理障碍，化解疑虑，为谈判打下坚实的信任基础。

诚信原则并不反对谈判中的策略运用，而是要求企业在基本的出发点上要诚挚可信，讲究信誉，要言必信、行必果，要在人格上取得对方的信赖。

诚信原则还要求在谈判时，观察对手的谈判诚意、信用程度，以避免不必要的损失。

三、谋求一致原则

谋求一致原则，是指谈判中面对利益分歧时，要从大局着眼，努力寻求共同利益。谈判双方或多方具有不同的观点，代表不同的利益，之所以坐到一起就是为了谋求一致。谋求一致原则要求谈判各方首先要立足于共同利益，要把谈判对象当作合作伙伴，而非视为竞争对手。同时，要承认利益分歧，正是由于需求的差异和利益的不同，才可能产生需求的互补和利益的契合，继而形成共同利益。谈判各方要想达到预期目的，就必须在谈判过程中既考虑自己一方的利益，又考虑对方的利益，找到利益的结合点，认定共同利益之所在，求同而存异。可是在实践中往往难以做到。因为，共同利益往往是不明显的，是比较模糊的，况且，每一方都希望自己得到的更多、失去的更少。因此，贯彻这一原则，要求谈判者在商务谈判中要善于从大局出发，要着眼于自身发展的整体利益和长远利益的大局，着眼于长期合作的大局，同时，要善于运用灵活机动的谈判策略，通过妥协寻求协调利益冲突的解决办法，构建和增进共同利益。可以说，谋求一致原则是商务谈判成功的关键。善于求同，历来是谈判人员智慧的表现。

四、知己知彼原则

知己知彼原则是谈判成功的基本条件。不了解自己，就不能采取正确的谈判策略；不了解对手，就很难做到有的放矢，协调关系，与之达成一致。首先要做到"知己"，即首先要做到对本企业的各方面情况了如指掌，包括生产能力、经营能力、物质技术设备能力、资金能力、货源渠道、市场占有率、谈判人员组织情况等。这些情况不仅构成本企业的谈判基础，而且对这些情况的掌握程度还突出反映本企业谈判实力的高低。"知己"是"知彼"的前提，只有自知才能知人。

要做到"知己"，谈判人员需要做到以下几点。

谈判人员要与企业经营管理各环节保持密切联系。一方面，谈判人员要主动深入企业了解各方面情况，参加企业经营管理方面的各项重要会议；另一方面，企业的各个环节也要主动地向谈判人员介绍情况，提供咨询。

谈判人员需要了解企业的经营观念、经营目标、经营战略、经营条件等重大问题，使之成为谈判人员自觉的行为规范，保证谈判人员在重大问题上头脑清醒，不偏离企业的经营航向。

企业及谈判人员需要经常评价自己的谈判能力，从评价的结果中发现自己的优势，寻找不足及遗漏，挖掘潜力，提出改进的措施，确保企业有一支能征善战的谈判队伍。

要做到"知彼"，谈判人员需要做到以下几点。

要尽可能广泛地了解对方的情况，包括对方的生产经营能力与潜力，产品质量、价格，产品的畅滞销程度，资金情况，信誉程度，经营特色，惯用的战略与策略，经营优势及劣势，对方谈判人员的素质、能力，主谈人的谈判风格、个性、文化背景、惯用的谈判策略等。对这些情况了解得越多，在谈判中就越主动。

企业要构建高效率的信息收集系统，广泛搜集散见于各处的相关对象信息。具体可从广告、报纸、电台、电视介绍，新闻发布会，以及政府发布的统计资料等渠道进行搜集，并对搜集到的情报加工整理，去伪存真，以备后续使用。

企业还要了解与对手相关的市场情况，如国际贸易法规、国内贸易政策、商业贸易惯例、市场总的供求情况及其变动趋势、人口情况、金融情况等。

五、依法办事原则

任何商业谈判都是在一定的法律约束下进行的，法律规范制约着商务谈判的内容和方法。因此在进行谈判时，一定要注意符合有关法律规定，以免徒劳无功，甚至造成不良后果。在国际商务谈判中，还应当遵循有关的国际法和对方国家的有关法规。按国际惯例办事，既易为双方所接受，有利于迅速达成交易，又有利于以后履行协议时避免或减少纠纷，即使发生纠纷，也较容易解决。

依法办事原则，具体体现在以下三个方面：一是谈判主体合法，即参与谈判的各方组织及其谈判人员具有合法的资格；二是谈判议题合法，即谈判所要磋商的交易项目具有合法性，对于法律不允许的行为，如买卖毒品、贩卖人口、走私货物等，其谈判显然违法；

三是谈判手段合法，即应通过公正、公平、公开的手段达到谈判目的，而不能采用某些不正当的，如行贿受贿、暴力威胁等手段来达到谈判的目的。总之，只有在商务谈判中遵循合法原则，谈判及其协议才具有法律效力，当事各方的权益才能受到法律的保护。

六、互惠互利原则

互惠互利原则要求商务谈判双方在适应对方需要的情况下，互通有无，使双方都能得到满足；在利益上不仅要考虑我方利益，也要为对方着想，最终实现等价交换，互惠互利。

经济学原理告诉我们，虽然交换价值的比例可能有所差异，但商品交换本质上是等量劳动的交换。这种等量交换的本质决定了谈判双方必须遵循等价交换的基本要求，商务谈判中的互惠互利原则正是这一基本要求的具体体现。同时，坚持互惠互利原则也是经济活动中平等原则的体现。

商务谈判的结果有四种：你赢我输，你输我赢，双输，双赢。前两种结果实际上是一方侵占了另一方的利益。第三种结果说明双方由于互相争斗，导致两败俱伤，这是双方都不愿看到的结果。第四种结果表明双方都达到了互惠互利，这是商品交易中双方都应努力争取的结果。

谈判中最忌讳只以自己的利益为重，斤斤计较，寸步不让，这样的谈判必然失败。谈判者应该记住：谈判不是棋赛。美国谈判学专家杰勒德·尼伦伯格曾经说过：把谈判看作一盘棋弈，就意味着以一种纯粹的比赛精神去谈一笔交易，怀着这种态度，谈判者就会竭力压制别人，以达到自己单方面所期望的目标。而一项成功的商业交易的目标，并不是要置竞争者于死地。谈判的目标应该是双方达成协议，而不是一方独得胜利，整个格局应该是双方各有所得，否则就会自食恶果。谈判中谈判人员不但要明确自己的利益目标，还应善于从对方的利益出发考虑问题，将心比心，在双方都满意的基础上达成协议。

互惠互利应是商务谈判双方的基本出发点，企业应把眼光看得远一些，要有现代竞争意识，不要计较一时一地的得失，只追求眼前利益的最大化。要立足长远，争取企业的长远发展和长远利益的最大化。要认识到只有大家都有钱赚，生意才会做长，利益才会久远。

第二节 商务谈判的价值评价标准

虽然不少人参加过谈判，有的甚至是久经沙场的谈判老手，但对什么是成功谈判的认识却不一定正确。有的人常常习惯于把自己在谈判中获得利益的多少作为谈判是否成功的评判标准。如果在谈判中自己得到的很多，而对方所获甚少，则认为自己的谈判是成功的。其实这种看法是片面的，甚至可以说是有害的。对持这种看法的人来说，事实上他引以为自豪的那一部分利益，可能远远小于他本来可获得的最大利益。或者说他只获得了谈判桌上看得见的眼前利益，而失去了双方真诚合作可能产生的潜在利益和长远利益。因此，仅仅从一场谈判的结果就得出已经获得谈判成功的结论，实际上是片面的。杰勒德·尼伦伯格就曾指出，谈判不是一场棋赛，不要求决出胜负；也不是一场战争，要将对方消灭或置于死地。相反，谈判是一项互惠的合作事业。从谈判是一项互惠的合作事业这一点出发，我们认为可以把评价一场商务谈判是否成功的价值标准归纳为以下三个方面。

(1) 目标实现标准，即谈判的最终结果有没有达到预期目标？实现预期目标的程度如何？这是人们评价一场谈判是否成功的首要标准。如果所设定的预期目标一点也没有达到，就宣布自己获得了这场谈判的胜利，这是任何人都不能够同意的，人们是以行为是否达到预期的目标来看待行为的有效性的。

(2) 成本优化标准。谈判是要花费一定成本的，因而我们首先要清楚谈判成本的构成。通常一场谈判有三种成本：一是为达成协议所做出的让步，也就是预期谈判收益与实际谈判收益的差距，这是谈判的基本成本；二是人们为谈判所耗费的各种资源，如投入的人力、物力、财力和时间，这是谈判的直接成本；三是因参加该项谈判而占用了某些资源，从而失去了其他获利机会，损失了有望获得的其他价值，即谈判的机会成本。在三种成本中，由于人们常常特别注重谈判桌上的得失，所以往往较多地注重第一种成本，而忽视第二种成本，对第三种成本则考虑得更少，这是需要予以注意的。比如说，我们进行了一场旷日持久的谈判，投入了大量的人力、物力、财力，最终圆满地实现了预定的目标，当人们在庆贺谈判胜利的时候，有没有想过原本可以花较少的人力、物力、财力来获得同样的结果？有没有想过获得这项成功意味着失去了其他获利机会？如果意识到了这一点，那么人们就会在谈判中表现出更大的主动性和能动性。

(3) 人际关系标准。谈判是人们之间的一种交流活动。所以，对于商务谈判而言，谈判的结果不只是体现在最终成交的价格高低、利润分配的多少，以及风险与收益的关系上，它还应体现在人际关系上，即谈判是促进和加强了双方的友好合作关系，还是削弱了双方的友好关系。一个谈判者应该具有战略眼光，不过分计较或看重某一场谈判的得失、成本高低，着眼于长远、着眼于未来。虽然在某一次的谈判中少得了一些，但如果保持良好的合作关系，长期的收益将足以补偿目前的损失。因此在谈判中除了争取实现自己的预定目标，降低谈判成本之外，还应重视建立和维护双方的友好合作关系。

从上述三个评价标准看，一场成功的谈判应该是在实现预期目标的同时，使谈判的收益与成本之比达到最大，并且促进双方友好合作关系的发展和加强。正确认识谈判的价值评价标准，不仅会使我们知道什么是成功的谈判，而且还能指导我们如何取得谈判的成功。

对于成功的谈判人们常常用下面这样一个例子来描述。

有一位妈妈把一个橙子给了邻居的两个孩子。两个孩子便讨论如何分这个橙子，吵得不可开交。后来，这位妈妈建议由一个孩子先切橙子，想怎么切就怎么切；而另一个孩子先选橙子，可以先挑自己想要的那一块。两个孩子都觉得很公平，于是按照商定的办法各拿了一半橙子，高高兴兴地回家了。一个孩子把半个橙子拿回家后，把皮剥掉扔进垃圾桶，把果肉放到果汁机里榨果汁喝。另一个孩子回到家，把果肉挖掉扔进垃圾桶，把橙子皮留下来磨碎，混在面粉里烤蛋糕吃。

从这个故事中可以看出，虽然两个孩子各自拿到了看似公平的一半，然而，却没能让得到的东西物尽其用。这说明，他们事先并未做好沟通，也就是两个孩子并没有申明各自的利益需求。没有事先申明价值，导致双方盲目追求形式上和立场上的公平，结果，双方各自的利益并未在谈判中达到最大化。

试想，如果两个孩子充分交流各自所需，或许会有多个方案和可能。有一种情况，就是遵循上述情形，两个孩子想办法将皮和果肉分开，一个拿到果肉去榨汁喝，另一个拿皮去做烤蛋糕。然而，经过沟通后也可能出现另外的情况，即恰恰有一个孩子既想要皮做蛋糕，又想喝橙子汁。这时，如何能创造价值就非常重要了。

想要整个橙子的孩子提议，可以将其他的问题拿出来一块谈。比如，他说："如果把这个橙子全给我，你上次欠我的棒棒糖就不用还了。"其实，他的牙齿被蛀得一塌糊涂，父母上星期就不让他吃糖了。另一个孩子想了一想，很快就答应了。他刚刚从父母那儿要了五块钱，准备买糖还债。这次他可以用这五块钱去干别的事，才不在乎这酸溜溜的橙子汁呢。两个孩子的谈判过程，实际上就是不断沟通、创造价值的过程。双方在寻求自身利益最大化方案的同时，也满足了对方利益最大化的需要。

第三节　商务谈判的程序

谈判人员要想把握住整个谈判，采取适当的策略来赢得谈判，首先必须了解谈判程序。尽管不同类型和不同方式的谈判情况各异，但一般来说，谈判都要经过三个阶段，即谈判的准备阶段、正式谈判阶段和协议执行阶段。

一、准备阶段

商务谈判是否取得成功，很多人都认为主要取决于谈判者的能力、素质以及能否巧妙地运用谈判策略。然而，谈判能否取得成功往往不仅仅取决于谈判桌上的唇枪舌剑，更重要的是谈判开始之前的各项准备工作。

一般来说，为使谈判能够顺利进行，使谈判人员更好地掌握谈判的主动性，在谈判之前应进行以下的必要准备。

(一)搜集有关信息，对谈判进行科学评估

在谈判之前，对可能影响谈判的主、客观因素进行调查研究，预测谈判结果，确定其是否可行，为谈判方案的选择与确定奠定基础。具体包括与此次谈判有关的信息资料的搜集与分析，对资料应尽可能地充分占有。此外，还包括对各种主、客观因素进行综合分析与预测并得出结论，即在总体研究、分析预测的基础上，分析谈判是否可行。对于没有可行性或没有利益的谈判，做出不谈判的结论；对于可以进行下去的谈判，再进行下一步的拟定谈判方案、制订谈判计划的工作。

(二)制订谈判计划

在正式谈判之前，必须有一个考虑周全而又明确的谈判计划。谈判计划的具体内容应包括：谈判主题与目标的确定、谈判议程与进度的确定、谈判的时间安排，以及谈判的基本策略等。任何谈判都应有一个完整的计划作为整个谈判的核心，统筹谈判小组各成员的活动。

(三)进行必要的准备

在正式谈判之前，还需要进行必要的人员准备、资料准备以及流程准备。谈判人员的组织是谈判的必要条件。谈判的主体是人，没有人也就无所谓谈判，然而并不是所有的人都能胜任谈判工作，所以，如何组成谈判小组，应该挑选哪些人去进行谈判，谈判人员应具备哪些条件和职责等，就成为实施谈判计划、组织谈判活动、保证谈判顺利进行、实现谈判目标的重要条件。

谈判的资料准备包括对谈判所涉及的各方面背景资料的收集整理与分析，具体包括对有关技术、经济、法律信息的搜集备案，对技术用语、法律条文适用的事先查阅与准备，等等。

谈判的流程准备包括谈判场所和谈判时间的安排，做好接待工作，模拟谈判等。很好地利用不同的谈判场所，合理地安排谈判时间，适当地进行模拟谈判，并做好接待工作，对于争取主动、集中精力专注谈判、提高谈判的成功率都会起到非常重要的作用。

以上谈判准备工作必须由各方人员紧密合作，与此同时要充分考虑到事务可能的变化，只要正式谈判没有开始，准备工作就没有结束。即使已开始谈判，也必须随时准备对原计划进行调整，以便为下轮或下次谈判做准备。

(四)建立谈判双方的信任关系

在一切正式谈判中，建立谈判双方的信任关系是至关重要的。谈判双方的相互信赖是谈判成功的基础。要建立谈判双方的信任关系，一般来说应该尽量做到以下几点。

(1) 要努力使对方信任自己。例如，对对方事业及个人的关心，合乎规矩和周到的礼仪，工作中的勤勉认真等都能促使对方信任自己。有时一句不得体的话，一个不合礼仪的动作，一次考虑不周的安排，都会影响对方对你的信任程度，这对于初次谈判的对手来说更需要特别地重视。

(2) 要尽量表现出你的诚意。在与不熟悉自己的人进行谈判时，向对方表示自己的诚意是非常重要的。为了表明自己的诚意，可以利用某些非正式的场合向对方列举一些在过去的同类交易中以诚待人的例子；也可以在谈判开始之前特意安排一些有利于建立双方信任感的活动，使对方感受到你的诚意。

(3) 要记住最终使对方信任你的还有行动，而不仅仅是语言。所以，要做到有约必行，不轻易许诺；准时赴约，不随便迟到等。要时刻牢记，不论自己与对方的信赖感有多强，只要有一次失约，彼此间的信任程度就会降低，要重新修复是十分困难的。对于对方的询问要及时予以答复，无论做出肯定或否定的答复，都必须及时告诉对方。对我们目前做不到的要诚心诚意地加以解释，以此来取得对方的谅解和认可。由此，我们可以得出这样的结论：如果我们还没与对方建立起足够好的信任关系，就不应匆忙进入实质性的谈判阶段。否则，勉强行事，谈判的效果就会受到影响，甚至会使本来有希望达成的交易以遗憾告终。

二、正式谈判阶段

一旦谈判双方建立了充分的信任关系，就可以进入实质性的事务谈判阶段。在谈判中，首先要弄清对方的谈判目标，并对彼此意见一致的问题加以确认。对意见不一致的方面，应通过充分交换意见、共同寻找双方都能接受的方案来解决。正式谈判是实现双方利益和交易成败的关键性阶段。这个阶段是谈判双方信息逐渐公开、筹码不断调整、障碍不断消除直至达成一致的过程。由于谈判双方的期望和要求总是相差较大，实现自己的谈判目标就显得非常重要，谈判策略的重要性尤为突出。因此，在这一阶段不仅要了解正式谈判阶段的程序，而且重点应放在谈判策略上。正式谈判作为双方交易的重要阶段，虽然谈判的内容和具体做法可能有所不同，但其基本程序通常大同小异，一般包括开局、报价、磋商等环节。

1. 开局

开局是从谈判双方正式直接接触到报价的一个时间段，从它在谈判过程中的作用来看，是正式谈判的开始，也是准备工作的继续，起着承前启后的作用。在开局阶段，既可以进一步完成在准备阶段无法准备的工作，又可以着手进行谈判开局的特定任务，这都将为谈判的成功奠定坚实的基础。俗话说"良好的开端是成功的一半"。因此，开局阶段双方的接触、开局目标的确定在谈判中就显得非常重要。这一阶段主要包括开局目标的建立与实现、创造良好的开局气氛和开局的方法与策略。

2. 报价

在任何一次谈判中，谈判双方的报价，以及随之而来的还价，是整个谈判过程的核心和最实质性的环节。报价的高与低、先与后、好与坏，应该根据什么报价等，对磋商环节的工作和整个谈判结果会产生重大的影响，因此在这一阶段，主要应做好的工作是：确定报价的依据和原则，选择不同的报价策略和采用正确的报价表达方式。

3. 磋商

磋商是谈判过程的一个重要阶段，如果谈判一方的报价被对方无条件接受，也就无所谓讨价还价，谈判就进入协议执行阶段，这是最好的结果；如果谈判一方的报价对方根本无法接受，且没有回旋余地，谈判就会终止，这是谈判双方都不希望看到的结果。在实际谈判过程中，更多的情况是，谈判双方都存在一些分歧，这些分歧通过双方的努力是可以在一定程度上予以消除的，这时，谈判就进入讨价还价的实质性磋商阶段。在这一阶段，不仅要运用有效的技巧和策略讨价，而且要运用相应的策略还价，同时要恰到好处地让步，一旦谈判陷入僵局，还应努力打破僵局，使谈判活动能够顺利进行，使谈判双方都能在谈判中得到好处。

三、协议执行阶段

经过一番艰苦的磋商，在双方已经找到了各种问题的解决方法之后，大多数问题皆已经谈妥，这时谈判双方会感到成功在即，于是便会进入谈判的最后阶段。在这个阶段，交易虽已渐趋明朗，但尚存在一些障碍，谈判双方仍应谨慎对待，切不可操之过急，忘乎所以，否则就会前功尽弃，功亏一篑。这一阶段的主要内容包括：选择适当的结束时机、签约前的最后回顾、签约和协议的履行等。这里需要注意的是，达成令双方满意的协议并不是协商谈判的最终目标。谈判的最终目标应该是协议的内容得到圆满的贯彻执行，完成合作的事业，使双方的利益得到实现。在谈判中，不少人常会犯这样的错误：一旦达成了协议便认为完事大吉了，就认为谈判已经获得成功，对方就会不折不扣地履行义务和责任。其实，协议书的签订并不是谈判的结束，协议书签订得再严密，仍然要靠人来履行。因此，为了更好地促使对方履行协议，要尽量做到以下两点。

(1) 要求别人信守协议，首先自己要信守协议。这一点看起来很自然，而实际上很多人常常会忽视这一点。有时人们埋怨对方不履行协议，当冷静地仔细分析后，却发现问题出在自己身上，是自己工作的失误造成了协议不能完整地执行。

(2) 对于对方遵守协议的行为要适时地给予情感反应。行为科学的理论告诉我们，当某人努力工作并取得成功的时候，适时地给予鼓励能起到激励干劲的作用。同样地，当对方努力信守协议时，适时地给予肯定和感谢，其信守协议的做法就会保持下去。

第四节　商务谈判的政治背景及制度背景

政治背景和制度背景即谈判中的政治状况，它包括该国的政策和有关法律法规。该国政府有关政策的调整、改变，必然会引起谈判外部环境的变化。商务谈判人员应随时了解这些变化，及时采取相应的策略。

一、商务谈判的政治背景

(一)政治背景及相关因素的影响

判断商务谈判中政治因素对谈判影响的程度，应从以下问题入手：谈判对手对该谈判项目是否有政治兴趣？如果有，程度如何？哪些领导人对此感兴趣？这些领导人各自的权力范围如何？通常情况下，业务往来谈判是纯经济目的的，但有的时候也有政府或政党的政治目的参与其中，那么在这种情况下，谈判的影响因素就复杂多了，这种谈判的最终结果，则主要取决于政治因素的影响，而不是商务或技术方面的因素。

(二)商务谈判对象所在国家的时局动态

时局动态是指交易谈判有关方的所在国家或地区的时局是否稳定。谈判对象当局政府的稳定程度，在谈判项目履行期间，政府局势是否稳定，其所在国政府是稳定还是在换届之中，国内是否处在罢工、民族纠纷之中，经济建设发展了还是后退了，有无自然灾害，与别国、别地区有无战争等，这些时局上的因素与交易谈判直接相关。对局势的看法，可以从谈判人那里了解，也可以查阅资料。然而有的谈判人忌谈本国时局，有的从正面角度谈得较多，客观性不够，有的不太关心时局。因此查阅资料是非常重要的，引用时应委婉，尤其涉及对方所在国家时局的负面情形时，要注意尊重对方自尊心，否则会引起对方的反抗情绪，使贸易谈判误入歧途。

在众多的国际和国内商务谈判活动中，由于国家的政局不稳，或企业内部领导班子的涣散，常常会给经济实体的发展带来损失。其中战争这个和平的天敌，对商务谈判的影响更大。

(三)商务谈判中有无军事背景

商务谈判中，要考虑有无军事背景牵涉其中。有些国家可能将一些军事性手段运用到商务谈判中来。在商务竞争较为激烈的今天，在国家之间的商务谈判中，有些国家往往利用一些军事性手段，比如在客人房间里安装窃听器、偷听客人电话、暗录谈话内容等，这些都会使单纯的商务谈判变得复杂化，在处理有军事背景的商务谈判时应加倍防范。

(四)交易双方所在国之间的关系

1. 友好国家

交易双方所在国若属友好国家，谈判的后顾之忧就少些，谈判中碰到困难可以借助国家干预的可能性就大些，执行合同的可靠性就高。与我国建交，遵守建交时双边签订的各项条约的国家，都可以视为友好国家。但由于社会制度、政治信仰的不同，某些西方国家虽说已与我国建交，但在思想意识形态、政治上对我国采取一定的歧视态度，对于这些国家的交易方来说，我们又不能完全以对待友好国家的态度来对待。

2. 敌对国家

一般来说，在国际商务谈判中所讲的"敌对国家"的概念，与政治外交范畴的"敌对"概念不同。前者主要指没建交和建交后仍持有歧视政策的国家，而后者主要指"面临或正在进行冷战或热战"的国家。在国际商务谈判中的"敌对"有两种情况：一种是没有外交关系；另一种是有外交关系但却持歧视政策的国家。与这些国家的谈判人谈判，受到的限制大，交易的成败自主性小，签约以后履约的难度也大。所以一开始就要审查各种基本条件，如许可证、支付、运输交货方式、验收方式等，而后再开展交易的谈判，否则徒劳无功不说，还可能带来政治影响。

3. 多国关系

多国关系是指商务谈判所涉及的多方买卖国家之间的政治关系。如果甲国与乙国有政治矛盾，而乙国与丙国是很好的贸易伙伴，那么甲国就有可能不愿与丙国做生意。

二、商务谈判的制度背景

(一)法律制度

在一个国家或地区，与商务谈判有关的法律制度背景主要有以下几个方面。

1. 某国的法律制度

该国家的法律制度是什么，是依据何种法律体系制定的，包括哪些内容，这些对商务谈判都有影响。

2. 某国法律制度的执行情况

实际生活中，该国家法律制度的执行情况对商务谈判有影响。现实当中，有的国家是因为本身法律制度不健全，而出现无法可依的情况；有的国家法律制度较为健全，且执行情况尚可；而有的国家则是有法可依，但在执法过程中，不完全是依法办事，而是取决于当权者。

3. 法院受理案件的程序与时间

该国法院受理案件的程序多少、时间长短，该国在依据其他国家的法律进行仲裁时需要什么程序，都对商务谈判有影响。因为对于跨国商务谈判活动而言，一旦发生纠纷，并诉诸法律，自然就会涉及国家之间的法律适用问题。因此必须弄清，在某一国家裁决的纠纷，在对方国家是否具有同等的法律效力；如果不具有同等法律效力，或者干脆无效，那么需要什么样的条件和程序才能具有同等法律效力。法院受理案件的程序多少、时间的长短也会直接影响商务谈判双方的经济利益。谈判双方在交易过程及事后的合同履行过程中，一旦发生争议，经过调解无效，递交法院，就要由法院来审理。如果法院受理案件的程序清晰、速度很快，那么有可能对交易双方的经营活动情况影响不大；相反，如果受理案件的程序不合理，时间拖得很长，甚至一拖就是几年，那么打这样的官司的后果，无疑对双方的经济、精力等方面都是难以承担和忍受的。

(二)经济体制

经济体制包含经济运行机制和国家对企业的宏观控制程度两个方面。

1. 经济运行机制

如果是计划经济体制，那么就要看企业间的交易往来有没有列入国家计划，列入国家计划就表明该项目已争取到了计划指标，可以按计划与其他企业进行交易谈判，这就起码成功了一半。如果没有计划指标，谈判就不会有结果。在市场经济条件下，企业有了充分的自主权，可以决定谈判对象、谈判内容以及谈判结果。

2. 国家对企业的宏观控制程度

这主要涉及企业自主权的大小问题。如果国家对企业宏观控制程度较高，则谈判过程中政府就会干预谈判内容及进程，关键性问题是由政府部门的人员进行决策的。因此，谈判的成败不完全取决于企业本身，而主要取决于政府的有关部门。相反，如果国家对企业宏观控制程度较低，也就是说企业有较为充分的自主权，那这时谈判的成败则主要取决于企业。

第五节　商务谈判的经济文化背景

商务谈判的经济文化背景包括谈判的商业习惯、财政金融状况背景、谈判国家的国际市场地位背景和文化背景三方面。任何谈判都不可能孤立地进行，而必然处在一定的客观条件之下并受其制约。因此，商务谈判的经济文化背景对谈判的发生、发展和结局均有重要的影响，是谈判不可忽视的重要因素。

一、谈判的商业习惯和财政金融状况背景

(一)商业习惯背景

通常情况下，在一个国家或地区，与商务谈判有关的商业习惯背景主要有以下几个方面的内容。

1. 某国企业的决策程序

该国家企业的决策程序对商务谈判有影响。美国企业的决策程序是只需高级主管拍板即可，而日本企业的决策必须向上下左右沟通，达成一致意见后再由高级主管拍板。因此，必须弄清谈判对手所在国家企业的决策程序。决策程序不同，决策时间与谈判风格也有所不同。所以，某国企业的决策程序是谈判者应首先了解的商业习惯。

2. 某国商业习惯中文字合同的重要性

一个国家文字合同的重要性如何、合同具有何等重要的意义、文字协议的约束力如何等，对商务谈判都有影响。有些国家习惯以个人的信誉与承诺为准，有些国家则只以合同约定为准，其他形式的承诺一概无效，这也是谈判者必须了解的商业习惯。

3. 商务谈判中律师的作用

该国家在谈判和签订协议过程中律师起什么样的作用，是必须弄清楚的问题。例如，美国人在参与商务谈判时，总要有律师出场，当谈判进入签订合同阶段时，由出场律师来全面审核整个合同的合法性，并在审核完毕后由律师签字。这是美国的习惯做法，而其他一些国家则有另外的做法，因此商务谈判中律师的作用是必须弄清楚的。

4. 谈判场合双方领导及陪同人员的讲话次序

在正式的谈判场合中，双方领导及陪同人员的讲话次序对商务谈判是有影响的。如果陪同人员只有在被问及具体问题时才讲话，这通常意味着双方的高级领导人已介入谈判之中；相反，如果陪同人员不仅在被问及具体问题时讲话，还在其他时候发言，这表明陪同人员的职权较大，此正式谈判场合并非专为双方高级领导人所安排。

5. 商务谈判中有无商业间谍活动

该国家企业在进行商务谈判的同时，有无商业间谍活动是要弄清楚的。如果确信有，则应该事先研究如何保存机密文件以及其他的防范措施。

6. 商务谈判中有无利益交换现象

在谈判之前，要了解该国家在商务活动中是否存在利益交换现象，如果确定存在，那么要了解其方式和条件。在中国，商业交往中不允许存在此类现象，但我们必须了解谈判对象在这些方面的情况。因为在某些国家的交易中，利益交换和利益输送被认为是违法行为，并有严格的配套法律对此予以追究；而在另一些国家，交易中进行利益交换和利益输送是正常现象，否则就难以做成生意。正因为如此，有些人认为利益交换行为是交易的润

滑剂，是必不可少的。因此，我们一定要弄清楚谈判对手在这些方面的商业做法，以便我们采取相应的对策。

7. 某国对多方竞争谈判的态度倾向

要了解某国对多方竞争谈判的态度倾向，即在某个项目的谈判中该国家是否允许同时选择几家公司作为对手进行谈判，再从中选择最优惠的条件达成协议。如果确信可以的话，再了解影响交易成功的关键性因素是什么，要弄清是否仅仅是价格这一个因素。当几家公司同时竞争同一笔生意时，这种谈判就复杂得多、艰难得多，因而必须紧紧抓住影响交易成功的关键性因素，围绕关键性因素来展开谈判工作，只有这样才有可能取得成功。

8. 某国商务谈判的常用语种

要了解该国商务谈判的常用语种是什么，如果作为客场谈判而使用当地语言，有没有安全可靠的翻译，合同文件能否以两国文字表示；如果可以用两国文字表示，那么两种语言是否具有同等的法律效力等问题。商务谈判离不开语言的交流，用什么语言来交流，对谈判双方来讲都是很重要的，因此，必须选择好合适的交流语言。如果在签订合同时使用双方文字，那么应该具有同等的法律效力。如果为了防止可能产生的争议，而使用第三国文字来签订协议，那么对谈判双方来讲都是公平的。因此我们必须很好掌握商业习惯，以便谈判工作的顺利进行。

(二)财政金融状况背景

商务谈判与谈判双方财政金融状况密切相关，谈判进行时的财政金融状况，如某国的外债情况，货币的汇率变化，股市的涨跌，通货膨胀的升降，国家经济增长的大小，均是国际商务谈判的经济背景。在一个国家或地区，与商务谈判有关的财政金融状况背景主要有以下几个方面内容。

1. 某国的外债情况

交易对象国家的外债情况是需要了解的，如果该国家的外债过高，虽然双方有可能很快达成协议，但在协议履行过程中，有可能因为对方外债紧张而无能力支付本次交易的款项，这便会直接造成双方关系的紧张。因而，对交易对象国家外债情况的了解应该是很重要的一个环节。

2. 某国的外汇储备情况

要弄清楚该国家的外汇储备情况。如果外汇储备较多，则表明该国有较强的对外支付能力；相反，如果外汇储备较少，则说明该国家的对外支付存在困难。另外，在考查某国的外汇储备情况时，还要看该国家出口产品的结构情况。因为一个国家的外汇储备与该国家出口产品的结构有着密切的联系。通常情况下，电子类产品具有较高的附加价值，因而具有较强的换汇能力，如果出口以电子类产品为主，则说明该国外汇储备情况较好；而农副产品及矿产品原材料等属于初级产品，其附加价值是很低的，因而换汇能力就比较差，如果出口以这些产品为主，则说明该国的外汇储备情况较差。通过以上分析，可以很好地把握与该国所谈项目的大小，防止造成由于对方支付能力的局限，而大项目不能顺利完成的经济损失。

3. 某国货币兑换及汇率变动情况

要了解交易使用的货币是否可以自由兑换，如果不能自由兑换，有什么条件限制，汇率变动情况及其趋势如何等问题，这些问题都是交易双方十分敏感且与谈判密切相关的话题。如果交易双方国家之间的货币不能自由兑换，那么就要考虑如何完成兑换以及选择什么样的币种来支付等问题。汇率变化对交易双方都存在一定的风险，不清楚汇率变化，就无法应对合同货币的风险，无法判断成交后的利益情况。如何将汇率风险降为最低，需经双方协商而定。另外，还要弄清某国对外汇汇出境外是否有限制，应怎样才能获取外汇汇出境外的权利等问题。

4. 某国支付方面的信誉情况

在谈判之前，要从各方面了解在国际市场中，交易对象所在国家支付方面的信誉如何，是否有延期支付的情况及延期的原因。了解这些问题，可以帮助我们掌握对方的信誉情况，便于在谈判中采取适当的对策。另外，要想取得该国家的外汇付款，需要经过哪些手续和环节，同样也是必须弄清楚的问题，因为这关系到交易中支付能否顺利进行，以及最终实现支付的问题。

5. 某国适用的税法及相关问题

要熟悉交易对象所在国家适用的税法，具体的纳税法规，征税的种类和方式，与哪些国家签订过有关征税方面的协议，因为这些问题会直接影响到双方实际获利的大小。

6. 其他

要观察股市变化，因为股市变化既可以判断上市企业的状况，也可以了解行业的状况。国家经济形势的好坏会影响劳动力成本、原材料成本、生产风险以及目标成本，因此这些因素都必须了解清楚。

二、谈判国标的的国际市场地位背景

谈判国标的的国际市场地位，即该国的某谈判标的在国际市场上的地位。谈判国标的的国际市场地位有下面几种。

(一)垄断市场

垄断市场是指在同行业市场中，谈判的标的在各方面(如品质、数量、占有率)占有绝对优势。例如，在电动汽车电池行业中，宁德时代的电池销售就占有世界市场的绝对优势，因此其在买卖谈判中的形势就不同。谈判双方围绕这种垄断的形势，决定交易的条件。一方代表可能会强调"垄断的不可谈判性"，而另一方代表可能会在"累积垄断回收利益"上做文章，力争可谈判性。

(二)竞争性市场

竞争性市场一般分为供大于求和求大于供两种。

1．供大于求

供大于求是指商品处于滞销状况，卖方陷入激烈竞争，买方则成为被激烈争夺的对象。谈判双方的突出特点为：卖方推销与买方选择。卖方会卖力推销，让买方确信他的产品优良，会以宣传战开道，然后再争利；而买方则会以"选择"为压力，紧抓不放。

2．求大于供

求大于供是指商品处于畅销状况，或者说标的物处在竞争优势中，买方谈判人应谨慎考虑供求配对，卖家应选择合适的买家。换句话讲，一个是好卖主，另一个则应是好买主。如果某个商品同时有几个买家，也有几个卖家，那么互相选择合适的对手，谈判成功的概率会更高。

三、文化背景及其他

文化背景是指宗教信仰、社会习俗、生活传统、文化水平、文化习惯、社会风尚等，各国的文化背景各有不同，商务谈判活动必须符合当地的文化背景。

(一)宗教信仰背景

在一个国家或地区，与商务谈判有关的宗教信仰背景主要有以下几个方面。

1．某国占主导地位的宗教信仰

了解该国家占主导地位的宗教信仰是什么，对谈判而言很重要。宗教对人们的思想行为是有直接影响的，信仰宗教的人与不信仰宗教的人思想行为大不相同。总之，宗教信仰对人们思想行为的影响是客观存在的，是影响商务谈判的重要因素。

2．某国占主导地位的宗教信仰的影响程度

该宗教信仰是否对下列事务产生重大影响。

(1) 政治事务。比如，该国的党政方针、国内政治形势等是否都受该国宗教信仰的影响。

(2) 法律制度。比如，在某些受宗教影响很大的国家，其法律制度的制定必须依据宗教教义。一般情况下，人们的行为如果符合法律原则与规定，就能够被认可；而受宗教影响较大的国家，人们行为是否被认可要看是否符合该国家宗教的精神。

(3) 国别政策。由于宗教信仰的不同，某些国家依据本国的外交政策，在经济贸易上制定带有歧视性或差别性的国别政策，对某些国家及企业给予方便与优惠，而对另一些国家及企业则做出种种限制。

(4) 社会交往与个人行为。由于存在宗教信仰，因而同那些没有宗教信仰的国家相比，这些国家的人们在社会交往与个人行为方面存在着差别。

(5) 节假日与工作时间。宗教活动往往有固定的活动日，而且不同的国家其工作时间也各有差别，这在制订具体谈判计划及日程的安排时必须考虑。

(二)社会习俗背景

一个国家或地区有着不同的社会习俗，这些习俗会影响商务谈判活动，我们应该充分了解并准确把握。比如，在该国家或地区，怎样称呼、怎样着装才合乎标准及规范，对谈判业务的时间有没有固定要求，对方是否反感在业余时间谈论业务，对社交场合中家人陪伴出席有何看法，社交款待、娱乐等活动通常在哪些场合进行，在公共场合人们能否接受当面批评，人们如何对待荣誉、名声等问题，女性在社会活动与业务活动中的地位，在礼品选择及赠送方式方面有什么习俗等。这些社会习俗都会影响双方意见交流的方式及所采取的对策，是谈判前必须了解的环境因素之一。

(三)其他背景

除宗教信仰背景和社会习俗背景外，其他背景也会对商务谈判活动造成一定程度的影响。

1. 基础设施与后勤供应状况背景

该国家或地区的基础设施与后勤供应状况因素也会影响商务谈判活动。比如，人力资源情况，其中包括劳动力的数量、质量等方面的情况，劳动力费用状况，综合材料费用状况，邮电通信状况，交通运输状况等，这些都必须加以考虑。

2. 气候背景

一个国家或地区的气候状况也会间接地对商务谈判活动产生影响。比如，该国家雨季的长短及雨量的大小，全年平均气温状况，冬夏季的温差，空气平均湿度状况等，都是气候状况因素，都有可能对谈判产生影响。

综上所述，环境背景是商务谈判前必须了解的环境因素，也是谈判前准备工作中的重要内容。

第六节　商务谈判对手的背景

了解并掌握谈判对手的背景信息可以更好地在谈判中掌握主动权。

一、谈判对手的背景

对谈判对手的背景有了一定的了解，就可做到在谈判时胸有成竹。

(一)贸易界客商的不同背景

目前，贸易界的客商基本上可以归纳为以下几种类型。

1. 世界上享有声望和信誉的跨国公司

这类公司资本比较雄厚，往往有财团作为自己的后台支柱力量。比如，美国著名的埃克森美孚(Exxon Corporation)是美国最大的石油公司，也是世界上最大的石油公司，它是世界上第一家销售额突破 1000 亿美元的公司；美国软件巨头微软公司(Microsoft，MS)，是全球最著名的软件商；通用电气公司(General Electric Company)是美国最大的电气公司，也是巨型电工设备制造业跨国公司；美国通用汽车公司(General Motors Company，GM)、德国的西门子电气公司(SIEMENS AG)、日本的松下电气公司(Panasonic)，等等。这些都是世界上的知名企业。这类公司或企业的机构十分健全，通常都有自己的技术咨询机构，并聘请法律顾问，专门从事国际市场行情和金融商情的研究和预测，以及研究技术咨询的论证工作，为企业老板提供运筹和最佳方案的咨询、参考。这类对手一般都有以下特点：很讲信誉，办事情讲原则，工作效率高，对商情掌握得比较准确；在要求另一方提供技术数据时，往往要求准确、先进和完整；由于各方面的要求较高，往往在谈判中提出的问题比较尖锐中肯。因此，如果谈判的对手属于世界上享有声望和信誉的跨国公司，那么就一定要事先做好充分的准备，才能有备无患。

2. 享有一定知名度的客商

这类客商的资本比较雄厚，产品在国内外有一定的销售量。许多靠引进技术、通过改进创新发展起来的这类客商，其产品在国际市场上具有一定的竞争能力。这类对手一般都有以下特点：比较讲信誉，占领我国市场的心情较为迫切，技术服务及培训工作比较好，对于我方在技术方面的要求比较易于接受，对于技术转让和合作生产的条件要求较为优惠。

3. 无知名度但身份资料齐备的客商

这种客商没有任何知名度，但却有能够说明身份的各种资料，如可证明其注册资本、法定营业场所的公证书，还有董事会成员的副本及本人名片等。通过这些我们可确认该客商的基本情况，以及前来参与业务洽谈的谈判者的身份。日本的这类客商往往喜欢通过这种方式来证明自己。

4. 专门从事交易中介的客商

这类客商俗称中间商，也称为"皮包商"，这类客商无法人资格，因而无权签署合同，他们只是为了赚取佣金而为交易双方牵线搭桥。他们没有注册资本的贸易行、商行、洋行等，仅有营业证明；不能提供法人资格、注册资本及法人地址等的公证书，而只能提供有公司名称、职务及通信地址的个人名片。这类客商在东南亚国家和我国香港地区较为多见，美国、日本等国家也有一些。

5. "小公司大招牌"的客商

这类客商多属知名母公司的下属子公司，其母公司往往具有较高的知名度，而且资本雄厚，但其子公司可能才刚刚起步，资本比较薄弱，又无注册资本和法人资格。这种客商常常打着其母公司的招牌专门做些大生意，因而我们对这类客商应当持慎重的态度。在清楚其本来状况的情况下，应主动要求与其母公司进行业务洽谈，也可要求对方出示母公司准予洽谈业务并且承担一切风险的授权书，把好这一关。若母公司与子公司完全是两个自负盈亏的经济实体，根本无任何连带责任关系，和这样的对手谈判并在它的"大招牌"基础上签订一些协议，就真的有可能让这类客商达到"背靠大树好乘凉"的目的。

6. "干私活"的客商

这种"干私活"的客商，利用本人在公司中的身份搞非其所在公司的业务，甚至搞非公司经营类业务的其他交易。这类客商往往在某公司任职，但他往往是以个人身份进行活动，关键时刻打出其所在公司的招牌，干着纯属自己的额外的买卖，以谋求暴利或巨额佣金。这类客商国内外都有，必须严加提防，避免被牵连进经济纠纷中；否则，一旦上当，就会追悔莫及。

7. 骗子"客商"

目前这类"客商"的数量几乎是呈上升趋势，他们自己私刻公章，搞假证明、假名片、假地址，专门从事欺骗活动。他们可以一身兼数职，今天是这个公司的经理，明天又是另一家公司的董事长，甚至连姓名都在变。这类人往往无固定职业，只会采取拉关系、行贿赂、请客送礼等手段，先让受骗者产生好感，然后便是骗取其财产，最后一走了之。他们的活动范围往往是我国经济发展较为缓慢的偏远地区。对于这类"客商"，我们应保持冷静的头脑，辨别其本来面目，谨防上当。

总之，在国内外技术、商务业务谈判之前，必须对客商的资格、注册资本、法定营业地点和谈判者本人等情况进行审核，并请客商出示公证书来加以证明。客商的资本、信誉情况、法定营业地址、洽谈人员的身份以及经营活动范围等，都是进行谈判的基础，应先对其予以审查或取得旁证，而后再考虑开始谈判；倘若在许多问题尚未弄清之前即开始谈判，其结果势必给谈判带来麻烦甚至给我方带来经济损失。

(二)商务谈判对手的资信背景

对谈判对手资信背景的审查是谈判前准备工作的重要环节，是我们决定谈判的前提条件。资信审查要对谈判对手的资信状况进行审核，确认其资信是否符合我方要求。谈判对手资信背景包括两个方面：一是客商的合法资格；二是客商的资本信用和履约能力；

1. 客商合法资格

客商的合法资格包括两个方面：一是客商的法人资格；二是前来谈判的客商的代表资格及其签约资格。对于法人资格，可以通过对方提供的有关文件来审查，如法人成立的注册登记证明、法人所属资格证明。我们在取得这些证明文件后，首先应通过一定的手段和途径验证其真伪，在确认其真实性之后，再查清以下几方面的问题。①要弄清客商法人的组织性质，比如，是无限公司、有限公司、两合公司、股份有限公司，还是股份两合公司；是母公司、子公司，还是分公司，这些问题一定要了解清楚，因为公司的组织性质不同，其所承担的责任是不一样的。②要弄清对方的法定名称、管理中心地点及其主要的营业场所。有些公司注册地点与实际营业地点完全不同，发生经济纠纷的时候很难找到对方的行踪，这是有前车之鉴的。③要确认其法人的国籍，即其受哪一国家的法律所管辖。这同样涉及事后发生矛盾时，应该运用哪国法律来约束对方。一般来讲，前来洽谈的客商可能是公司的董事长、总经理，但更多的情况是公司内部的某一部门的负责人。从法律的角度来讲，只有董事长或总经理才能代表其公司或企业对外签约，公司或企业对其工作人员超越授权范围或在根本没有授权的情况下对外发生经济联系所产生的结果是不用负任何责任的，这就全靠我们自己严格把关，防患于未然。在国际上经常有下述情况发生：某一公司或企业的职员以其公司或企业名义，到处招摇撞骗，拉拢业务并签订协议，从中牟利，却很少履行协议。因此，在签约之前，我们一定要要求对方出示法定代表资格的文件，如授权书、委托书等证明材料，以证明其确实是合法的代表人。

2. 客商的资本、信用和履约能力

客商资本、信用和履约能力是资信背景的重要组成部分。客商资本状况主要是从客商的注册资本、资产负债表、收支状况、销售状况和资金状况等有关文件中反映出来的，这些文件既可以是由公共会计组织审计的年度报告，如会计师事务所出示的审计报告等，也可以是由银行、资信征询机构出具的证明材料等。通过对客商商业信誉与履约能力的了解与审查，可以弄清客商在以往经营活动中的表现，包括公司的经营历史、经营作风、产品的市场声誉、与金融机构经济往来的财务状况以及与其他公司或企业之间的交易关系等。

(三)谈判双方的谈判实力背景

这里所讲的谈判实力与一般意义上的企业实力既有区别又有联系。谈判实力是指影响双方在谈判过程中的相互关系、地位和谈判的最终结果的各种因素的总和，以及这些因素对谈判各方的有利程度。企业实力是指一个企业从总体上看，其企业规模、技术水平、人员素质、市场占有率等方面处于何种水平。企业实力是构成谈判实力的潜在基础，并不一定直接构成谈判实力。比如说，如果谈判内容正好是某家通常实力很强的企业的薄弱之处，那么，这个企业的谈判实力就会变弱。可见，就一般情况而言，企业实力强会有利于形成和强化其谈判实力；但是，谈判实力强的企业也不一定就说明企业实力一定强。

通常情况下，影响谈判实力背景的因素有以下几个方面。

1. 交易内容对双方的重要程度

业务谈判的成功标志着谈判双方都得到了一定的好处，但这并不说明交易内容本身对各方面的重要程度相同。实际上，交易内容本身对双方来讲，其重要程度往往各不相同，这就决定了双方谈判实力上的差异。一般来说，交易对某一方越是重要，即该方越希望成交，那么该方在谈判中的实力就越弱；反之则越强。比如，在货物买卖业务谈判过程中，若卖方的产品较为紧俏，而买主又急于购买此产品，这时，对于卖方来讲，其谈判实力就强，因为卖方不愁卖不掉货，反而是买方会因为担心买不到产品而着急。

2. 各方对交易内容与交易条件的满足程度

业务谈判双方对交易内容与交易条件的满足程度是存在差异的。某一方对交易内容与交易条件满足的程度越高，那么该方在谈判中就越占优势，也就是说，该方的谈判实力就越强。比如在货物买卖谈判中，如果卖方在货物的质量、数量、交货时间等方面的供给越能够满足买方，那么卖方的谈判实力就越强，因为买方在这种情况下无法提出一些使对方在价格上让步的理由。

3. 双方竞争的形势

在业务往来过程中，很少出现一个买方对应一个卖方的一对一现象，而经常是多个买方对应多个卖方的情况。很显然，如果多个卖方对应较少的买方，即属于买方市场状况，这时无疑是买方谈判实力强，而卖方谈判实力弱；反之，如果多个买方对应较少的卖方，即属于卖方市场状况，在这种情况下，显然卖方谈判实力强，而买方谈判实力弱。

4. 双方对专业知识及商业行情的了解程度

某一方如果对交易本身的专业知识及商业行情了解得越多、越详细，那么该方在谈判中就越是处于有利地位，也就相应地提高了自身的谈判实力；反之，如果对专业知识及商业行情了解甚少，其谈判实力显然较弱。例如，在一个问题上专业人士要比非专业人士的谈判实力强，就是因为专家的专业知识及对相应的商业行情的了解程度都要强于非专业人士。我们知道，专业知识及商业行情是极为宝贵的资源，它可以转化为财富，这在商务谈判过程中是非常明显的。换言之，我们只有在掌握了充分的市场信息行情及专业知识的前提下，才有可能制定出有针对性的谈判战略和战术。

5. 双方所在企业的信誉与实力

从企业的信誉角度来看，企业的商业信誉越高，社会影响越大，则该企业的谈判实力就越强。特别是当支持和影响谈判的因素越有利时，该方的谈判实力也就越强。在消费生活方面，像上海、北京等地的大型零售商业，尽管其经营的商品可能在价格上高于其他小型零售商业，但消费者还是乐于光顾，这完全是因为大型零售商业名气大、牌子响、讲信誉，得到了消费者的厚爱与信赖。另外，从实力来看，实力强的企业拥有和掌握着比较多的人力和财力资源，能够承受旷日持久的磋商谈判，而且一旦发生经济纠纷，也能及时进行法律诉讼，因而这类企业比一般企业的谈判实力要强。

6. 双方对谈判时间的态度

业务洽谈的某一方如果特别希望早日结束谈判，并且达成协议，那么时间因素的限制就大大削弱了该方的谈判实力。因为该方由于时间限制，不得不接受某些对其不利的让步，甚至不利的谈判结果。比如，对于季节性较强的商品，卖方往往为了在一定的时间内出售，会不惜大幅降价进行推销，这种时间的限制，削弱了季节性商品卖方的谈判实力。现如今，有些过季商品并不过时，于是买方抓住了卖方在时间上的弱点，专门进行过季消费，这已成为一种新的消费潮流。

7. 双方谈判策略与技巧的运用

在商务谈判实践中，经常出现这种现象，即我方本来在该项目谈判中并不占优势，最后反而出乎意料地取得了很好的谈判效果，这主要是因为我方在谈判艺术与技巧方面运用得当。事实上，谈判人员如果能充分地调动有利于己方的因素，并尽可能避免不利的因素，那么该方的谈判结果就大有保障。谈判策略与技巧越是高超，谈判实力就越强。可见，双方的谈判实力，必须在考虑了以上诸多因素的影响之后，综合予以评价。在确定了双方的谈判实力之后，便可采取一定的措施筹划正式的谈判活动。

二、人际关系背景

人际关系在复杂的国际商务谈判中扮演着至关重要的角色，有人把它称为"润滑剂"和"催化剂"。在国际商务谈判的背景下，人际关系涵盖了谈判者之间、谈判者所属的国家或地区、企业、公司、部门的领导以及行政管理人员之间的关系。这些关系可能是个人层面的，也可能是法人层面的；可以是近期建立的，也可以是历史遗留的关系。从历史角度划分，人际关系可分为初次交易关系和多次交易关系两种。

(一)初次交易

初次交易即第一次谈判。双方不认识，也没有交易历史。这一点对谈判人有不利的一面。因为陌生和不了解会花费谈判人员更多的时间，延迟谈判进程。在初次交易中，要起步不乱，不能因为不了解而草率行事。在初次谈判中，谈判的特点是：以敬为上，摸底为先，战而不激，收而不死。具体做法为，谈判手互相表示敬重，力求留下好印象，让对手放松警惕，制造自由谈话的环境，为后面的谈判创造气氛。话题既可以是与谈判标的相关的内容，也可以是对方的谈判目的。初次交手时，要意见明确，立场坚定，但不刺激对方。在遇到对方的攻击时，不要正面回击，要营造温和的气氛，维持初次合作的美好印象。无论结果如何，谈判的收场不做绝对的答复，既不完全否定，也不完全肯定，除非自己的谈判目标完全实现，对方又对谈判结果满意，才可以明确表态。不宜做断然的评价，要以"光明、可能与机会"等评价来收场，争取以后在熟悉时再谈判。

(二)多次交易

有过交往的谈判手对对手总有一些"底数"，如对手的习性、风格以及个人的经历等，这些都会给谈判者以信心。因此，一般在交易桌上、桌下气氛都较为友好、随便。老对手经历了以往的谈判，彼此之间有了一定的了解，有了共同的语言，双方更容易适应对方，也更容易抓住合适的机会实现自己的目标。多次交易的谈判特点体现为：直截了当、随便，但也会给予足够的重视；或者会带"个人色彩"，甚至会使用"不公开手法"。前者为正常的、健康的谈判特征，它是多次交易的结果；后者是不正常、违法的，它是由于人的弱点而导致的。

前者会使交易长期稳定并得以发展；后者则会使交易陷入泥潭无法继续下去，甚至会出现合同纠纷和其他不愉快事件。交易双方相熟后谈起来比较随便，成交也方便。但相熟后，个人交往成分变重，"私人"色彩过浓，就有可能使谈判脱离集体、组织的控制。在私下交往中，双方都有可能会利用对方人性的弱点，博取更大的利益。比如，一方在企业利益上让一大步，而另一方则为他个人组织免费或半免费的多国旅行；或者一方要另一方多给佣金回扣，然后再将部分回扣退回给另一方谈判代表个人。这种交易谈判就已从公开转入"地下"。从大量事例来看，这种交易都会是"短命的"，他们的行为终将使他们走入自己挖的坑中。但也的确有一些"老朋友"式的谈判比较成功。比如，只要是某某熟悉的谈判者参加谈判，双方就都有信心，而且对提出的条件都会互相予以考虑，这对双方业务发展就会很有好处。但这些"老朋友"谈判的最大特点就是"公开性"，谈判从不回避第三者，或者反过来说，总有其他的人员陪同。谈判的结果业内也认为客观、公正。成功的谈判要善于运用"熟人"的优越条件。即使在掺杂了"熟人"之间私人利益的方式下谈判，只要"分寸"掌握得当，对谈判结果而言也是可以避害趋利的。有的谈判通过中间人进行，属于中间斡旋交易，中间人一般被视为"缓冲器"。不论有什么情况产生，都可通过该"缓冲器"予以周旋。那么，在斡旋交易中，该中间人的斡旋能力取决于他与双方的熟悉程度，以及其地位、工作能力及人际交往能力。据此，对中间人也要作"初交""深交"的分析，并按分析的结果来指导谈判。

本 章 小 结

本章主要讲述商务谈判的基本原则、商务谈判的价值评价标准及商务谈判的具体程序和步骤。在此基础上，通过了解商务谈判的文化背景及对手的背景，可以更有针对性地掌握商务谈判的程序。

复习思考题

1. 商务谈判的基本原则是什么？
2. 商务谈判程序包括哪些阶段？
3. 商务谈判的价值评价标准包括哪些内容？

案例分析题

拉塞尔谈判目标的实现

20 世纪 40 年代，美国电影明星拉塞尔与制片商休斯签订了一份为期 1 年的价值 100 万美元的雇佣合同。拉塞尔因为自己日常开支有一些困难，于是要求休斯按时付款。到了年底，拉塞尔找休斯履行合同，休斯说他没有现金，要她等一等。

在这个时候，拉塞尔首先想到的是合同具有法律性，但休斯资金周转不畅又是事实。如果诉诸法律，对双方都没有任何好处。后来，拉塞尔以双方的共同需要、共同利益作为出发点想出妙策，经过协商，修正合同，双方签订了有利于双方的协议，即雇佣金由 1 年付清改为 20 年付清，每年支付 5 万。这样，拉塞尔就有了每年 5 万的稳定收入，不必再为日常开支所困扰，而休斯也因此缓解了资金周转的困难。

拉塞尔与休斯谈判之所以取得成功，就是因为她考虑了双方的共同需要、共同利益，这正是谈判走向成功的基础。

拉塞尔要求休斯按照合同办事，如期付清雇佣金本是合理合法的，但是休斯资金周转不畅也是客观事实，并非休斯有意拖欠。在这个时候，拉塞尔如果诉诸法律，她无疑会赢得胜利，但同时，拉塞尔只会看到休斯接受法律的制裁，而她自己也会因此而失去一笔可观的收入。那样双方都没有半点利益可谈。在这个时候，拉塞尔所想到的修改合同办法确实是一个"妙策"，既解决了休斯支付现金的困难，拉塞尔自己在这 20 年中也有了一笔可观的固定收入。

　　拉塞尔考虑了双方的利益，做了必要的让步，最后也保证了自己的利益。这是她明智的地方，也是她成功的关键。由此可见，在谈判过程中，不要只追求眼前利益，而要立足于长远，从互惠互利的原则出发，方可促使可能失败的谈判走向成功。

　　(资料来源：拉塞尔·科罗布金. 谈判尺度：在博弈中实现双赢[M]. 北京：中信出版集团，2021.)

思考：

1. 拉塞尔运用哪些策略保证了目标的实现？
2. 根据案例资料为拉塞尔设计几种可能的谈判方案。

第三章

商务谈判的有关理论

微课视频

人类的任何一种有意识活动，都可以通过长期的实践经验积累而形成理论，从而对实践产生重要的指导作用。商务谈判虽然在直观上表现为技巧和方法的运用，而实际上，最重要的是首先要掌握其基本理论。商务谈判理论是对最富实践性的谈判活动方法的高度概括和抽象，它能够帮助我们理清谈判思路、分析谈判形势、驾驭谈判进程，从而提高谈判的成功率。

第一节　当代主要谈判理论概述

谈判活动是由人来进行的，如果谈判者仅注重谈判内容的重要性，而忽视了对于参与谈判的人的研究，就很难全面把握谈判的主动权。对于人的研究几乎是中外谈判理论家们研究中最重要的内容，它涉及的面最广泛，而每一方面的研究又需要运用相应的科学理论与方法。对于人的问题(特别是心理、行为、文化、信仰等)的研究，无疑会对谈判者处理好在谈判活动中人与人之间的关系，制定出有利、有效的谈判方案有一定指导作用。心理学作为研究人的心理及行为的专门学科，无论是过去、现在还是未来，都将在人的心理及行为研究方面占有极其重要的地位。

心理学的一些基本理论和观点常常被谈判学者引入谈判理论的研究领域，作为某些谈判理论的基础。例如，美国心理学家亚伯拉罕·马斯洛于 1954 年提出了马斯洛需求层次理论，即人类行为源于五种需求，分别为生理需求、安全需求、社交需求、尊重需求和自我实现需求。尽管近年来理论界对其研究(特别是实证性研究)有了新的发展，但马斯洛需求层次理论仍然不失为具有一定指导意义的基础理论。

还有一种叫作"相互性原则"的理论极为精辟地描述了人类行为与交往中的普遍现象和规律。"相互性原则"认为，如果对方对我们表示出尊重、喜欢与亲密，通常他也会得到我们的尊重、喜欢与亲密；反之，对方若敌视我们，他也必将会受到我们的敌视。在相互尊重、喜欢与亲密的心理基础上，对话者常常不会那么固执己见。将上述原理总结并应用到谈判领域的尼伦伯格，在 1971 年与亨利·卡莱罗合著的《如何像读书一样读人》(*How to Read a Person Like a Book*)和他自己所写的《谈判的艺术》(*The Art of Negotiating*)中，系统地提出了"谈判的需要理论"，并成为该理论的代表人物。由于人类的每一种有目的的行为都是为了满足某种需要，但就"需要"本身而言，有些是显现出来的或直接的，而有些则是潜意识的或隐藏的。不论谈判主体在表达需要时以什么方式描述，如果不存在某种未满足的需要和满足这种需要的可能性，人们就不会走到一起进行谈判了。"谈判的需要理论"认为：谈判的前提是，谈判各方都希望从谈判中得到某些东西，否则各方会彼此对另一方的要求充耳不闻，各方当然不会再有必要进行谈判了。即使谈判仅是为了维持现状的需要，亦当如此。"谈判的需要理论"的作用，在于它能促使谈判者主动地去发现与谈判各方相联系的需要；能引导谈判者对驱动着对方的需求加以重视，以便选择不同的方法去迎合、改变或对抗对方的动机；能在此基础上去估计每一种谈判方法的相应效果，为谈判者在谈判中进行论证和辩护提供广泛的选择空间。

英国谈判学家马什通过对谈判结构与程序的研究，提出了一套比较完整的从事商贸谈判的策略及谈判的数学与经济分析方法。马什在他的"谈判结构理论"中把谈判划分为六个阶段：谈判计划准备阶段、谈判开始阶段、谈判过渡阶段(对谈判开始阶段的回顾、总结)、实质性谈判阶段、交易明确阶段、谈判结束阶段。

马什通过大量研究发现，在谈判的不同阶段，谈判活动显示出明显的阶段性特征和大致相同的规律性。如果谈判者注意把握住这些特征和具体谈判活动的特殊性，将整个谈判过程当作一个系统来规划，进行谈判计划的制订与决策，对谈判方案进行选择与评估，确立谈判的终极目标并形成每次谈判的具体目标，确定初次报价水平和讨价还价的范围与限度，对合同争议进行分析并采取相应措施，分析研究谈判环境因素的影响，确定谈判团队的人选、协作、职责、任务以及谈判信息的传递方式与保密工作等，并在各个阶段充分运用心理学、数理统计学与对策论的知识与方法，对谈判进行必要的数学与经济分析，根据谈判计划原则与策略的要求，采取一切可能的措施、技巧、规定等正式与非正式的手段，就可以有效地实现谈判目标。

与马什同时代的另一位英国谈判学家比尔·斯科特，作为英国政府机构的谈判顾问和著名的咨询专家，曾为澳大利亚、新西兰、瑞典、南非、挪威、芬兰、新加坡等国家培养了大量的业务谈判能手。斯科特在谈判研究中，十分注重谈判技巧，并有一套独创的"谈判技巧理论"。他通过总结来自不同国家、不同企业的四百多位从事商贸谈判的专家的亲身经历和经验，认为谈判技巧就是谈判者在长期的商务实践中逐渐形成的以丰富实践经验为基础的本能的行为或能力。

谈判技巧是以心理学、管理学、社会学及对策论等为指导形成并在实践中锻炼成熟的。谈判技巧理论将谈判方针归纳为三种：谋求一致的方针、皆大欢喜的方针、以战取胜的方针。在不同的条件下应当采取不同的谈判方针，这些方针的实施也需要相应的技巧的配合。

谋求一致的方针是使谈判形式、谈判气氛尽量具有建设性的一种积极的谈判方针。由于商务谈判各方主要谈判目的是达成某种协议，因此谋求一致的方针力主各方通过共同努力，寻求互利互惠的最佳谈判结果。建立良好的谈判气氛，使谈判有一个顺利的开端，为各方融洽地合作打下基础，这一切都要求谈判者善于相互沟通，能够巧妙地施展人际关系，如进行个人的私下接触；组织一些有助于营造良好气氛的活动等。在这些过程中，谈判者的仪表、举止、气质、魅力、待人接物方式、身份等起着至关重要的作用。尽管谈判者希望能谋求一致，但由于种种原因，往往不得不采用更能获利的方式。但这样做往往会因极可能损害别人的利益而遭到对手强烈的反对。

皆大欢喜的方针主要就是以谋求谈判各方都可以接受的、折中的谈判结果为目的的谈判方针。它认为，谈判各方由于多种原因去追求各自的利益目标，绝不意味着要去损害别人的利益，以他方的损失为代价。努力使谈判的有关各方分清这一界限，有助于在理解互谅的基础上取得各方都能够接受的结果。

以战取胜的方针主要是以战胜对方为最终目的的谈判方针，即通过一场尖锐的冲突，以一方失败另一方胜利而告终(如战争调停、民事纠纷、劳资谈判、经济仲裁等)。应对这种谈判，谈判者必须小心谨慎并具备不同的技巧。斯科特认为，由于技巧的运用反映着一个谈判者个人的水平，并且谈判者个人之间存在着个性和谈判作风等方面的差异，所以谈判者应该尽量地具备一套符合自己特点的技巧，最大限度地去发挥自己的能力，不必非要去掌握那些我们不习惯或不愿意具备的技巧。斯科特极力推崇不论以什么样的技巧来配合实施谈判方针，谋求一致的谈判方针都应该是优先考虑的这一观点。谈判过程既是自身意图实现的过程，也是一个不断调整这种意图以及相应的手段的过程。

美国谈判学家约翰·温克勒虽然也是以研究谈判技巧为主，但他在《讨价还价技巧》(*Bargaining for Results*)一书中，却明确地提出"谈判实力理论"。温克勒认为，谈判技巧运用的依据和成功的基础是谈判实力，建立并加强自己谈判实力的基础又在于对谈判的充分准备和对对方的充分了解。技巧的运用与实力的消长有极为紧密的关系，这实际上为我们指出了一种思路：谈判者必须注意从一开始就探索彼此的力量，采取一切可能的措施增强我方实力，以为更加有效、灵活地运用技巧打下基础。

作为一种策略，温克勒还根据商务谈判的特点提出了具有普遍适用性的"价格—质量—服务—条件—价格"循环逻辑谈判法则，即在谈判中，如果对方在价格上打压你，就和他们谈质量；如果对方在质量上苛求你，就和他们谈服务；如果对方在服务上挑剔你，就和他们谈条件；如果对方在条件上逼迫你，就和他们谈价格。这种策略性原则并非简单的谈判技巧运用规范，而是一种灵活的思维方式。谈判因素及内容的变化也并不是如文字表述的那样机械，而是根据实际情况做出及时的调整。温克勒的理论具有现实的指导作用，特别是在经营管理方面有较高的应用价值。温克勒在谈判理论上的另一研究成果，是他根据谈判过程的特点和谈判领域中具有共性的实践问题，总结并提出的谈判十项原则，具体内容如下。

第一项原则：不轻易给对方讨价还价的余地。如果遇到的问题大致是确定性的，就应努力使自己处于一种没有必要进行谈判的地位，或至多只能在细节问题上交涉，而不可轻易动摇核心问题。谈判者在缺乏充分准备的情况下应避免仓促参与谈判。在条件允许时，应事先进行一些调查研究工作，努力了解对方的当前状况、利益所在、面临的问题是什么，以及谁是对方决策的关键人物等。特别是在谈判的初始阶段，双方的接触对整个谈判的影响极大。

第二项原则：一定要在充分准备后再进行谈判。那些进行了充分准备和调查研究的谈判者，他们的出场将分外有力；反之，如果谈判者不懂得这种博弈知识，那么在未来的谈判中，他们的地位将是极其不稳定的。

第三项原则：在涉及调整交易条件时，谈判者要尽量通过给予对方心理上更多的满足感来增强谈判的吸引力。特别是当谈判对各方都存在若干约束条件、谈判出现争执或僵局、谈判的核心问题与细节问题相互纠缠，或经验丰富的谈判者与一个谈判新手交涉时，这一原则尤为有效。

第四项原则：谈判者在向对手展示自身实力时，不应操之过急，而应尽量以暗示的方式进行。可通过我方人员配合扮演特定角色、借助第三方"客观"影响，或利用舆论压力等途径，达成有效展示。

第五项原则：要善于为对手制造竞争环境，让对手们彼此之间去竞争。而对于自身的竞争者，不要惊慌失措。

第六项原则：谈判者要给自己在谈判中的目标和机动范围留有适当的余地。当要向对手提出交易条件时，应提出比谈判者原预想的目标稍高的要求(而不应恰好处于原预想目标上)；当要向对手作出让步时，应提出比原预想的目标稍低的要求(而不应恰好处于原预想目标上)。谈判者从职业的要求上，应尽量做到让步求稳，要让在明处、取在暗处，小步退让、大肆渲染，对等让步。

第七项原则：谈判者要充分注意谈判信息的搜集、分析、传递与保密的重要性。谈判者是在特定社会环境下工作的人，不能轻易把自己的要求与条件完整透彻地告诉对方。这就要求谈判者在参与谈判时，只有在十分必要的情况下才能将有关的想法一点一点地透露出来，任何时候谈判者都不应暴露自己正在承受的压力。

第八项原则：在谈判中谈判者应注意多听、多问、少说。谈判虽然在一定程度上包括了演讲，但它毕竟不能等同于演讲。演讲的目的是要把自己的想法和主张告知听众，而谈判的目的除了这些，还要通过与对方的交涉实现自己的目标，这就要求谈判者必须尽可能多地了解和熟悉对方。多听、多问有助于掌控谈判双方关系，引导对方进行反馈，进而对其反馈的信息进行分析研究，制定相应的谈判策略与方法。

第九项原则：要与对方所希望的目标保持接触。谈判者无论提出什么样的要求，都应与对方希望的目标保持一定的距离。如果双方的要求之间差距太大，那么在提出条件时也应该有所保留。谈判者可以通过制造机会、寻找借口、变通的形式、第三方等把信号传递给对方。

第十项原则：要让对方从开始就习惯于你的大目标。谈判者不应一遇困难就轻率地放弃自己所期望的目标，而应逐步学会利用公共关系的手段让对方适应我方的大目标，当你的形势较有利而且对方很需要你的时候更应如此。

温克勒极为重视谈判行为对谈判的影响作用。他认为："谈判过程是一种社会交往的过程，与所有其他社会事务一样，当事人在谈判过程中的行为举止，对于谈判的成败至关重要，其意义不亚于一条高妙的谈判策略……谈判者在谈判中的行为将被看作他所代表的组织的素质中最具有说服力的标志。"

随着谈判领域的迅速扩大，谈判内容日益复杂和谈判对象的多元化，谈判理论也面临着更大的挑战。

哈佛大学工商管理学院和肯尼迪政治学院教授、哈佛大学谈判培训中心主任、国际问题分析研究所所长霍华德·雷法采用对策论与决策分析的方法，系统地研究了各种不同类型的谈判的特点，对谈判原则与第三方介入的问题提出了独到的见解。雷法根据哈佛大学法律学院教授罗杰·费希尔等人的研究成果，为哈佛谈判研究计划的总结奠定了理论基础。自 20 世纪 60 年代末开始，有不少专家出于对未来发展的考虑，都致力于研究能够使谈判者在更加理性、更为公平的环境中简单而有效地进行谈判的新的谈判方法。同时，摒弃不择手段的诡辩伎俩和过分依赖谈判者个人能力的传统谈判思维，谈判者亟需更为高明和更加实用的理论来指导实践。经过数年的探索，费希尔等人于 20 世纪 70 年代末期提出了一种普遍适用的谈判理论，这种理论主张不从传统的角度去研究谈判过程，不采用诡计，也不故作姿态，而是根据价值和公平的标准达成协议。它既能使谈判者得到希望的结果，又能不失风度。由于这种理论所强调的是价值与公平，因此它对人是极其友善的。这种理论的雏形为价值谈判法(negotiation on the merits)，后经费希尔、尤瑞、雷法等人发展完善成为原则谈判法(principled negotiation)。美国的埃德加·沙因于 1969 年写的《磋商程序》(*Process Consultation*)，穆顿与布莱克于 1978 年合著的《新管理方格》(*The New Managerial Grid*)，苏珊·莱尔逊写的《企业家必读——M. B. A 速成》(*Crash Course The Instant M.B.A.*)以及英国著名律师帕特里克·赫恩(Patrick Hearn)于 1978 年写的《成功的商务合同谈判——商人指南》(*Successful Negotiation of Commercial Contracts—A Bussinessman's*

Guide)等，都对谈判领域产生过深刻的影响，现如今仍对具体的谈判活动起着有效的指导作用。

如今，随着谈判学研究领域的扩展，比较谈判学研究、谈判史学研究等更加活跃，已开始出现一些更细的分支研究领域。早在 20 世纪 80 年代初，美国兰德公司特约研究员、记者卢西恩·W. 帕伊就通过对中国与西方的谈判作风、特点、习惯做法及其差异等的比较研究，较系统地阐述了社会制度、文化观念、个人气质、谈判环境及谈判心理等对谈判风格的影响。他认为一个国家在谈判中所表现的谈判风格和做法，将对这个国家与其他各国的交往产生深远的影响，他还在此基础上进一步提出了针对性谈判原则。

第二节　谈判的需要理论

根据心理学所揭示的规律，任何意志行动都是由一定的动机引起的，而动机又是由某种需要所引起的。在商务谈判中，需要和对满足需要的渴望是谈判的共同基础。谈判者作为企业的代表，他所表现出来的各种动机、行为和态度，既要围绕企业的需要，也要受他们自身需要的驱使。因此，了解谈判人员的需要，探索谈判人员行为的内因，可以预测并控制谈判行为，使谈判能更好地达到预期目标。

一、需要、动机与谈判

所谓需要，就是人的自然和社会的客观需求在头脑中的一种反映。人既是生物有机体，又是社会的成员。人类为了生存和发展，对衣、食、住、行以及生育产生了需求，这属于生理需求或自然性需求。此外，还有对生产劳动、交往、友谊、信仰、理想等方面的需求，这是超越生理的需求，属于社会性需求。需要是人的一种主观意念，是人的一切行动的原动力。需要和对满足需要的渴望是一切谈判的共同基础。谈判的前提是参与各方都为自己的需要所驱动，都期望通过谈判得到某种利益，得到某种东西。如果不存在还没有满足的需要，那就不会与他人坐到一起去谈判。例如，在商务谈判中，买方希望以最低廉的条件换取货物或服务，来满足自己的消费需求；而卖方则希望以最理想的条件出售货物或服务，来满足自己对货币的需求。谈判双方都有通过谈判满足自己需要的愿望。

所谓动机，就是促成人们去满足需要的一种冲动。心理学上把人们经常以愿望、兴趣、理想等形式表现出来的激励人们行动的主观因素叫作动机。需要是动机的直接原因，而动机是行为的直接原因。因此，动机是人们进行活动的直接推力。动机一旦形成，人们将为实现动机而进行一系列活动。动机在人的谋略参与下，可能会以各种各样的方法来达到不同的活动目的。动机是一种心理倾向，它表明个体已经与需要相适应的客体建立了心理上的联系。动机是头脑中的动态意向，因此，动机一旦形成，必然引起行为，而行为也必然反映着动机。

人们从事活动的积极性是由动机推动的，行为的动机又是由个体的需要所激发的，然而需要和对满足需要的渴望又是一切谈判的共同基础。因此，谈判人员只有了解对方的真正需要和真实动机、明确动机与需要之间的关系，才能预测对方的行为，进而采取适当的策略和技巧去引导对方的行为，调动对方达成协议的积极性。

谈判人员的需要是在其与客观环境的相互作用中，在其活动中产生的，而动机则是由需要所激发。引起谈判人员的动机的主要因素有三个方面，即内部动力、目标引力和外界压力。

内部动力涵盖迫切需要、有效兴趣、理想追求、坚定信念、牢固世界观等要素。这些因素都可以促使人们产生活动的动机。需要是动机的基础和前提，动机是需要的表现和反映。内部动力的各个方面，不同程度地反映着谈判人员的需要。动机的产生仅有内部动力还不够，还必须有外部条件刺激，心理学上称之为激励或诱因。

目标引力和外界压力属于外部条件。目标引力主要包括适宜的刺激强度，新奇、有效的工作，利于个人发展的条件，领导的信任，和谐的人际关系，优厚的生活待遇，舒适的工作环境，合理的报酬、奖金等。实践证明，这些条件越充分，对人的吸引力越大，越能激发人的积极活动的动机。外界压力主要包括必须履行的职责，领导、同事以及亲友的期望，上级的督促检查，组织的批评惩罚，强大的群众舆论等。外界压力是有形无形地强加给人的一种力量，这种力量迫使人们前进，同样能使人产生动机。

一般来说，动机强度大小与上述三种力量大小是成正比的。其中，目标引力起激励作用，外界压力起鞭策作用，内部动力起决定作用。虽然这三种力量的作用各不相同，但是它们又可以互相影响。只有三种力量同时发挥作用且方向或目标一致，才能使人产生积极、稳定、有力的动机。

通过上述分析可以看出，在谈判问题上动机具有两方面的作用。一方面，动机具有行动性的作用。谈判人员产生动机之后，能对其行为产生推动作用，具体表现为积极采取谈判行动，加强交流磋商，直至达成协议。另一方面，动机又具有选择性作用。它能帮助谈判人员确定自己的努力方向。在正确方向的指引下，动机是促使谈判行为不断进展的健康因素。谈判人员应该注意随时采取有力措施，使用策略和技巧，增加对方的动机强度，这将有利于谈判成功。

动机与需要的关系具有一定的规律性。当人们产生某种需要，而这种需要还没有得到满足时，就会产生一种不安或紧张的心理状态。在遇到能够满足需要的目标时，这种紧张的心理状态就有可能转化为动机，由动机推动人们去从事某种活动以达到目标。当目标实现时，紧张的心理状态就会消除，需要得到满足。这时，人又产生新的需要。这是一个循环往复的过程，使人不断向新的目标前进。

在需要、动机与谈判的关系问题上，谈判人员有时虽然有了需要，但因遇到的可以满足需要的目标不能使他满意，这时，需要并没有激发动机，因此，他不会去进行谈判活动。例如，夏天到了，某个还没有冰箱的家庭有购买冰箱的需要，但看到的某一品牌的冰箱样式不理想，价格也偏高，因而不想去购买这种冰箱。这就是说，他的需要并未激发出购买的动机。由此可见，需要转化为动机还要受到客观对象及复杂的其他社会意识的制约。如何使谈判人员的需要激发谈判动机，从而采取谈判行为，是谈判学要重点解决的理论问题。另外，当人们的需要未被其本人明确意识到时，这就是一种潜在的需要，而这种潜在的需要，在某种场合条件下，仍然可以成为其行为的动机而发生作用。例如，一个效益很好的工厂，没有明确意识到更新技术的需要，可是当他们听说某种技术可以进一步提高效益的时候，便产生了引进这种新技术的动机。由此可见，在谈判过程中进行广泛深入的信息交流，可以促使对方的潜在需要激发动机，具有十分重要的意义。

二、谈判者需要的层次和类型

人类的需要多种多样，有物质需要也有精神需要，有个人需要也有组织需要。按照不同的标准分类，会得出不同类型、不同层次的需要。这些多类型、多层次的需要都会对谈判产生一定的影响。因此，我们必须深入地分析和了解这些需要。

(一)谈判者需要的层次

人类需要的划分方法很多，其中美国心理学家马斯洛的需要层次理论影响最大，其可以为谈判者的谈判活动起到良好的指导作用。

马斯洛将人的需要划分为以下五个层次。

1. 生理的需要

这是人类对维持和发展生命所必需的外部条件的需要，如维持生存所必需的空气、阳光、食物、住房等，都是人所拥有的生理的需要。生理需要是最基本的需要，在它得到满足之前，人不会对更高层次的需要产生兴趣。

2. 安全的需要

当生理需要获得适当的满足后，随之而来的就是对安全的需要(包括对生命安全、财产安全、职业安全和心理安全的需要，以求免于威胁，免于孤独，免于别人的侵犯)，只有此需要满足后，个人生活才会有安全感。

3. 社交的需要

当生理和安全的需要得到适当满足之后，就会产生第三层次的需要即社交的需要。这是人类渴望与其他人建立亲密关系、交流情感的一种欲求。它包括交往的欲望，如希望得到别人的关心和爱护、帮助与支持、友谊与爱情等；它还包括归属的要求，如希望成为团体中的一员，在团体中彼此交流情感。

4. 获得尊重的需要

在上面三个层次的需要得到满足后，人便产生更高一层的需要——获得尊重的需要。它包括自我尊重与受人尊重。这种需要实际上是多种需要的集中表现。

5. 自我实现的需要

这是最高层次的需要，它意味着人们希望能在社会生活中最大限度地发挥个人自我潜能，实现自身价值，有所成就。这种需要因人而异、多种多样，如文学家希望能写作，企业家希望能办好企业等。概括地说，就是追求成为一个与自己能力相称的人，希望从事与自己能力相适应的工作，实现自身的价值，因此，这种需要也被称为"创造性"的需要。只有实现这一需要，人们的精神需求才会得到满足。

上述五种需要的重要性对大多数人而言是逐层递减的，或者说，人们总会按照从低到高的顺序，逐层满足需要。但是并不排除在某种特殊条件下，针对某些人，这种顺序会有所变化。另外，也不一定非得百分之百地满足了低层次的需要后，人们才会去寻求高层次需要的满足。

(二)谈判者需要的类型

一方面，谈判人员的需要有层次之分；另一方面，谈判人员作为社会生活中一个特定的角色，其需要又显得更加复杂，谈判者有可能代表了多种类型的需要。

在许多场合，谈判者不是代表他一个人，而是代表一个企业或国家参加谈判，他在满足个人需要的同时，还得满足企业和国家的需要，并且往往要把这两种需要放在更重要的地位上。所以，谈判者的需要是个人需要、企业需要和国家需要三种类型需要的集合。企业和国家的需要，与个人的需要同样，也存在着层次性。例如，对于企业来说，它的生理需要就是保证能有维持简单再生产所需要的各种资源。不仅如此，其还想保证这些资源的长期稳定性、用户的长期稳定性，这就是在满足安全上的需要。企业想加入行业协会，得到各种群体的支持与关心，可以认为是在追求爱与归属的需要。企业与国家需要的层次性也会反映到谈判者的行为中去。对于一个代表企业或国家参加谈判的人来说，决不能因为需要的复杂性而迷失了方向，弃企业与国家利益于不顾，只是一味满足个人的需要，甚至中饱私囊，走向违法之路。在选拔谈判人才时也要充分考虑需要的复杂性，加强对谈判者各方面素质的要求。当然，在国际商务谈判中，我们也可合理利用谈判者需要的复杂性，实现我们的谈判目标。

三、需要理论对商务谈判的意义

(一)为摸清谈判对象的动机提供了理论基础

通过谈判达成交易的愿望是由需求引起的。这种愿望总是指向能够满足当前或未来需求的对象，如商品、服务、货币等。动机是促使人们去满足需求的驱动力。人们总是受内心的驱使去减轻精神的紧张并恢复平衡状态，而动机的形成依赖于需求受到强烈的刺激和吸引。因此，在谈判过程中，挖掘双方的共同需求是促进交易达成的关键。

(二)为多种谈判方案的制定提供理论依据

谈判前要制定方案，而成功方案的制定由多种因素决定。但影响方案的主要因素是双方的需要，搞清双方的需要是制定方案的前提条件，否则制定出的方案将毫无意义。并且，满足需要有不同的途径，不能只制定唯一方案而使谈判陷入僵局。

(三)为商务谈判的方案选择提出了原则

需要理论为众多方案的选择提出了"非零和"原则，即双赢原则。换言之，就是选择既能照顾到双方的需要，又能转移双方争论焦点的方案。

四、需要理论在谈判中的运用

谈判的需要理论揭示了商务谈判活动中，谈判者的需要、动机是什么，各自在心目中占据了什么样的地位。这一理论的应用，可以使我们清楚谈判者的需要结构，并努力去满足它，从而提高谈判的成功性。在谈判中运用需要理论，要注意做好以下几方面的工作。

(一)要为谈判准备好必要的物质条件

在谈判中，人的生理需要表现为对吃、穿、住、行等方面的物质要求。商务谈判是一种精神高度集中、体力和脑力消耗都很大的活动，谈判人员不管是在客场谈判还是主场谈判，都要求吃得可口，穿戴整齐，住得舒服，出行方便。否则，就会极大地影响谈判者的精力、情绪，继而影响谈判效果。作为东道主，也要十分注意给对方提供各种生活和工作上的方便，为双方建立一个友好、信任、合作的气氛。物质条件，从广义来说，还包括样品、合同文本、有关技术资料、谈判场地、通信设备等方面的条件，它们也是使谈判得以顺利进行的物质基础。在满足对方生理需要时，要在费用一定的基础上，尽可能安排好。所安排的物质条件既要与谈判人员的身份、地位相适应，又要能满足其谈判人员在工作和生活上的需要。另外，物质条件的准备、生理需要的满足，既针对对方谈判人员，也适用于我方谈判人员。

(二)要满足谈判者的安全需要

谈判者的安全需要在谈判中主要表现在谈判人员的人身安全、财产安全和地位安全上。谈判双方至少有一方会到一个陌生的地方谈判。这时，由于谈判者不熟悉当地的风土人情和社会治安状况，因此在心理上便十分关心自身的安全，以寻求心理上的保障。这时，作为东道主的一方，应该尽好职责，打消对方在这方面的担忧，使其能安心谈判。具体做法包括：如加强保卫工作，在谈判之余陪同客方谈判人员在本地参观游览，或参加其他活动，如娱乐、购物等。另外，谈判者的安全需要还表现在，如果满怀希望前来谈判，却未果而归，回去后向领导交不了差，也许还会累及自己的职位和晋升。这种情况下，谈判的另一方应在知悉对方此种需要后，尽量促成这次谈判的成功。若满足了这一安全需要，双方甚至可因这次的成功增进感情，建立起长期合作的基础。

(三)谈判人员之间要注意建立良好的人际关系

谈判过程是双方利益交锋的过程，因为涉及利益，双方难免会处于一种紧张或对立的状态之中。但是，谈判人员并不是只讲物质利益的"机器"，而是一个有感情的人，他们也需要友谊与关爱。因此，努力创造一个友好合作的气氛往往是谈判成功的关键。同时，在谈判小组内部也要建立起互帮互让、团结协作的关系，满足谈判成员的归属需要。一个有凝聚力的谈判小组对于谈判目标的顺利实现往往有着十分重要的作用。

(四)要注意尊重谈判对手

作为个体，每个人都需要得到他人的尊重，同时也要主动尊重他人。在谈判中，获得尊重的需求具体体现为：不仅要在人格上得到尊重，在地位与身份、学识与能力上也应得到尊重和欣赏。对人格的尊重主要表现在：谈判中谈吐要得体，绝不能进行人身攻击；谈判中要做到对事不对人。对地位与身份的重视主要是要做到：双方应选派身份和地位相当的人员参加谈判；在接待礼仪上要注意与对方地位、身份相符。某些国家或地区，等级观念是根深蒂固的。将身份、地位较低的人派出与对方身份、地位较高的人进行谈判，这是对对方的严重冒犯和不尊重，会严重影响双方的关系与谈判的结果，甚至导致谈判的破裂。反之，如果对方派出的谈判人员在职务与资历上较浅，而我方派出职务高、资历深的人员去应谈也不合适，会给人以贬损自己的感觉。对学识与能力的尊重，就是不要有意或无意地指责或表示出轻视对方。在谈判过程中，当对方有意无意地在某些概念上进行混淆，或者搅乱谈判的程序与思路时，不要直接或间接地指责对方学识浅薄、能力低下或胡搅蛮缠，只要将被其搞乱的事情进行澄清、理顺就行了。当你在谈判中占到上风，或者得到较多利益时，应注意不要喜形于色，甚至讥讽对方的无能，要对对方的努力予以肯定。

(五)适时地对对方所做的努力和工作成果表示赞赏

谈判人员有自我实现的需要，他们要追求谈判目标的实现，希望自己的工作富有成果，并得到别人承认。这种需要是人类最高层次的需要，也是最难满足的需要。因为对方谈判人员自我实现需要的满足，往往是以牺牲我方的利益为前提的，而与此同时，我方谈判人员自我实现的需要就会得不到满足。因此，在谈判中既要满足对方自我实现的需要，也要争取我方利益最大化，兼顾满足我方的自我实现需要。这需要较高的艺术处理技巧。因此，在谈判中双方一定要努力把共同利益做大，使双方利益都得到较好的满足。但是，即使在这种理想的模式中，利益的分配也无法做到绝对平衡。这时，要想满足自我实现的需要，尤其是弱势的一方获得利益不理想，谈判目标未完全实现，自我实现需要的满足就比较困难。这种情况下，多强调双方共同的收获，强调谈判的结果是双方共同努力的结晶，满足了双方的需要。同时，可以向对方或其上级反映，他们所定的谈判目标不太合乎现实情况，降低他们的期望值，从而也减少失望，增加自我实现需要满足的程度。另外，要注意不失时机地赞扬对方谈判人员的才干，肯定他们的努力。使对方认识到，客观环境条件极其不利，现在所得利益实际上已是现有条件下的最大值了，而且也是对方创造性地努力工作才能得到的，换了别人也许会更低。总而言之，谈判的需要理论对谈判者作用极大，只要善于去研究、发现对方或我方的需要，以此作为推动谈判的动力，就能在谈判中制定出正确的策略，使谈判目标得以顺利实现。

第三节　原则谈判法

美国哈佛大学与麻省理工学院的商务谈判理论专家，经过长时间的研讨，形成了一种新的谈判理论，即"原则谈判法"。"原则谈判法"强调要以价值作为取得协议的基础，不赞成在谈判中故作姿态。当谈判双方出现意见分歧时，重点是在价值上、利益上寻找契合点，而不是在立场上纠缠不清；无论矛盾如何尖锐，要把问题与人分开；协议的最终达成坚持根据公平、客观的标准做出决定，而不是通过双方意志力的比赛决定胜负。"原则谈判法"可浓缩为以下四个要点。

一、把人与问题分开

把人与问题分开，是指在谈判中，把对人的态度和对所讨论的问题的态度区分开来。

每个人都知道，当人们彼此不了解、发怒、争吵，以及因人论事时，要想解决问题是多么困难。谈判过程中，和你打交道的另一方不是抽象的角色概念，而是具体的人，即谈判的主体是人。谈判的这一人性层面的特点，可以是一种助力，也可以是一种阻力，谈判的进行必然受到谈判者个人的感情、要求、价值观、性格等的影响。在谈判的过程中，经由信任、了解、尊敬和友谊所建立的工作关系，可以使每一项谈判变得更加顺利、更有效率。相反，若谈判中双方意气用事，互相指责、抱怨，甚至充满敌意，则无法对解决问题的办法做出合理的探讨。如果我们不能迅速地察觉到对方人性层面的反应并妥当地加以处理，不能正确区分人与问题，就会给谈判带来致命的打击。因此，在商务谈判中，双方谈判人员应坚持把人与问题分开。

(一)谈判方案和建议应建立在理解对方观点与看法的基础上

在商务谈判中，从对方的立场出发考虑提议的可能性，能让我方对对方观点与行动的理解更透彻，也会使自己全面地分析整个谈判形势，有利于缓和谈判气氛，缩小冲突的范围，使谈判顺利进行。站在对方的角度看待问题，会较好地克服自身想当然的推断所造成的偏见，从而正确地分析理解双方对问题的看法。通常人们习惯从自己的担心中去推测别人的行为或意图，从最坏处着想，即使找不出对方的提议对自己的危害，也总是觉得他们是为其自己的利益提出的建议，恐怕于己不利，不能轻易地达成协议。如果能从对方的角度看问题，就能客观冷静地分析，问题的解决就变得容易多了。

当然从对方的角度分析问题有一定困难，但这是谈判者必须掌握的重要技能。只知道对方的看法不一致是不够的，要在谈判中说服对方，或对对方施加影响，谈判者还要以共情的态度去了解对方观点的有利处，并且用内心去感受对方投注在上面的情绪力量，这样有助于取得谈判的成功。

(二)尽量多阐述客观情况，避免责备对方

谈判中，双方很容易把问题的原因归于别人，表现为经常出现双方互相指责、抱怨，而非合作、谅解的情况。怪罪别人轻而易举，尤其是当我们认为对方确实应该负责时，然而即使合情合理地责怪别人，通常也会起到反作用。

出现责怪对方情况的原因就是混淆了人与事的区别。当对谈判中某些问题不满意时，就会归罪于某一方或某个人，出现把问题搁在一边，一味对对方或某个人进行指责、攻击，甚至谩骂等现象。这种做法虽然维护了个人的立场，却产生了与谈判目的相反的效果。他们或采取防御姿态反驳观点，或停止倾听，甚至提出反击，致使谈判完全陷入停滞状态。

因此，明智的做法是抨击问题而不责难人，以开诚布公的态度将双方的分歧点提出来，尽量多阐述客观情况，在提出我方见解的同时，尊重对方的意见，心平气和，以礼相待。要表达对占用时间与他们所付出努力的尊重，避免使用责难对方的言辞。这样，我方

就能争取到了主动权，消除了由于双方分歧、对立所造成的紧张气氛，使对方认识到我方是在抨击问题、讨论意见，而不是针对对方谈判者个人。

(三)使双方都参与提议与协商至关重要

谈判中出现分歧或冲突，甚至有时双方争得面红耳赤等情况，多数是由于双方各自只从自己的立场出发，提出一个旨在让对方接受的提议或方案，这样，即使是对谈判有利的方案，对方也会因怀疑而拒绝接纳。如果提出方案的一方一味坚持，固执己见，另一方也很可能态度强硬，这常常会导致僵局。如果改变一下方式，让双方都参与方案的起草、协商，就可以避免出现上述情况。

一个能容纳双方要求的主要内容，应同时包含双方的主要利益，只要双方切切实实感到自己是协议的主要参与者、制定者，达成协议就会变得比较容易。当各方对解决的办法逐步认可时，整个谈判过程就会变得更加有序而高效，因为对提议内容的批评、改进与让步，都是谈判人员积极参与的结果。

值得一提的是，要让对方参与项目，就应使他们尽早参与进来。可采取询问对方建议的形式，把对方的建设性意见写进提议中，并对其想法、观点给予赞赏。如果对方觉得他在提议中起到了重要作用，他就会把提议看成自己的一部分。这样，对方不仅能很快接受提议，甚至还会做出维护提议的行为。

(四)注意保留颜面，不伤感情

在谈判过程中，谈判人员常常会不肯放弃自己的立场，其原因并不是无法接受放在桌上的议案，而是不想输给对方。即使是出于无奈的让步，也往往会耿耿于怀。但如果在言辞上换一种说法，而实质上仍然维持不变，人们就会接受。因此，在谈判中顾及对方面子，不伤感情十分重要。有时伤害对方感情的可能仅仅是简单的几句话，但却会带来严重的后果。伤害对方的感情，可能会激起他们的愤怒并引起他们的反击，也可能破坏彼此合作关系，使谈判步入歧途。

另一种情况是，我方在与对方谈判代表打交道时，由于过分重视对方企业或其代言人，而忽略对方个人感情的变化，忽略了对方对某些问题特别敏感的反应。当对方觉得你藐视他个人，损害了他个人自尊心时，他就会变得像刺猬一样，充满敌意，处处防卫自己攻击别人。很明显，这种情况是不利于双方沟通交流的。

因此，坚持区分人与问题的原则，必须明白对问题分析是一回事，对人的态度则是另一回事，既要必须保全对方的面子，又要适当提出自己的要求。

谈判，实际上是人与人之间的一种沟通过程。谈判的目的是解决问题，达成一致。但在谈判过程中，与你实际进行沟通的是活生生的人。在实际进行谈判的过程中，经常会出现自己的感觉与现实很难理智地分清楚，判断过于简单，结论缺乏根据的情况。在谈判中，由于双方所处的对峙地位，对对方总有一种戒备心理，常常只从本位的立场看问题，这样就容易把自己的感觉与现实混在一起。受隐蔽假设的影响，对别人的话也常常歪曲其原意。于是，"误解"强化为成见，并导致反应的恶性循环，理智地探求解决方法因此而变得不可能，谈判就此搁浅。人们常常从没有根据的推论中得出结论，并把这些结论作为对人的看法和态度。当然，有时这样的估计并不是有意识的。由于这两个原因，谈判不但没有让双方得到预期的结果，反而使双方的关系恶化。因此，不能迅速地觉察和妥善地处理对方的人性层面的反应，往往会给谈判带来致命的危害。要做到把人与问题分开处理，从总体上应从看法、情绪、误解这三个方面着手。当对方的看法不正确时，应寻求机会让他纠正；当对方情绪太激动时，应给予一定的理解；当发生误解时，应设法加强双方的沟通。综上所述，在思想上要把自己和对方看作同舟共济的伙伴，把谈判视为一个携手共进的过程。

二、着眼于利益而不是立场

(一)为立场讨价还价的消极性

如果谈判中在捍卫立场的前提下为利益讨价还价，后果则是十分消极的，其主要表现在以下几点。

(1) 在立场上讨价还价违背了谈判的协商准则，无法达成协议。为捍卫立场，谈判的一方或双方往往不顾对方的客观情况与利益，一味强调己方的得失，寸步不让。即使做出迫不得已的让步，也是以对方的让步或牺牲为代价。这不是真正意义上的协商，谈判将陷入无休止地争执、拖延，达成协议的可能性就会变得很小。即使达成协议，也是双方被迫妥协的产物，缺乏履约的基础。

(2) 立场上的讨价还价会破坏谈判的和谐气氛，使谈判成为一场意志的较量。如果每一方谈判者都宣称自己要做什么或不做什么，且双方都想凭意志的力量使对方改变立场，结果要么是一方为达成协议做出重大牺牲，要么是双方各不相让导致谈判破裂。这样的情况，其谈判气氛好坏可想而知，谈判往往只能在拖延、指责甚至欺骗的氛围下进行。

可见，为捍卫立场的磋商，会给谈判带来难以克服的困难，可能造成无法弥补的损失。虽然谈判中维护己方利益是谈判人员的必然选择，坚持立场的出发点也是为了维护利益，但实际结果并非如此。为了克服立场上的讨价还价的弊端，谈判应集中于利益而非立场，在灵活变通的原则下，寻找增进共同利益和协调利益冲突的解决办法。

(二)集中于利益而非立场的可行性

调和双方利益而非立场能行之有效的原因主要有两个。其一，每一种利益通常都有多种使之满足的方式。人们往往轻易就采取某种最明显的立场，而导致双方产生矛盾，然而当一方越过双方对立的立场，去寻求促成采取这种立场的利益时，常常可以找到既符合我方利益，又符合对方利益的替代性立场。其二，在对立立场的背后所存在的共同性利益，常常多于冲突性利益，但谈判双方往往只看到冲突而忽视共同性利益。因此，探讨立场背后的共同利益，无疑是达成明智协议的有效之举。

(三)集中于利益而非立场的具体要求

集中于利益而非立场的具体要求包括确认并列出利益清单、了解每一方的利益、认真发现双方共同利益三方面。

1. 确认并列出利益清单

探讨立场背后的利益是一件不容易的事，相当多的利益可能是未表明的、不具体的，但谈判者必须千方百计找出具体的利益。

几乎所有谈判中的每一方都会有很多利益，而不是只有一种利益，不仅存在经济利益，而且包括人性的基本需求，如安全感、归属感、价值实现等。谈判双方通常要同时追求独有的利益和共享的利益，而双方利益在多数情况下都不一样，对于这些谈判者应仔细分析。同时，为了梳理出对方的多种利益，谈判者有必要以清单形式将其记录下来。这样不但有助于谈判人员记忆，而且也方便在得到新资料时加以评估，并把各种利益按照它们的相对重要性排列出来，进而可以在这些利益的处理方式上激发谈判人员的创意。

2. 了解每一方的利益

商务谈判的目的在于满足利益要求，当双方对此进行交流时，达到目的的机会便会增加。

在双方洽谈的过程中，对方可能不知道我方的利益是什么，我方也可能不知道对方的利益是什么，因此，一方面，必须寻找机会让对方知道我方利益清单中所列利益，并充分考虑我方的利益，让对方明白满足我方利益的重要性。另一方面，我方也要了解关心对方的利益，把他们的利益也纳入我方考虑的方案之中，并为寻找妥善的解决办法积极努力。如果谈判双方都能如此，谈判是会取得令人满意的结果的。

3. 认真发现双方的共同利益

在维护利益的前提下，只要有利于我方或双方，谈判条件就没有什么是不能放弃的，也没有什么是不可更改的。世纪谈判中，表面上利益多是冲突的。但是，只要深入地观察分析，我方就会找到立场背后比冲突利益更多的共同利益。

谈判中的基本问题，不是双方立场上的冲突，而是双方的利益、需求、欲望的冲突。谈判的目的，就是调和双方利益而达成某种协议。例如，有两个人在图书馆阅览室争吵了起来，原因是一个想开窗，一个想关窗，他们为了窗户应该开还是关、应该开多大而争论不休。图书馆管理员走进来，问其中一位为什么要开窗？那人回答说："让空气流通。"又问另一位为什么要关窗？答曰："避免噪声。"管理员想了一下，然后打开旁边房间内的窗户，这样既可让空气流通，又可以避免噪声。由此可见，解决问题时不能只注意双方陈述的立场——"开窗"和"关窗"，而应该从"空气流通"和"避免噪声"这两项双方潜在的利益出发，达成一种解决问题的协议。因此，明智的解决方法是针对利益，而不是针对立场。这是因为任何一种利益一般都有多种可以满足的方式，还因为在对立立场背后，双方之间存在着共同性利益和冲突性的利益，并且所存在的共同性利益往往大于冲突性利益。

三、提出对彼此都有利的解决方案

谈判破裂的原因之一就是双方为维护各自的利益而互不相让。但是双方的根本利益是否都集中在一个焦点上，却是值得认真研究与考虑的。

尽管拟定许多选择方案是有价值的事，但谈判者却很少意识到这种需要。人们在争执的时候，一般都认为自己知道正确答案，他们的观点应该占优势。在一项契约谈判中，他们也认为自己所提出的是合理的而应该被采用，或许可以在价值上稍做调整。一切可能有的答案似乎都沿着双方立场排成一条直线。

传统的利益分配模式有如分配一个固定的饼，你拿得多，别人就拿得少，因而可能使谈判者形成一种定式思维：对于争论的东西，或是我方得到，或是对方得到，似乎没有更好的选择形式。这种观念是影响谈判者寻求互利解决方案的主要障碍。因此，要突破传统的利益分配模式，提出新的选择形式，发展相互有利的关系，或是满足各方的利益。

1. 寻找共同利益，增强合作的可能性

商务谈判中，谈判双方都会为了死守己方利益而讨价还价，却往往忽略了双方的共同利益。一旦双方固执己见谈判会陷入僵局，甚至破裂。寻找共同利益无疑会增加合作的可能性。然而，就实际情况而言，共同利益的存在似乎并不明显。因此，寻找共同利益时，有以下三点值得牢记。

(1) 在所有谈判中共同利益大部分是隐藏的，需要谈判者去挖掘、发现。谈判者应认真考虑在维护双方关系的过程中是否有共同利益、有哪些共同利益以及双方可以共同重视的原则。

(2) 共同利益是有待挖掘的，而不是现成的。因此，我方必须采取积极行动来实现它，并将共同利益明确地表示出来，最好将它系统地阐述为共同目标。

(3) 强调共同利益给双方带来的益处，可以使谈判的氛围更为和谐、融洽，这有利于谈判的顺利推进和目标的实现。

2. 协调利益分歧，达成合作目标

谈判协议常常是基于不一致而达成的，许多创造性的协议，都体现出"透过歧异达成协议"这一原则。

要达成合作目标，不仅要强调共同利益，还要重视利益分歧，更主要的是调和双方的利益分歧，所以要明智地提出互利性的选择方案，在双方充分协商、讨论的基础上，进一步明确各自的利益，寻找共同利益，协调利益分歧。因此，要在谈判中尽可能发挥每个人的想象力、创造力，扩大选择范围，广泛听取各方面的意见，寻找几种比较理想的选择方案。

选择方案提出以后，要认真征求对方意见，了解对方的想法，使方案尽可能地包含双方的共同利益。因为只有对方认可的方案才是真正可行的方案，所以我方的满意往往取决于对方的满意程度。当谈判双方经过反复比较、修正，挑选到既使自己满意，也使对方满意的解决方案时，谈判目标就可以基本实现。

四、坚持使用客观标准

在商务谈判中，无论各方是否坚持目标一致的原则，也不管一方是否充分地理解与重视对方的利益要求，总会出现或大或小，甚至是非常激烈的利益冲突。一方希望得到对自己有利的结果，另一方也持同样的观点。这些分歧在谈判中时时刻刻存在着，成为谈判的

阻碍因素。谈判双方的任务就是消除或调和彼此的分歧，从而达成协议。

消除或调和彼此的分歧有多种方法。可能谈判者会借助立场性争执来化解这种冲突，即谈论自己想要的和不想要的，但在这种基础上化解双方的分歧，是得不偿失的。因此，谈判双方一般是通过双方的让步或妥协来调和或消除分歧。由于这种让步或妥协是基于双方的意愿的，常常会出现一方做出让步以换取另一方对等的让步的情况，因此这样很难真正调和或消除分歧，付出的代价也可能很大。因此，谈判中谈判双方应运用公平和统一的客观标准来解决各方利益冲突。

所谓客观标准是指独立于各方意志之外，为社会各界所公认的合乎情理和切实可用的准则。它既可能是一些惯例、通则，也可能是职业标准、统一的计算方法、科学鉴定等。

(一)坚持使用客观标准的意义

1. 有利于达成明智公平的协议

谈判引入的公平性、有效性、科学性标准越多，对谈判的指导意义就越大。谈判双方引用先例和社会惯例，有助于从过去的经验中获益。一个符合惯例的协议，也容易得到双方认可。如果合约包含标准条款，符合行业惯例，则任何一方的谈判者都不会觉得受到了苛刻的待遇，也不会设法不履行合约。

2. 有利于发展谈判双方的关系

通常情况下，当双方在立场上争执，不断试图争占上风时，双方的合作关系会受到威胁。当双方设法以客观的标准来解决问题，而不是设法逼迫对方让步时，沟通就容易得多，谈判双方的关系也就更融洽。

3. 有利于提高达成协议的效率

在立场性争执中，谈判者要花很多时间维护自己的立场，并攻击对方的立场，最后可能徒劳无功。运用客观标准的人，则能有效地将其时间花在可能采用的标准和解决方案的讨论上。当谈判涉及更多的内容时，客观的标准更为重要。在这种情况下，坚持使用客观标准将有利于提高达成协议的效率。

(二)坚持使用客观标准的关键

1. 确保标准的普遍性

任何一项谈判都会涉及两个以上的问题。例如，购买机器设备的谈判会涉及设备的性能、技术要求、政府规定、预付款、最终付款、交货日期、安装、人员培训、投产、维修服务等内容。有时，由于交易的内容比较特殊，没有现成的客观标准可供参考，这时可根据类似的情况，由双方拟定一个参考标准。例如，特制设备交易谈判，可把标准设备的有关标准作为参考依据。

2. 确保标准的适用性

某些谈判内容可参考的标准有很多。例如，产品交易谈判中，价格既有同类产品交易的惯例价格，也有某种情况下的市场价格，那么应该采用哪一个标准作为谈判的客观标准呢? 这就取决于标准的适用性。谈判双方出现分歧往往是因为他们依据不同的标准。例如, 买方说: "我方出价是每吨 1900 美元, 这是日本同类产品的售价。" 卖方争辩道: "我们认为这种商品的价格应是每吨 2000 美元, 这是当前的市场价。" 这时, 双方就需要认真商讨, 以确定适用的客观标准。

坚持以客观标准为基础, 并不是指以哪一方的标准为基础。如果每一方都认为自己的标准是公平的, 那么就无客观标准可言。这就要求双方在提出自己标准的基础上, 努力寻找它们的客观基础, 寻找其内在联系。比如, 考虑哪一标准在过去的特定条件下曾被一方使用过, 哪一标准曾被广泛地应用等。

如果对问题进行彻底全面的讨论后, 双方仍无法确定哪一标准是最合适的, 那么比较好的做法是找一个双方都认为公正的"第三方", 请他提出一种解决争端的标准, 这样, 问题会得到比较圆满的解决。

在谈判中, 如何解决双方利益矛盾问题? 原则谈判法主张: 坚持使用客观标准。所谓客观标准就是独立于各方主观意志之外的、不受情绪影响的标准。原则谈判法能帮助谈判者经过认真的讨论而达成共同的意向, 避免双方在立场上相互纠缠而虚耗时间和精力。它的适用范围很广, 无论是国际谈判还是个人之间的谈判; 无论是一个问题的谈判还是多个问题的谈判; 无论是双方的谈判还是多方参与的谈判都适用它的原理、原则, 这是当前具有普遍指导意义的一种谈判理论。

第四节　成功谈判者的心理素质

谈判者的心理素质会影响谈判的最终成功率, 谈判者的心理素质通常包含意志力、自制力、应变力、信念和诚意。

一、意志力

意志力是为了达到既定的目的而自觉地努力的心理状态。而耐心则是意志力的一种表现形式。

耐心是在心理上战胜谈判对手的一种战术与谋略, 也是成功谈判的心理基础。在谈判中, 耐心表现为不急于取得谈判结果, 能够很好地控制自己的情绪, 掌握谈判的主动权。

耐心可以使我们更多地倾听对方, 了解掌握更多的信息; 耐心也使我们更好地克服自身的弱点, 增强自控能力, 更有效地控制谈判局面。有关统计资料表明: 人们说话的速度是每分钟 120~180 个字, 而大脑思维的速度却是它的 4~5 倍。这就是为什么常常对方还没讲完, 我们却早已理解的原因。但如果这种情况出现在谈判中, 就会直接影响谈判者倾听。它会使思想开小差的一方错过极有价值的信息, 甚至失去谈判的主动权。所以保持耐心是十分重要的。

耐心作为谈判中的一种战术与谋略, 它能使谈判者认真地倾听对方讲话, 冷静、客观地分析谈判形势, 恰当地运用谈判策略与方法; 耐心能使谈判者避免意气用事, 调节谈判气氛, 缓和谈判僵局; 耐心能使谈判者正确区分人与问题, 学会采取对人软、对事硬的态度; 耐心也是应对脾气急躁、性格鲁莽、咄咄逼人的谈判对手的有效方法, 是实施以软制硬、以柔克刚的最为理想的策略。

具有耐心也是谈判者心理成熟的标志，它有助于谈判人员对客观事物和现象做出全面分析和理性思考，有助于谈判者做出科学决策。

需要指出的是，耐心不同于拖延。在谈判中，人们常常运用拖延战术打乱对方的战术运用，或借以实施己方策略。耐心主要是指人的心理素质，从心理上战胜对方。心理学研究表明，人是否具有耐心，与人的气质有直接的联系。黏液质气质类型的人，天生性格稳重、平和；而胆汁质气质类型的人则脾气暴躁，缺乏耐性。因此，黏液质气质类型的谈判者很有耐心，而对于胆汁质气质类型的谈判者来讲，则需要克服较大的心理障碍。

二、自制力

自制力是谈判者在环境发生巨大变化时克服心理障碍的能力。由于商务谈判涉及双方的经济利益，谈判双方在心理上处于对立状态，故而僵持、紧张、激烈的局面不可避免，这会导致谈判者情绪的波动。如果是明显的情绪波动，如发怒、沮丧等，可能会造成疏漏，从而给对方制造击败我方的机会。因此，谈判者应善于在激烈变化的局势中控制自身的情绪和行为。具体来说，谈判顺利时，不要沾沾自喜，被胜利冲昏头脑；遇到挫折时，也不要心灰意懒，萎靡不振；遇到气恼的事时，要能够克制情绪。

三、应变力

应变力是指谈判者所具备的善于与他人相处、建立良好人际关系的能力，并能调动其他谈判人员的积极性，协调他们的意志，统一行动，根据谈判局势及时调整谈判策略的心理素质。商务谈判是一种涉及多个领域的复杂活动，谈判者应及时掌握对方动向，摸清对方的"底牌"，并随机应变。因此，成功的谈判者应具备良好的应变力，以解决谈判中可能出现的各种问题。

四、信念

信念是人的精神支柱，它是人们信仰的具体体现。坚持什么样的信念，往往决定了人的行为活动方式。必胜的信念，不仅仅是指求胜心理，它有着更广泛的内涵和更深的层次。信念决定了谈判者在谈判活动中所坚持的谈判原则、方针，以及运用的谈判策略与方法。例如，谈判的一方为达到目的不择手段，甚至采取欺诈、威胁的方式迫使对方就范，为获得自己的利益，不惜损害对方利益。在某种情况下，这些做法是在求胜心理的支配下采取的。但是我们不能提倡这种必胜信念，因为这是不道德的。实践结果也证明，这样做的后果是十分消极的。不择手段的做法虽然可能使你获得了合同和利益，但它使你失去了信誉，失去了朋友，失去了比生意更加宝贵的东西。

因此，我们认为必胜的信念应该是符合职业道德的，这是每一个谈判人员能最终取胜的心理基础。只有满怀取胜信心，才能有勇有谋、百折不挠，达到既定目标；才能虚怀若谷、大智若愚，赢得对方的信任，取得合作的成功。

五、诚意

谈判是两方以上的合作，而合作能否进行，能否取得成功，还要取决于双方合作的诚意。也就是说，谈判需要诚意，诚意应贯穿谈判的全过程。具备诚意的谈判心理是保证实现谈判目标的必要条件。我们认为，诚意是谈判的心理准备，只有双方有诚意致力于合作，才会全心全意考虑双方合作的可能性和必要性，才会合乎情理地提出自己的要求并认真考虑对方的要求。所以说，诚意是双方合作的基础。

诚意也是谈判的动力。有诚意的谈判人员会进行大量细致、周密的准备工作，拟订具体的谈判计划，搜集大量的信息情报，全面分析谈判对手的个性特点，认真考虑谈判中可能出现的各种突发情况。诚意不仅能够保证谈判人员有良好的心理准备，而且也使谈判人员心理活动始终处于最佳状态中。在诚意的前提下，双方求大同、存小异，相互理解，互相让步以求达到最佳的结果。

第五节　结构理论在商务谈判中的应用

结构理论在商务谈判中的应用成果为谈判结构理论，掌握这些理论可以使得谈判者在商务谈判中更加得心应手。

一、谈判结构理论的主要内容

谈判结构理论的代表人物是马什和斯科特。其中，马什通过对谈判结构的研究，提出了一套纵向谈判结构理论。马什认为，一次商务谈判通常是由六个阶段构成的，即计划准备阶段、开始阶段、过渡阶段、实质性谈判阶段、交易明确阶段、谈判结束阶段。谈判者在谈判的各个阶段中，应充分运用心理学、对策论、经济学和法学的知识及其分析方法对谈判进行系统的分析，并根据谈判计划、原则、策略和目标的要求，采用一切可能的措施、技巧和手段，实现自己的谈判目标。

斯科特则从横向方面规划出一套谈判结构理论。他认为，任何一次商务谈判实际上都是一次运用谈判技巧的实践。谈判技巧以心理学、管理学、社会学、经济学、政治学、法学等学科理论为指导，经长期实践逐渐形成，是基于丰富经验的本能行为与能力。并且，这种本能行为受一定的谈判方针所规范和驱动。谈判方针则主要表现为三种，即谋求一致的方针、皆大欢喜的方针和以战取胜的方针。所谓谋求一致的方针，是指谈判气氛友好，谈判者以寻求互惠互利的最佳谈判结果为目的的谈判方针；所谓皆大欢喜的方针，是指谈判者以寻求各方都能接受的、折中的谈判结果为目的的谈判方针；所谓以战取胜的方针，是指谈判者以战胜对方为最终目的的谈判方针。

斯科特认为，谈判方针要依靠一系列相应的谈判策略、方法和技巧来实现，而同一种谈判策略、方法和技巧又可以为不同的谈判方针及不同的目的服务，谈判各方对于谈判策略、方法和技巧的运用是一个斗智斗勇的过程。因此，谈判者即使是为了某一特定的谈判方针或目的，在运用有关谈判策略、方法和技巧时，也应随时根据实际情况进行必要而及时的调整。从这个意义上说，谈判策略、方法和技巧的运用不单是一个实施的过程，也是一个调整的过程。

二、谈判的实力结构理论及其在商务谈判中的应用

谈判的实力结构理论是美国约翰斯·霍普金斯大学教授威廉姆·扎特曼提出的。威廉姆·扎特曼认为，现有的谈判理论过于强调谈判者性格对谈判的过程及其结果的影响，虽然谈判者的性格确实有重要的影响，但在谈判中起决定性作用的往往是谈判的结构，尤其是谈判的实力结构，谈判的实力结构决定了谈判的形式和结果。

(一)谈判实力结构理论的主要内容

谈判实力结构理论主要分析了谈判双方在不同实力结构下可能产生的结果。在这里，"实力"指的是"行为者 A 在与行为者 B 谈判过程中，利用其掌握的资源，导致产生一些变化，以得到自己希望的结果的方式"，或"某一方为促使另一方采取某种行为所采取的行动"。在任何谈判中，双方在其中一项事物上的实力是对称的，那就是双方都有权否决谈判协议或合同。

1. 实力结构对称模型

威廉姆·扎特曼认为，谈判双方实力对称或均等是一种最简单的结构模型。当然，所谓实力均等是相对而言的。在这种情况下，如果双方在磋商过程中形成僵局，任何一方的单方面力量都无法解决问题，必须借助于谈判才能打破僵局。因此，谈判者为避免认识到的或即将来临的僵局以及打破僵局所做的努力，实际上就是反对结构平等和寻求不需要通过谈判就可以达成协议的过程。在这种情况下，实力实际上就是某种形式的自我识别，它是指那些谈判者的洞察力。这些谈判者在行使否决权之前会做出一些让步以尽量打破僵局，并且能在回顾过去或展望未来的过程中对僵局有一个正确的认识。

实力均等是一种静态环境，它并不能告诉我们该如何打破谈判僵局。互惠则是对实力均等的动态解释。尽管互惠不能解决所有的问题，但它仍然是一种行为规则。谈判双方在起点公平的基础上进行谈判，并希望能在程序平等的基础上作出让步，最后找到一个公平合理的解决方案。互惠是一种先利人后利己的行为，是实力均等的双方努力使其从谈判中得到最大收益的结果。即使并不是谈判双方的每一次让步都能使对手相应地让步，谈判双方也会希望，就最终的结果来看，他们是互惠的。先作出让步的谈判者希望谈判对手也能够作出让步作为回报，如若不然，他们就会有一种被欺骗的感觉，从而最后拒绝签署谈判合同。更进一步地说，即使除了基本否决权之外，谈判者的实力并不均等，但是他们仍然希望能够通过互惠实现动态平衡。

当然，无论从谈判双方还是从谈判结果看，都很难对平等进行衡量。但是其普遍含义仍然十分明确，即当谈判者觉得平等的时候，往往能够使谈判得到最有效的结果。而且，当他们认为谈判过程和结果非常公平的时候，往往会得到最满意的谈判结果。由于和完全平等的谈判方一样，完全公平的结果在现实中几乎不可能存在，因此，从对称得出的结论表明，当谈判者将个别的讨价还价变为整体协商的时候，仍然会尽他们最大的努力，将讨

价还价的边界推向最优的交换结果，尽量使他们从谈判中得到最大的收益。实际上，谈判的实力结构平等可以使双方免于纠缠立场平等问题，而把精力专注于为平等的结果而创造更大的收益蛋糕。也就是说，要得到整体收益为正的结果，最重要的不是绝对平等地分配蛋糕，而是进行平等的交换。

2. 实力结构不对称模型

如果谈判双方的实力结构不对称，即一方实力相对较强而另一方相对较弱，比较普遍的观点认为实力较强者会是最后的胜利者。威廉姆·扎特曼认为，实力来自某些资源，拥有这些资源的谈判方可以因为另一方的某些行为或不行为而对其进行奖励或惩罚；或者，它也有可能来自某些要素，这些要素决定了另一方受上述奖励或惩罚影响的敏感程度。在最简单的情况下，我们可以把正在谈判的合同本身作为一种奖励进行分析，这种奖励同等地适用于谈判双方。然后，我们可以根据双方对达成这个合同的迫切程度，而不是他们对收益分配的影响力，对其做出区分。由于谈判双方对达成合同的迫切程度不同，从而导致他们对另一方否决权的敏感程度不一样。那么，如何来衡量谈判一方对另一方否决权的敏感程度呢？威廉姆·扎特曼提出了一个安全点标准，我们也可以把它叫作"次优"标准，即通过对谈判一方可以选择的替代方案进行评价，通过将替代方案的价值转变为谈判结果，谈判者可以改变谈判对手的立场。相对而言，替代方案的价值较高的谈判者具有更强的谈判实力，而谈判者的金钱实力对谈判实力的影响并不是最重要的。

威廉姆·扎特曼的研究结果表明，一般来说，在谈判的开始阶段或谈判过程中，实力较强的一方可以将实力转化为获胜的行为，而实力较弱的一方将承受较大的损失。此时，实力较弱的一方可以通过从实力较强的谈判方那里获取支持，或者从外部团体那里获取实力的方法，使双方的谈判实力趋于均等。不过，实力较弱的一方究竟应该采取哪些措施以摆脱困境，仍然存在很大的争议。

(二)谈判实力结构理论在商务谈判中的应用

谈判双方的实力完全对称或均等的情况在现实的交易中是很少出现的，更多的情况是谈判双方的实力结构并不对称。当然，根据谈判的实力结构理论，判断谈判双方实力的标准并不是金钱、公司规模等要素，而是对达成的合同的迫切程度。由于在讨价还价中谈判实力较强的一方通常拥有较大的影响力，实力较弱的一方在谈判的准备阶段就应该采用适当的谋略，比如，通过运用制造竞争、借助外力干预等达到增强己方实力的目的。

因此，谈判的实力结构理论为谈判者在国际商务谈判中对各种谋略和技巧的运用提供了充分的理论依据。

第六节　心理学理论在商务谈判中的应用

心理学是研究人的心理现象及其规律的科学。心理学的产生和发展历史悠久，到近代以后，英国和法国的经验心理学，德国的理性心理学、实验心理学，以及美国的机能心理学和使用心理学获得了迅速的发展。近年来，现代德国心理学取得的成就比较明显，其研究中占比重较大的是对弗洛伊德及其学生荣格和阿德勒的精神分析学派的研究，这方面的成果不仅在全世界具有广泛的影响，而且在商务谈判中也有所应用。

一、心理学理论的主要内容

从心理学理论的发展史可以看出，心理学研究起步早，流派众多，研究成果比较丰富。这里主要介绍在中国颇有影响的奥地利的精神病医学家弗洛伊德及其学生荣格和阿德勒的理论。

(一)弗洛伊德的理论

弗洛伊德认为，人的个性是一个整体，在这个整体之内包括彼此关联且相互作用的三个部分。这三个部分分别称为本我、自我、超我。由这三个部分相互作用而产生的内在动力，支配了个人的所有行为。

1. 本我(无意识)

弗洛伊德认为，本我是个性结构中最原始的部分，这部分是人生来就有的，包括一些生物性或本能性的冲动(最原始的动机)，这种冲动是推动个人行为的原始动力，外在的或内在的刺激都可促成这种冲动。由本我支配的行为不受社会规范及道德标准的约束。

2. 自我(潜意识)

个体在出生后的成长过程中，自我逐渐从本我中分化而出。在本我阶段，因为个体的原始冲动需要得到满足，所以个体必须与周围的现实世界相接触、相交往，从而形成自我以适应现实环境。例如，因饥饿而使本我产生原始的求食动机，但何处有食物及如何取得食物等现实问题，必须靠自我与现实接触才能解决。因此，个性的自我部分受"现实原则"所支配。

3. 超我(有意识)

超我在个性结构中居于可控制地位的最高层，是由个人在参与社会生活的过程中，把社会规范、道德标准、价值观判断等接受后变为指导自己行动的准则而形成的。平常所说的理性文明都属于超我的范围。

弗洛伊德认为，本我寻求满足，自我考虑到现实环境的限制，超我则按社会规范来衡量是非善恶。并且指出，本我、自我和超我三者不是分立的，乃是彼此相互作用而构成的个性整体。本我的冲动与欲望应该在合于现实条件，为社会规范所允许的情况下，得到适当的满足。

(二)荣格的理论

荣格是弗洛伊德杰出的学生，由于师生两人后来理论观点不同，故于 1913 年分道扬镳。荣格的理论成为新心理分析理论，它与弗洛伊德理论有下列三点不同之处。

(1) 承认潜意识是支配行为的内在因素，但主张潜意识有两种：一种叫个人潜意识，是由个人压抑自己的意识经验而形成的；另一种叫集体潜意识，是由人类多代遗传演化积累而形成的。两种潜意识共同支配人的行为。

(2) 个性的发展并不取决于人本能的冲动，而是受个人为达到自我实现的内在潜力所引导。

(3) 自我才是个性结构的核心，而自我又取决于两种态度或倾向，一种为外向，另一种为内向。这两种倾向是根据人的感情显露与否来划分的，而且把人的不同特征进行不同的组合就成为具有不同个性结构的人。

荣格除了把人的性格划分为内向、外向两种以外，还把人的不同特征的组合，划分为敏感型、感情型、思考型、想象型等各种性格。其中，性格内向的人的特点是害羞、喜欢独自工作，在情绪上受到压力和内心冲突时，总是反躬自省，自己责备自己。外向的人与此相反，他们的特点是好与人交流，善于交际，喜欢选择可以和别人直接接触和打交道的工作，如对外联系、推销和采购等工作。当然，这种内向、外向的划分方法不是绝对的。实际上典型的内向和外向的人很少，大多数人是介于两者之间的，而且人的性格又是各不相同的。正因如此，荣格后来又发展了自己的理论，把人在生活中特别是在与人交往中的性格特点分为敏感型、感情型、思考型和想象型四类。虽然一个人可能同时具有两种或两种以上的性格类型特点，但其所具有的主要特征总是属于某一类型的。

(三)阿德勒的理论

阿德勒也是弗洛伊德的学生，后来也因为与其老师观点不同而分道扬镳，他的主要观点有以下几个。

(1) 他不同意弗洛伊德的原始本能的无意识的冲动是人的行为的动力的观点，他强调个人的争取优胜才是个人行为最主要的内动力。

(2) 他认为，在人的个性结构中起核心作用的是意识，而不是潜意识。个人不但能意识到自己的行为，而且能有方向、有计划地去追求成就以胜他人。

可见，阿德勒不再像他老师那样过分注重生物或其本能的因素，而是转而强调人个性发展中的社会因素。荣格、阿德勒的理论又被称为新心理分析论。

二、心理学在谈判中的运用

谈判或许是个人所做的事情里最困难的一种。从事国际商务谈判的人除了需要精通商务知识、技术知识外，还必须具备许多其他专业知识，其中一个重要的分支就是心理学知识。因为谈判总是在人与人之间进行的，所以在某种程度上说，左右谈判结果的是人。因为谈判是人类的一种行为，并且是一种复杂的、高级的行为，所以，要取得谈判的成功，不仅要研究谈判本身，更要研究参与谈判的人。

尽管人类的行为看起来错综复杂，但却是可以预测、可以理解的。西方心理学家研究发现，在人的行为中有各种各样的可预测因素，并有着可认识的内在规律。如果我们把个人的行为看作一个大的群体行为的组成部分，那么在一定条件下，就不难对它们做出预测。

因此，尽管各种各样的商务谈判千变万化，各种各样的谈判者错综复杂，但我们仍然可以用与谈判有关的心理学知识去分析、判断对方的内心世界，并从中获得对谈判各种可能性的洞察能力，从而在谈判中占据主动地位，争取谈判的最后成功。

与谈判有关的心理学知识有文饰心理、压抑心理、移置心理、投射心理、角色心理等，具体内容如下。

(一)文饰心理

一个人用对自己最有利的方式来解释一件事情，就是文饰心理在起作用。

狐狸吃不到葡萄就说葡萄酸的寓言故事众所周知，其实，狐狸很想吃葡萄，只是当它意识到自己无法得到葡萄时，为了自我安慰，便掩饰一无所获的失败感，说它根本不想要。这就是文饰心理。

在各种各样的谈判中，少不了有"文饰"的心理现象。对方把其要求或条件描绘得天花乱坠，甚至吹嘘得"天上有，人间无"，其实就是文饰心理在起作用。

(二)压抑心理

一个人在自己有意识的思想中，排斥那些令其感到厌烦的或痛苦的情感和事物，就叫"压抑"。在人们的日常生活中，令人不快的往事或不愿承担的义务就常常会被"忘掉"。弗洛伊德坚持认为，这种"遗忘"是由动机促发的，而不是偶然发生的。

有时，一次国际商务谈判进程一拖再拖，可能就是其中一方的压抑心理在起作用。因此，如果在谈判中遇到这种情况，应该分析对方是否对谈判的条件、或谈判的本身不太满意。

(三)移置心理

人们往往喜欢迁怒于无辜者，拿他们当"出气筒"或"替罪羊"。这样的事例比比皆是。一个做丈夫的，上班时挨了上司的训斥，回家后无缘无故地发脾气，同妻子吵架，打骂孩子，这就是移置心理在起作用。

移置心理在谈判中时有出现。倘若对方有平白无故、莫名其妙的情绪变化，就很有可能是移置心理在起作用。

(四)投射心理

一个人把自己的动机加在别人的头上，他就是在"投射"。这经常是一种完全无意识的行为。"以小人之心，度君子之腹"就是一种投射心理起作用的典型描述。其实，"投射"是人们理解和思考外部事物的最重要的方法之一。这种行为的过程是无意识的，也就是说，这个人并不知道，他是在把自己的意识强加给外部的人或事，是在给它们涂抹主观色彩，甚至对它们加以歪曲。

在谈判中，有时会遇到一些欺诈成性的对手，事后这些人往往会以"人人都在骗人，人人都在被骗"的理由来辩解，这就是用投射心理来安慰自己。难怪萧伯纳说，一个说谎者受到的最大的惩罚，莫过于他不能再相信任何人了。

(五)角色心理

角色心理又称角色扮演心理，是指一个人有意识地掩盖了自己的真面目，扮演成另一种人。

这就是说，虽然只有两个人在谈判，却至少有四种角色(有人甚至认为有六种角色之多)穿插其中。一方是你的"真我"和你现在扮演的谈判角色，另一方是对手的"真我"和对手扮演的谈判角色。由于谈判角色是由各自的上级和个人所处的环境决定的，因此难免有时会与各自的"真我"发生各种各样的冲突。例如，你的"真我"认为，对手的谈判条件是合情合理的，而根据上级的要求，你却不得不加以坚决反对。或者，对手提出的谈判条件，明明符合你的心意，但谈判经验告诉你，决不能流露真情，你必须扮演谈判者的角色，继续要挟对手或说服对手，期待他做出更大的让步。其实，不管角色扮演得多么好，出于人的本性和弱点，都会在谈判中，不知不觉地流露出一些真实思想来，也就是说，任何一方都会出现两种角色。掌握这种心理学知识在谈判中非常有利。高明的谈判者不会被对方的谈判角色迷惑，他们善于体会对手的言外之意，善于从对手的一举一动中，分析对手的真实意图，从而占据谈判的主动地位，因此，在谈判中总是高出对手一筹。

心理学的研究向我们解释了人们头脑中的种种神秘现象的本质。由此我们可以认识到，商务谈判中，人们总是会自觉或不自觉地产生我们上面讲到的种种心理和行为。老练的谈判者能把坐在对面的谈判对手一眼望穿，猜测出对方在思考什么，将如何行动和为什么行动。

第七节　博弈论在商务谈判中的应用

博弈论也称对策论，是研究决策主体(个人、团队或组织)在一定的环境条件和规则下，同时或先后，一次或多次，从各自允许选择的行为或策略中进行选择并加以实施，且各自从中取得相应结果的过程。在博弈过程中，每个决策主体的选择受到其他决策主体的影响，而且反过来影响到其他决策主体的决策。个人、团队或组织之间的决策行为相互影响的例子很多，寡头市场上企业的价格和产量的决策和均衡就是一个典型的例子。

一、博弈论的产生和发展

与博弈论有关的零星研究在 19 世纪初期就出现了，但博弈论的真正发展还是在 20 世纪。20 世纪 20 年代，法国数学家埃米尔·博雷尔用最佳策略的概念研究了许多具体的决策问题，虽然没有建立起博弈论的理论体系，但却做出了有益的尝试。"二战"期间，博弈论的思想和方法被运用到军事领域中，显示出了它的重要作用。1944 年，冯·诺依曼和摩根斯坦合作出版了一本名为《博弈论与经济行为》的著作，在该著作中阐释了一些数学模型，提出了一些有用的概念，标志着博弈论的初步建立。

20 世纪五六十年代，博弈论获得了较快发展。一批著名学者，如纳什、塞尔腾和海萨尼相继发表了一些产生了重要影响的文章，1994 年的诺贝尔经济学奖就是对他们成就的极大肯定。

严格地说，博弈论并不是经济学的一个分支，而应归属到数学中的运筹学中，它实质上是一种研究问题的方法，在军事学、公共选择、国际关系、政治学和经济学中都被广泛使用。博弈论在经济学中的绝大多数应用模型都是在 20 世纪 70 年代中期之后发展起来的，20 世纪 80 年代中期以后，博弈论逐渐成为主流经济学的一部分，受到了越来越多的重视。

二、博弈论的构成要素和类型

博弈包括下列几个要素：参与者、策略或行为、信息、支付函数和均衡。参与者即在所定义的博弈中做出决策、承担结果的个人、团队或组织(也包括国家和国际组织)。策略或行为指的是各参与者可选择的全部策略或行为的集合，即每个参与者在进行决策时可以选择的方法、做法或经济活动的水平、量值等。在不同的博弈中可供参与者选择的策略或行为的数量大不相同，即使在同一博弈中，不同参与者的可选策略或行为也常常不相同，有时只有有限的几种，甚至只有一种，有时又可能有许多种甚至是无限种可选策略或行为。信息指的是参与者在博弈中的知识，特别是有关其他参与者的特征和行动的知识。支付函数是指参与者从博弈中获得的效用水平，对应于各个参与者的每一种可能的决策选择，博弈都有一个结果表示各个参与者在该策略组合下的得和失，即收入、利润、损失、量化的效用、社会效用和经济福利等，这个结果可以是正值，也可以是负值或零。均衡即所有参与者的最优战略或行为的集合。

博弈的划分可以从以下两个角度进行。

第一个角度是参与者行动的先后顺序。从这个角度看，博弈可以划分为静态博弈和动态博弈。静态博弈指的是博弈中，参与者同时选择行动或虽不同时选择，但后行动者并不知道前行动者采取了什么具体行动；动态博弈指的是参与者的行动有先后顺序，且后行动者能够观察到先行动者所选择的行动。

第二个角度是参与者对有关其他参与者(对手)的特征、战略空间及支付函数的知识。从这个角度看，博弈可以划分为完全信息博弈和不完全信息博弈。完全信息博弈指的是每一个参与者对所有其他参与者(对手)的特征、战略空间及支付函数有准确的认识；否则，就是不完全信息博弈。

将上述两个角度的划分结合起来，就可以得到四种不同类型的博弈，即完全信息静态博弈、完全信息动态博弈、不完全信息静态博弈、不完全信息动态博弈。博弈的类型不同，博弈的均衡也将不同。

三、不同类型的博弈问题及其在商务谈判中的应用

(一)完全信息静态博弈及其在国际商务谈判中的应用

完全信息静态博弈，即各博弈方同时决策，且所有博弈方对博弈中的各种情况下的得益都完全了解的博弈问题。完全信息静态博弈的例子较多，比如说囚犯的两难、智猪博弈、田忌赛马等。

囚犯的两难应该是博弈论中被引用频率最高的例子，它说明了个人理性与集体理性的矛盾问题。我国对外贸易发展面临的一个严峻问题就是各外贸企业之间大打价格战，导致肥水流入外人田。外商一来，各企业一拥而上，争相降低外销商品的报价。大家都知道这样做的结果，可是都没有动力去改变现状。

智猪博弈反映出了在垄断竞争市场上大企业与小企业之间的关系问题。我国对外贸易面临的另一个突出问题就是出口商品结构还不尽合理，政府和学界都呼吁企业加快技术创新。但是，要想改进出口产品结构，就要进行研究与开发，要投入巨额的研究和开发费用，这只有垄断竞争市场上少数大企业才能承担得起，所以中小企业只能选择观望等待。问题是，一旦大企业推出了新产品，众多中小企业便会立刻模仿，由于中小企业没有研发投入，所以生产成本低，这样很快就走到价格战的老路上去，导致大企业无法收回研究与开发的成本，丧失了利润激励，所以也渐渐失去了技术创新的动力。

田忌赛马是我国古代非常有名的故事，说的是田忌的谋士孙膑如何运用谋略帮助田忌以弱胜强战胜齐威王。这一博弈在国际商务谈判中有广泛的应用。通常，国际商务谈判中的当事人双方和个人在经济实力、谈判能力上是不对等的，这样，处于弱势的一方就必须采用谋略和技巧来与强势一方相抗衡，以便为己方争取较大的利益。通常，双方在谈判之前都会广泛地搜集情报，寻找对方的弱点，在谈判中抓住不放。因为谈判的结果是合同各项条款的综合，所以不能仅关注单个项目的得失。中外不少谈判人员都通过谋略的运用为自己的国家、企业和个人争得了利益和荣誉。

(二)完全信息动态博弈及其在国际商务谈判中的应用

与静态博弈不同，动态博弈的根本特征是各博弈方不是同时，而是先后、依次进行选择或行动。由于动态博弈所研究的决策问题的参与者的行为分先后次序，且后行为者在自己行为之前能观察到此前其他参与者的行为，这就意味着动态博弈中各博弈方在关于博弈进程的信息方面是不对称的，后行为的博弈方有更多的信息帮助自己做出决策。一般来说，这是后行为者的有利条件，因为他们可减少决策的盲目性，有针对性地选择合理的行为。

完全信息动态博弈在国际商务谈判中有非常广泛的应用。比如在报价阶段，谈判双方通常都要准备几套行为方案，先报价的一方完成报价以后，还价的一方就可以从事先准备的方案中有针对性地进行选择，而不会盲目选择。

当然，完全信息动态博弈在讨价还价的具体过程中还有更广泛的应用。为了使分析简化，我们假设谈判双方卖方报价和买方还价的价格差是 1000 美元，剩下的问题是双方就如何让步以消除这 1000 美元的差距进行磋商。首先，由卖方提出一个分割比例，对此，买方可以接受也可以拒绝。如果买方拒绝卖方的方案，那他自己应提出另一个方案，让卖方选择接受与否，如此循环往复。在上述循环过程中，只要有任何一方接受对方的方案，谈判就宣告结束，而如果方案被拒绝，则由另一方再次提出新方案。一方提出一个方案和另一方选择是否接受为一个阶段，再假设由于谈判费用和利息损失等，每进行一个阶段双方的得益都要打一次折扣，折扣率为 φ，$0<\varphi<1$。折扣率也称为消耗系数。如果不限制讨价还价的阶段和次数，则这一过程可以大致描述如下。

第一阶段，卖方的方案是自己让步 S1，买方让步 1000-S1，买方可以选择接受或不接受。如果接受，则双方的让步分别为 S1 和 1000-S1，谈判结束；如果买方不接受，则开始下一阶段。

第二阶段，买方的方案是卖方让步 S2，自己让步 1000-S2，由卖方选择是否接受。如果接受，则双方的让步分别为 S2 和 1000-S2，谈判结束；如果卖方不接受，则进行下一阶段。

上述各个阶段中的 S1、S2 都是 0~1000 的实数。

根据夏克德(Eli Shaked)和萨顿(Sarton)的分析，对一个无限阶段博弈来讲，从第三阶段开始(假如能达到第三阶段的话)还是从第一阶段开始，结果应该是一样的。在无限阶段讨价还价博弈中，从第一阶段开始和从第三阶段开始，都是由卖方先出价，然后双方交替出价，直到一方接受为止。因此，博弈就转变为这样一个问题，即买方和卖方的讨价还价如果进行到第三阶段，则双方让步一定是(S，1000-S)，这就形成了一个三阶段讨价还价博弈。根据逆推归纳法等，计算出的解为 S=1000/(1+φ)，这就是本博弈中卖方的均衡出价，买方接受并获得 1000-S。

(三)不完全信息静态博弈及其在国际商务谈判中的应用

不完全信息静态博弈是指在博弈中至少有一个博弈方不完全清楚其他博弈方的得益或得益函数。

国际经济贸易中的拍卖和投标属于不完全信息静态博弈的例子。在拍卖交易中，由于各竞拍方只知道自己对拍卖标的的估价，并不知道其他竞拍者的估价，所以每个竞拍者对其他竞拍者的得益是不知道的。在国际公开招标、投标的例子中，由于投标书都是密封递交的，每个投标方在决定各自的标价之前都无法知道其他投标者的标价。

这种类型的博弈中，拍卖的均衡结果是，每个博弈方的最佳反应是他的报价为自己对拍品估价的一半。这种决定拍卖出价的原则实际上反映了博弈方面临的一个基本矛盾，即出价越高拍得的机会越大，但得到的利益就越小；而出价越低拍得的机会就越小，但一旦拍得利益越大。采用兼顾拍得机会和得益大小的折中方法是其最佳选择。在国际公开招标中，如果投标人数超过两人，情况就变得比较复杂，读者可选择博弈论的书籍了解相应的内容。

(四)不完全信息动态博弈及其在国际商务谈判中的应用

不完全信息动态博弈是指至少有一个博弈方对其他某些博弈方的得益不是非常清楚。对买方来说，经常存在的情况是自己对想要买的商品的真正价值并无十分的把握，这就足以使买方在交易中犹豫不决了。除此之外，他对卖方的进价更是缺乏了解，因此他无法确定什么价格是卖方真正愿意接受的最低价格，以任何价格成交都无法使他确定是否做了一笔成功的交易。同样地，对于卖方来说，有时也并不真正了解自己所销售商品的价值，比如到底应该加上多少折旧、多少风险系数、人工费如何确定等。

实事求是地说，任何国际商务谈判在一定程度上都可以说是不完全信息动态博弈，因为交易一方对另一方究竟有多想做成这笔买卖是无法完全清楚的，这也就是为什么许多交易中买卖双方总是从"漫天要价、就地还钱"开始，然后再慢慢进行讨价还价的原因，因为双方都想从这个过程中获得更多的关于对方估价和得益的信息，以便为自己争取更多的利益。

冯·诺伊曼和摩根斯坦合作出版的《博弈论与经济行为》被公认为是当时最好的科学理论之一。这本书很好地描述了一个用来系统地理解两个相互依赖的个体行为及其环境的框架。冯·诺伊曼和摩根斯坦总结了两种策略模型：一种是"规则型"策略，参与者按照某种特定的规则行事，这些规则大都来自合同、借贷契约或者贸易条约；另一种是"非规则型"策略，参与者之间的交互活动不受任何内部约束的影响。例如，买方和卖方在交易中根据相互的需求增加条款，而不是受固定程序的控制。所有的商业活动都是这两种模型的结合体。

对于规则型的游戏模型，博弈论提供了一些原则。就像力和反作用力是同时存在一样，活动和对活动的反应也是同时存在的，但是与"牛顿第三定律"的不同之处在于，反应并不总是等值反向的。为了分析对方如何对你的行为做出反应，你需要事先尽可能地列出所有对于他们活动的反应(包括你们自己的)。然后向前看以及向后看，剖析前因后果，最后决定应该采取哪种行动把自己带到目的地。

对于随心所欲型游戏模型，博弈论同样提供了一些原则。其中最重要的原则就是：你从游戏中得到的不可能比你带来的要多。在商业中，一个特定的参与者都要带什么前来呢？为了解决这个问题，我们可以看看所有游戏者在这个游戏中创造了什么价值，然后再把想考察的那个参与者剔除掉，看看剩下的游戏还能创造什么价值。这两个价值的差额就是这个被剔除掉的参与者的"附加价值"。在非系统的交互中，你能得到的不可能比你的附加价值多。

懂得这两个原则会使我们受益匪浅。很多人都是以自我为中心看待整个游戏，也就是说，他们只是专注于自己的位置。博弈论中的首要一点就是，懂得关注别人。要做到分析前因后果，就必须站在对方的位置，从对方的角度甚至用对方的思维来分析问题。要评估自己的附加价值，就不能看对方能给我们带来什么，而是要看自己能给对方带来什么。

本 章 小 结

本章主要探讨商务谈判的相关理论。内容包括谈判需求理论、原则谈判法、成功谈判者应具备的心理素质、谈判结构理论、心理学在商务谈判中的应用，以及博弈论在商务谈判中的应用。

复习思考题

1. 简述当代主要谈判理论。
2. 简述谈判需要理论的主要内容。
3. 简述原则谈判法的主要内容。
4. 简述成功谈判者需要具备的心理素质。
5. 简述谈判结构理论的基本内容及其在商务谈判中的应用。
6. 简述心理学理论的主要内容及其在商务谈判中的应用。
7. 简述博弈论的主要内容及其在商务谈判中的应用。

案例分析题

一场未见输赢的谈判　美日半导体谈判

一、背景

20 世纪 80 年代初期，美国政府开始着手处理美国市场上不断增长的来自日本产业的竞争问题，以及美国产业界要求美国政府采取行动实施对产业保护的呼吁。美国政府希望日本方面能主动限制对美国的出口，这种自愿限制出口措施曾用于日本销往美国的钢铁和汽车等产品。同时美国还不断地寻求使美国产品进入日本市场的办法，因为美国认为日本市场是一个封闭的市场。美国与日本的贸易由于长期处于逆差状态，这使国会为缩减贸易赤字的努力不断受挫，这种挫折感在美国与日本的半导体谈判期间达到了高潮。日本在贸易领域对美国形成的威胁成为共和党人可以大做文章的事件，因为里根政府能利用这一事件宣扬他的"自由"和"公平"的贸易思想，并且借此采取更为强硬的措施给日本施加压力。

随着美国方面的压力和指责不断升级，日本方面既感到愤愤不平，同时也越来越对美国方面的保护主义情绪表示关注，因为这种情绪有可能影响日本产品进入有利可图的美国市场。日本想避免在国际上被贴上"不公平贸易伙伴"的标签。

二、事件

到了 20 世纪 80 年代中期，日本在美国所占有的半导体市场份额已经超过了美国在日本所占有的半导体市场份额，而且日本供应商在全世界所占有的市场份额正逐渐超过美国公司所占有的市场份额。美日两国在半导体上的冲突涉及两个既彼此分离又相互联系的事件：美国指控日本芯片制造商以低于公平的市场价格在美国市场倾销半导体，并且指控日本不准许外国制造商进入其国内市场。这两个事件有直接的联系。

首先，美国产业界把市场准入视为在美国市场进行竞争的关键，因为受到保护的日本国内市场使日本芯片生产商能够维持低廉的生产成本，从而削弱了美国制造商的市场竞争力。其次，除了可以使用《1974 年贸易法》第 301 条规定(以下简称 301 条款)进行贸易报复外，几起针对日本半导体销售商的反倾销案为美国提供了在与日本进行市场准入的谈判中可以借用的手段。

对日本来说，谈判中的主要问题是如何阻止美国把日本说成"不公平贸易伙伴"，并对日本实施贸易制裁和征收反倾销关税，同时保护半导体产业的竞争力，因为该产业对日本未来经济的发展起着举足轻重的作用。

三、美方的内部利益与谈判方案

1. 美方的内部利益

美国商务部及美国贸易代表是谈判的主角，但在两者之间有不同的分工：美国贸易代表主要负责解决日本市场准入的争端问题，而商务部则主要负责日本半导体产品在美国市场的倾销问题。美国国务院也被卷入到有关的谈判中。尽管国务院内部存在着一些反对意见，而且有些部门对谈判中达成协议的方式并不完全满意，但国务院总的来说还是支持商务部和贸易代表的。

　　国务院最终决定给予支持的一个关键因素是美国半导体工业界早些时候曾经使时任国务卿舒尔茨相信，日本只是美国芯片产品的一个很小的市场，这与世界其他市场相比是不正常的。

　　另一个因素是国务院的特别谈判代表的作用，他不但熟识政府其他部门的谈判代表和半导体工业界的说客，而且与他们相处得很好。此外，对舒尔茨及参加谈判的国务院人员来说还有政治压力。他们认为国务院需要在国会及行政部门中建立起信任感，而能做到这一点的一个办法就是扩展对美国利益范围的定义，即美国利益不仅包括政治与安全问题，而且包括更广泛的经济利益。

　　白宫更倾向于关注美日经济冲突所导致的两国间的政治关系问题，但是这一担心由于半导体工业对美国国家利益的重要性而被打消了。

　　美国各方面的态度能够相对统一的主要原因是半导体产业的影响。美国半导体产业协会(Semiconductor Industry Association，SIA，由 50 多个主要芯片制造商组成)成立于 20 世纪 70 年代后期。美国半导体产业协会和其他独立的芯片制造商是谈判的主要发起者和催化剂。他们游说美国政府对日本发起反倾销调查并指控日本的不公平贸易，并且为反倾销和谈判提供了主要的支持。

　　然而，半导体工业界和一般的微电子工业界在这些问题上意见并不一致。为此，美国半导体产业协会及早采取了行动，并较好地弥合了产业内部各种不同的意见。美国半导体产业协会动员各个产业部门为占领更多的日本市场而努力。有些公司(如 IBM 等)，以前对采取贸易行动并不热情，现在也同意不干涉美国半导体产业协会，而任由协会去采取行动。美国电子协会(American Electronis Association，AEA)是用户的代表，他们早在 1985年就得知了主要的情况，并且此后凡是在需要的时候美国半导体产业协会还经常为他们提供更为详细的咨询。但是在任何情况下用户们之间很难形成统一的看法，而且与美国半导体产业协会相比他们在华盛顿的影响力也要小得多。

　　在美国半导体谈判的过程中，倾销诉讼在美国的政治方面起着主要作用。在国内，一旦倾销诉讼被立案，日本以不公平方式渗入美国市场的问题便会正式与美国进入日本市场问题相联系，并且倾销诉讼会给予那些希望对日本采取强硬立场的人法律权利。此外，如果谈判未能达成协议而倾销诉讼获胜，美国市场的芯片价格将会上涨，接着会使美国市场无法与世界其他市场竞争。因此，美国有更大的动力通过谈判达成一项协议，而不是仅仅要在倾销案中获胜，取得对日本的倾销处罚。美方借用倾销诉讼，既能增强在谈判中的讨价还价能力，更好地规划安排与日方的谈判，也有助于推动美国国内各方在谈判战略和协定的价值上达成一致意见。

　　2. 美方的谈判条件

　　得益于美国半导体工业协会促成内外部共识的努力，以及倾销诉讼发挥的作用，美国参与谈判的主要各方提出的对日谈判条件高度趋同。各方一致认为，日本的市场准入必须与美国的市场保护目标相联系，这种共识带来的广泛利益结合，最终成为构建美国的一揽子谈判条件、谈判战略，以及国际谈判动力的基石。

　　美方认为，为了获得主要谈判人员的批准和认可，以下几点要求应当包括在谈判的条件内。

　　(1) 必须尽一切努力排除阻碍美国实质性增加在日本的半导体市场份额的障碍。美国期望在近期内使美国公司在日本的市场份额至少增加一倍多。

近年来，美国公司一直只占有日本市场的 8%～10%的份额。以往的研究表明，如果日本的市场不存在贸易壁垒，美国的市场份额应当在 30%以上。因此 30%就成为美国谈判的一个起始要价，当然，低于 30%的份额也可能获得谈判各方的批准，但是可能获得批准的底线至少不应低于 20%。

(2) 所有在美国市场进行销售活动的日本公司如果有倾销芯片行为的都必须终止倾销，而且为达到这一目的美国应建立起一种监督机制。在美国市场上，所有在美国低于生产成本或"公平市场价格"出售芯片的日本公司都应该停止销售。此处的关键词是"全部"公司。参与谈判的各主要方面都同意，任何一项允许日本公司继续倾销的决定都不会充分地保护美国公司。这样，在监督倾销是否发生时如果使用平均定价方法是不可接受的，因为只要其他公司高于平均价格出售，这项决定就会使一些日本公司继续倾销。

(3) 必须制止日本公司在日本和第三国倾销芯片的行为，而且为达此目的应建立起相应的监督机制。美国政府和工业界的主要谈判代表同意：任何条约都必须涉及在其他国家销售芯片的问题，以免任何禁止日本公司在美国倾销的协定由于日本公司在日本和第三国的低价出售而被破坏，继而导致终端用户可以到这些国家去购买他们所需要的芯片。

(4) 目前正在进行的反倾销诉讼可能不得不暂时搁置起来，但不是终止调查。终止调查会削弱美国约束日方遵守谈判协议的力量；单纯地搁置(以换取一项符合上述目的的协定)可以使美方在必要的时候尽快重新提起对日方的倾销诉讼。

半导体工业界把市场准入和解决对美国的市场渗透的问题联系在一起的做法，使美国的一揽子谈判条件既具体，又能被控制在一个狭小的范围内。如果谈判的协定不包括所有这些要求在内的话，谈判主角们就不会认可这个协定。

四、日方的内部利益与谈判方案

1. 日方的内部利益

当时有权有势的通商产业省(现经济产业省)是官方的谈判主角。通商产业省因"有管理的工业和贸易政策"和为产业提供"行政指导"而闻名。例如，它曾经在 20 世纪 80 年代初不顾一切日本汽车公司的反对，成功地实施了对汽车出口的"自动出口限制"措施。后来，由于日本工业日益壮大并且越来越国际化，通商产业省对某些工业(半导体工业就是一个主要的例子)的强制性作用已经减弱了。在此次谈判中，如果通商产业省能同美国达成一项协议，将会赋予它新的权力和机制来控制芯片制造商们，从而使他们在工业部门重新建立自己的影响。

正像许多日本工业一样，日本的半导体工业基本上属于寡头垄断，即只有少数几家大公司，大约有 10 家芯片生产厂家，其中不少是较大的、多种经营的电器公司(如日立、东芝、NEC 等)。与更加分散的美国公司形成对照的是，这些日本大公司以相对纵向的方式组合，它们既是终端用户的计算机生产商同时又是芯片生产商。日本半导体工业界非常关心如果日本不能执行谈判协议则是否会遭到美国的反倾销及其他措施的报复。但许多公司宁愿不达成协议，而是去适应美国的关税调整，因为如果达成协议的话，通商产业省不仅会在国内和国外对价格实行控制，而且还会要求日本厂商向美国政府透露专有的生产成本信息，担心美国政府会把这些信息泄露给其美国竞争者。

日本半导体工业界内部存在一定程度的意见分歧，因为并非所有的公司都会被列到反倾销调查案中而不得不服从因为没有达成协议而遭受的处罚。再者，有些公司在是否达成协议上有更大的利害关系，因为其生产的许多其他电器消费品也可能成为美国报复的对象。

正像在与美国的其他贸易争端中一样，日本首相和自由民主党的领导要与通商产业省联合在一起共同解决这一贸易争端，同时避免美国的报复。可见在政府与工业界之间也存在着冲突。

2. 日方的谈判条件

日方可能接受的协议必须包括以下几条。

(1) 终止或至少是搁置倾销案件和悬而未决的 301 条款案件。

(2) 避免美国的报复。

(3) 将美国市场份额的扩张限制到足以避免报复的程度。美方提出的 20%或更多的份额不可能得到日本半导体工业界的同意。而将美方在日本的份额扩大到几个百分点达到百分之十几的份额可能会得到日方同意。

(4) 避免建立涉及第三国或者强迫日本公司向美国政府提供专有信息的监督体系。

在这里，日本通商产业省与工业界的接受条件有所不同。通商产业省能够忍受涉及第三国或者向美国政府提供专有信息的监督体系；尽管增加了适当的保护措施以防止将信息泄露给美国公司，但半导体工业界中的许多公司仍然不可能同意带有这些条款的协议。

五、国际谈判的过程

1. 启动谈判

在 1985 年中期，美国半导体产业协会根据 301 条款提出了倾销调查请求，调查请求强调日本国内的政策、贸易壁垒和日本的市场结构等妨碍了美国公司进入日本市场，起到了鼓励倾销的作用。调查请求表达了希望美国总统通过与日方谈判解决增加市场准入并停止倾销的问题的看法。根据美国《1974 年贸易法》，总统有权采取必要的行动解决所发现的不公平的贸易活动。

1985 年 11 月，国际贸易委员会发表了一份初步调查结果，说明日本公司的确损害了美国的工业利益，这一结果揭开了美国商务部决定调查日方是否实际上产生了倾销行动的序幕。

日本企图阻止此项倾销指控的成立。当美国于 12 月首次正式把倾销问题与市场准入联系起来时，日本提议"鼓励"其主要生产厂家更多地购买美国芯片，使美国公司的市场份额小幅度缓慢地增加；日本还提议以一个生产不同类型芯片的"典型"公司为模式，为各种型号的芯片设置出口的底价；作为交换的条件，日本要求美国停止 301 条款的调查，搁置或终止反倾销案件，并且不再开始新的反倾销案件调查。这项建议对美国来说是不能接受的，因为底价体系不是根据公司的专有数据资料而建立的，而且它也不适用于在日本国内市场或在第三国的销售。

美国以各种方式增加了对日本的压力。各种各样针对日本的裁决都预示着对倾销案的最终审判将以处罚为结果。准内阁级别的贸易政策评论集团和内阁级别的经济政策协会开会讨论了市场准入问题。经济政策协会达成一项非正式决议：除非日本与美国很快签订一项谈判协定，否则美国将引用 301 条款进行报复。根据一位美国贸易官员透露，当把这一决定非正式地通知日本，的确"使他们大发雷霆"。

2. 谈判协议

美国的高压措施取得了一定的进展。1986 年 7 月初，美国商务部与日本公司签订了暂停调查倾销案的协议。美国方面警告说：如果在遗留的问题上达不成协议，美国将再次提出对这些案件的调查请求。美国还把解决问题的最后期限推迟到 1986 年 7 月末。先确定一个最后期限，然后再推迟最后期限，是美国谈判人员有意识地玩弄"胡萝卜加大棒"的策略。最后期限临近时仍未解决的主要问题是日本不愿意接受美国提出的对第三国市场的控制和提供制造成本的专有信息的要求。

通商产业省和日本政府在是否对美国让步的问题上有分歧。日本工业界也不高兴，因为许多生产厂商认为日本已经做出了太多的让步，生产厂商宁愿接受较高的反倾销税也不愿同意美国的要求。然而，无论日本如何不情愿，美日双方在美国设定的解决问题的最后期限前几分钟，即 1986 年 7 月 31 日午夜，达成了这项协议。协议满足了美国提出的所有要求，包括由日本政府监督出口价格和监督第三国市场，以及向美国商务部提供公司专有的生产数据以便美国按照他们的解释来确定倾销是否发生。在正式协议中，日本政府只是保证尽最大努力使日本公司协助增加美国在日本的销售份额，然而，在条约的秘密附件中，日本更加具体地承认了在协议的 5 年期限内，美国公司有望增加其在日本的销售量，以达到 20%的市场份额。

这项协议签署后不到 2 个月，美国半导体产业协会便开始向美国官员抱怨可能有倾销的行为发生。在当年 10 月，抱怨的声音大大地增加了。根据有关的报道，在美国之外的市场上销售的芯片价格远低于美国商务部所规定的公平市场价格，计算机制造商们开始威胁说要到国外去装配他们的产品，而不愿意购买价格高得多的美国市场上的芯片。此问题的部分原因是美国商务部在签订协议后把美国的公平市场价格定得很高，这是因为商务部起初仅收到日本公司生产的部分资料。随着收到更多愿意合作的日本公司提供的信息，价格偏差得到修正，官方的定价开始大幅下降，因此美国国内抵制该协议的情况也大为减少。

在这期间，美国官员及公司注意到日本公司在第三国市场主要是东亚的倾销行为一直在进行，而且，自从签订协议以来，美国在日本的销售状况也并没有得到根本改善。终于在 1987 年 1 月，美国谈判人员向日本国际贸易产业部发出最后通牒：到 4 月 1 日，停止日本公司在第三国的倾销，并且改善美国公司的市场准入状况，否则美国将不得不进行报复。部分日本官员认为，激发美国采取报复措施的并不是倾销问题，而是在签订协议之后的数月内美国的市场份额未能得到改善。尽管通商产业省采取了一些措施，如抑制日本过剩的生产能力及加紧控制出口等，来拼命制止在第三国倾销的发生，但是在第三国仍然发生了更多的倾销案件。

1987 年，月底，内阁级别的经济政策协会得出结论，认定日本违反了协议。次日，里根总统便决定对价值 3 亿美元的日本电器设备加征 100%的惩罚性关税。惩罚性关税差不多有一半是针对日本违反倾销条款的，另一半则是针对未能改进市场准入部分的。

1987 年 6 月，在威尼斯召开的主要工业国家领导峰会上，里根总统宣布部分降低对日本征收的惩罚性关税；在 1987 年年底前美国商务部进一步降低了对日本的惩罚性关税。日本公司在第三国的倾销后来基本上停止了，可是美国在日本芯片市场上的份额并没有像美国所期望的那样得到改善。

对美日半导体来说，评价双方哪一方"赢"得更多利益或哪一方"输"掉更多利益是较为困难的。如果严格按照美国所设定的标准来评价日本停止在国内及国外市场倾销的行为，美日半导体协议至少获得了部分成功，虽然停止在第三国市场上的倾销是通过对日实行制裁才取得的。然而，取得 20%的市场份额目标是不够明确的。美国供应商占有的全世界市场的份额在协议签订后的几年内没有得到改善，而以日本为基地的供应商们所占有的世界市场份额继续超过他们的美国竞争者。在美国市场上，以日本为基地的芯片制造商们事实上大大增加了他们的市场份额。

美日双方于 1987 年对协议的内容再次进行了谈判。这项为期 3 年(可以选择在期满后再延续 2 年)的协议把美国 20%的市场准入目标明确加进了协议中，但是协议明确指出这只是一种希望而不是必须的目标，从而结束了对 1986 年条约的"秘密"附件的争论。美国政府针对日本在美国市场的倾销而进行的生产成本资料搜集及监督也依照新协议被大大地削减或精简了。此外从 1987 年开始的对日本进行的报复性制裁也被取消。

(资料来源: 人人文库网. 美日半导体谈判，2023. https://www.renrendoc.com/paper/292251122.html.)

思考:

1. 根据案例说明进行一项国际商务谈判需要做好哪些准备工作，一项大型的谈判方案包括哪些内容。

2. 分析美日双方在谈判中各自的立场、谈判目标及其所运用的谈判策略。

3. 通过美日谈判的案例，分析在国际商务谈判中应注意哪些问题。

第四章

商务谈判的准备

一场谈判的成功，不仅依赖谈判桌上的策略、战术和技巧的灵活运用，还有赖于谈判前的准备工作；谈判前的准备工作是谈判策略、战术和技巧灵活运用的基础。俗话说，"不打无准备之仗""知己知彼，百战不殆"。准备工作做得好，可以使己方自信，从容应对谈判中出现的各种问题，掌握主动权。尤其是在缺少经验的情况下，充足的准备，能弥补经验和技巧的不足。谈判的实践也证明，大部分重要谈判的成功都是与充分的准备工作分不开的。

第一节　谈判队伍的组织

谈判的主体是人，谈判要通过谈判队伍来进行。因此，在谈判前必须对谈判队伍进行精心的安排，要明确谈判队伍的规模，要安排好谈判队伍的结构，还要对谈判人员的职责进行合理分工并处理好相互之间的关系。一场成功的谈判，实际上已很少是由一个人的高超谈判技艺来决定的，而更多是取决于所有谈判人员的良好素质及默契配合。谈判是一项复杂的系统的行为过程，要想实现预定的谈判目标，就应该有一支精明强干的谈判队伍。所谓谈判队伍就是指由参加一场商务谈判的所有人员构成的整体。现代商务活动内容的日益复杂，交易规模的不断扩大，使得谈判活动日益演变成为群体之间的交锋，从而也对谈判队伍的有机构成，系统的整体优化提出了更高的要求，谈判队伍的组织及管理已成为谈判成功与否的重要先决条件。

一、谈判队伍的规模

组建谈判队伍首先碰到的问题便是谈判队伍应该有多大的规模，也就是谈判应有多少人参加。按照己方参加谈判人数的多少，谈判可分为一对一的单人谈判和多人参加的团队谈判。在商务谈判实践中，有不少单项采购或推销的谈判，这些谈判的内容一般都比较单纯，牵涉的商品交易金额也不太大；或者是在谈判双方相当熟悉，曾经有过全面深入的交流情况下进行，这时往往由单个的业务人员与对方谈判，完成签约。单人谈判的优势主要表现在：在授权范围内，谈判者可以根据谈判的进展情况及时做出判断，抓住机会迅速决策，而不必像团队谈判那样在内部成员之间相互沟通，达成一致后才做出结论，这样常常会贻误战机；也不必担心对方向我方谈判成员中较弱的人员发动攻势，以求个别突破，或在我方各谈判成员之间运用计谋制造分歧，从中获利。此外，一个人参加谈判，独担责任，没有依赖，无法推诿，这就迫使他必须一丝不苟、全力以赴。

单人谈判虽然有上述优点，但对于现代社会日益复杂的商务问题，由于其涉及内容广、决策难度大，往往一个人很难胜任。因此，在通常的情况下，谈判队伍的人数要超过一个人。多人参加的团队谈判可以满足谈判中多学科、多专业的知识需要，取得知识结构与能力上的互补与综合的整体优势。此外，群策群力，集思广益，还可以运用多人谈判的策略，增加己方谈判的实力。但是团队谈判也有不足的一面，即需要对谈判成员之间进行协调与管理，一般来说，决策不如单人谈判迅速，在一定程度上会影响谈判效率。在需要多人参加谈判的情况下，如何确定适当的规模是一个重要问题。

谈判队伍规模的大小主要取决于以下因素。

(1) 谈判所需要覆盖的专业知识范围。一场谈判特别是大型交易项目的谈判，往往会涉及许多专业知识，交易内容、交易程序也相对要复杂些，因而谈判队伍的规模也相对要大些。例如技术贸易、大型设备交易就比一些普通消费品、标准货物的交易需要更多的谈判人员，国际贸易比国内贸易需要的人员也可能要多些。

(2) 内部沟通的有效性。作为一个集体，要有效地进行工作，内部必须进行适当而严密的分工和协作，内部的意见交流必须畅通。人数一多，交流就会发生困难，而谈判却要求高度的集中统一，对问题能及时而灵活地进行反应。人数多，意见也多，其内部的协调和控制也愈发困难。因此，要保持内部的有效沟通，需要控制好管理幅度。

(3) 费用和成本的经济性。谈判是一项复杂的系统工程，需要花费时间、人力和各项费用支出。谈判人员越多，相应的开支也越大。从费用和成本的经济性考虑，谈判队伍的规模要适当，不能过于庞大，否则成本的增加在一定程度上也意味着谈判难度的加大。

(4) 谈判直接涉及的利益方的多少。谈判若涉及多个部门的利益，则可能要从多个部门抽调人员，甚至有可能从不同单位、不同企业中抽选，从而保证各方在谈判中的利益。

(5) 谈判候选者的状况以及首席谈判代表的权威性。谈判候选者人数越多，组建大规模谈判队伍的基础就越扎实。候选者素质的高低对谈判队伍的规模也有一定的影响。此外，首席谈判代表的资历和被赋予的责任和权力也会影响谈判队伍的规模。

二、谈判队伍的构成

根据不同情况、不同规模，商务谈判队伍由不同的人员构成。一般而言，应包括技术人员、商务人员、法律人员、财务人员、翻译人员以及记录人员等。

(1) 技术人员是指熟悉生产技术、产品性能和技术发展动态的技术员、工程师或总工程师。在谈判中，他们负责有关产品性能、技术质量标准、产品验收、技术服务等问题的谈判，并可与商务人员紧密配合，为价格决策提供技术参谋。

(2) 商务人员通常由熟悉交易惯例、价格谈判条件、了解交易行情、有经验的业务员、经济师或经理担任。

(3) 法律人员主要是律师或学习经济、法律知识的专业人员，通常由特聘律师、企业法律顾问或熟悉相关法律规定的人员担任。

(4) 财务人员一般由熟悉成本情况、支付方式及金融知识的会计师担任，他们具有较强的财务核算能力。

(5) 翻译人员是指在对外谈判中，应熟悉外语和相关专业知识，善于与人紧密配合，并具有较强表达能力的专业人员。

(6) 记录人员一般由上述各类人员中的某人兼任，也可委派专人担任。

除了上述主要成员外，根据谈判的需要，还应配备一些负责信息搜集、数据分析、文件打印等服务的人员，以确保谈判工作能有序地进行。

参与谈判的人员数量应根据谈判的复杂程度来确定，可以多也可以少。人数少时可能只需 2～3 人，而人数多时可能达到十几人甚至几十人。当参与谈判的人员较少时，某些职责可以由一人兼任；当参与谈判的人员较多时，可以分成几个小组，如商务小组、技术小组、法律小组等，每个小组负责其专业领域的谈判。

每一名参与谈判的人员，不仅应精通自己专业领域的知识，而且应对其他领域的知识也有所了解。否则，在谈判中可能会处于被动地位，团队成员之间的沟通和配合也会遇到困难。例如，技术人员应了解一些商务知识，而商务人员则应掌握一些法律和金融方面的知识。

值得注意的是，当与外商谈判时，即使我方谈判人员具备熟练运用外语的能力，也能与对方直接交谈，但通常仍然建议配备一名专业的翻译。谈判的实战经验告诉我们，使用专业翻译至少有以下好处：首先，可以得到一次改正失误的机会。在商务洽谈中，往往包含许多微妙的问题，一个人的讲话不可能时时做到百分之百的全面和准确，有时话刚出口就会意识到失言或有失误之处。这时，如果通过翻译复述，可以得到一次更正的机会，有时甚至可以找借口将失言的责任归咎于翻译。例如，"某某翻译，这句话可能是我没讲清楚，我的原意是……请再给对方诸位先生复述一次"。在这种场合下，只要翻译是我方的，并且事先与翻译沟通好，翻译通常都能主动承担起己方谈话者的失误责任。相反，如果不通过翻译，谈判者直接用对方的语言进行交谈，虽然可以增加相互之间的亲密感乃至信赖感，但一旦言语上发生失误，就难以得到更正或挽回的机会。其次，通过翻译进行谈判，可以减轻我方谈判人员的时间压力。利用翻译的时间，可以对谈判对手进行观察，同时缜密地思考下一步对策。最后，通过翻译进行谈判，还可以避免过早暴露自己的外语水平。在商务谈判中，一个谈判者的外语水平最好不要过早暴露，因为监听对方的内部交谈往往是获取资料和信息的重要途径之一。因此，在商务谈判中通过翻译员进行商谈是重要的技巧之一。

三、谈判人员的分工与配合

挑选出合适的人员组成谈判队伍以后，必须在成员之间做出适当的分工。每位成员各司其职，彼此协作，共同实现谈判目标。

一般来说，商务谈判中技术人员要对交易商品的性能、技术标准、验收办法、技术资料等条款的准确性和全面性负责，同时紧密配合商务人员在价格谈判中做出强有力的技术支持。商务人员要负责合同条款和合同价格条件的谈判，帮助谈判方整理出合同文本，对对外合同条款的合法性、完整性、公正性负责，也可负责合同中有关条款的谈判。财务人员主要是对谈判中的支付条件负责，如支付方式、结算货币等与财务有关条款的谈判就需要财务人员把关。翻译人员主要负责口头与笔头翻译工作，沟通双方意图，配合谈判策略的运用。

在明确职责分工的基础上还要确定谈判的主谈人和辅谈人。主谈人是指在谈判的某一阶段，或针对某一个或几个具体的议题由他主要进行发言，阐述己方的立场与观点。这时其他人处于辅助配合的位置上，即为辅谈人。确定主谈人与辅谈人以及他们之间的配合是非常重要的。主谈人一经确定，则己方的意见、观点都由他来表达，尤其是一些关键性的评价和结论，需要以一致口径对外，不能众说纷纭。辅谈人员在谈判中要起到参谋的作用，即根据自己掌握的材料和经验，适时地提出参考意见；同时还要起到卫士的作用，即要与主谈人协同作战，适当地运用策略配合来增强己方的谈判实力和谈判效果。主谈人在发言时，自始至终都应得到己方其他人员的支持和配合。这种支持和配合可以是口头上附和，也可以体现在姿势上、表情上或行动上。

在谈判成员中有时还需要有人分别担任"调和者""黑脸者"；当组员人数较多时，还可确定"周旋者""协从者"的人选。其中，"黑脸者"和"调和者"的作用是不可忽视的。"黑脸者"的主要任务就是要在谈判过程中，根据不同的情况，采取强硬的态度，有时甚至需采取近似无理的口气有意去激怒对方，使对方怒中失态、怒中出错。有时，当有些问题不便由主谈人或负责人出面拒绝或否定时，"黑脸者"就应挺身而出，毫不留情地加以拒绝或否定。特别是当我方主谈人或负责人处于被动或困境之时，"黑脸者"就需"披挂上阵"，采取强硬的立场，唇枪舌剑，"引火烧身"，转移对方的视线，以使主谈人或负责人摆脱困境。当然，"黑脸者"采取上述行动时，我方的负责人或主谈人应设法寻找借口暂时避开为妥。当我方"黑脸者"的目的达到后，通常情况下对方会十分愤怒而使谈判陷入低潮。此时，"调和者"就应把握时机和分寸，在僵局尚未发生之前或谈判气氛即将接近低潮极限之前，以调和的姿态、缓和的口气，再借助诚恳的态度、温和的言辞，提出"合情合理"的条件，必要时还可以用故意"责备"己方"黑脸者"的行动，以维持对方继续谈判的兴趣，避免僵局的发生。故此在谈判当中"黑脸者"和"调和者"的作用是十分重要的，如果他们配合默契、技巧运用恰当的话，是可以取得谈判的成功、获得预期的效益的。相反，如果运用欠当，将适得其反。此外，在谈判当中，各个角色应有意识地调换，使对方琢磨不透，也免于我方某一角色成为对方的众矢之的，被对方抓住弱点而攻破。一般来讲，在谈判中，一旦出现了缺口而不及时加以弥补，就会像洪水冲垮防洪堤般一发不可收拾。因此，对于己方组织成员的角色安排，也必须防患于未然。在对方尚未攻破之前及时调换成员担任的角色是十分必要的，即使是主谈人这一角色也应如此。

如何调换组员的角色，这是一个十分复杂的问题，应根据以下几项原则调换：考量对方谈判组员与我方组员的专长、性格和爱好；结合谈判时间的长短、谈判进展顺利与否、主要议题的日程安排；评估我方组员对当前角色的胜任程度和潜力；分析本次交易的发展前景乃至对方的诚意或合作态度；权衡本次交易谈判对己方的社会和经济效益、己方对本次谈判的兴趣，以及对方对本次交易的兴趣乃至本次交易的成败之于对方的利害关系；等等。

一般来讲，当对方有求于我方，而我方对本次谈判兴趣不太大时，以及对方对本次谈判缺乏诚意等情况下，就可加强"黑脸者"的攻势，并适当调换担任"黑脸者"这一角色的组员。再者，在调换组员所担任的角色时还需根据谈判内容的日程安排，充分考虑每个人的专长和业务能力。比如在某项谈判中，当谈论有关技术问题时，由技术人员或工程师担任主谈人，律师担任记录者，商务人员担当"黑脸者"，负责人担当"调和者"；而在讨价还价中，上述的商务人员与技术人员就需对调；在涉及有关法令、规则、公约、惯例之时，律师又是理所当然的主谈人。谈判组织内部人员之间的配合，不是在谈判过程中才开始的，而应在谈判双方刚一见面时就已经开始。比如，在向对方介绍我方人员时，应该把我方人员的知识、才能、学历和经验等略带夸张地介绍一番，以引起对方的重视，使他们在以后的谈判中的发言更有分量，而不应为了谦虚而自我贬低。

四、谈判人员的素质

谈判是一种对思维要求较高的活动，是对谈判人员知识、能力、智慧、才能的检验和较量。由于谈判主体、客体及相应客观条件不是一成不变的，因而对谈判者的素质要求也不应该是千篇一律的。但就一般情况来讲，谈判小组成员应具备一定的基本知识结构与能力。

(一)谈判人员的知识结构

谈判人员的知识结构，就是指以谈判为中心内容的有关知识所构成的完整的、有机的知识体系。谈判人员在知识结构上，既要有扎实的基本知识和基础理论，又要有精深的专业知识。具体地说，在知识结构方面，谈判人员应掌握基础理论知识、谈判的基本知识、谈判的实务常识和谈判的专业知识。

1. 基础理论知识

随着现代科技的高速发展，只有掌握广博的基础理论知识，才能适应社会的不断进步与发展。作为谈判人员，应该具有一定的数学和哲学基础、一定程度的语言学知识。此外，谈判者还需具备一定的谈判心理学和行为科学知识，有关的情报学、法学、历史、地理知识等。

2. 谈判的基本知识

谈判人员不一定是谈判理论家，不一定对谈判有深刻研究，但必须了解谈判的基本知识。谈判的基本知识包括：谈判的一般类型、谈判的特点、谈判的一般过程、谈判的基本方式、谈判的基本策略与技巧等。

3. 谈判的实务常识

谈判的实务常识即谈判人员在谈判活动中可能用得上的实际操作、实际应用的常识。包括契约拟写、资料整理、统计打印、计算机使用等。此外还应掌握如何安排记者招待会、酒会、展览会、出席宴会、馈赠礼品等礼仪常识，了解各国民族的风土人情、风俗习惯、各国谈判对手的风格特点等。

4. 谈判的专业知识

谈判的专业知识是谈判人员知识结构问题的核心。对于政治军事谈判人员来说，有关的世界历史、国际政治、国际关系、政治学、国际法、对方国家的法律以及军事史、现代武器装备常识等，就是必备的专业知识。而对于商务谈判人员来说，则应当具备下列专业知识：贸易理论与实务知识、市场营销、企业经营与管理、现代企业制度、商务函电、商务法规与惯例、国家有关方针政策、市场行情、市场供求分析、有关的产品知识、产品的技术要求与质量标准、经济学知识等。如果是国际商务谈判，则还需要了解：本国对外经济贸易的方针政策及本国政府颁布的有关涉外法律和规则；某种商品在国内国际的生产状况和市场供求关系、价格水平及其变化趋势的信息；有关国际贸易和国际惯例知识；国外有关法律知识，包括贸易法、技术转让法、外汇管理法、国家税法等方面知识；可能涉及的各种业务知识，包括国际金融、国际结算、国际市场知识等；了解国外企业公司的类型和不同情况。

一个谈判人员可以凭借自己良好的知识结构在谈判桌上挥洒自如，同时谈判人员又可在谈判活动的实际锻炼中增长知识，丰富和完善自己的知识结构。

(二)谈判人员的能力结构

能力是在人的生理素质基础上，经过后天的教育培养并在社会实践活动中形成、发展起来的。它包括完成一定活动的具体方式，以及顺利完成一定活动内容的心理特征。谈判人员应该具备什么样的能力结构？根据现代谈判特点和许多谈判专家的意见，一般认为，除应具备一般人必备的观察力、想象力、记忆力等能力之外，谈判人员尤其应具备以下四种能力。

1. 交际能力

交际能力是谈判人员应该具备的最起码的能力。谈判实质上是一种以人为中心的交际活动，每项谈判都要通过人际交往来完成。一般来说，一个优秀的谈判人员应当熟悉交际的一般礼节，熟练掌握交际语言，学会运用各种交际方式，善于在交际中发现有用信息，注意在交际中树立良好形象。最重要的一点就是，要善于通过交际活动掌握谈判对手的心理特征、风格、态度、意向和策略，有针对性地施展交际手段，促进谈判的顺利进行。信息不一定都是从公开交往的渠道获得的，协议也并不都是在谈判桌上达成的。具有较强交际能力的谈判人员，可以利用各种交际手段，通过各种交际方式，促使谈判的成功。

2. 表达能力

由于谈判需要谈判者运用语言文字进行信息传递，而且谈判更多的是以口头辩论的形式出现，因此表达能力就成为谈判人员的基本功，表达包括书面表达和口头表达。书面表达能力主要体现在文书写作上，其要求谈判者熟练掌握多种谈判文书的写作知识。

口头表达能力在谈判过程中则显得更为重要。因为谈判首先要"谈"，交谈不仅可沟通信息、交换观点，而且在一定程度上可以影响谈判的成败。谈判中的口头表达能力主要指交谈能力和论辩能力，体现在具体的引发、应对、说服、拒绝、反驳过程中。

3. 判断与决策能力

"谈判"既要"谈"，又要"判"，"判"就是决断。在谈判过程中，对方往往会掩盖自己的真实意图，或制造种种假象，这就需要谈判者迅速根据掌握的信息和对手的言谈举止加以分析综合，做出合理的判断。通过表象发现本质，掌握谈判对手的心理特征和真实想法。良好的判断与决策能力在谈判中具有重要的作用。

4. 应变能力

谈判桌如同战场，风云变幻，谈判者面临的情况总处于不断变化之中，这就要求谈判人员善于运用自己的知识、经验、智慧，对形势进行科学的分析、准确的预测，并且随机应变，当机立断。一般来说，为了在谈判中取得主动权，使己方立于不败之地，谈判人员事先需要做好应变准备，拟订应变方案。

一个优秀的谈判人员，其能力结构是多方面能力的有机结合，除了上述这些基本能力外，分析能力、预测能力、创造能力以及搜集信息处理情报资料的能力，都是谈判人员能力结构中不可缺少的因素。在国际商务谈判中，外语能力和水平、跨文化交际与沟通能力也是谈判人员必须具备的基本素质之一。

(三)谈判人员的年龄结构

谈判者年龄在 30～55 岁较为合适。处于这个阶段的就业人员社会阅历丰富，思想比较成熟，精力充沛，富有进取心。一些专家研究认为：人在就业早期，具有竞争力较强的特点和理想主义的特征，在这个时期的人比较关心个人的社会地位，希望尽快提升。而人在就业的晚期，变得比较宽容，对组织及社会有较高的责任感，但竞争性不足。因此在30～55 岁这个年龄段的人最适合作为谈判人员。当然，这只是一般的情况，谈判中选择什么年龄段的人员，应根据具体情况进行具体分析。

(四)提高谈判能力的途径

谈判者提高自己谈判能力的途径有很多种，但从根本上说，都应当首先从提高自身的基本素质入手。从大的方面来说，至少有三大途径是谈判者应当重视的：一是通过主观努力，学习和掌握谈判的基本理论、原则及方法；二是熟悉和了解本专业范围内及相关专业的基础知识，具备合理的知识结构；三是努力培养自己健康、成熟的人格，善于控制自我和善于观察他人。

美国心理学家戈登·奥尔波特在社会心理学理论中提出，健康、成熟的人格至少具有以下六个特点。

(1) 自我广延的特点。健康且成熟的人参与的社会生活范围极广，他们有众多的朋友、多种爱好(主要指业余爱好)、广泛的社会关系。

(2) 热情待人的特点。健康且成熟的人与别人的关系是亲密的，但没有占有欲，无嫉妒心，他们善于关心人、理解人，特别能够容忍自己与别人在价值观念与信念上的差异。

(3) 情绪稳定和自我认可的特点。健康且成熟的人能忍受生活中不可避免的冲突和挫折，经得起一切不幸遭遇。他们对自己持有积极的看法。

(4) 现实性知觉的特点。健康且成熟的人看待事物时，会以事物的实际情况为依据，而不是根据自己的希望或猜测(在谈判学中称之为"隐蔽假设的失误")来判断，也不会歪曲事物的真实样子。

(5) 自我客体化的特点。健康且成熟的人对自己的长处和短处都十分清楚。他们理解真正的自我与理想的自我之间的差异。他们也意识到自己如何看待自己与别人如何看待自己之间的不同。

(6) 一致的人生哲学的特点。健康且成熟的人拥有一致的价值观和稳定的目标，他们为追求一定的目的而生活。

积极参与谈判实践活动，认真总结经验。谈判者特别需要注意分析和研究谈判活动中的正面和反面经验教训；注意分析和研究本地区与其他地区、本国与其他国家之间谈判环境的差异。通过有目的的实践，提高自己的谈判能力。

有一种被称为"假设参与"的方法，对于初涉谈判领域或暂时没有参与直接谈判的人员，在锻炼自己的分析、判断能力和积累初步谈判经验方面具有一定作用。这种方法通过在主观与客观环境之间进行"假设"转换，让初涉谈判者在"假设"情境中参与谈判中去。

首先，应尽可能地熟悉和了解谈判的背景和现实环境，包括谈判地点所在的小环境和具体条件，分析这些环境条件对谈判活动可能产生的影响；其次，要注意观察、记录那些直接参与谈判的谈判者的做法，特别是他们处理问题的理由，与此同时，再独立地对这些问题做出自己的判断和选择，并找到一些理由来支持自己的做法。当然，如果没有充分的理由来支持自己，这些判断和选择就应该放弃；最后，当谈判结果出来之时，将自己假想的做法与那些直接参与谈判的谈判者的做法进行一番比较和分析，看看自己在哪些方面做得不够，哪些问题的处理方法更为高明。在积累一定经验后，还可以尝试着针对己方的某些问题的处理方法向主谈人提供一些建议，利用他们的经验和智慧对这些建议进行一番审视。如果建议能够被采纳，谈判能力则以一种特殊的形式得到认可，这样的过程对于新手来说是一种较好的实践活动。

第二节 谈判信息的搜集

在进行商务谈判之前，搜集充分翔实的各种谈判信息是必不可少的。谈判信息是指与谈判活动有密切联系的各种情况及其属性的一种客观描述。这里的情况既包括谈判主体的情况，也包括影响谈判进程或结果的各种客观环境，还包括与谈判主题直接相关的情况。商务谈判信息是谈判能否取得成功的可靠保障，是确定谈判目标的基础，也是制定谈判策略的依据。

一、谈判信息

商务谈判信息的主要内容包括四大方面，即环境信息、市场行情信息、谈判对手的信息和己方信息。

(一)环境信息

谈判总是在一定环境下进行，环境状况对具体的谈判有着直接或间接的影响。如果是国际谈判，那么谈判将受到两个或更多不同的社会背景的影响。而不同的社会背景往往是产生分歧的主要原因。因此在谈判决策之前，谈判人员必须充分地了解这些客观因素，评估出它们对谈判所起的作用，以保证谈判能顺利地进行。谈判的环境因素包括谈判所处的政治环境、社会文化环境、经济环境、自然资源环境、基础设施条件、气候条件、地理位置等。英国谈判专家马什在其所著的《合同谈判手册》中对谈判环境因素做了系统的归纳和分析，可以作为我们进行环境分析的基础。具体地讲，客观环境因素包括以下几个方面。

1. 政治状况

政治状况信息包括：国家对企业的管制程度如何，是中央集权制还是地方分治制？中央派出的权力代表的权力范围有多大？对方对该谈判项目是否有政治兴趣，如果有，程度如何？哪些领导人对此感兴趣？这些领导人各自的权力如何？当局政府的稳定性如何？在谈判项目进行期间，政局是否会变动？总统大选的日子定在何时，它是否与所谈项目有关？该国与邻国关系如何，是否处于敌对状态、有无战争风险？

2. 宗教信仰

宗教信仰信息包括：该国占主导地位的宗教信仰是什么？该宗教信仰是否在政治事务、法律体系、外交政策、社会互动与个人行为等方面产生显著影响？它是否对不同国籍、不同宗教信仰或不同政治党派人士的出入境政策、节假日安排以及工作时间等方面产生重大影响？

3. 法律体系

法律体系信息包括：该国的法律体系是什么？它是根据哪种法律传统制定的？在现实生活中，法律的执行程度如何？法院与司法部门的独立性如何？合同当事人对司法部门的影响程度如何？法院受理案件的效率如何？执行法院判决的措施是什么？执行国外法律仲裁裁决有什么程序？该国是否有独立于当事人之外的可靠律师？

4. 商业习惯

商业习惯信息包括：该国企业是如何经营的，是不是主要由公司的负责人经营(如阿拉伯国家)或是公司中各级人员均可参与(如日本)？有没有真正的权威代表？是不是做任何事情都必须见诸文字(如东欧诸国)或是只有文字协议才具有约束力？合同具有何等重要意义？在谈判和签约过程中，律师等专业顾问起多大的作用？正式的谈判会见场合，是否只是为双方的领导而安排的，其他出席作陪的成员是否只有当问及具体问题时才能讲话？有没有工业间谍活动？应该如何小心保存机要文件？在业务工作中是否有贿赂现象，如果有，方式如何？起码的条件是什么？一个项目是否可以同时与几家公司谈判，以选择最优惠的条件达成交易？若可以，保证交易成功的关键因素是什么？是否仅仅是价格问题？业务谈判的常用语种是什么？若使用当地的语言，有没有可靠安全的翻译？合同文件是否可用两种语言表示？两种语言是否具有同等的法律效力？

5. 社会习俗

社会习俗信息包括：在衣着、称呼方面，什么才是合乎社会规范的标准？除了工作时间以外，在业余时间能否谈业务？送礼的方式、礼品的内容有什么习俗？人们是如何看待荣誉、名声等问题的？妇女是否参与经营业务，若参与，是否与男子具有同等的权力？

6. 财政金融

财政金融信息包括：该国的外汇储备情况如何？该国是主要依靠哪些产品赚取外汇的？该国的外债情况如何？该国货币是否可以自由兑换，有何限制？汇率变动情况及趋势如何？该国在国际支付方面信誉如何？要取得外汇付款，需要经过哪些手续和环节？在纳税方面有哪些规定？公司在当地赚取的利润是否可汇出境外，有什么规定？

7. 基础设施与后勤供应系统

基础设施与后勤供应系统信息包括：该国的人力、物力、财力情况如何？在聘用外籍工人、进口原材料、引进设备等方面有无限制？当地的运输条件如何？

8. 气候因素

气候因素信息包括：雨季的长短、冬季的冰雪霜冻情况、夏天的高温情况、潮湿度的情况、有无地震等。

需要指出的是，以上所列环境因素是一个总的框架，实际谈判时，可根据谈判内容和特征，选择其中的相关因素进行重点分析。

(二)市场行情信息

随着现代社会的节奏不断加快，企业间的竞争也更加激烈，市场行情瞬息万变，这一切促使人们十分重视市场信息的搜集与掌握。在谈判中，必须及时、准确地了解与标的有关的市场行情，预测分析其变化动态，以掌握谈判的主动权。这里所讲的市场行情是广义的，不仅仅局限于对价格变化的了解，还应包括市场同类商品的供求状况，相关产品与替代品的供求状况，产品技术发展趋势，主要竞争厂家的生产能力、经营状况、市场占有率，市场价格变动比例趋势，有关产品的零配、供应，以及影响供求变化显现与潜在的各种因素。

掌握市场行情，并不是要把所有市场信息都搜集起来，不分轻重、主次、真假，一概加以考虑研究。为保证信息、情报的准确、可靠，必须对所搜集的市场信息进行反复筛选、过滤、加工、整理，使原始的情报信息变成对谈判交易活动有用的市场情报。市场行情信息包括以下几个方面的内容。

(1) 市场状况。包括市场性质，市场结构，市场功能以及市场划分等。

(2) 消费需求状况。包括消费的总需求量、总供给量及其发展变化的总趋势；消费者的构成、层次的地区分布、消费频度；潜在需求的分布、数量、类型等。

(3) 产品状况。包括产品的结构、功能、品种、规格、质量、数量、信誉、包装、运输、服务、同类产品的发展与供求状况及其市场占有率；生产同类产品或代用品的企业构成、经营管理水平与手段、企业实力、产品竞争状况、消费者信用度等情况。

(4) 价格状况。企业定价方法与程序；影响价格变化的因素；国家或地区价格的差异等。

(三)谈判对手的信息

在信息的搜集过程中，对谈判对手的情况资料的搜集并进行调研与分析是非常重要的。如果同一个事先毫无了解的对手进行谈判，其困难程度和风险程度可想而知。谈判对手的情况是复杂多样的，这里我们从了解客商的类型入手，着重阐述对谈判对手的合法资格的审查和对谈判对手资信情况的审查，并且对谈判者自身的实力加以认定，从而判定双方的谈判实力。

1. 客商的类型

客商主要有以下几种类型。

(1) 在世界上享有一定声望和信誉的跨国公司。这类公司或企业的特征为：资本比较雄厚，有财团做自己的后台支柱；机构十分健全，有自己的技术咨询机构，并聘请法律顾问，专门从事国际市场行情和金融商情的研究与预测，以及技术咨询论证工作。这类公司或企业在与我们交往时，讲信誉，办事讲原则，工作效率高，对商情掌握较为准确，并要求我方提供的技术数据要准确、完整。由于对方在各方面的要求都较高，在谈判中提出的问题往往比较尖锐。因此，与这类客商进行业务洽谈时，一定要事先做好准备，要有充分的自信。

(2) 享有一定知名度的客商。这类客商的特征为：资本比较雄厚，产品在国内外有一定的销售量。企业大都靠引进技术、创新发展起来，其产品在国际市场上具有一定的竞争能力。这类企业在与我们进行业务洽谈时，都比较讲信誉，技术服务和培训工作比较好，对我方在技术方面的要求比较易于接受，是我们较好的合作伙伴。

(3) 没有任何知名度的客商。这类客商的特征为：虽然没有知名度，但能够提供法人证明来确认其身份，诸如公证书、法定营业场所、董事会成员副本及本人名片等，具备一定的竞争条件。与这类客商交往，只要确认了其身份，了解其资产情况，也是我们很好的合作伙伴。

(4) 从事交易中介的中间商，也称"皮包商"。这类客商的特征为：无法人资格，无权签约合同，只是为了收取佣金而为交易双方牵线搭桥。对待这类客商，要确认他们所介绍的客商的资信情况，防止他们打着中介的旗号行骗。

(5) 知名母公司的下属子公司，其母公司资本雄厚，而子公司刚刚起步，资本薄弱，无注册资本和法人资格。这类客商常常打着母公司的招牌做大生意。对待这类客商不要被其母公司的声望迷惑，应当持谨慎的态度，应要求对方出示母公司准予洽谈业务并承担一切风险的授权书；否则，母公司与子公司完全是两个自负盈亏的经济实体，根本无任何连带责任关系。因此，一定要把好关，不能让这类客商"借树乘凉"。

(6) 利用本人身份非其所在公司及非经营业务的客商。这类客商一般在某公司任职，但他往往是以个人身份进行活动，关键时刻打出其所在公司的招牌，干着纯属自己额外的买卖，以谋求暴利或巨额佣金。我们应严加提防，以免上当。

(7) "骗子"客商。这类人往往无固定职业，专门靠欺骗从事交易，以拉关系、行贿等手段从事欺骗活动。对于这类客商，我们应保持头脑冷静，弄清本来面目，谨防上当。

2. 对谈判对手资信情况的审查

对谈判对手资信情况的审查是谈判前准备工作的重要环节，是我们决定是否进行谈判的前提条件。若谈判对手主体资格不合格或不具备合同要求的履约能力，那么所签订的协议就是无效的，谈判者就会蒙受损失。对谈判对手资信情况的审查主要包括：对其合法资格的审查，对前来谈判的客商的资本信用和履约能力进行审查等。

(1) 对客商合法资格的审查。参加商务谈判的企业组织必须具有法人资格。在民法上，法人作为权利义务的主体，在许多方面享有与自然人相同或类似的权利。比如，它们有自己的名称、自己的注册营业场所，有拥有财产的权利，有参与各种经济活动的权利，有起诉他人的权利，也可被他人起诉。法人在以自己的名义从事各种经济活动时，要独立承担法律责任。

从法律上讲，法人必须具备三个条件：一是法人必须有自己的组织机构、名称和固定的营业场所，组织机构是决定和执行法人各项事务的主体；二是法人必须有自己的财产；三是法人必须具有权利能力和行为能力。所谓权利能力是指法人可以享受权利和承担义务，而行为能力则是指法人可以通过自己的行为享有权利和承担义务。满足以上三方面的条件，在某国进行注册，即成为该国的法人。

对于谈判对手的法人资格进行审查时，可以要求对方提供有关的文件，譬如，法人成立地注册登记证明、法人所属资格证明、营业执照的经营范围等。在取得这些证明文件后，还应先通过一定的手段和途径验证其真伪，在确认其资格合法后，还需查清以下几个方面的问题：一是弄清对方法人的组织性质，是股份有限公司、有限责任公司还是合伙企业，其组织性质不同，所承担的责任不同；二是弄清谈判对手的法定名称、管理中心地址及其主要的营业场所，有些公司注册地点与实际营业地点完全不同，发生纠纷时很难找到对方行踪；三是要确认其法人的国籍，即其应受哪一国家的法律所管辖，发生纠纷时应使用哪一国家的法律来解决。

对谈判对手的法人资格的审查还应包括对前来谈判的客商的代表资格或签约资格进行审查。一般来讲，前来洽谈的客商需是公司的董事长、总经理，但更多情况下则是公司内部的某一部门的负责人，那么就存在一个代表资格或签约资格的问题。事实上，并非一家公司或企业中的任何人都可以代表该公司或企业对外进行谈判和签约。公司其他人员代表董事长和总经理签约必须要有授权书，谈判者必须加以验证，否则企业对其工作人员在超越授权范围或根本没有授权情况下对外所做出的承诺是不负任何责任的。

(2) 对谈判对手资本信用及履约能力的审查。对谈判对手资本信用及履约能力的审查主要是审查对方的注册资本、资金状况、销售状况、资产负债等有关事宜。对方具备了法律意义上的主体资格，并不一定意味着其具备很强的行为能力。因此，应该通过公共会计组织审计的年度报告，银行、资信征询机构出具的证明来核实。

(3) 对谈判对手商业信誉情况的审查。商业信誉是指在同行业中，由于企业经营管理处于较为优越的地位，能够获得高于一般利润水平的能力而形成的一种价值。形成商业信誉的主要原因，是企业长期保持优良的商品质量、良好的信誉、周到的服务、著名的商标及牌号等。

在了解以上信息之后，还要了解谈判对方的真正需求。例如，是什么因素构成了对方的谈判动机，对方谈判要达到的目标是什么，对方能接受的最低条件，对方能采用的谈判策略以及谈判的诚意等。还要了解对方谈判人员的实力。例如，对方谈判小组的决策者和幕后决策者的个性特征，对方谈判小组成员的知识结构、人际交往及谈判能力、心理素质、性格特征、个人经历、爱好，对方的谈判风格，以往参加谈判的经验及谈判结果等。还要了解对方谈判的时限，主要是指对方所拥有的谈判时间及其最后的期限，以及了解对方掌握的信息情况，包括对方拥有的信息和可能掌握的核心机密、对方对我们的了解程度及信任等。

综上所述，在举行国内外技术、商务业务洽谈之前，必须对客商的资格、信誉、注册资本、法定营业地点和谈判者本人情况进行审核，对有些情况还要请客商出示公证书来加以证明。这些都是谈判的基础，必须予以审查或取得旁证。

(四)己方信息

在谈判前的准备中，不仅要调查分析谈判对手的情况，还应该了解和评估谈判者自身的情况。谈判者自身的情况，是指谈判者所代表的组织及己方谈判人员的相关信息，主要包含以下几个方面内容。

1. 己方经济实力

己方经济实力包括：己方产品及服务的市场定位、财务状况、销售情况、企业有形资产和无形资产的价值、企业经营管理的水平及决策的成败记录等。

2. 谈判项目的可行性

进行项目可行性分析需要对项目涉及的资金、原材料、技术、管理、销售前景及其对企业综合实力的影响进行全面的评估。

3. 己方谈判的目标定位及相应的策略定位

谈判的目标定位有最低目标定位和最高目标定位，即预先设定谈判的界点和争取点。己方的谈判方案及相应策略也需要进行可行性研究分析。

4. 己方谈判人员的实力

己方谈判人员实力包括己方参加谈判人员的知识结构、人际交往及谈判的能力、心理素质、成员之间的熟悉及配合水平、士气状况，以往参加谈判的经验及谈判结果等。

5. 己方拥有的各种相关资料的准备状况

己方拥有的各种相关资料的准备状况包括拥有相关资料齐全程度，特别是对核心情报的把握程度，以及己方谈判人员对资料的熟悉程度，如哪些资料可以在谈判中作为背景资料提供给对方，哪些资料将在关键场合发挥独特的作用等。此外，了解己方在谈判中所拥有的时间也是相当重要的。

通过以上对谈判双方情况的综合分析，就可以对双方实力加以判定，便可制定己方的谈判策略，使谈判朝着有利于自己的方向发展。

二、信息资料的筛选和整理

通过信息搜集工作，我们获得了大量来自各方面的消息，要使这些原始信息情报为我所用，发挥其作用，就需要对信息资料进行筛选和整理。

筛选和整理资料一方面是为了鉴别资料的真实性与可靠性，去伪存真。在商务谈判前，有些企业和组织故意提供虚假信息，掩盖自己的真实意图。另外，由于各种原因，有时搜集到的信息可能是片面的、不完全的，这就需要通过对信息的筛选和整理来辨别。另一方面是为了在保证其真实、可靠的基础上，结合谈判项目的具体内容，对各种信息进行分类和排序，以确定哪些信息对本次谈判是重要的，哪些是次要的，并在此基础上制定出具体的谈判方案和对策。对信息资料的筛选和整理主要包括两个环节：一是对资料的整理与分类，二是对信息资料的交流与传递。

(一)信息资料的整理与分类

1. 对资料进行鉴别

对搜集的资料进行鉴别和分析，即舍弃无关的资料，剔除那些不真实的、没有足够证据证明的、带有较多主观臆断色彩的信息，保留那些可靠的、有可比性的信息，以避免错误的判断和决策。对需要保留的资料，也要根据其重要性不同，将其分为：可立即利用的资料、将来肯定要用的资料、将来有可能派上用场的资料。

2. 要在已经鉴别资料可靠性的基础上对其进行归纳和筛选

资料的筛选可采取：查重法，即剔除重复资料；时序法，即按时间顺序排列，在同一时期内，较新的取，较旧的舍弃；类比法，即将信息资料按市场营销业务或按空间、地区、产品层次，分类对比，接近实质的保留，否则舍弃。

3. 在筛选的基础上进行分类、保存

进行分类、保存是极其重要的环节，可以说不做好分类、保存，就不可能充分利用资料。资料的分类可将原始资料按项目、时间顺序、问题性质、问题反映的程度、资料之间的联系等进行分门别类的排序，以便查找。

4. 在资料整理分类的基础上撰写背景调查报告

调查报告是调查工作的最终成果，对谈判具有直接的指导作用。调查报告要有充足的事实、准确的数据，还要有对谈判工作起指导作用的初步结论。要想写好调查报告，就要对整理好的资料做认真的研究分析，从表面现象出发探求其内在本质，由此问题按逻辑推理到彼问题，由感性认识上升到理性认识，然后提出有重要意义的问题。对提出的问题做出正确的判断和结论，并对谈判决策提出有指导意义的意见，供企业领导和谈判者参考。

(二)信息资料的交流与传递

为了在谈判中掌握主动权，谈判者应选择合适的信息传递方式和恰当的传递时机，实现信息交流和沟通，保持谈判者与我方的有效联系，最大程度地实现我方的谈判目标。谈判信息传递方式的选择，既要考虑自身谈判的目的、条件和环境影响，同时又要注意自身条件、环境的变化和对手的变化情况。谈判者为了减少特定的谈判信息传递方式对自己的不利影响，必须注意观察、收集、识别对手以不同方式做出的反应，根据反馈的信息，敏锐地做出推断，及时修正、调整、变换谈判信息传递方式。

信息的传递方式可分为直接传递、间接传递、暗示传递以及意会传递等方式。

1. 直接传递方式

直接传递就是指谈判者以语言、文字的形式，在有关的、恰当的场合，明确地提出谈判的条件、要求，阐明谈判的立场、观点，表明自己的意图、态度和打算。直接传递的方

式可以通过拜访、洽谈、电话、信函等渠道来进行，还可以通过社交场合的渠道来进行，如群众性集会场合、官方或团体会议场合、单独会见场合、业务洽谈场合等渠道。直接传递方式具有针对性强、交流手段丰富、信息反馈既迅速又真实的特点。

2. 间接传递方式

间接传递是指通过第三者将信息传给对方。间接传递的方式可以借助第三者与对方直接见面的形式来进行，也可以通过大众媒体、广告等形式来进行。间接传递的优点是渠道较多，具有一定试探性，但间接传递的信息容易失真，反馈也易发生中断。

3. 暗示传递方式

暗示传递方式是指在有关的、恰当的场合，用含蓄的、间接的方法向对方表达自己的意图、要求、条件和立场等。暗示具有隐蔽性、借代性、便于把握分寸的特点，但反馈易发生中断。因此在此类传递中，有时需采用重复传递或多渠道传递，以使对方能明白无误地得到所传递的信息。

暗示在谈判中具有重要的意义。它可以避免不必要的直接对抗，传递出在明示条件下无法传递的谈判信息。这种信息的传递方式，既不失自己的身份，又向对方表达了自己的意愿，因此常常在外交或政治谈判中使用，在贸易谈判中也能达到较好的效果。

4. 意会传递方式

意会传递方式是指谈判信息的发出者与谈判信息的接收者早有沟通，早已对信息交流的背景有所了解，早已就信息传递的渠道达成了某种默契，是既不同于明示又不同于暗示的一种特殊的谈判信息传递方式。它是为了避免明示或暗示给各自带来的不利影响，同时也为了避免信息泄露而采取的一种较为谨慎的谈判信息传递方式。

意会在传递谈判信息方面有着特殊的作用。采用意会方式传递，当谈判各方传出或接收的信息彼此矛盾或尖锐对立时，不会在"面子上"引起相互关系的紧张；采用意会方式传递给对方的信息一般都是明白无误的。因此，它不同于明示那样直截了当，也不同于暗示那样，因为过于含蓄而产生理解障碍甚至歧义。

但是需要注意的是，意会也极有可能是无效的信息传递方式。这主要取决于人们对所传递的信息的理解、体会、推断及社会生活经验，取决于人们对意会的积极或消极态度。如果谈判信息交流的双方能够意会出彼此传递信息的全部含义，而双方或一方预感到后果将对自己不利，就可能采取消极的态度不予理会。

信息的传递和信息的搜集一样，不仅在谈判前要做，在谈判进行的整个过程中都要频繁地去做。从某种意义上来说，谈判过程就是互相传递和接收谈判信息的过程。因此，学会信息传递的各种方式与学会搜集信息、分析研究的方法是同样重要的。

信息工作在谈判实践中越来越显示其特定的价值和作用，谈判的各方比以往任何时候都重视信息工作。随着信息工作中自我信息的保密意识在不断加强，辨别对方信息真伪等方面工作的难度也在不断增加，这就给从事信息工作的人员和参加谈判的人员提出了更高的要求。

三、谈判信息的搜集渠道

谈判信息的搜集有很多方法和途径，选择时要根据允许的时间、具备的人力和财力等具体情况而定。

(一)搜集公开传播的有关信息

在当代，大量的市场信息是通过出版发行系统、广播影视系统和通信系统公开传播的。因而从图书、报纸、广播、电影、电视及其他企业寄送的资料中获得信息，是搜集信息的主要途径。

(二)向有关单位索取信息

有些资料并未刊载于大众化的出版物上，而是需要通过派人磋商或发函联系等方式才能获取。这种方法可以是无偿的，也可以是有偿的。例如，国内外企业的产品样本、产品说明书、产品介绍、企业内部刊物、油印宣传品及实物样品等。有些企业为了宣传本企业形象、扩大企业影响、推销产品，往往愿意免费提供有关资料。

(三)委托搜集

委托搜集即通过委托专业的咨询机构、信息情报网络、企事业单位或个人帮助搜集。

(四)通过信息交换来搜集

信息交换是企业获取信息的主要方法，它不仅能便于企业得到许多难得的情报资料，而且能比通过各种公开出版物节省许多时间。例如，在国际交换方面，可提前半年或一年得到有关的最新资料。另外，由于信息交换通常都是对口交换，因此，所得的信息大部分是及时的、适用的。

(五)实地搜集

有许多信息是不可能通过间接手段得到的，这就要求企业有关人员深入实地进行直接的调查搜集。它主要通过面谈法、问卷法、观察法、访问法、购买实物法等来直接了解有关信息。

(六)从谈判对手的雇员中搜集信息

在会议或社交场合，通过与对手的顾问和助手交往可以了解有关的信息。通过与对手内部受排挤的人员的交谈，施之以关心、同情，往往也能获得非常有用的信息。另外，在公司组织的招聘中，利用应聘者(包括过去或现在是对手的雇员)想得到新职位的迫切心情和急于显示自己能力、水平、经验的炫耀心理，也可以了解对手公司的有关情况。

(七)从曾与对手打过交道的人中获取信息

通过拜访那些曾经与对手打交道的人，了解并体会他们的主观感受，或者通过对手的供货商了解信息。如果可能，还可以加入对手对客户的某些活动。例如，有的公司向客户免费提供培训、设计等服务，其目的是想通过这些活动使客户在其产品设计或制造方面采用该公司的产品。对客户来说，接受了某种产品的培训，势必能加深对这种产品的认识，也就增加了采用它的可能性。如果能加入对手的这部分客户活动，就可以探听到它的内部情况，了解到有价值的产品信息。

(八)通过会议搜集信息

参加各种会议，诸如各类商品交易会、展览会、订货会、博览会等，以及有关可以进行直接商务活动的会议、商务报告会、讨论会等。在这些会议上，可以有的放矢地调查商品的生产、流通、消费乃至市场趋势和竞争现状及发展前景等，是搜集资料的最好场所和了解商情最好的渠道，因此有条件的外贸部门和企业要尽可能地举行或参加这类会议。

(九)从统计资料中搜集

统计资料主要包括各国及国际组织、各国有关地方政府的各类统计年鉴或月刊，也包括各大银行或国际咨询公司的统计数据和各类报表。此资料搜集方法的好处，是可以将各类资料、数据加以综合分析，能够了解有关事情的过去、现在和将来发展趋势；同时通过数据的综合分析，还可以辨别资料的真伪，它往往比公布的单项数据更可靠。

(十)通过驻外机构进行搜集

若要了解国际商务相关材料，可以通过我国驻当地使领馆、商务代办处，中国银行及国内其他金融机构在国外的分支机构，本行业集团或本行业在国外开设的营业、分支机构，各大企业驻外商务机构及其他民间机构和地方贸易团体等。因为当今世界上许多国家的贸易部门经常将国内或行业内的工商企业的名称、地址、供求商品的种类或业务范围等资料编成图册，分送到存在贸易关系的其他各国政府的贸易部门或商业团体，以便各国工商机构可以与其取得直接的接触，建立起贸易往来。各国使领馆的商务代办处也负有沟通贸易的责任，如果需要和某一国家的商业机构建立关系或了解其他信息情况，可以请求驻外使馆或中国银行给予协助，也可以请求外贸部门的驻外机构或往来的商业团体给予协助，还可以到国内的各外贸机构、各经贸研究所和各贸易咨询部门等机构中去查找有关资料或进行咨询。

第三节　谈判方案的拟订

在正式谈判之前，我们需要了解谈判环境、谈判对手和自身的情况，初步了解双方的谈判实力。除此之外，我们还需制订出一个周全而又明确的谈判计划，即制定一个谈判方案。谈判方案是指在谈判开始以前对谈判目标、谈判议程、谈判策略等预先所作的安排。

一、确定谈判对手

谈判是至少涉及两方的行为，因此在进行谈判之前，必须确定谈判对手。尽管在商务谈判中如果只涉及一个对手，也就无所谓选择，但也要明确对手在谈判中的实力与地位。如果只选择一家企业作为谈判对手，则无法进行有效的比较和鉴别，对方很可能会利用这一局面，向我方提出苛刻的要求，迫使我方做出较大让步。因此，如果可能，至少应考虑两家企业作为潜在谈判对手。

在实际的商务活动中，通常会有多个对象可供选择。一般来说，若要谋求长期合作，最好选择那些和本企业有着良好业务往来的企业或组织作为谈判对手。但是在有些领域内，可能缺乏这样的合作伙伴，这时就要考虑对方的信誉、可靠性和诚信度等因素。通常我们会选择产品工艺和质量都基本符合我方要求，谈判能力和企业实力与我方相当或略逊一筹，并且有明显的薄弱环节可供我方利用的企业作为谈判对象。

在选择谈判对手时，一般应将选择范围限定在四个以内，而对于内容广泛、交易比较复杂的谈判，可将对手控制在两个以内。否则，对手过多，会分散我方注意力，使我方难以处理和控制复杂的谈判过程。相反，如果对手过少，则会缺乏竞争，可能会导致我方在谈判中处于不利地位。

二、确定谈判的主题和目标

谈判活动应紧密围绕明确的主题和目标展开。谈判主题简明扼要地概括了参与谈判的目的，而谈判目标则是这一主题的具体化，指导整个谈判过程。例如，谈判主题可能是"以最优惠条件引进某项技术"，其中"最优惠条件"的具体内容即为谈判目标。谈判主题通常是公开的，不必过于保密。

谈判目标因谈判的类别和各方需求不同而有所不同。如果谈判的目的是获得资金，那么目标可能是获得的资金数额；若是为了推销产品，则可能是销售量和交货日期。其他谈判目标可能包括价格、双方关系的改善或争议矛盾的解决程度。每个谈判目标都是针对具体谈判内容设定的。

谈判的成功不仅取决于目标的设定，还依赖于各方的利益需求和谈判内外的各种因素。因此，谈判人员在制定谈判决策时，首要任务是准确制定谈判目标体系和确定目标层次，以确保谈判目标的顺利实现。

1. 商务谈判目标的分类

一般来说，根据目标对商务谈判的影响程度，可以将其分为三个级别：最优期望目标、可接受目标和最低限度目标。

(1) 最优期望目标是对谈判者最有利的一种理想目标，它在满足谈判方实际需求利益的同时，还有一个"额外的增加值"。然而，在实际的谈判活动中，谈判方的最优期望目标一般是单方面的、可望而不可即的理想目标，很少有实现的可能性。因为谈判是各方利益互相兼顾和重新分配的过程，没有哪个谈判者会心甘情愿地把全部利益让渡给他人。同样地，任何一个谈判者也不可能指望在每个场合的谈判中独占鳌头。这种最优期望目标，又被谈判行家称为"乐于达成的目标"，老练的谈判者在必要时可以放弃这一目标。

但是，这并不意味着最优期望目标在谈判桌上没有积极作用。最优期望目标往往是谈判进程开始时的话题。如果一个谈判者一开始就全盘推出他实际设想达到的目标，由于谈判人员的心态和谈判双方的利益需求不同，他往往不能获得理想的谈判结果。美国著名的谈判专家卡洛斯(Carlos)向两千多名谈判人员进行的实际调查表明，一个良好的谈判者必须坚持"喊价要狠"的准则。在讨价还价的谈判过程中，倘若卖方喊价较高，则往往能以较高价格成交；倘若买方出价较低，则往往也能以较低的价格成交。所以在谈判桌上，卖方喊价高或买方还价低，都会带来对自己有利的谈判结果。在这里需要说明的是，谈判中的最优期望目标并不是绝对不可能达到的，一个经验丰富的谈判专家，要实现最优期望目标是完全有可能的。

(2) 可接受目标是谈判人员根据各种主客观因素，考察种种具体情况，经过科学论证、预测和核算之后所确定的谈判目标。可接受目标能够满足谈判一方的部分需求，实现部分利益目的。这是谈判者调动各种积极性、采取种种谈判策略、使用多种谈判手段，以能达到的既定谈判目标。这种可接受的目标是秘而不宣的内部机密，一般只在谈判过程的某个微妙阶段提出或挑明，因而是谈判者死死坚守的最后防线，如果达不到这一可接受的目标，谈判就有可能陷入僵局或暂时休会，以便重新酝酿对策。可接受目标关系到谈判一方最基本、最主要的利益，因而对于谈判人员来说至关重要，它能够促使谈判争取达成协议。可接受目标的实现，意味着谈判的胜利。在谈判桌上，为了达到各自的可接受目标，双方都会施展自己的技巧，运用各种策略，但策略总是为既定的可接受目标服务的，尽管谈判过程中情况复杂多变，不确定的因素很多，但无论如何都不能违背和脱离谈判双方的可接受目标。

(3) 最低限度目标是人们从事谈判活动必须达到的目标。对于一般的谈判者来说，这类必须达成的目标毫无讨价还价的余地，宁愿谈判破裂也不肯放弃这个最低限度的目标。在谈判桌上，最低限度目标与最优期望目标之间有着必然的内在联系。在谈判过程中，谈判者往往提出己方的最优期望目标。实际上这是一种谈判策略，目的是保护最低限度目标或可接受目标，这样做的实际效果是扩大谈判空间，然后通过谈判双方往复来回的讨价还价，最终可能在最低限度目标与最优期望目标之间选择一个中间值，即可接受目标。

在谈判桌上，一味追求高标准的最优期望目标，放弃己方的最低限度目标，这种谈判决策往往会带来僵化、死板的谈判气氛。这种做法一方面不利于谈判一方的正常活动，如当某生产厂家对自己产品销售的谈判期望值要求过高，对产品的销量与售价期望过于乐观，并用这种过高的期望值来安排本厂的生产计划，尽管这样做会暂时起到一定的作用，但一旦在谈判中预定的过高期望值没有达到时，势必会影响企业生产活动的顺利进行，挫伤职员的劳动积极性。另一方面，谈判者放弃最低限度目标也不利于谈判的进程。谈判当事人的期望值过高，容易滋长盲目乐观的情绪，往往对谈判过程中出现的千变万化现象和突发事件缺乏足够的思想准备，缺少应变措施，对谈判过程中突发的事情茫然不知所措。最低限度目标是谈判者根据自身主观和客观多种因素，合理、明确划定的最低利益限制值，它不是临阵临时拟定的，必须经过多方论证。而最低限度目标的确定，不仅可以为谈判者创造良好的应变心理环境和思想准备，还为谈判双方提供了可供选择的突破方案与成功契机。

2. 确定谈判目标的注意事项

在谈判决策活动中，不论是在谈判前的准备工作中或者谈判实施过程中，在最终确认谈判目标时，必须注意以下几个问题。

(1) 遵循实用性、合理性和合法性的要求来确定谈判的各个目标层次。

实用性就是谈判双方要根据自身的实力与条件来制定切实可行的谈判目标，离开了这一点，任何谈判的协议结果都不能付诸实施。例如，一个企业通过谈判获得了一项先进的技术装备，但由于该单位职工的文化素质低、经营管理水平差和技术人员缺乏等问题，该项技术装备的效能就无法充分发挥出来。

合理性包括谈判目标的时间合理性与空间合理性。谈判目标对于不同的谈判对象、不同的时间与不同的空间领域，具有不同的适用程度，在一定时间与空间范围内是合理的、可行的谈判目标，而在另一个时间、另一个空间中就可能不太合理了。因此，作为谈判主体应当对自身的利益目标进行时间上、空间上全方位的分析考查。

合法性是指制定的谈判目标必须符合一定的法律准则与道德规范。例如在贸易谈判中为了达到自身单方面的利益目标，有的人采取对当事人行贿受贿的方式，诱使对方顺从，有的人损害集体利益而中饱私囊，有的人利用对方产品积压销售不畅的压力而强迫对方让步妥协，还有的人提供伪劣产品、过时技术和虚假信息，对谈判对手进行欺骗敲诈，所有的这些都是谈判桌上不合法的行为举止。

(2) 分清谈判目标的不同内涵，区别掌握灵活应对。

谈判目标可分为两类，一类是限定目标，如在价格方面，谈判者根据本厂的成本消耗、利润水平、供销情况和市场信息所确定的价格限度，对买方来说高于这个价格便不会购进，对卖方来说低于这个价格限度便不愿出售。另一类是弹性目标，即规定一个可以自由浮动的幅度界域，最高争取达到多少，最低不能少于什么基数。这种弹性目标具有机动变化的余地，可由谈判者灵活掌握。当对方的谈判条件有所变化时，如提供原材料规格高低、付款时间的提前或拖后等，谈判的弹性目标也会随之变动。

谈判的弹性目标必须经过细致分析与再三斟酌。在谈判桌上，如果我们把谈判目标放在毫无弹性的情况下，成功的机会就可能变得很小；与此相反，如果谈判目标富有弹性，谈判者就能随机应变，获胜的可能性就较大。因此，对于谈判目标要事先商定好弹性目标的上限、标准和下限。以常见的贸易谈判为例，对于买方来说，理想的目标界限即为弹性目标的下限，强制性目标界限为弹性目标的上限。而对于卖方来说，理想的最优期望目标即为弹性目标的上限，最低限度的谈判目标即为弹性目标的下限，可接受的谈判目标即为弹性目标的标准。

(3) 严格保密谈判目标的"底线"。

谈判目标的"底线"除了参加谈判的己方有关人员之外，绝对不能透露给其他人士。国外在一些重要的谈判场合，有的会不惜花费重金聘请"商业间谍"刺探对方的底牌，摸清对手的底细，做到知己知彼。我们有些谈判者却对此重视不够，有的事先没有深入研究，心中无数；有的随意将自己的谈判"底牌"透露出去，造成不应有的损失。一旦谈判目标有重大的修改，己方要经过全面讨论商定，没有授权的谈判者要向有关单位及领导人请示，即便是具有决定权的谈判者也应与参加谈判的有关人员协商沟通，大家取得一致意见后再加以变更。

预定谈判目标和在谈判桌上提出的利益要求是否一致，这要根据不同的具体情况来加以确定。不同的谈判人员有不同的谈判风格，有多种多样的谈判技巧和谈判手段。日本著名企业家松下幸之助在创业初期的谈判实践中，按照成本再加 10%左右的利润来向谈判对手报价，一般要价后不轻易地让价，而是直截了当地向对手说明我方和对方一样，也要获得一定量的利润，请谈判对手谅解。这样做使谈判对手觉得我方是诚实可信的，谈判常常因此而达成协议。

三、确定谈判的议程

在确定了谈判方案的主题和目标之后，还需对谈判的议程进行确定。谈判议程即议事日程，它要说明谈判的主要议题，以及谈判时间的安排。谈判议程可由一方准备，也可由双方准备，协商确定。

(一)确定谈判的议题

谈判议题就是双方在谈判过程中要讨论的要点。一般来说，要确定谈判议题，首先，将与本次谈判有关的问题都罗列出来；其次，将罗列出的各种问题进行分类，确定问题的重要程度，以及与己方的利弊关系；最后，确定主要的议题，即必须讨论的议题。

以贸易谈判为例，在谈判议题中，对双方经济利益最具影响力的谈判要点不外乎以下几种：价格、品质、数量、装运、付款方式等。商品的价格是商品价值的货币表现。价格水平的高低直接关系到谈判双方的经营成果和经济利益。它是商务谈判中一个最主要、最关键的内容，因而也往往是双方谈判的焦点内容。产品的品质是指产品的内在质量和外观形态。它们是由产品的自然属性决定的，具体表现为产品的化学成分、物理性能、造型、结构、色泽等特征。在商品买卖中，品质常常是交易的基础，因而成为谈判的核心内容。此外，成交商品的数量多少，不仅关系到卖方的销售计划或买方的购买计划能否完成，而且与商品价格的高低也有直接关系，从而会影响到谈判双方的经济利益。因此，商品的数量往往也会成为谈判双方的焦点。在商业实务中，一方向另一方收取货款是以交付货物为前提的，而货物的交接又必须通过装运来实现。因而，谈判双方如何交接货物(即确定运输方式、运输费用以及交货时间、地点等)以及双方如何安全、及时地完成货款的收取(即支付方式的确定)都是很重要的。明确谈判要点，可以使参与谈判人员做到心中有数，以便合理安排时间和进程，集中精力解决主要问题。

(二)选择谈判方式

谈判方式分为横向谈判和纵向谈判两种。

横向谈判采用横向铺开的方法，即首先列出谈判要涉及的问题，然后对各项议题同时进行讨论，同时取得进展，再同时向前推进谈判的进程。采用这种方式时，一般先把要讨论的议题全部罗列出来，然后粗略地讨论每个议题的各个方面，最后再详细地分析每个议题的各个方面。

纵向谈判则是在确定所谈的问题后，先集中对其中一个问题进行长时间的讨论，等到彼此达成一致意见后，再进入下一个问题的磋商环节，直至双方就所有问题达成协议。采用这种方式时，一般先从某一个议题开始，明确议题的范围，并深入讨论这一问题；然后等到第一个议题结束后，再开始第二个议题，并深入讨论；最后直至所有的议题都依次讨论完毕。

(三)谈判时间的安排

谈判时间的安排，即确定谈判在何时举行，为时多久。如果是分阶段的大型谈判，还需要确定分为几个阶段，每个阶段所花的时间大约是多久，等等。

在确定谈判的时间时，要考虑谈判准备的充分程度、谈判议题的多少、谈判对手的情况、谈判人员的身体和情绪状况、谈判的紧迫程度等因素。

在谈判时间的安排上，要注意适当地安排间歇或休息(如在紧张的谈判过程中适当安排一些轻松的文娱活动)，同时还要考虑意外情况发生的可能性，在时间上应有一定的灵活性。

四、模拟谈判

在制定完谈判方案和计划后，有时还要进行模拟谈判。模拟谈判是指在正式谈判开始以前，企业组织有关人员对本场谈判进行的预演或彩排。它的目的是通过模拟对手在既定场合下的种种表现和反应，从而来检查已制定好的谈判方案可能产生的效果，以便及时进行修正和完善。在商务谈判的准备阶段，特别是重大的、关系到企业根本利益的商务谈判活动中，模拟谈判的重要作用日益受到重视。通过模拟谈判，可以：①及时发现和弥补谈判方案中的漏洞；②从众多方案中选择最佳方案；③锻炼谈判人员的实战能力。在谈判前认真进行模拟，有助于在正式谈判过程中掌握先机，从而获得优势地位。

(一)模拟谈判的方法

模拟谈判的方法很多，主要有全景模拟法、讨论会模拟法、列表模拟法等。

(1) 全景模拟法是指在想象谈判全过程的前提下，企业有关人员扮成不同的角色进行实战性排练。这是最复杂、耗资最大，但也往往是最有成效的模拟谈判方法。这种方法一般适用于大型的、复杂的、关系到企业重大利益的谈判。在采用全景模拟法时，要合理地想象谈判全过程。合理的想象要求谈判人员按照假设的谈判顺序展开充分的想象，不只是想象事情发生的结果，更重要的是想象事物发展的全过程，想象在谈判中双方可能发生的一切行为，并依照想象的情况和条件，预演双方交锋时可能出现的一切局面，如谈判的气氛，对方可能提出的问题，己方的答复，双方的策略、技巧等问题。合理的想象可以使谈判的准备更充分、更准确。因此，这是全景模拟法的基础。

在采用全景模拟法时，还要注意尽可能地扮演谈判中所有会出现的人物。这一方面是指对谈判中可能会出现的人物都有所考虑，要指派合适的人员对这些人物的行为和作用加以模仿；另一方面是指主谈人员应扮演一下谈判中的每一个角色，包括自己、己方的顾问、对手和他的顾问，这种对人物行为、决策、思考方法的模仿，能使己方对谈判中可能会遇到的问题、人物有所预见。同时，站在别人的角度上进行思考，有助于己方制定更加完善的策略，正如美国著名企业家维克多·金姆所说的那样："任何成功的谈判，从一开始就必须站在对方的立场和角度上来看问题。"而且，通过对不同人物的扮演，可以帮助谈判者选择自己所充当的谈判角色，一旦发现自己不适合扮演某个在谈判方案中规定的角色时，可及时加以更换，以避免因角色的不适应而引起的谈判风险。

(2) 讨论会模拟法类似于"头脑风暴法"。它分为两步。第一步，企业组织参加谈判的人员和一些其他相关人员召开讨论会，请他们根据自己的经验，对企业在本次谈判中谋求的利益、对方的基本目标、对方可能采取的策略、我方的对策等问题畅所欲言。不管这些观点见解如何标新立异，都不会有人指责，有关人员只是如实地记录，再把会议情况上报领导，作为决策的参考。第二步，请人针对谈判中种种可能发生的情况以及对方可能提出的问题提出疑问，由谈判组成员一一加以解答。讨论会模拟法特别欢迎反对意见。这些意见有助于我方重新审核拟订的谈判方案，从多种角度和多重标准来评价方案的科学性和可行性，不断完善准备的内容，提高成功的概率。国外的模拟谈判对反对意见备加重视。正如美国著名律师劳埃德·保罗·斯特莱克在《辩护的艺术》中所写的那样："我常常扮作证人，让助手对我反复盘问，尽可能地驳倒我。这是极好的练习，就在这种排练中，我常常会发现自己准备得还不够理想。于是，我们就来研讨出现的失误及原因。就这样，我的主意逐渐形成。"

(3) 列表模拟法是最简单的模拟方法，一般适用于小型的、常规性的谈判。具体操作过程是这样的：画出对应形式的表格，在表格的一侧列出我方经济、科技、人员、策略等的优缺点和对方的目标及策略，另一侧则相应地罗列出我方针对这些问题在谈判中所应采取的措施。这种模拟方法最大缺陷在于，它实际上还是谈判人员的一种主观产物，它只是尽可能地搜寻问题并列出对策，至于这些问题是否真的会在谈判中发生，这些对策是否能起到预期的作用，由于没有通过实际的检验，谈判人员还需要辅之以其他的方法与手段来判断。

(二)模拟谈判时的注意事项

模拟谈判的效果如何直接关系到谈判人员在谈判中的实际表现，而要想使模拟谈判真正发挥作用，就必须做到以下几点。

1. 科学地提出假设

模拟谈判实际就是提出各种假设情况，然后针对这些假设，制定出一系列的对策，采取一定的措施的过程。因而，假设是模拟谈判的前提，又是模拟谈判的基础，它的作用是根本性的。假设按照在谈判中包含的内容可以分为三类：一是对客观环境的假设；二是对自身的假设；三是对对方的假设。对客观环境的假设所包含的内容最多、范围最大，它涉及人们日常生活中的环境、空间和时间。主要目的是估计主客观环境与本次谈判的联系和影响的程度；对自身的假设，包括对自身心理素质准备状况的评估，对自身谈判能力的预测，对企业经济实力的考评和对谈判策略的评价等多项内容。对自身的假设，可以使己方人员正确认识自己在谈判中的地位和作用，发现差距，弥补不足，从而在实战中扬长避短，发挥优势；对对手的假设，主要是预估对方的谈判水平，对手可能会采用的策略，以及其面对我方的策略如何反应等关键性问题。

为了确保假设的科学性，首先应该让具有丰富谈判经验的人提出假设，相对而言，这些人提出的假设准确度较高，在实际谈判中发生的概率大；其次，假设的情况必须以事实为基础，所依据的事实越多、越全面，假设的精度也越高，假设切忌纯粹凭想象的主观臆造；最后，我们应该认识到，最高明的谈判者也无法全部假设到谈判中可能会出现的所有情况，而且这种假设归根结底只是一种推测，带有或然性。若是把或然奉为必然去指导行动，那就是冒险。有的谈判老手就是能抓住对手的假设的必然性，出其不意地变换套路，一举击溃对手。

2. 对参加模拟谈判的人员应有所选择

参加模拟谈判的人员，应该是具有专门知识、经验和看法的人，而不是只有职务、地位或只会随声附和、举手赞成的老好人。一般而言，模拟谈判需要下列三种人员。

(1) 知识型人员。这种知识是指理论与实践相对完美结合的知识，这种人员能够运用所掌握的知识触类旁通、举一反三，把握模拟谈判的方方面面，使其具有理论依据和现实基础。同时，他们能从科学性的角度去研究谈判中的问题。

(2) 预见型人员。这种人员对于模拟谈判是很重要的。他们能够根据事物的变化发展规律，加上自己的业务经验，准确地推断出事物发展的方向，对谈判中出现的问题相当敏感，往往能对谈判的进程提出独到的见解。

(3) 求实型人员。这种人员有着脚踏实地的工作作风，考虑问题客观、周密、不以主观印象代替客观事实，一切以事实为出发点。对模拟谈判中的各种假设条件都小心求证，力求准确。

3. 参与模拟谈判的人员应有较强的角色扮演能力

模拟谈判要求我方人员根据不同的情况扮演场上不同的人物，并从所扮演的人物心理出发，尽可能地模仿出他在某一特定场合下的所思所想、所作所为。心理学研究表明，谈判者作为生活在特定的社会与文化环境中的人，周围环境对其的复杂影响和其自身从历史的经验和过去的认知感受中获得的教训，必然导致他对周围环境做出独特的反应，并形成自己的个性。因此要扮演另外一个社会角色时往往会发生内心的冲突。根据这一情况，一方面企业在安排模拟谈判时，要根据我方人员的性格特征有针对性地让其扮演类似的对方人员；另一方面，我方人员要具有善于克服在充当特定谈判角色(特别是这一角色与自己差距很大)时所产生的心理障碍的能力，要善于揣摩对方的行为模式，尽量地从对方的角度来思考问题，做出决定。

4. 模拟谈判结束后要及时进行总结

模拟谈判的目的是总结经验，发现问题，弥补不足，完善方案。因此，在模拟谈判告一段落后，必须及时、认真地回顾在谈判中我方人员的表现，如对对手策略的反应机敏程度，自身谈判成员之间协调配合程度等一系列问题，以便为真正的谈判奠定良好的基础。

模拟谈判的总结应包括以下内容：①对方的观点、风格、精神；②对方的反对意见及解决办法；③自己的有利条件及运用状况；④自己的不足及改进措施；⑤谈判所需情报资料是否完善；⑥双方各自的妥协条件及可共同接受的条件；⑦谈判破裂与否的界限等。

第四节　谈判场地与食宿安排

谈判的准备工作包括两个方面：谈判场地与食宿安排。从表面上看，这些似乎与谈判内容本身关系不大，但事实上，它们不仅联系密切，甚至可能关系到整个谈判的成败。

一、谈判场地的选择

通常，对于日常的商务谈判，最好能争取在我方的办公室或本企业的会议室里举行，这就像体育比赛一样，在我方的场地举行，占据天时、地利、人和，获胜的可能性较大。在这样的主场与对方谈判，具有明显的优势。例如，能随时向上级领导和专家请教；查找资料和数据方便；在生活方面(起居、饮食、睡眠等)不受影响，而且处于主人的地位，在处理事情上比较方便。但在本企业谈判也有不利的方面，如可能会时常受到单位事务的干扰，需要花费一定精力照顾对方等。而在对方所在地谈判，也有一定的好处。例如，便于观察对方和实地验证某些猜测；有利于与对手的上级和其他有关人员接触；较容易寻找借口摆脱困境等。

总体上说，对于重要的问题或难以解决的问题，最好争取在本企业进行谈判；一般性的议题或容易解决的问题，或需要到对方所在地了解情况时，也可以在对方企业进行谈判，但必须做好充分的准备。当然，经双方磋商同意，还可以选择一个中立场地进行谈判。谈判场地选好后，应根据人数的多少、时间的长短、内容的保密程度选择适宜的谈判室(会场)。谈判室最好确定在客人住宿地的附近，且以套间为好，即在谈判室外应有一间休息室，以供休息、会客之用。会场选定后，应按照习惯的礼节布置好会场。

【知识拓展 4.1】

谈判专家认为：谈判场地不论设在哪一方都各有利弊。

1. 场地设在我方办公室或会议室

如果谈判场地设在我方办公室或会议室，其优点如下。

(1) 能够避免由于环境生疏带来的心理上的障碍，而这些障碍很可能会影响谈判的结果。

(2) 能够获得额外的优势。我方可借助"天时、地利、人和"的有利条件，向对方展开攻势，以求对方让步。

(3) 可以处理谈判以外的其他事务。

(4) 便于谈判人员向上级请示、汇报以及相互间的沟通联系。

(5) 节省旅途的时间和费用。

综合上述优势，争取将谈判场地设在我方的最有利之处在于我方可以自由地发挥，获胜的可能性会更大。美国专家泰勒的实验表明：多数人在自己家的客厅与人谈话，比在别人家的客厅里更能说服对方。这是因为人们有一种常见的心理状态，就是在自己的所属领域里，能更好地释放能量与本领，因此，行为成功的概率就高。这种情况也适用于谈判。

2. 场地设在对方办公室或会议室

如果谈判场地设在对方办公室或会议室，也有其优势。

(1) 可以排除多种干扰，全心投入地进行谈判。

(2) 在某些情况下，可以借口资料不在身边，拒绝提供不便泄露的情报。

(3) 可以越级与对方的上级洽谈，获得意外收获。

(4) 对方需要承担起准备场地和其他服务的责任。

正是由于上述原因，在多轮谈判中，谈判场地往往是交替更换的，这已是不成文的惯例。当然，谈判场地设在哪一方还取决于其他客观因素，如考察生产过程、施工基地、投资所在地的地理环境等。有时，中立的场地也是谈判的合适选择。如果预料到谈判会紧张、激烈、分歧较大，或外界干扰太大，选择中立的场地就是上策。

二、谈判场地的布置

谈判场地应具备良好的照明、通风和隔音条件，最好在举行会谈的会议室旁边备有一两个小房间，以便于谈判人员协商机密事宜。主要谈判场地也可以配备一些专门的设施，供谈判人员挂图表或进行计算。除非双方都同意，否则不要配备录音设备。经验证明，录音设备有时对双方都会起到副作用，使人难以畅所欲言。

(一)谈判时的座位安排

谈判场地的布置及座位的安排是检验谈判人员素质的标准之一。谈判室的布置往往是给客人的第一印象，有些商人会根据谈判室的布置去判断主方对本次谈判的重视程度和诚意，因此谈判场地的布置与座位的安排，有时还可能影响到谈判的成败。商务谈判中，座位一般安排宾主双方相对而坐，各自的组织成员坐在主谈人两侧，以便交换意见，加强团结力量。

【知识拓展 4.2】

一般来说，谈判室内谈判桌的选择与布置通常有以下几种情况。

(1) 长方形谈判桌。采用长方形谈判桌进行谈判时，双方谈判人员相对而坐。这种形式很正规，给人以严肃的感觉，但缺少活泼轻松的氛围，有时甚至还会有对立的感觉。

(2) 圆形谈判桌。采用圆桌进行谈判时，双方谈判人员围坐成一个圆圈。这种形式常常使双方感受到和谐一致的气氛，而且交谈起来也比较方便。

(3) 不设谈判桌。在双方人员不多的情况下，不设置谈判桌，大家坐在一起，轻轻松松地进行谈判。有时，这种方式能加强人际交流，消除彼此的紧张感和陌生感。但是在较正规的谈判中，还是使用谈判桌为好。

商务谈判通常使用长方形的条桌，其座位安排如图 4-1 和图 4-2 所示。如果没有条桌，也可以使用圆桌，其座位安排如图 4-3 所示。

如图 4-1 所示，若以正门为准，主方应背对门而坐，客方则面向正门而坐，其中主谈人或负责人居中。我国及多数国家习惯把译员安排在主谈人的右侧，即第二个席位上，但也有少数国家让译员坐在后面或左侧。遇到这种情况，应悉听主方安排，一般靠近主谈人的位置被视为上座。

如图 4-2 所示，若谈判长桌一端朝向正门，则以入门的方向为准，右侧为客方，左侧为主方。座位号的安排也是以主谈人右侧为偶数、左侧为奇数。

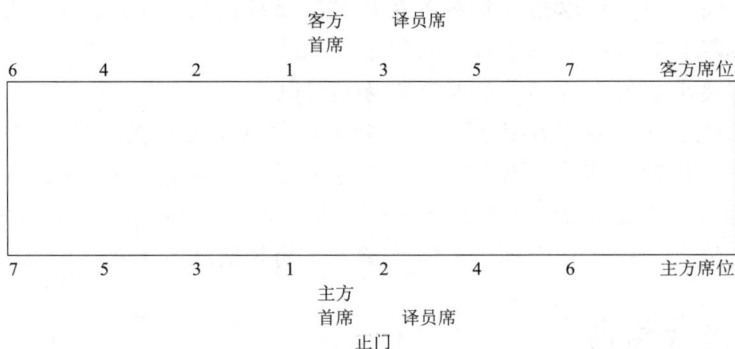

图 4-1　横向长方形谈判桌的座位安排

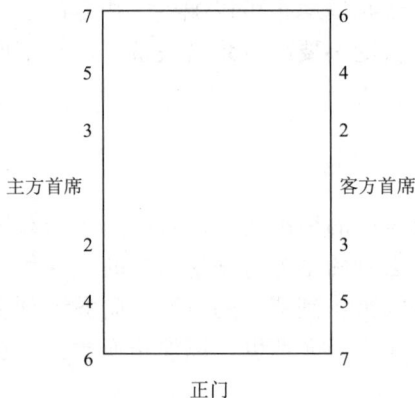

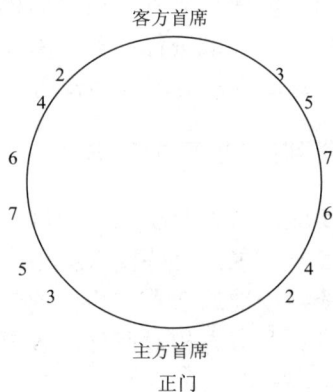

图 4-2　竖向长方形谈判桌的座位安排　　图 4-3　圆形谈判桌的座位安排

以上的座位安排方法，目前在国际上基本通用，适用于比较正规和严肃的谈判。因此，我们在安排座位时应该尽可能地遵循这个惯例。它的好处在于：双方相对而坐，中间有桌子相隔，有利于己方信息的保密；一方谈判人员相互接近，便于谈判和交流意见，也可形成心理上的安全感和凝聚力。然而，它的不利之处在于：可能人为地造成双方的对立感，容易形成紧张、呆滞的谈判气氛，对融洽双方关系产生不利影响，需要运用语言、表情等手段来缓和这种紧张对立的气氛。

为了接待工作的顺利开展，客方应将参加谈判人员的名单、职务等信息告知主方。作为主方，要在会场安排足够的座位，必要时准备好麦克风，并事先放置好中外文座位卡等。作为客方，在参加谈判时应注意，有些不太道德的商人有时会利用座位的安排去影响对方才智的充分发挥，对此，我们也要提高警惕。例如，坐在对着太阳的一侧，让强烈的太阳光直射，谈判者不仅不能有效地观察对方的表情，以窥测对方的思路，还会因强烈的阳光刺激而心情烦躁，从而影响其才智的发挥。

(二)签字时的准备

对于特别重要的谈判，还需准备双方国旗和签字用具，以备举行签字仪式之用。一般来讲，签字仪式是在国家与国家之间就政治、经济、军事、文化等某一领域内的相互关系达成协议时举行的仪式。国与国之间的经济业务部门签订专业性协议时，一般不举行签字仪式。不过，若有必要，也可以举行。

1. 签字仪式的准备工作及程序

签字仪式的准备工作及程序如下所示。

(1) 准备好签字文本的定稿、翻译、校对、印刷、装订等工作，同时准备好双方的国旗、签字用的文具等用品，并布置好签字厅。

(2) 双方人员进入签字厅，待签字人入座后，其他人员分宾主按身份顺序排列于各自的签字人座位之后入座。双方的助签人分别站在各自签字人的外侧，做好协助工作。

(3) 先由双方签字人在本国保存的协议文本上签字，由双方助签人负责传递、交换文本；再由双方签字人在对方保存的文本上签字，然后由双方签字人交换文本，之后相互握手以表示诚意和祝贺。

(4) 签字完毕后，通常备有低度酒水，由参加签字的全体人员举杯同庆，之后退场。

2. 签字仪式的种类

各国举行的签字仪式各有特色，主要可以分为以下三种类型。

(1) 国际通行的签字仪式。这种仪式通常在签字厅内设置一张长桌作为签字桌，桌上覆盖绿色台布。桌后摆放两把椅子，供双方签字人就座，其中客方位于右侧，主方位于左侧。双方座前分别摆放各自保存的文本，文本上端分别放置签字文具。桌子中央设有旗架，用于悬挂双方国旗。

(2) 一些国家采用两张方桌作为签字桌。双方签字人各坐一桌，各自的国旗用旗架悬挂在各自的签字桌上方。参加仪式的其他人员则坐在签字桌对面。

(3) 某些国家虽然也使用一张长桌作为签字桌，但参加仪式的双方人员坐在签字桌的两侧，而双方国旗则挂在签字桌的后方。

3. 签字仪式中的国旗挂法

在签字仪式中，国旗的挂法需遵循一定的规范。

(1) 以国旗本身的正面为基准，右侧应挂客方国旗，左侧挂主方国旗。

(2) 国旗不宜倒挂。同时，由于部分国家国旗上的文字和图案设计，也不宜竖挂或反挂。国旗应正面面向观众，不宜反面展示。

(3) 各国国旗的图案、式样、颜色比例均由本国宪法或相关法规规定，因此必须予以尊重。然而，若需并排悬挂比例不同的国旗，可以适当调整大小，使得国旗的面积大致相等。

总之，谈判场地的选择和布置应服从谈判的实际需要，依据谈判的性质、特点，以及双方之间的关系、谈判策略的要求来决定。

三、食宿安排

由于谈判是一项既艰苦又复杂的交际活动，它不仅耗费体力，也耗费精力。因此，食宿安排也成为谈判中需要关注的重要内容。东道国应对来访人员的食宿做出周到、细致且方便、舒适的安排，但并不需要过于奢华。只需按照国内或当地的标准条件进行招待即可。同时，应根据谈判人员的饮食习惯，尽量提供美味可口的餐食。

许多外国商人，尤其是来自发达国家的客商，非常注重时间和效率，他们不太喜欢过于烦琐和冗长的招待仪式。然而，适当地组织客人进行参观游览和参加文体娱乐活动是非常有益的。这不仅能有效地调节客人的旅行生活，还能增进双方在非正式场合的接触，促进关系的和谐，有助于谈判的顺利进行。

本 章 小 结

本章阐述商务谈判中人员、环境等物质条件的准备工作。优秀的谈判人员应该具备多重素质，且谈判人员的配备也需要有一定考量。在外界多种环境因素的影响下，谈判方案的拟订需具备一定的要求和程序。这样才可以为商务谈判的后续环节打下坚实的基础。

复习思考题

1. 优秀的谈判人员应具备什么样的素质？
2. 怎样进行谈判人员的配备工作？
3. 影响谈判环境因素有哪些？
4. 如何拟订谈判方案？
5. 谈判的物质条件包括哪些内容？

案例分析题

一次争取银行优惠贷款的谈判

俗话说："知己知彼，百战不殆。"只有了解、掌握对手的信息，才能使自己采取的策略做到有的放矢，逐步达到自己的目标。搜集、处理对手信息，是谈判准备工作中至关重要的一环，它往往是谈判成功的关键所在，有时借此甚至可以使谈判于"山穷水尽"之中"柳暗花明"。下面的实例就说明了这个道理。

在美国东北部的一个城市，有位叫菲利普·哈奈特的先生，他拥有一家中等规模的工程信息咨询公司。在他的公司生意兴隆的时期，他与本地的一家银行保持着良好的业务关系。但有一段时间，由于市场变化和公司经营的问题，哈奈特的公司业绩一落千丈，负债累累，已濒临破产。这时，那家一直向他提供贷款的银行除了急于收回到期债务以外，已不愿再向他提供贷款了。这不难理解，银行出于自身的利益考虑，向来倾向于"锦上添花",而不是"雪中送炭"。为了重整旗鼓,东山再起,哈奈特先生只能寄希望于银行再贷款给他。但是,对于一个濒临破产的企业而言,要想博得银行的同情,让其贷款,简直比登天还难。为此,哈奈特只能另辟蹊径。他决定从搜集银行的信息着手。哈奈特先生指示公司的财务部门,整理所有与银行往来的账目、记录等,千方百计搜寻银行的过错。最后,他根据财务部门的整理结果拟出一份抗议案,其内容包括:银行的办事能力差,办手续所需时间过长,致使哈奈特的公司购买一项产品的计划被耽误,从而蒙受了重大损失;在领款时,作为银行的老客户居然也要在柜台前排长队。而最严重的抗议事项则是,由于该银行职员一时的疏忽,使得一笔原本应该汇入哈奈特公司账户的款项,竟阴差阳错地存入了另一家公司的账户。另外,还有几条"罪状"也同时被以严肃的口吻列入了抗议案中,一并送往银行,要求银行解释。该银行由于对此抗议案措手不及,于是首先让一位部门经理打电话道歉。接电话的财务部门非常冷淡的态度使得银行更感紧张,以为哈奈特公司已从其他银行取得了贷款,不需要他们的帮助了。在银行业竞争激烈的今天,信誉是至关重要的,因此,该银行非常担心这件事会使自己的信誉受到影响。于是,该银行经理主动与哈奈特取得联系。出乎这位经理的预料,哈奈特先生在电话中闭口不提抗议的事,反而以轻松的语气问道:"对于两年以上的私人贷款,如何计算利息呢?"那位经理原来一直猜想会受到怎样的猛烈攻击,想不到对方却提了这样一个问题,而且语气显得十分友好。因此,在吃惊之余,也大大松了一口气。于是便耐心地把利息的计算方法告诉了对方。

"这样的利息是不是现在市面上最优惠的?"

"当然!据我所知,这是目前最优惠的一种贷款条件。"

这时,哈奈特先生才进一步说明他想通过最优惠的方式从该银行获得一笔贷款,并表达了希望与该银行加强往来的愿望。结果,这位经理满足了他的要求。

(资料来源:比尔·博内特,戴夫·伊万斯. 斯坦福大学人生设计课[M]. 北京:中信出版集团,2017.)

思考:

1. 哈奈特先生运用了何种谈判策略说服了银行经理?
2. 分析哈奈特先生取得谈判成功的主要原因。

第五章

谈判过程中的策略技巧

微课视频

商务谈判过程复杂且多变。为了在这种复杂多变的谈判中取得满意的结果，确保实现利益目标，必须在谈判中适时、灵活地实施战略方案。商务谈判的策略，从企业经营的角度来看，是为了实现企业的经营目标，在市场竞争的变化中求得生存和发展的一系列对策的总称。从谈判者的习惯认识来看，策略是谈判者为了有效地达到预期目的，在谈判过程中所采取的各种行动、方法和手段的总和。从商务谈判的特点来看，可以把谈判策略理解为，根据谈判战略目标的要求和谈判情况的变化，灵活地贯彻实施谈判策略方案所采取的行动、方法和手段的总和。简言之，谈判策略是一种在可以预见和可能发生的情况下应采取的相应行动和手段等。

谈判的过程一般可分为开局阶段、交流磋商阶段、达成协议等几个阶段。由于各阶段特点不同、目的不同、所面临的任务不同，因而策略与技巧也各具特色。

第一节　开局阶段的策略技巧

开局是从谈判双方正式直接接触到报价的一个时间段，从它在谈判过程中的作用来看，既是正式谈判开始，又是准备工作的继续，起着承前启后的作用。在开局阶段，既可以进一步完成在准备阶段无法准备的工作，又可以着手实现谈判开局的特定任务，这都将为谈判的成功奠定坚实的基础。俗话说"良好的开端是成功的一半"，因此，开局阶段双方的接触、气氛的营造以及开局目标的确定在谈判中就显得非常重要。在这一阶段，谈判人员的主要任务是营造良好的谈判气氛、交换意见和做开场陈述。

一、营造良好的谈判气氛

营造谈判气氛是开局阶段的第一项工作。每一个项目的谈判都因谈判的内容、形式、地点的不同而有其独特的气氛。有的谈判气氛是冷淡的、对立的；有的是松弛的、缓慢的、旷日持久的；有的是积极的、友好的；也有的是平静的、严肃的、拘谨的。不同的谈判气氛对谈判会有不同的影响。热烈、积极、友好的气氛下，双方互利互让，谈判可能成为一件轻松愉快的事情。冷淡、对立、紧张的气氛中，双方寸步不让、分文必争，则很有可能把谈判变成一场没有硝烟的战争。

虽然谈判气氛可能会随着谈判阶段的推进而转换，但是，一般情况下，总有一种气氛处于主导地位并且贯穿于谈判过程的始终。实际上，谈判双方一经见面接触，洽谈的气氛就已经形成。热情还是冷漠，友好还是猜忌，轻松活泼还是拘谨紧张都已基本确定，并且将会延续下去。谈判初期所建立的气氛是很关键的，这种气氛会影响到整个谈判的进程。谈判者的言行，谈判的空间、时间和地点等都是形成谈判气氛的因素。谈判者应把一些消极因素转化为积极因素，使谈判气氛向友好、和谐、富有创造性的方向发展。要想形成一个和谐的谈判气氛，需要把谈判的时间、环境等客观因素与谈判者自身的主观努力相结合。

谈判者要在谈判气氛形成过程中起主导作用。形成谈判气氛的关键因素是谈判者的主观态度，谈判者要积极主动地与对方进行情绪、思想上的沟通，而不能消极地等待对方的态度。例如，当对方还板着脸时，你应该率先露出笑容，主动地握手，表示关切，并与之交谈，这都有助于营造良好的气氛。如果谈判者都能充分发挥自己的主观能动性，就一定能营造出良好的谈判气氛。

谈判之前，双方无论是否有成见，无论身份、地位、观点、要求等方面有多么不同，一旦坐到谈判桌前，就意味着双方共同选择了磋商与合作的方式来解决问题。因此，谈判之初就应心平气和，坦诚相待，这才能使谈判在良好的气氛中开场。这就要求谈判者抛弃偏见，全心全意地致力于谈判，切勿在谈判之初就从对抗的心理出发，这将不利于谈判工作顺利进行。

为了营造良好的谈判气氛，谈判人员应注意以下几点。

1. 服饰整洁大方

服饰是决定形象的重要因素，服饰反映着一个人的兴趣、爱好、性格、习惯，并在一定程度上也反映了谈判人员对谈判的重视程度。一般来说，谈判人员的服饰应该做到美观大方、整洁得体。但由于经济状况和文化习俗的差异，各国、各地区、各民族的衡量标准也不尽相同，应视具体情况而定。

2. 寒暄恰到好处

在进入正题之前，一般要互致问候或谈几句与正题无关的话。这时的话题最好是一些友好的或中性话题，如询问对方的身体状况，以示关心；回顾以往可能有过交往的历史，以密切关系；谈谈共同感兴趣的新闻；幽默而得体地开玩笑；等等。这些都有助于缓解谈判开始的紧张气氛，从而达到联络感情的目的。为了营造和谐的气氛，最好不要涉及比较敏感的、令人沮丧的话题或有分歧的议题。

3. 动作自然得体

影响谈判气氛的因素包括动作和手势。由于各国、各地区、各民族文化习俗的不同，对各种动作的反应也不尽相同。比如，初次见面握手时稍微用力，有人认为这是友好的表示，会产生一种亲近感；而有人则会觉得对方是在故作姿态，有意奉承，因此会有厌恶之感。谈判人员应事先了解对方的背景与性格特点，根据不同的情况，采取不同的做法。

4. 破题引人入胜

如果说开局是形成谈判气氛的关键阶段，那么破题可以算作关键中的关键。因为双方都要通过破题来表明自己的观点和立场，也都要通过破题来了解对方。由于谈判即将开始，难免有些心情紧张，因此出现结结巴巴、言不由衷或盲目迎合对方的现象，这对接下来的正式交谈是十分不利的。为了避免这种现象发生，应该事先做好充分准备，有备而来，才能做到从容不迫、游刃有余。

5. 讲究表情语言

表情语言是无声的信息，是内心情感的表露，这主要指形象、表情、眼神等。谈判人员是信心十足还是满腹狐疑，是轻松愉快还是紧张呆滞，都可以通过表情流露出来。是诚实还是狡猾，是活泼还是凝重，在一定程度上也都可以通过眼神表露出来。谈判人员应该时刻注意自己的表情，通过表情和眼神表示出友好、合作的愿望。

6. 注意察言观色

开局阶段的任务并不仅仅是为此后的会谈营造良好的气氛，还应该通过对对方的观察，了解对方的性格、态度、意向、风格、经验等，制定和调整相应的策略，为进一步谈判创造有利条件。

二、交换意见

在谈判的开局阶段，我们不仅要为转入正题营造适宜的气氛并做好准备，更重要的是，谈判双方都会利用这一短暂的时间进行相互探测，以了解对方的虚实。因此，这段时间也被称为探测期。在这一期间，我们主要是借助感官来接收对方通过行为、语言传递的信息，并对其进行分析、综合，以判断对方的实力、风格、态度、经验、策略以及各自所处的地位等，为及时调整己方的谈判方案与策略提供依据。当然，这时的感性认识还仅仅是初步的，需在以后的磋商阶段加深认识。

在交换意见的过程中，谈判人员应态度诚恳，避免过分闲聊、离题太远，话题应集中于谈判的目标、议程、计划、进度和人员等方面。通过充分交换这些方面的意见和建议，双方可以了解彼此的真实想法，并达成共识，为后续谈判的顺利进行做好准备。

(一)确定谈判目标和谈判议程

谈判目标旨在阐明双方为什么要坐在一起谈判。谈判议程则涵盖了谈判的议题和程序。通俗地说，就是谈什么问题，先谈什么，后谈什么，什么时候谈什么问题。在确定议程时，应注意以下原则。

(1) 议题的确定事先应经过认真准备，确保不要遗漏应讨论的问题。

(2) 要充分考虑每项议题有可能导致的后果，不要轻易同意对方提出的议题。

(3) 对于议程安排上的分歧，要敢于提出自己的意见，坚持观点，否则可能会增加后续谈判的难度。

(二)确定谈判人员

确定谈判人员是指确定参加谈判的人员以及谈判人员的分工。这个问题事先在己方虽已明确，但在开局阶段应通过互相介绍，了解彼此。介绍己方的谈判人员时，可适当地介绍其职务、主要的经历、重要的业绩等，这样可以在一定程度上树立威信，引起对方的重视。此外，也可以传递相应的信息，如明确此次谈判的规格和己方对此次谈判的重视程度等。

(三)提出谈判方案

在谈判的准备阶段中谈判双方各自都制定了谈判方案，一般在开局阶段可以主动向对方提出，或就对方提出的方案做出相应的回答。在提出方案时，常见的方式有三种，它们各有利弊，需根据具体情况有策略地选择。

1. 提出书面条件，并不准备做口头补充

优点：内容完整、条件确定，可供对方反复阅读，直到全部理解为止。

缺点：文件中的条文无法改变，如果向对方提出进一步的要求或向对方作出让步则比较困难。

2. 提出书面条件，并准备做口头补充

优点：便于将谈判议程安排得更紧凑；能使对方对一些不清楚的条款进行认真考虑；能使对方对一些难以解决的问题进行研究；也可以将己方愿意承担的责任与义务表述清楚。

缺点：如果双方准备交换的条件差距很大，书面方案将产生明显的反作用，它会给达成协议带来一定的困难，同时也会将自己的动机暴露给对方，对方可能利用这一机会制定出更周密的对策。因此，这种方式比较适合双方准备交换的条件差距不大的情况。

3. 口头提出条件

不提交任何书面文件，仅仅在双方会晤时口头提出条件。

优点：具有较大的灵活性，可以根据谈判的进程随意调整自己的战略战术；可以通过交流磋商先摸清对方的底细，然后再表示承担某些义务；可以充分利用感情因素来影响对方，与对方建立友好的合作关系。

缺点：容易通过表情动作暴露真实动机；遭到对方反击后容易产生动摇；容易偏离主要议题而在枝节问题上浪费时间；对某些复杂问题(如统计数字、图表等)难以阐述清楚；由于语音语义的不同，容易产生误解；由于事先互相完全不了解，没有充分的准备，往往容易出现僵局现象。

【知识拓展 5.1】

老练的谈判者一般都以静制动，用心观察对手的一举一动，即使发言也是诱导对方先说，而缺乏谈判经验的人，往往抢先发表自己的意见、主张和观点。实际上，这正是对方求之不得的。如果谈判者不想在谈判之初暴露弱点，就不要急于发表己见，特别是不可早下决断。因为谈判情势的发展，往往会使你陷于早下结论的被动。正确的策略是：在谈判之初最好启示对方先说，然后再察言观色，把握动向。要想启示对方先谈谈看法，可采取以下几种策略，灵活、得当地引导对方说出自己的想法，同时也表示了对对方的尊重。

第一，征询对方意见。这是谈判之初最常见的一种启示对方发表观点的方法。例如，"贵方对此次合作的前景有何评价？""贵方认为这批冰箱的质量如何？""贵方是否有新的方案？"等。

第二，诱导对方发言。这是一种启示对方发言的方法。例如，"贵方不是在传真中提到过新的构想吗？""贵方对市场进行调查过，是吗？""贵方价格变动的理由是……？"等。

第三，使用激将的方法。激将是促使对方发言的一种特殊方法。如果运用不好会影响谈判气氛，所以应慎重使用。例如，"贵方的销售情况不太好吧？""贵方是不是对我们的资金信誉有怀疑？""贵方总没有建设性意见提出来吗？"在启示对方发言时，应避免使用能使对方借机发挥其优势的话题，否则，易使己方处于被动。

在交换意见的过程中，当对方发言时，应对对方进行察言观色。因为注意对方每一句话的意思和表情，研究对方的心理、风格和意图，可为己方所做的第一次正式发言提供尽可能多的信息依据。在谈判桌上，不仅要注意观察对方发言的语气、声调、轻重缓急，还要注意对方的行为语言，如眼神、手势、面部表情，这些都可传递某种信息。优秀的谈判者会从谈判对手的一举一动中，观察对方的虚实。

此外，要对具体问题进行具体分析。在有些情况下，察言观色并不能解决问题，这就要进行一些行之有效的探测。例如，要探测对方主体资格和阵容是否发生变化，可以问"某某怎么没来？"要探测对方报价的水分，可以问："这个价格变动了吗？"要探测对方的资金情况，可以问："如果甲方要求我们付现金呢？"要探测对方的谈判诚意，可以问："据说贵方有意寻找第三方？"要探测对方是否有决策权，可以问："贵方能否确定这项变更？"等等。谈判者还可以通过提供某些资料，或要求对方提供某些资料等方法来达到探测的目的。

三、开场陈述

开场陈述，即双方分别阐明自己对有关问题的看法和原则。开场陈述的重点是简明扼要地把对问题的看法和意见提出来，它一般不是具体的，而是原则性的。陈述的内容通常包括：我方对问题的理解，即我方认为这次谈判应涉及的问题；我方的利益，即我方希望通过谈判取得的利益以及我方的首要利益，阐明哪些方面对我方来讲是至关重要的；我方可向对方做出的让步和商谈的事项，我方可以采取何种方式为双方共同获得利益做出贡献；我方的原则，包括双方以前合作的结果、我方在对方那里享有的信誉，以及今后双方合作中可能出现的机会和障碍。

陈述的时间要把握好，双方尽量平分秋色，切忌出现独霸会场的局面。发言内容要简短而突出重点，恰如其分地把意图、感情倾向表示出来即可。但这并不是说态度模糊，关键的话还是要准确、肯定地讲清楚。在语言用词和态度上，尽量轻松愉快，减少引起对方焦虑、不满和气愤的可能。否则，只会使对方产生敌意，在心底筑起一道防御之墙，我们也丧失了其原来可能协助或支持自己的机会。

结束语要特别斟酌，要表明我方陈述只是为了使对方明白我方的意图，而不是向对方挑战，或强迫对方接受。例如，"这是我们的初步意见"，就是比较好的结句。陈述完毕后，要留出一定时间让对方表示一下意见。注意对方对我方陈述的反应，并寻找双方在目的与动机上的差别和分歧所在。

对于对方的陈述，我方要做到：①倾听，听的时候要思想集中，不要把精力耗费在寻找对策上；②要明确对方陈述的内容，如果有什么不清楚的地方可以向对方提问；③归纳，要善于理解对方的真实想法和意图。

【知识拓展 5.2】

为了处理好谈判的开局，还要注意防止两种倾向。

1. 切忌保守

因为，人们在陌生的环境中与他人发生联系时，处事往往是较为谨慎小心的。所以，谈判的开局阶段，谈判者通常是竞争不足，合作有余，更易保守，唯恐失去一个合作的伙伴或一个谈判的机会，如果因此一味迁就对方，不敢大胆坚持己方的主张，结果必然会被对方牵着鼻子走。开局阶段的保守，将会导致两种局面：一是一拍即合，轻易落于对方大有伸缩的利益范围，失去己方原来应该得到的利益；二是谈判一方开局就忍让，迁就对方，使对方以为你的利益要求仍有水分而把你的低水平的谈判价值保守点作为讨价还价的基础，迫使你做出更多的让步。因此，谈判的开局阶段要敢于正视对方，放松紧张心理，力戒保守。为了防止谈判开局中的保守所导致的上述两个局面，就必须坚持谈判的高目标。谈判目标定得高低，将直接影响谈判的结果。只有将谈判的目标定在一个能摸到的位置，才是恰当的。在谈判开局中，坚持在一个高目标的基础上进行，就会避免出现不利情况，使谈判者在以后的谈判中获得适当的利益。

2. 切忌激进

我们强调谈判的开局要有一个高目标，但高目标不是无限度得高，更不能把己方的高目标建立在损害对方利益的基础之上。如果谈判一方单纯考虑自己的利益，而忘记了谈判是双方或多方的合作。由于对自己的利益要求过高而损害别人的利益，也会出现两种不利的局面：一是对方会认为你没有诚意以致破坏了谈判的必要性。因此，谈判者在开局阶段，不仅要力戒保守，而且也要防止因提出过分的要求而破坏谈判气氛；二是对方为了抵制过高的要求，也会"漫天要价"，使谈判在脱离现实的空中楼阁中进行，这样只能导致徒劳无功且浪费时间。这就是所谓的"以其人之道，还治其人之身"，使谈判陷于僵局。在谈判的开局阶段，谈判者既要有一个高目标，又要防止对方不切实际地"漫天要价"。在处理谈判开局阶段中的竞争与合作、索取与退让的关系以及把要求的目标限定在一个科学、适度的范围内的过程中，我们应科学地分析和预测彼此价值要求的起点、界点、争取点，从而找到谈判的协作区，以决定谈判利益要求的限度。

四、开局阶段应考虑的因素

开局阶段应考虑两个方面的因素。

(一)谈判双方之间的关系

谈判双方之间的关系，主要有以下几种情况。

(1) 如果双方过去有业务往来，且关系很好，那么这种友好的关系应作为双方谈判的基础。在这种情况下，开局阶段的气氛应是热烈、真诚、友好和愉快的。开局时，己方谈判人员在语言上应该是热情洋溢的，内容上可以畅谈双方过去的友好合作关系或双方之间的人员交往，亦可适当地称赞对方企业的进步与发展，态度应该比较自由、放松、亲切。在结束寒暄后，可以这样将话题切入实质性谈判："过去我们双方一直合作得很愉快，我想，我们今后仍然会合作愉快的。"

(2) 如果有过业务往来，但是关系一般，那么，开局目标是要争取营造一个比较友好、和谐的气氛。这时，己方的谈判人员在语言的热情程度上要有所控制。在内容上，可以简单地聊一下双方的过去业务往来及人员交往，亦可说一说双方人员在日常生活中的兴趣爱好，态度随和自然。寒暄结束后，可以这样的话题切入实质性谈判："过去我们一直保持着业务往来关系，我们希望通过这一次的交易磋商，将我们双方的关系推进一个高度。"

(3) 如果双方过去有过一定的业务往来，但己方对对方的印象不好，那么开局阶段谈判气氛应该是严肃、凝重的。己方谈判人员在开局时，语言上在注意礼貌的同时，应该比较严谨。内容上可以就过去双方的关系表示不满和遗憾，以及希望通过磋商来改变局面；在态度上应该充满正气，与对方保持一定距离。在寒暄结束后，可以这样将话题引入实质性谈判："过去我们双方有过一段合作关系，但遗憾的是并不那么令人愉快。千里之行，始于足下，让我们在这里重新开始吧。"

(4) 如果过去双方从来没有业务往来，那么第一次的交往应努力营造一种真诚、友好的气氛，以淡化和消除双方的陌生感以及由此带来的防备心理，为后面的实质性谈判奠定良好的基础。因此，己方谈判人员在语言上，应该表现得礼貌友好，但是又不失身份。内容上多以天气情况、途中见闻、个人爱好等比较轻松的话题为主，也可以就个人在公司的任职时间、负责范围、专业经历进行一般性询问和交谈，态度上不卑不亢，沉稳不失热情，自信但不骄傲。寒暄后，可以这样开始实质性谈判："这笔交易是我们双方的第一次业务往来，希望它能成为我们双方发展长期友好合作伙伴关系的一个良好开端。我们都是带着希望来的，我想，只要我们共同努力，就一定会难满意而归。"

(二)谈判双方的实力

就谈判双方的实力而言，有以下三种情况。

(1) 双方实力相当时，为了防止一开始就强化对手的戒备心理或激起对方的对立情绪，以致影响到实质性谈判，在开局阶段，仍然要力求营造一种友好、轻松、和谐的气氛。己方谈判人员在语言和姿态上要做到轻松而不失严谨、礼貌而不失自信、热情而不失沉稳。

(2) 如果我方谈判实力明显强于对方，为了使对方能够清楚地意识到这一点并且在谈判中不抱过高的期望值，从而产生威慑作用，同时又不至于将对方吓跑，开局阶段在语言和姿态上，就既要表现得礼貌友好，又要充分显示出自己的自信和气势。

(3) 如果对方谈判实力强于我方，为了避免对方在气势上占优势，从而影响后续的实质性谈判，在开局阶段，语言和姿态上需注意：一方面要表示出友好、积极合作的态度；另一方面也要充满自信，做到举止沉稳、谈吐大方，使对方无法轻视己方。

第二节　报价磋商阶段的策略技巧

随着开局阶段任务的完成，谈判就进入了实质性环节，即谈判的报价磋商阶段。它是指谈判开始之后到谈判终局之前，谈判各方就实质性事项进行磋商的全过程。谈判的报价磋商阶段是谈判的实践阶段，这不仅是谈判主体间的实力、智力和技术的具体较量阶段，也是谈判主体间求同存异、合作谅解让步阶段。由于此阶段是全部谈判活动中最为重要的阶段，故其投入精力最多、占用时间最长、涉及问题也最多。

一、报价阶段的谈判策略

在任何一次谈判中，谈判双方的报价，以及随之而来的还价，是整个谈判过程的核心和最实质性的环节。报价的高与低、先与后、好与坏，应该根据什么报价等，对讨价还价和整个谈判结果会产生重大的影响。这里的报价不仅指价格，还包含有关整个交易的各项条件。报价阶段的谈判策略主要体现在三个方面，即谁先报价、如何报价和如何对待对方的报价。

(一)谁先报价

谈判双方在结束了非实质性交谈之后，就要将话题转入到有关交易内容的正题上来。一旦转入正题，就不可避免地涉及价格问题。由谁来先报价？先报价是对己方有利还是不利呢？就一般情况而言，先报价的有利之处在于：先报价对谈判的影响较大，它实际上等于为谈判划定了一个基准线，最终协议一般将在此范围内达成。比如买方报价某货物购进价为 1000 元，那么最终成交价不会低于 1000 元；而如果卖方报价为 1000 元，则最终成交价不会高于 1000 元。此外，首先报价，如果出乎对方的预料和设想，往往会打乱对方的原有部署，甚至动摇对方原来的期望值，使他失去信心。总之，首先在报价上争取主动，对整个谈判过程都会起积极作用。因此，先报价比后报价的影响要大得多。先报价的不利之处在于：对方听了我方的报价后，可以不动声色地对自己原有的想法进行调整，这有可能使我方丧失条件更为优越的交易机会。如果我方的交易起点定得太低，他们就可以修改预先准备的定价，获得意外的收获。另外，先报价会给对方树立一个攻击的目标。在后续的磋商过程中，对方有可能会集中力量攻击我方的价格，使首先报价的一方处于不利的境地。

报价有利有弊，在选择策略时应进行全面的分析。一般来说，通过分析比较谈判双方的谈判实力，可以采取不同的策略。

(1) 如果预期谈判将会出现你争我斗、各不相让的局面，则"先下手为强"的策略就比较适用。通过先报价来规定谈判过程的起点，并由此来影响以后的谈判过程，从一开始就占据主动是比较有利的。

(2) 如果我方的谈判实力强于对方，或者说与对方相比，我方在谈判中处于相对有利的地位，那么我方先报价是有利的。尤其是在对方对本次交易的市场行情不太熟悉的情况下，先报价的好处就更大。因为这样可以为谈判划定一个基准线，同时，由于我方了解行情，还会适当掌握成交的条件，因此对我方而言，无疑利大于弊。

(3) 如果谈判对方是老客户，同我方有较长时期的业务往来，而且双方合作一直较愉快，在这种情况下，谁先报价对双方来说都区别不大。

(4) 就惯例而言，发起谈判的人应带头先报价。

(5) 若谈判对方是谈判行家，自己也是谈判行家，则谁先报价均可。若谈判对方是谈判行家，自己不是谈判行家，则让对方先报价可能较为有利。

(6) 若对方是外行，姑且不论自己是不是外行，自己先报价可能较为有利，因为这样做可以对身为外行的对方起一定的引导或支配作用。

(7) 按照惯例，一般由卖方先报价。卖方先报价的目的不是为了扩大影响，而只是投石问路，用报价的方法直接刺探对方的反应。卖方报价是一种义务，买方还价也是一种义务。

(二)如何报价

由于报价的高低对整个谈判进程及谈判结果产生实质性影响，因此，要成功地进行报价，谈判人员就必须遵循一些基本原则。

1. 掌握行情是报价的基础

报价策略的制定基础是谈判人员根据以往和现在所搜集、掌握的来自各种渠道的商业情报和市场信息，对其进行比较、分析、判断和预测。众所周知，国际市场的行情处于不断的变化之中，这种错综复杂的变化，通常会通过价格的涨跌和波动表现出来。同时，价格的波动反过来又会影响市场的全面波动。因此，要求谈判人员在搜集积累有关信息、资料的基础上，一定要注意分析和预测市场动向。

2. 反复比较和权衡

通过反复比较和权衡，设法找出价格所带来的利益和被接受的成功率之间的最佳结合点。卖方希望卖出的商品价格越高越好，而买方则希望买进的商品价格越低越好。但需要注意的是，一方的报价只有在被对方接受的情况下，才能产生预期的结果，才可能使买卖成交。这就是说，价格水平的高低并非由任何一方随心所欲决定，它会受到供求关系、市场竞争以及谈判对手状况等多方面因素的制约。因而，谈判一方向另一方报价时，不仅要考虑按此报价所获得的利益，还要考虑该报价能否被对方接受，即报价成功的概率。因此，报价的基本原则就是：通过反复比较和权衡，设法找出价格所带来利益和被接受的成功率之间的最佳结合点。

3. 开盘价必须合乎情理

一般来说，一方开盘报价之后，很少会被对方立即接受。更多的情况是，开价后对方要还价。因而对卖方来说，报价一般要略高一些，含有一定的虚头是很正常的。首先，作为卖方，开盘价几乎为成交的价格确定了一个上限。一般来讲，除特殊情况外，开盘价一经报出，就不能再提高了。同样地，作为买方，开盘价为成交价确定了一个下限。一般来讲，没有特殊情况，开盘价也是不能降低的。因而开盘报价要为以后的谈判留有余地。其次，从人们的观念上看，"一分钱，一分货"是大多数人信奉的观点。尤其是价格政策为"厚利限销"的商品(如工艺美术品)，较高的虚头是必要的。最后，在谈判过程的各个阶段，特别是磋商阶段中，谈判双方经常会出现僵持不下的局面。为了推动谈判的进程，使之不影响我方谈判的战略部署，我方一般可根据情况需要，适时在价格方面做一点退让，适当满足对方的某些要求，以打破僵局或换取对我方有利的条款。因此，报出含有较高虚头的价格是很有必要的。但是虚头并不是越高越好。脱离实际，漫天要价，并不会为我方带来任何利益，反而有可能把对方吓跑，白费了工夫。因此，报价的虚头必须是合情合理的，如果价格过高，又讲不出道理，对方必然会认为你缺少诚意，或者中止谈判扬长而去；或者以其人之道还治其人之身，相对地来个"漫天杀价"；或者一一提出质问，而你无言以答，从而使我方丧失信誉。而过低的虚头也会给谈判造成困难。因为对方总认为你手里还有水分，总不敢下最后决心。为了使对方明确自己的态度，我方往往限定最后期限。这样做，可能使对方看清局势接受下来，也很可能被对方误认为谈判手段而不予重视，这意味着谈判很有可能破裂。

4. 报价应该明确、完整，不需过多地解释和说明

卖方主动开盘报价叫报盘，买方主动开盘叫递盘，在正式谈判中，开盘都是不可撤销的，叫作实盘。开盘时，报价要坚定而果断地提出，这样才能给对方留下我方是认真而诚实的印象。欲言又止，吞吞吐吐必然会导致对方的不信任。开盘必须非常明确清楚，以便使对方准确地了解我方的期望，含糊不清易使对方产生误解。开盘时不需对所报价格做过多的解释，没有必要为那些合乎情理的事情进行解释和说明，因为对方肯定会对有关问题提出质疑的。如果在对方提问之前，我方主动地加以说明，会使对方意识到我方最关心的问题，这些问题有可能是对方过去尚未考虑过的。有时过多地说明和辩解，会使对方从中找出破绽或突破口，反而对我方不利。

5. 两种典型报价方法

在国际商务谈判中，有两种典型的报价方法，即西欧式报价和日本式报价。

(1) 西欧式报价，其一般做法是，首先提出含有较大虚头的价格，然后根据买卖双方的实力对比和该笔交易的外部竞争状况，通过给予各种优惠，如数量折扣、价格折扣、佣金和支付条件上的优惠(如延长支付期限、提供优惠信贷等)来逐步接近买方的条件，最终达成交易。实践证明，这种报价方法只要能够稳住买方，往往会有一个不错的结果。

(2) 日本式报价，其一般做法是，将最低价格列在价格表上，以求首先引起买方的兴趣。由于这种价格一般是以对卖方最有利的结算条件为前提的，并且在这种低价格交易条件下，各个方面很难全部满足买方的需要。如果买方要求改变有关条件，卖方就会相应提高价格。因此买卖双方最后成交的价格，往往高于价格表中的价格。日本式报价在面临众多外部对手时，是一种比较策略的报价方式。因为一方面它可以排斥竞争对手而将买方吸引过来，取得与其他卖方竞争中的优势和胜利；另一方面，当其他卖方败下阵来纷纷走掉时，这时买方原有的优势将不复存在，买方想要达到一定的需求，只好任卖方一点一点地把价格抬高才能实现。

(三)如何对待对方的报价

在对方报价的过程中，我方应认真听取并尽力完整、准确、清楚地把握对方的报价内容。

在对方报价结束后，对某些不清楚的地方可以要求对方予以解答。同时，应将我方对对方报价的理解进行归纳总结，并加以复述，以确认自己的理解准确无误。

在对方报价完毕之后，我方比较策略的做法是，不急于还价，而是要求对方对其价格的构成、报价依据、计算的基础以及方式方法等做出详细的解释，即所谓的价格解释。通过对方的价格解释，可以了解对方报价的实质、态势、意图及其诚意，以便从中寻找破绽，从而动摇对方报价的基础，为我方争取较大的利益。

在对方完成价格解释之后，针对对方的报价，我方有两种行动选择，一种是要求对方降低，另一种是提出自己的报价。一般来讲，第一种选择比较有利。因为这是对报价一方的反击，如果成功，可以争取到对方的让步，而我方既没有暴露自己的报价内容，更没有做出任何相应的让步。

(四)进行报价解释时必须遵循的原则

通常一方报价完毕之后，另一方会要求报价方进行价格解释。作为价格解释的一方，可以利用这个机会向对方表明自己报价的合理性及诚意。在进行报价解释时，必须遵循一定的原则，即不问不答、有问必答、避虚就实、能言不书。

不问不答是指对方不主动问及的问题不要回答。对方未问到的一切问题，都不要进行解释或答复，以免造成言多有失的结果。

有问必答是指对对方提出的所有有关问题都要一一做出回答，并且要很流畅、很痛快地予以回答。经验告诉人们，既然要回答问题，就不能吞吞吐吐，欲言又止，这样极易引起对方的怀疑，甚至会提醒对方注意，从而穷追不舍。

避虚就实是指对我方报价中比较实质的部分应多讲一些，对于比较虚的部分，或者说水分含量较大的部分，应该少讲一些，甚至不讲。

能言不书是指能用口头表达和解释的，就不要用文字来书写，因为当自己表达中有误时，口述和笔写的东西对自己的影响是截然不同的。

(五)价格评论

价格评论是指买方对卖方所报价格及其解释的评析和论述。价格评论对于谈判双方而言都有很大的影响，从买方来看，该方式可针对卖方价格中的不实之处，指出其报价的不合理之处，从而在讨价还价之前先压一压虚头、挤一挤"水分"，为之后的价格谈判创造有利的条件；从卖方来看，该方式其实是对报价及其解释的反馈，便于了解买方的需求、交易欲望，以及最为关切的问题，利于进一步的价格解释并对讨价还价做出准备。

价格评论的原则是：针锋相对，以理服人。其主要技巧包括以下几种。

(1) 猛烈之余掌握节奏。猛烈，指准中求狠，即要命中要害、猛烈攻击、着力渲染，卖方不承诺讲价，买方就不松口。掌握节奏，就是评论时不要将所有问题全部罗列出来，而是要一个一个地发问、评论，把卖方一步一步地由主动转变为被动，最终实现降价。

(2) 重在说理以理服人。对于买方的价格评论，卖方往往会以种种理由辩解，而不会轻易就范认输。因为，认输就意味着必须降价，并有损自己声誉。因此，买方若要卖方陷入被动，必须充分说理，以理服人。而买方手中的"价格分析材料""卖方解释中的漏洞"等就是理。同时，既然是说理，评论中虽攻击猛烈，但态度、语气切忌粗暴，而应心平气和。只有在卖方"死不认账""无理搅三分"时，方可以严厉的口吻对其施加压力。一般来说，卖方也要维护自己的形象，谋求长期的交易利益，不会蛮不讲理。相反，只要抓住破绽，卖方就会借此台阶修改价格，以示诚意。而此时买方也应该适可而止，不要把谈判气氛搞僵。只要有理在手，待评论后讨价还价时再逐步达到目的。

(3) 发言自由且严密组织。在价格谈判中，买方参加谈判的人员虽然都可以针对卖方的报价及解释发表意见，加以评论，但是，鉴于卖方也在窥测买方的意图，所以绝不能每个人想怎么评论就怎么评论，而是要事先精心谋划，然后在主谈人暗示的条件下，其他人员适时适度发言。这样，表面上看大家是自由发言，但实际上都经过了严密组织。"自由发言"，是为了显示买方内部立场的一致，以加强对卖方的心理压力；严密组织，则是为了巩固买方自己的防线，不给卖方可乘之机。

(4) 评论中侦察，侦察后评论。买方进行价格评论时，卖方以进一步的解释予以辩解，这是正常现象。对此，不仅应当允许并注意倾听，而且还应善于引发，以便侦察反应。实际上，买方通过卖方的辩解，可以了解更多的情况，便于进一步调整评论的方向和策略。如果发现新的问题，则可为评论增添新意，使评论逐步向纵深发展，从而有助于赢得价格谈判的最终胜利。

价格评论中，作为卖方，应对策略应当是：沉着应答，不论买方如何评论、怎样提问，甚至发难，也要保持沉着，始终坚持有理、有利、有节的原则，并注意运用答问技巧，不乱分寸。"智者千虑，必有一失"，对于买方抓住的明显矛盾之处，要适当地表现出"高姿态"，显示交易的诚意和保持价格谈判的主动地位。

二、磋商阶段的谈判策略

磋商阶段也称讨价还价阶段，它是谈判过程的一个关键阶段，也是最困难、最紧张的阶段。一般情况下，当谈判一方报价后，另一方不会无条件地接受对方的报价，而是要进行一场你来我往的较量，以争取己方的最大利益。在实际谈判过程中，谈判双方都存在一些分歧，而磋商阶段就是谈判双方求同存异、谅解、让步的过程。在这一阶段，策略和技巧的作用得到了充分的体现。

(一)还价策略

谈判就是要对各不相同的主张和条件进行磋商。一方报价之后，另一方一般要进行还价，而不会无条件地接受。要还价，就要讲究还价的方法与策略。

首先，在还价之前必须充分了解对方报价的全部内容，准确了解对方提出条件的真实意图。要做到这一点，还价之前设法摸清对方报价中的条件哪些是关键的、主要的，哪些是附加的、次要的，哪些是虚设的、诱惑性的，甚至有的条件的提出，仅仅是交换性的筹码。只有把这一切搞清楚，才能提出科学而策略的报价。为了摸清对方报价的真实意图，可以用点时间来逐项核对对方报价中所提的各项交易条件，探询其报价根据或弹性幅度，注意倾听对方的解释和说明，但勿加评论，更不可主观地猜度对方的动机和意图，以免给对方反击提供机会。

其次，准确、恰当地还价应掌握在双方谈判的协议区内，即谈判双方互为界点和争取点之间的范围。超过此范围，便难以使谈判获得成功。

最后，如果对方的报价超出谈判协议区的范围，与我方要提出还价条件相差甚大时，不必草率地提出自己的还价，而应首先拒绝对方的报价。必要时可以中断谈判，让对方在重新谈判时另行报价。此外还可以用以下几种方法处理报价与还价之间的巨大差距。

(1) 己方还价取代对方不实际的报价。

(2) 对对方的报价附加条件进行限制。例如，在购销合同谈判中，买方可以以卖方提出的高价格为基础谈判，但必须规定提高货物的质量。

(3) 对方"漫天要价"，我方"就地杀价"。

(二)让步策略

谈判中双方存在分歧是不可避免的，为了尽量消除分歧，达成一致，双方在一定程度上做出相应的让步也是必要的。作出让步并不是软弱的表现，相反，善于让步、合理运用让步策略才是谈判人员成熟的表现。

1. 让步的原则

谈判中的让步不仅仅取决于让步的幅度，还取决于彼此让步的策略，即怎样做出这个让步，以及对方怎样争取到这个让步。在具体的讨价还价过程中，要注意以下几方面的让步原则。

(1) 不要做无谓的让步，应体现对我方有利的宗旨。每次让步都应是为了换取对方在其他方面的相应让步的策略。

(2) 让步要让在刀口上，让得恰到好处，使我方较小的让步能给对方以较大的满足。

(3) 在我方认为重要的问题上要力求对方先让步，而在次要的问题上，根据情况的需要，我方可以考虑先做让步。

(4) 不要承诺做同等幅度的让步。

(5) 即使我方已决定作出让步，也要使对方觉得我方让步不是件轻而易举的事，使他珍惜所得到的让步。

(6) 一次让步的幅度不要过大，节奏不宜太快，应做到步步为营。

2. 让步的策略

在谈判磋商中，每一次让步不仅要考虑我方利益的满足，还要充分考虑对方的利益最大化。谈判双方在不同利益问题上相互给予对方让步，以达成谈判和局为最终目标。以我方的让步换取对方在另一问题上让步的策略，被称为互利互惠的让步策略；在时间上，以未来利益的让步换取对方近期利益的让步的策略，被称为予远利谋近惠的让步策略；若谈判一方以不做任何让步为条件而获得对方的让步，也是有可能的，这种被称为丝毫无损的让步策略。

1) 互利互惠的让步策略

在商务谈判过程中，一方做出了让步，必然期望对方对此有所补偿，获得更大的让步。一方在作出让步后，能否获得对方互惠互利的让步，很大程度上取决于谈判方式。采用纵向谈判，双方往往会在一个议题上争持不下，而在经过一番努力之后，往往会出现单方让步的局面；而横向谈判把各个议题联系在一起，双方可以在各个议题上进行利益交换，达成互惠式让步。争取互惠式让步，需要谈判者有开阔的思路和视野。除了某些我方必须得到的利益必须坚持以外，不要太固执于某一个问题的让步。而应统观全局，认清利害关系，合理分配，使我方的利益在其他方面能够得到补偿。为了能顺利地争取对方互惠互利的让步，商务谈判人员可采取的技巧如下。

(1) 当我方谈判人员提出让步时，应向对方表明：我们做出这个让步是与公司政策或公司主管的指示相悖的。因此，我方只同意这样一个让步，即贵方也必须在某个问题上有所回报，这样，我们回去也好有个交代。

（2）把我方的让步与对方的让步直接联系起来。明确表示：只要对方在我方要求的让步问题上能达成一致，我方即可做出相应让步。

比较而言，前一种言之有理，言中有情，易获得成功，而后一种则直来直去，比较生硬。

2）予远利谋近惠的让步策略

谈判中的让步实际上是给对方的一种满足。商务谈判中，满足形式主要有两种，即对现实谈判交易的满足和对未来交易的满足，其中对未来交易的满足程度完全凭借谈判人员自己的感觉。

在商务谈判中，有时可以通过给予对方期待的满足或未来的满足而避免给予其现实的满足，即为了避免现实的让步而给予对方远利。比如，当对方在谈判中要求我们在某一问题上作出让步时，我方可以强调保持与我方的业务关系能给对方带来长期的利益，而本次交易对能否成功地建立和发展双方之间的这种长期业务关系是至关重要的，向对方说明远利和近利之间的利害关系。如果对方是精明的商人，是会取远利而弃近惠的。其实，对我方来讲，采取予远利谋近惠的让步策略，并未付出什么现实的东西，却能获得近惠。

3）丝毫无损的让步策略

丝毫无损的让步，是指谈判一方以不做任何让步为条件而获得对方的让步。在谈判过程中，当对方就某一个交易条件要求我方作出让步，其要求的确有些理由，而我方又不愿意在这个问题上做出实质性的让步时，可以采取这样一种处理办法：首先认真地倾听对方的诉说，并向对方表示，我方充分地理解他们的要求，也认为其要求有一定的合理性，但就我方目前的条件而言，因种种因素的限制，实在难以接受。但我方保证在这个问题上给予其他客户的条件，绝对不如给你们的优惠。

谈判是具有一定艺术性的。在谈判过程中，人们对自身争取利益的行为的评价，并不完全取决于最终的行为结果，还取决于人们在争取过程中的感受，有时感受比结果还重要。在此，我方认真倾听对方意见要求，肯定其要求的合理性，这是对对方的尊重，即给予对方受人尊敬的需要的满足。保证其条件待遇不低于其他客户，则进一步强化了上述效果，迎合了人们普遍存在的互相攀比、横向比较的虚荣心理。

3. 让步的方式

在商务谈判中，如何让步以及每次让步的幅度不同，对对方传递的信息、产生的影响也各不相同。在商务谈判实践中，人们总结出常见的八种理想的让步方式。下面是一个假设的卖方让步方式，不同的方式其影响和结果是不一样的。

方式一：这是一种坚定的让步方式，让对方一直以为没有什么妥协的希望，在最后阶段一步让出全部可让利益。如果对方是一个软弱的买主，可能早就放弃讨价还价了，因而也得不到可得的利益。如果对方是一个坚持不懈、不达目的不罢休的买主，那么继续不断地迫使卖方让步，最终会有所收获。当然，运用这种方式，双方都要冒形成僵局的风险。这一方式会给对方留下既强硬、又出手大方的印象，但同时也容易使对方认为缺乏谈判诚意。这一让步方式适用于对谈判投入少、依赖性差、在谈判中占有优势的一方。

方式二：这是一种等额地让出可让利益的让步方式。如果买方耐心地等待，这种让步方式将会鼓励他继续期待更进一步的让步。这一方式态度谨慎，步子稳健，本着步步为营的原则，因此不易让对方轻易占到便宜。但是对方每次讨价还价一次，均有等额利润让出，这样会给对方传递一种信息，即只要耐心等待，总有希望获得更大的利益。等额让步方式目前极为普遍。在缺乏谈判知识或经验的情况下，以及在进行一些较为陌生的谈判时运用，往往效果比较好。

方式三：这是一种先高后低，然后又拔高的让步方式。这一方式比较灵活、富有变化。在让步过程中，首先在较为恰当的起点上让步，然后缓速减量，给对方传递一种接近尾声的信息。这时，如果买方已知足，即可收尾。如果买方仍要穷追不舍，卖方再大步让利，在一个较高的让步点上结束谈判。此方式适用于竞争性较强的谈判，它的运用需要较高的技巧性。

方式四：这是一种小幅度递减的让步方式，即先让出较大的利益，然后再逐期减让，到最后一期让出较小的利益。它符合商务谈判活动中讨价还价的一般规律，是谈判中普遍采用的一种让步方式。由于让利采取先大后小的方式，显示出卖方的立场越来越坚决，表示卖方愿意妥协，但同时也告诉买方，可挤的"水分"越来越少。这往往有利于促成谈判的和局。

方式五：这是一种中等幅度递减的让步方式。这种让步方式往往显出卖方较强的妥协意愿，但同时也告诉买方，卖方让步的余地越来越小。这一方式在初期以高姿态出现，做出较大的礼让，富有较强的诱惑力，但同时也容易使对方认为卖方较弱。

方式六：这是一种大幅度递减，但又出现小幅反弹的让步方式。这种方式在让步初期即让出绝大部分可让的利益，目的是表示卖方的诚意，因而成功率也较高。第二期让步即达到卖方可让利益的边界，第三期则拒绝让步，这就向对方传递了可让利益已基本让完的信息。如果对方仍一再坚持，再让出最后一步，以促成谈判的成功。但是这种让步方式有一定的风险，因为一开始就让大步，将会大幅度地提高买方的期望值。这一方式适用于在谈判中处于不利境地，但又急于获得成功的谈判一方。

方式七：这是一种在起始两步全部让完可让利益，第三期赔利相让，到第四期再讨回赔利相让部分的让步方式。这种方式非常富有戏剧性，同时也需要很高的谈判技巧。

方式八：这是一种一次性让步的方式，即一次让到位。这种让步方式对于买方会有极强的影响和刺激。一开始做出如此大的让步，会使买方把期望值大大提高，而己方也有可能丢掉本来能够力争到的利益。

以上八种让步方式基本上概括了实际谈判中的各种让步方式。从实际谈判的情况看，采用较多的是第四种和第五种，适用于一般人心理，易被对方接受。第六、第七种让步方式，其运用需要有较高的艺术技巧和冒险精神。如果运用得好，有可能只做少量让步，便能迅速达成交易，但也有可能因运用得不好而造成僵局。而第二种和第八种方式在实践中采用得较少，第一种则基本上不采用。不同的让步方式向对方传递的信息不同，产生的效果也各不相同。选择、采取哪种让步方式，取决于以下几个因素：谈判对手的谈判经验；己方准备采取的谈判方针和策略；期望让步后对方给予我们何种反应。

(三)迫使对方让步的策略

谈判过程中，为了消除分歧，达成一致，做出适当的让步是必须的。但一味地让步也是不现实的。它不仅有损于己方的应得利益，也不利于谈判目标的实现。在谈判磋商中，迫使对方让步也是达到最终谈判目的的手法之一。迫使对方让步的策略主要有以下几种。

1. 利用竞争

制造和利用竞争是谈判中迫使对方让步的最有效的武器和策略。当一方存在竞争对手时，其谈判的实力就大为减弱。因此，在谈判中，应注意制造和保持对方的竞争局面。具体做法是，进行谈判前，多考察几家厂商，同时邀请他们前来谈判，并在谈判过程中适当透露一些有关竞争对手的情况，在与一家厂商达成协议前，不要过早结束与其他厂商的谈判，以保持其竞争局面。

2. 软硬兼施

在谈判过程中，对方在某一问题上应让步或可以让步而又坚持不让步时，谈判便难以继续下去。这种情况下，谈判人员就可采用"软硬兼施"的策略，即在谈判成员中，一人扮演黑脸，持强硬态度，一人扮演红脸，持温和态度，交替充当主角。在谈判时，需要把握时机和分寸，时软时硬，配合默契，就有可能迫使对方作出让步。

3. 最后通牒

在谈判双方争执不下，对方不愿作出让步接受我方交易条件时，为了迫使对方让步，我方可以向对方发出"最后通牒"，即如果对方在这个期限内不接受我方的交易条件达成协议，则我方就宣布谈判破裂而退出谈判。最后通牒在多数情况下是一个非常有效的策略。在谈判过程中，谈判人员对时间是非常敏感的，特别是在谈判的最后关头，双方经过长时间激烈讨论和磋商，在许多内容上已经达成了一致或接近一致的意见，只是在最后的一两个问题上相持不下，如果这时给谈判规定了最后期限，对方就必须在作出让步的利益牺牲和放弃整个交易的利益牺牲之间进行选择。一般来说，谈判过程中，对方已经花费了大量人力、物力、财力和时间，一旦拒绝我方的要求，这些已经投入的谈判成本将付之东流。为了避免因小失大，对方往往会接受我方的提议，做出一定的让步，以使谈判协议能顺利达成。

(四)控制谈判进程的策略

在谈判的磋商阶段，要注意把握谈判局面，合理驾驭谈判的进程。谈判过程中，若双方发生争执，使双方剑拔弩张，可能会超过慎重的界限，破坏谈判的气氛；或者争论起来不着边际，使局面失去控制。因此，应注意驾驭谈判局面，控制谈判进程，若能很好地做到这一点，就会赢得谈判中的主动地位。具体的策略做法主要有以下几种。

(1) 对前面的工作进行回顾和总结，这可以提醒或引导对方认识所处的谈判阶段，拨正双方谈判的议题。

(2) 强调双方共同的利益。谈判双方在分歧加大时，可以利用强调共同利益的策略，来暗示两败俱伤的后果。

(3) 更换人员。有时为了控制局面，可以考虑变更谈判人员，使互不让步的议题暂时搁置。

(4) 控制进度。谈判中所涉及的问题有的三言两语就可结束，有的则几天、几个月也谈不完。谈判应根据需要，控制好进度。对于没谈透的问题应拉回再谈，不需要再谈的议题就应跳过去。

(5) 临时休息。这样可以调节精力、时间和气氛，有时还可利用个别交谈的机会破解难题。

(五)阻止对方进攻的策略

谈判中，除了需要一定的进攻以外，掌握一些能够有效地防止对方进攻的策略也是很有必要的。

1. 限制策略

商务谈判中，经常运用的限制因素有以下几种。

(1) 权力限制。上司的授权、国家的法律和公司的政策，以及交易的管理限制了谈判人员所拥有的权力。一个谈判人员的权力受到限制后，可以很坦然地对对方的要求说"不"。因为未经授权，对方无法强迫他超越权限做出决策。对方若选择终止谈判，寻找有此权限的上司重新开始谈判，就不得不遭受人力、物力、财力和时间上的损失。因此，精于谈判之道的人都信奉这样一句名言：在谈判中，受了限制的权力才是真正的权力。

(2) 资料限制。在商务谈判过程中，当对方要求就某一问题进一步解释或要求我方让步时，我方可以用抱歉的口气告诉对方：实在对不起，有关这方面的详细资料我方手头上暂时没有，或者没有备齐；这属于本公司的商业机密，概不透露，因此暂时不能做出答复。这就是利用资料限制因素阻止对方进攻的常用策略，对方在听过这番话后，自然会暂时放下该问题。

(3) 其他方面的限制。其他方面的限制包括自然环境、人力资源、生产技术要求、时间等因素的限制，都可以用来阻止对方的进攻。

值得注意的是，经验证明，该策略的使用频率与效率是成反比的。限制策略运用过多，会使对方怀疑我方无谈判诚意，或者请我方具备一定条件后再谈，使我方处于被动的局面。

2. 示弱以求怜悯

在一般情况下，人们总是同情弱者，不愿意落井下石，置他人于死地。有些国家和地区的商人，如日本和我国港澳地区的商人多利用人性的这一特点，把它作为谈判中阻止对方进攻的一种策略。

示弱者在对方就某一问题提请让步，而其又无法以适当理由拒绝时，就装出一副可怜的样子。例如，若按对方要求去办公司必将破产倒闭，或是他本人就会被公司解雇等，请求对方高抬贵手，放弃要求。

与此类似，有的谈判人员"以坦白求得宽容"，当在谈判中被对方逼得招架不住时，干脆把己方对本次谈判的真实希望和要求和盘托出，以求得到对方的理解和宽容，从而阻止对方进攻。

这些策略，都取决于对方谈判人员的个性以及对示弱者坦白内容的相信程度，因此具有较大的冒险性。

3. 以攻对攻

只靠防守无法有效地阻止对方的进攻，有时需要采取以攻对攻的策略。当对方就某一问题逼我方让步时，我方可以将这个问题与其他问题联系在一起加以考虑，在其他问题上要求对方作出让步。例如，如果买方要求卖方降低价格，卖方就可以要求买方增加订购数量或延长交货期限等，要么双方都让步，要么双方都不让步，从而阻止对方的进攻。

第三节 达成协议阶段的策略技巧

谈判在历经准备阶段、开局阶段、磋商阶段之后，终局阶段便随之到来。一般来说，经过一番艰苦的磋商，谈判双方的期望已相当接近，通常都会产生结束谈判的愿望。但并不是所有的谈判都能达成令谈判各方满意的协议。

【知识拓展 5.1】

谈判的终局阶段可根据谈判的结果分为假性败局、真性败局、和局三种。

1. 假性败局

假性败局是指在谈判过程中，各方经过反复讨价还价之后，由于各种主客观原因，未能达成协议而暂时性终止谈判。从形式上看，谈判已经结束，但却存在重新谈判的可能性。假性败局的原因消除后，重新谈判也可以促成和局，反之会转化为真性败局。

造成谈判假性败局的原因很多：有的是由于谈判各方之间的利益冲突暂时未找到解决的方案；有的是客观条件不具备；有的是缘于多角谈判的复杂性；还有的却是基于策略上的考虑。根据造成假性败局原因的性质，可以将其分为客观性假性败局与主观性假性败局两种。

(1) 客观性假性败局是指在谈判过程中，由于存在阻碍谈判成功的客观原因，导致谈判暂时无法达成协议而终止的情形。客观性假性败局一旦出现，谈判者就应找准原因，采取相应的处理方法。除了确属客观条件制约、暂时无法恢复的谈判外，谈判者应该主动、积极地寻找时机，重新谈判。同时也可以采用破解僵局的方法，变通地将其用于处理客观性假性败局。

(2) 主观性假性败局是指在谈判过程中，由于双方意见分歧而致使谈判暂时中断，谈判方期望通过重新谈判获取更有利条件的情形。

主观性假性败局与客观性假性败局都是谈判的暂时失败，而且都存在重新谈判的可能性。两者的不同点在于：客观性假性败局是由于在谈判中发现客观条件不具备，或谈判各方意见相左且一时又找不到解决方案，从而不得不终止谈判；主观性假性败局则是由于谈判者未能达到谈判目的而有意终止谈判，以此向对方施加压力，迫使对方让步，从而使谈判在重新启动时，会达成有利于我方的协议。

2. 真性败局

真性败局，即谈判告吹，是指谈判各方进入谈判之后，由于种种原因而未能达成协议，最终结束了谈判。谈判失败是经常发生的，它会给各方的物质、精力等造成损害。谈判的目的在于成功而不是失败，谈判者应当尽力避免谈判败局的出现。然而，也不能因为恐惧失败而不敢谈判或放弃谈判。问题在于如何防止谈判的败局，这就需要对谈判中可能导致败局的各种原因进行充分的分析和预测，以找到防范的措施。能够导致谈判败局的原因很多，要想防止由于谈判中各种原因造成的失败，就必须精通谈判理论，掌握并运用谈判技巧，并注意谈判是否符合法律规定，对方是否有诚意等。

3. 和局

谈判的和局是指谈判各方在谈判过程中经过磋商取得一致意见，签订协议并终止谈判的结局。谈判的和局是谈判各方协商一致努力争取的结果，是谈判的成功，它标志着谈判的各方都是胜利者。这时谈判目标主要有三方面：一是力求尽快达成协议；二是确保已取得的利益不受损失；三是争取最后的利益收获。为达到这些目标，可以采用以下谈判策略。

一、场外交易

当谈判进入成交阶段，双方已经在绝大多数的议题上取得一致意见，只在其中一两个问题上存在分歧、相持不下而影响成交时，即可考虑采取场外交易。比如，酒宴上、娱乐场所等。因为谈判桌上紧张、激烈、对立的气氛及情绪迫使谈判人员自然地去争取对方让步；场外轻松、友好、融洽的气氛及情绪则很容易缓和双方剑拔弩张的紧张局面。轻松自在地谈论自己感兴趣的话题，交流私人感情，有助于化解谈判桌上激烈交锋带来的种种不快。这时适时巧妙地将话题引回到谈判桌上遗留的问题上来，双方往往会很大度地相互作出让步而达成协议。需要指出的是，场外交易的运用，一定要注意谈判对手的不同习惯。有的国家的商人忌讳在酒席上谈生意。为此必须事先弄清，以防弄巧成拙。

二、最后的让步

针对磋商阶段遗留的最后一两个有分歧的问题，往往需要通过最后的让步才能求得一致。求得最后的让步要把握两方面的问题：一是让步的时间；二是让步的幅度。

(1) 在让步的时间上，过早会被对方认为是前一阶段讨价还价的结果，而不是为达成协议做出的最后的让步；过晚则会削弱对对方的影响和刺激作用，并增加了前面谈判的难度。为了使让步起到较好的作用，收到较理想的效果，最后的让步可分为两步进行：主要部分可安排在最后期限之前做出，以便对方有足够的时间来考虑和回顾；次要部分可针对对方的回报，若有必要，可作为最后的"甜头"安排在最后时刻做出。

(2) 在让步的幅度上，太大会让对方认为这不是最后的让步，仍步步紧逼；如果幅度太小，对方会认为微不足道，难以满足。在决定让步幅度的问题上，还取决于对方谈判人员的地位或级别。对此我方事先应有所预料，届时做出一个幅度比较大，能够满足对方高级主管地位和尊严的让步。但是幅度又不能过大，如果过大，往往会使该主管指责他的部下没有做好工作，并坚持要求他们继续谈判。做出最后的让步后，谈判人员必须保持坚定。因为对方会想方设法来验证我方立场的坚定性，判断该让步是不是真正的最后的让步。

三、争取最后的收获

在双方将交易内容、条件大致确定，即将签约的时候，精明的谈判人员往往会利用最后的时刻，争取最后一点收获。通常的做法是，在签约之前，突然漫不经心地提出一个小小的请求，要求对方再做一点小小的让步。由于谈判已进展到签约阶段，谈判人员已付出很大代价，一般不愿因这一点点小利而重新回到磋商阶段，因此往往会很快答应这个请求，以求尽快签约。

四、注意为双方庆贺

在商务谈判即将签约或已经签约，可谓大功告成的时候，一定要注意为双方庆贺。虽然可能我方在交易中得到较多的利益，而对方只得到较少的利益。但是这时我方应强调双方共同的收获，强调谈判的结果是双方共同努力的结晶，满足了双方的需要。并且，要注意不失时机地赞扬对方谈判人员的才干，肯定他们的努力。这样做会使对方心理得到平衡和安慰，得到某种满足，对以后协议的履行以及后续长期的合作都非常有利。

五、慎重地对待协议

谈判的成果要靠严密的协议来确认和保障，协议是以法律形式对谈判成果的记录和确认，它们之间应该完全一致，不得有任何误差。无论谈判进行得多么顺利，取得了多么大的成果，如果不能体现在协议之中，那都将是徒劳的。双方的交易关系都是以协议为准，因此起草协议应从实际出发，反映谈判所解决的实际需要，切忌照搬、照抄别人合同或标准格式。在签订协议之前，应与对方就全部的谈判内容、交易条件进行最终的确定。协议签字时，再将协议的内容与谈判结果一一对照，在确认无误后方可签字。此外，在签订协议的过程中，要特别注意适用法律问题以及协议文本的文字使用问题。在一些涉外谈判所达成的协议内容中，一般都涉及不同国家的国内法、国际惯例、公约或国家间的条约。这些法律、惯例、公约、条约，对谈判协议的格式、内容、当事人的权利义务、国际支付等都有不同的规定。因此，在谈判的终局阶段签订合同时，应载明适用何国法律。关于协议文本的文字使用，按照国际谈判惯例，协议使用的文字应是谈判当事人国家的法定文字，通常应是谈判各方所在国的文字，并具有相同的效力。

第四节　突破谈判僵局的策略与技巧

在商务谈判中，经常会因为各种各样的原因，使谈判双方僵持不下、互不相让。应该说，这种现象是比较客观和正常的，诸如相互猜疑、意见分歧、激烈争论等现象。但是对这些现象如果处理不当，谈判双方无法缩短彼此距离，形成僵局，就会直接影响谈判工作的进展。

一、僵局产生的原因

一般来说，谈判僵局是指在谈判过程中，双方因暂时不可调和的矛盾而形成对峙。出现僵局并不意味着谈判破裂。为了有效地处理僵局，首先要了解一下僵局出现的原因。

(一)谈判双方角色定位不均等

当今社会异彩纷呈，企业的规模大小不一，生产的品种繁多，经营方式多样，因此，参与各种商务谈判的企业也并不都是实力相当、经营性质一致的，常常存在着洽谈双方一方强、一方弱，一方大、一方小等差别。这种情况往往容易使双方在进入谈判时的角色定位产生偏差，如强者一方容易把自己在地位上确定得高于对方，在心理上凌驾于对方之上，说话的口气上也颇有"大家之气"，从而忽视了谈判双方在地位、人格上的平等性，导致对方不能接受这种谈判形式或过程，使谈判陷入僵局。下列几种类型就是这一原因所致。

(1) 谈判形成一言堂。商务谈判中除了书面形式的谈判外，双方都需要借助语言来传递信息、磋商议题，最终达成协议。然而，在谈判中如果有一方无视对方的存在，滔滔不绝地论述自己的观点而忽略了对方的反应和陈述的机会，必然会使对方感到不满和反感，从而形成僵局。

(2) 谈判一方缄口沉默或反应迟钝。它与上述情况恰好相反。谈判的一方在谈判中沉默寡言、反应迟钝，会给对方心理上造成某种压力，造成场面的难堪，形成僵局。在商务谈判中，谈判一方不仅要向对方发送信息，更重要的是想获得反馈信息，因为对谈判的控制和调节是建立在反馈的基础上的。

(3) 主观反对意见。主观反对意见形成僵局，并不一定是由于谈判内容本身造成的，而是谈判对手从自己本身的爱好、习惯等方面提出的。例如，"你的产品很不错，但没有什么用"。对于这样的对手若采用热处理的方式，就会引起谈判双方争吵，形成僵局。

(4) 滥施压力和圈套。在商务谈判中，常有些人凭借自己的经济实力或个人争强好胜的性格，以及心理战术的研究成果向对方施展阴谋诡计，设置圈套，迷惑对方，以实现正常条件下难以实现的谈判目标。为了阻止阴谋得逞，对方需要花费大量精力破解圈套，有些谈判代表可能会产生被捉弄感，一气之下拒绝再谈，造成僵局。

(5) 偏见或成见。偏见或成见是指对所谈判议题提出有些不合乎逻辑或带有强烈感情色彩的意见。例如，谈判中对一些细节过于苛求就会以偏概全，引起对方强烈不满，造成僵局，甚至使谈判最终失败。

(二)事人不分

许多精明的商务谈判者在实际谈判工作中，都十分注意把谈判内容与谈判者个人分开，谈判过程应该做到对事不对人。因此，不管你对对方的谈判组成员有多么大的意见、多深的情感，此时也应该把它搁置起来，就事论事，这样才能做到公正合理，保证谈判双方的利益。否则，就会陷入僵局，具体表现如下。

(1) 借口推托。人们常常从没有根据的推论中得出结论，并把这些作为对人的看法和态度，而不去想其他的解释也可能是正确的。当然，有时这样的估计并不是有意识的。例如，有些人在刚刚坐到谈判桌前的时候发现自己的对手是比自己年纪小，或者女性等，就会觉得自己谈判有失身份，就会借口推托，起身告辞，或委托他人完成谈判，这样一来就会使谈判陷入僵局。

(2) 偏激的感情色彩。由于一方对对方的谈判人员有偏见，甚至反感，因此谈判中如果掌握不好，就容易言行不慎，伤害对方，这样就形成了僵局。

(3) "自我"与"现实"模糊。在谈判中，由于双方所处的对峙地位，对对方总有一种戒备心理，所以常常从本位的立场看问题，这样就容易把自己的感觉与现实混在一起。受隐蔽假设的影响，对别人的话的理解也常常歪曲其原意。于是，"误解"会强化成见，导致恶性循环的反应，理智地探求可能有的解决办法因此而变得不可能，谈判就会搁浅。

(4) 过度讨价还价。在实质性谈判过程中，人们总是要讨价还价，而且双方往往是在讨价还价中各持一种立场，争执不下。当双方越是坚持自己的立场，产生的分歧就会越大。这时，双方真正的利益被这种表面的立场掩盖，而且双方为了维护各自的面子，非但不愿意作出让步，反而会用顽强的意志来迫使对方改变立场。于是，谈判变成了一种意志力的较量，自然陷入僵局。

(三)信息沟通障碍

有效的商务谈判，有赖于有效的交流。在实际谈判过程中，很多不同观点的产生乃至最后形成僵局，都是双方交流不够引起的。缺乏交流形成的障碍主要有以下几点。

(1) 没有听清讲话的内容。这主要是由于陈述一方词不达意，而使双方在某一问题上产生分歧；或者是一方心不在焉或是轻视对方，未能集中注意力，用心倾听对方的陈述；或者是由于外部环境的噪声干扰等其他物理因素所造成的。

(2) 没有理解对方的陈述内容。实际谈判过程中理解不到位或错误理解的，常见于谈判双方在谈判内容所涉及的专业知识、业务水平，以及综合的受教育水平等方面的不同；或者是谈判双方由于文化背景不同，对某一问题的阐述或理解方式就会有所不同，如果缺少沟通，也容易产生分歧。

(3) 枯燥呆板的谈判方式。某些人谈判时非常紧张，说话表情呆板，过分讲究针对性和逻辑性。而这种对抗性强的谈判氛围，极可能降低对方达成此次谈判的信心。于是当谈判中有了较小的争议时，对方就会认为是其起初就缺乏诚意，这不过是其推托之词，于是他也坚持己见而不松口，以致谈判陷入僵持状态。

(4) 不愿意接受已理解的内容。由于这一原因形成的谈判障碍，除了双方在某种利益上的分歧太大以外，还有可能是双方的情感交流出现了问题，即一方对另一方带有偏见、轻视甚至厌恶等情感。

(四)其他因素

其他因素主要包括以下几个方面。

(1) 谈判中缺乏必要的策略和技巧。尽管谈判双方可能在以上诸如主体定位、事人关系乃至交流方面都十分注意，但有时也会因表达、讨价还价等方面缺一些技巧而使谈判僵持不下，无法进展下去。

(2) 外部环境发生变化。谈判环境发生变化，谈判者对己方做出的承诺不好食言，但又无意签约，使对方忍无可忍，造成僵局。例如在购销谈判中，市场价格突然会发生变化，或是一种同类型新产品投入市场，等等。如果按原来承诺办事，企业就会蒙受损失；若违背承诺，对方又不接受，从而形成僵局。

(3) 软磨硬泡式的拖延。在谈判中，如果谈判一方就议题迟迟拿不出自己的方案，或是采用死缠烂打的架势，让对方接受自己的不合理要求，都会使对方厌倦，他们可能会采用强硬的方法予以对抗。

(4) 人员素质低下。某些谈判者在谈判桌上争强好胜，一切从"能压住对方"出发，说话锋利刻薄，频频向对方发动攻势，甚至在一些细枝末节上也不甘示弱；有些人还以揭人隐私为快事，伤害到对方的尊严。遇到涵养较深的人，他会暂时忍让，让其尽情表演，到关键时刻将迫使其付出更大的代价；遇到进攻性强的人，他会毫不留情地还击，甚至于恶语相向。这样，谈判就会陷入僵局。

二、突破利益僵局的策略与技巧

突破利益僵局的策略与技巧包括从客观角度关注利益、寻找多种替代方案、在双方利益差距合理时采取关键行动，以及有效退让四种方式。

(一)从客观的角度来关注利益

在谈判陷入僵局的时候，人们总是自觉不自觉地脱离客观实际，盲目地坚持自己的主观立场，甚至忘记了自己的出发点是什么。因此，为了有效地克服困难，打破僵局，首先要做到从客观的角度来关注利益。

在某些谈判中，尽管主要方面双方有共同的利益，但在一些具体问题上双方存在着利益冲突，而又都不肯让步。这种争执对于谈判全局而言可能是无足轻重，但是如果处理不当，由此而引发的矛盾，当激化到一定程度即形成了僵局。由于谈判双方可能会固执己见，又找不到一项超越双方利益的方案，因此很难打破这种僵局。这时，应设法建立一项客观的准则，即让双方都认为是公平的，既不损害任何一方的面子，又易于实行的办事原则、程序或衡量事物的标准，这往往是一种一解百解的枢纽型策略，实际运用效果较好。

在客观的基础上，要充分考虑到双方潜在的利益到底是什么，从而理智地克服一味地希望通过坚持自己的立场来"赢"得谈判的做法。这样，才能回到谈判的原始出发点，突破谈判的僵局。

(二)寻找多种替代方案

商务谈判过程中，往往存在着多种可以满足双方利益的方案。而谈判人员经常简单地采用某一种方案，而当这种方案不能被双方同时接受时，僵局就会形成。实践中，这种例子不胜枚举。

事实上，不论是国际商务谈判，还是国内业务磋商，都不可能是一帆风顺的，双方之间磕磕碰碰是很正常的事情。这时，谁能够创造性地提出可供选择的方案，谁就能掌握谈判中的主动。当然，这种替代方案既要有效地维护自身的利益，又要兼顾对方的利益要求。不要试图在谈判开始时就确定一个什么唯一的最佳方案，因为这往往阻止了许多其他可作选择的方案的产生。反之，在谈判准备期间，就能够设计出对彼此都有利的更多方案，会使谈判如顺水行舟，一旦遇到障碍，只要及时掉转船头，即能顺畅无误地到达目的地。

(三)在双方利益差距合理时采取关键行动

谈判陷入僵局时，如果双方的利益差距在合理限度内，即可采取关键行动来打破僵局。这是一种有风险的策略。它是指在谈判陷入僵局时有意将合作条件绝对化，并把它放到谈判桌上，明确地表明自己无退路，希望对方能让步，否则情愿接受谈判破裂的结局。

运用釜底抽薪策略解决僵局的前提是：双方利益要求的差距不超过合理限度。只有在这种情况下，对方才有可能忍痛割舍部分期望利益，委曲求全，使谈判继续进行下去。反之，如果双方利益的差距太大，只靠对方单方面努力与让步根本无法弥补差距时，就不能采用此种策略，否则就只能使谈判破裂。

需要指出的是，这一策略不可轻易使用，必须在符合上述前提条件时方可运用。但是，当谈判陷入僵局而又实在是无计可施时，这一策略往往是最后一个可供选择的策略。在做出这一选择时，我们必须做好最坏的打算，否则在情况变坏时就会显得手足无措。切忌在毫无准备的条件下盲目滥用这一做法，因为这样只会吓跑所求的对手，结果将是一无所获。另外，在整个谈判过程中，我们应该严格地遵守商业信用和商业道德，不能随意承诺，但一旦承诺就要严格兑现。因此，如果由于运用这一策略而使僵局得以突破，我们就要兑现承诺，与对方签订协议，并在日后的执行中，充分合作，保证谈判协议的顺利执行。

(四)有效退让

对于谈判的任何一方而言，坐到谈判桌前的目的主要是为了成功达成协议，而绝没有抱着失败的目的前来谈判的。因此，当谈判陷入僵局时，我们应清醒地认识到，如果促使合作成功所带来的利益大于坚守原有立场导致谈判破裂所带来的好处，那么有效的退让也应是我们采取的一种明智策略。

在实际谈判中，达到谈判目的的途径往往是多种多样的，谈判结果所体现的利益也是多方面的。当谈判双方在某一方面的利益分配上僵持不下时，往往易导致谈判破裂。其实，这是一种不明智的举动。之所以会出现这样的结果，原因就在于没有掌握辩证地思考问题的方法。如果是一个成熟的谈判者，这时他应该明智地考虑在某些问题上稍作让步，而在另一些方面争取更好的条件。例如，在引进设备的谈判中，有些谈判人员常常会因为价格上存在分歧而使谈判不欢而散。其实，设备的功能、交货时间、运输条件、付款方式等方面尚未充分讨论，就匆匆地退出了谈判，实在可惜。事实上，作为购货的一方，有时完全可以考虑接受稍高的价格，而在购货条件方面，就有更充分的理由向对方提出更多的要求。比如，增加相关功能，缩短交货期限；或在规定的年限内提供免费维修的同时。争取在更长的时间内免费提供易耗品；或分期付款；等等。这样的做法比匆忙结束谈判要经济得多。

经验表明，在商务谈判中，当谈判陷入僵局时，如果对国内、国际情况有全面了解，且对双方的利益所在把握准确,那么就应以灵活的方式在某些方面采取退让的策略,以换取另一些方面的利益,从而挽回本濒临失败的谈判,达成双方都能接受的协议。

三、伦理在僵局中的作用

(一)在对方的无理要求中据理力争

在商务谈判中,当谈判陷入僵局时,运用礼貌的商议、温和的谅解,往往不一定是解决问题的唯一办法。如果僵局是由对方理亏所致,那么我们就要勇敢地据理力争,从而主动打破僵局。

如果僵局的出现是由对方提出的不合理要求造成的,特别是在一些原则问题上表现得蛮横无理时,要做出明确而又坚决的反应。因为这时任何其他替代性方案都将被视为无原则的让步,不仅会助长对方的无理要求,还会使我们在未来承受难以弥补的损失。因此,要同对方展开必要的争执,让对方自知观点难立,不可无理强争,从而使他们清醒地权衡得失,做出相应的让步,打破僵局。

需要指出的是,当我们面对对手的无理要求和指责时,采用一些机智的应对方式往往比直接正面交锋更有效。这种方式可以起到针锋相对、据理力争的作用,同时也是谈判的艺术所在。

(二)站在对方的角度看问题

谈判实践告诉我们,谈判双方实现有效沟通的重要方式之一就是要设身处地,从对方的角度来观察问题。这同样是打破僵局的好办法。

当谈判陷入僵局时,如果我们能够做到从对方的角度思考问题,或引导对方站到我方的立场上来思考问题,就能够多一些彼此间的理解。这对消除误解与分歧,找到更多的共同点,构筑双方都能接受的方案,有积极的推动作用。的确,当僵局出现时,首先应审视我们所提的条件是不是合理的,是不是有利于双方合作关系的长期发展,然后再从对方的角度看看他们所提的条件是不是合理。

实践证明,如果善于用对方思考问题的方式进行分析,会获得更多突破僵局的思路。可以肯定地说,站在对方的角度来看问题是很有效的,因为这样一方面可以使自己保持心平气和,从而在谈判中以通情达理的口吻表达我们的观点;另一方面可以从对方的角度提出解决僵局的方案,这些方案有时确实是对方所忽视的,所以一经提出,就很容易为对方所接受,使谈判顺利进行下去。

(三)从对方的漏洞中借题发挥

谈判实践告诉我们,在一些特定的形势下,抓住对方的漏洞,小题大做,会给对方一个措手不及,这对于突破谈判僵局会有意想不到的效果,这就是所谓的从对方的漏洞中借题发挥。

从对方的漏洞中借题发挥的做法有时会被看作无事生非、有伤感情的做法。然而,对于谈判对方的某些人的不合作态度或试图恃强欺弱的做法,运用从对方的漏洞中借题发挥的方法做出反击，往往可以有效地使对方收敛。反之，会招致对方变本加厉地进攻，从而使我们在谈判中进一步陷入被动局面。事实上，当对方不是故意地在为难我们，而我方又不便直截了当地提出来时，采用这种旁敲侧击的做法，往往可以使对方知错就改，主动合作。

四、僵局的利用与制造

(一)僵局的利用

1. 僵局能够促成双方的理性合作

在谈判中，很多谈判人员害怕僵局的出现，担心由于僵局而导致谈判暂停乃至最终破裂。谈判暂停，可以使双方都有机会重新审慎地回顾各自利益的出发点，既能维护各自的合理利益又注意挖掘双方的共同利益。如果双方都逐渐认识到弥补现存的差距是值得的，并愿意采取相应的措施，包括做出必要的妥协，那么这样的谈判结果也符合谈判原本的目的。即使出现了谈判破裂，也可以避免非理性的合作。双方通过谈判，即使没有成交，但彼此之间加深了了解，增进了信任，并为日后的有效合作打下了良好的基础。

2. 僵局可以改变谈判均势

有些谈判者的要求，在势均力敌的情况下是无法达到的，为了取得更有利的谈判条件，便利用制造僵局的办法来提高自己的地位，使对方在僵局的压力下不断降低其期望值。当自己的地位提高和对方的期望值降低以后，最后采用折中方式结束谈判时自己已取得了更有利的条件。谈判者在谈判过程中利用谈判僵局，可以扭转已有的谈判劣势，提高自己在谈判中的地位。这是那些处于不利地位的谈判者利用僵局的动机。弱者在整个谈判过程中处于不利地位，他们没有力量与对方抗衡，为了提高自己的谈判地位，便采用制造僵局来拖延谈判时间，以便利用时间的力量来达到自己的目的。

(二)僵局的制造

谈判者要利用僵局，首先要制造僵局。制造僵局的基本原则是利用自己所制造的僵局给自己带来最大的利益。谈判僵局出现以后会有两种结果：打破僵局继续谈判或谈判破裂。

1. 制造僵局的一般方法

制造僵局的一般方法是向对方提出较高的要求，要对方全面接受自己的条件，即我方做出少量让步后便要求对方作出让步。我方此时如果坚持自己的条件，以等待更有利的时机，而对方又不能再进一步做出更大让步时，谈判便陷入僵局。

2. 制造僵局的基本要求

谈判者制造僵局的基本做法是向对方提出较高的要求，但这一高要求绝不能高不可攀，因为要求太高会使对方认为我方没有谈判诚意而退出谈判。因此，目标的高度应以略高于对方所能接受的最低的条件为宜，以便最终通过自己的让步仍以较高的目标去使得谈判成功。同时，对自己要求的条件，要提出充分的理由说明其合理性，以促使对方接受自己提出的要求。

五、扭转僵局的手段技巧

一些咨询专家对谈判经验进行总结后认为，扭转僵局的行之有效的手段有数十种之多，主要包括以下几种。

(1) 改变付款的方式及时限。在成交的总金额不变的情况下改变定金数额，缩短付款时限，或者采用其他不同的付款方式。

(2) 撤换谈判组成员或组长。

(3) 转移不确定因素。把协议中的有分歧的部分搁置起来，等到信息充分时再重新谈判。

(4) 改变风险承担的方式和时间。在交易的所得所失不明确的情况下，不应该讨论责任分担的问题，否则只会导致争论不休。

(5) 改变对对方的时限限制要求。

(6) 通过提议补偿程序和保障手段来提高成交后的双方满意程度。

(7) 改变谈判的重心，从相互竞争的模式变为相互合作的模式。把双方的工程师、执行人员以及高层管理者集合到一起，相互沟通，共同提出倡议，根据双方的利益拟订谈判方案，将竞争模式转变为合作模式。

(8) 改变合同的类型。

(9) 改变百分比的基数。一个大基数配上小百分比或大百分比配上较小的可预见基数，往往是一个契机，能把谈判重新引入正轨。

(10) 寻找能在中间调停的人。

(11) 安排一个双方的最高层会议。

(12) 增加其他的既真实又明显的选项，使本来有争议的交易变得可以接受。

(13) 改变明细或成文条件。

(14) 设置一个联合的研究会。

(15) 讲一些风趣的故事。

上面列举了一些突破谈判僵局的策略与技巧，谈判实践中还有许多策略，这里就不一一列举了。其实有些策略是靠谈判人员自己去感悟的，仅用文字难以充分表达。但是，不管怎样，要想突破谈判僵局，就要对僵局的前因后果进行周密的研究，然后在分析比较各种可能的选择之后，确定实施某种策略或几种策略的组合。从根本上讲，其运用的成功还是要归结于谈判人员的经验、直觉、应变能力等素质因素。从这种意义上讲，僵局突破是谈判的科学性与艺术性结合的产物，在分析、研究策略的制定方面，谈判的科学成分大一些；在具体运用上，谈判的艺术成分大一些。

在谈判遇到僵局的时候，要想突破僵局，不仅要分析原因，而且还要搞清楚分歧的所在环节及其具体内容。例如，是价格条款问题，是法律合同问题，还是责任分担问题等。在分清这些问题的基础上，进一步估计目前谈判所面临的形势，检查一下自己曾经做出的许诺，找出谈判中可能出现的问题，存在的不当之处，并认真分析对方为什么在这些问题上不愿意让步，其困难之所在等。特别是要想方设法找出造成僵局的关键问题和关键人物，然后再认真分析这些在谈判中受哪些因素的制约，并积极主动地做好与有关方面的疏通工作，寻求理解、帮助和支持，通过内部协调，我们就可对自己的进退方针做出大致的选择。然后，我们就要认真研究突破僵局的具体策略和技巧，以便确定整体行动方案，并予以实施，最终突破僵局。

需要指出的是，在具体谈判中，最终采用何种策略应该由谈判人员根据当时的谈判背景与形势来决定。某一种策略可以有效地运用于不同的谈判僵局之中，但这一种策略在某次僵局突破中运用成功，并不一定就适用于其他同样的起因、同种形式的谈判僵局。只要僵局构成因素稍有差异，包括谈判人员的组成不同，各种策略的使用效果都有可能是迥然不同的。策略的采用效果还取决于谈判人员本身的谈判能力和己方的谈判实力，以及实际谈判中的个人及小组的力量发挥情况。相信应变能力强、谈判实力也强的一方如果配以多变的策略，就能够应对所有的谈判僵局。

本 章 小 结

本章主要介绍谈判过程中的策略技巧。在谈判开局时构建一个良好的氛围尤为重要，在开局环境的基础上需要在开局阶段建立清晰的基本任务和目标，商务谈判程序中的磋商阶段是双方互相沟通和说服和过程，此过程有利于把握商务谈判的实质，可以更好地进行商务谈判的实践，主动制造商务谈判中的僵局也可以在谈判中进一步掌握主动性。

复习思考题

1. 简述商务谈判的一般程序。
2. 如何建立合理的开局气氛？
3. 谈判开局阶段的基本任务和目标是什么？
4. 为什么说磋商阶段实质上是双方相互沟通和说服的过程？
5. 谈判结束的信号是什么？

案例分析题

谈判危机的化解

日本一家著名汽车公司刚在美国登陆，便急需一个美国代理商来为其推销产品，以弥补他们不了解美国市场的缺陷。当日本公司准备同一家美国公司谈判时，谈判代表因为堵车迟到了，美国谈判代表抓住这件事紧紧不放，想以此为手段获取更多的优惠条件，日本代表发现无路可退，于是站起来说："我十分抱歉耽误了您的时间，但是这绝非我们的本意，我们对美国的交通状况了解不足，导致了这个不愉快的结果，我希望我们不要再因为这个无所谓的问题耽误宝贵的时间了，如果因为这件事怀疑我们合作的诚意，那么我们只好结束这次谈判，我认为，我们所提出的优惠条件是不会在美国找不到合作伙伴的。"日本代表一席话让美国代表哑口无言，他们也不想失去一次赚钱的机会，于是谈判顺利地进行下去了。

(资料来源：商务谈判案例分析十四. 河北张家口：怀来开放大学网页. 2018.http://www.hlddjxw.com/index.aspx？lanmuid=64&sublanmuid=537&id=893.)

思考：

1. 美国公司的谈判代表在谈判开始时试图营造何种开局气氛？
2. 日本公司谈判代表采取了哪一种谈判开局策略？
3. 如果你是美方谈判代表，应该如何扳回劣势？

第六章

商务谈判策略

微课视频

所谓谈判策略，是指谈判人员在谈判过程中为了达到预期目标，根据形势的发展变化而制定或采取的行动方针和斗争方式。策略不同于谈判程序，程序是双方事先共同协商规定的，谈判双方对程序都处于服从状态；而策略则是单方面采取的行动或方法，具有主观性。策略也不同于谈判目标，目标是客观的理想条件，具有标记的性质，实现目标的程度是谈判进展程度的一种标志；而作为策略的行为或方法则是为实现目标而采取的措施，它具有实践的性质，策略的实施可以促进目标的实现。策略与技巧也不同，策略是一种行动方针和斗争方法；而技巧则是使用方法，是实施方针过程中表现出来的技能。谈判是智慧的较量，每一方都在运用策略，但如何审时度势、权衡利弊、随机应变地将策略应用得恰到好处，这就需要有一定的技巧。

谈判策略种类繁多，功能各异，我们将其归纳为以下几个方面加以介绍，即互惠型谈判策略、利己型谈判策略、平等地位的谈判策略、被动地位的谈判策略和主动地位的谈判策略。

第一节　互惠型谈判策略

互惠型谈判策略是建立在互利互惠、有理有节原则基础上的谈判方式与技巧。为了在谈判中协调双方的利益以达成交易，可以灵活采取以下措施。

一、休会

休会是谈判人员比较熟悉并经常使用的基本策略。体会是指谈判进行到一定阶段或遇到某种障碍时，谈判一方或双方提出中断谈判、暂时休会的一种策略。这能使谈判人员有机会重新思考和调整对策，促进谈判的顺利进行。若休会策略运用得当，则能起到调节谈判人员的精力、控制进程、缓和谈判气氛、融洽双方关系的作用。休会策略的运用一般有以下几种情况。

(1) 在会谈某一阶段接近尾声时。此时的休会，可使双方借休息之机，分析讨论这一阶段的情况，预测下一阶段谈判的发展，提出新的对策。

(2) 在谈判出现低潮时。谈判人员如果出现疲劳、精神难以集中等现象，显然不利于谈判。可适当休息后，然后再继续谈判。

(3) 在会谈出现僵局时。当谈判各方的分歧加大，出现僵持不下的局面时，可采用休会的策略，这能使双方有机会冷静下来，客观分析问题，而不至于一味沉浸于紧张的气氛中，这样不利于问题的解决。

(4) 在一方不满现状时。如果对方出现不满情绪，为避免对方采取消极态度，应选择休会，调整气氛，使谈判能顺利进行下去。

(5) 在谈判出现疑难问题时。当出现难以解决的新情况时，可休会后各自进行协商，以提出处理办法，这是一种很好的避免谈判障碍的方法。例如，美国 ITT 公司著名谈判专家 D.柯尔比(D. Kolby)曾讲过这样一个案例：柯尔比与 S 公司的谈判已接近尾声，然而此时对方的态度却突然强硬起来，对已谈好的协议横加挑剔，并提出种种不合理的要求。柯尔比感到非常困惑，因为对方代表并非那种蛮不讲理的人，而协议对双方肯定都是有利的，在这种情况下，S公司为什么还要阻挠签约呢？于是柯尔比理智地建议谈判延期。之后从各方面搜集信息，终于知道了关键所在，对方认为ITT占的便宜太多了。价格虽能接受，但心理上不公平的感觉却很难接受，从而导致了协议的搁浅。结果重开谈判时，经过柯尔比一番比价算价，对方知道双方利润大致相同，一个小时后就签了合同。

在实际洽谈中，这种隐性阻碍有很多，应对它们时，休会或延期是颇为有效的方式。不过，必须指出的是，这种"拖延"绝不是消极被动之举，而是要通过这段时间搜集情报，分析问题、打开局面。若消极等待，结果只能是失败。

二、开诚布公

开诚布公策略也称开放策略，这一策略是谈判专家日渐重视的一种策略。它是指谈判人员在谈判过程中，均持诚恳、坦率的合作态度向对方表达己方的真实思想和观点，客观地介绍己方情况、提出要求，以促使对方进行合作，使双方能够在坦诚、友好的氛围中达成协议。

例如，在某年的广交会上，一位西非商人欲购买茶叶。由于这位商人是第一次参加广交会，面对各种茶叶样品琳琅满目，且都集中在一个展区，因此一时难以决定与哪家供货商洽谈购买。正当他徘徊不定时，我公司人员看穿了他的心思，于是上前开诚布公地问道："看得出来您对茶叶感兴趣，如果不介意的话，请到我公司的展台看一看、谈一谈。"看完茶叶样品和价格后，客户兴趣很大，并有购买的想法。为了建立稳定的贸易关系，我公司人员建议他："您不妨到其他茶叶贸易公司比较比较，这对您是有利的。俗话说，货比三家不吃亏。"于是这位商人也真的去了其他几家经销茶叶的贸易公司观察和比较，但没有任何结果。最后又回到了我公司的展台前，毫不犹豫地凭样品签订了一单茶叶合同。由此可见，对举棋不定者，若勉强他做决定，无疑是加重他的心理负担，这种情况下做出的决定亦未必有效，倒不如开诚布公地向对方摆明利害，坦诚地为对方着想，从而建立真诚长久的合作关系。当然，开诚布公，并不意味着我方将自己的所有情况都毫无保留地暴露给对方，因为百分之百的"开放"是不可能的，也是不现实的，如何采用这一策略，也是要视具体情况而定。首先，并不是在任何谈判中均可以适用这一策略。适用这一策略的前提是：双方必须都对谈判抱有诚意，都视对方为己方唯一的谈判对象，不能进行多角谈判。其次，注意在什么时机运用此策略。通常是在谈判的探测阶段结束或者报价阶段开始时。因为在此阶段，对方的立场、观点、态度、风格等各方面情况，我方已有了一定的掌握和了解，双方是处于诚恳、坦率而友好的谈判气氛中。这时提出我方要求，坦露我方观点，应是行之有效的。最后，适用这一策略，应针对双方洽谈的具体内容来介绍有关情况，不要什么问题都涉及。如果我方在某一方面有困难，就应针对这一方面进行着重介绍，使对方了解我方在这方面的难处及我方的解决方案。这样，双方才能更好地合作。

三、规定期限

适当而委婉地设定谈判结束时间，可以促使参与者集中精力，在有限的时间内灵活、创造性地完成谈判。通常，可以在谈判初期确定议程时，规定一个合理的期限，以提高谈判效率。

设定期限通常包括明确谈判时间、地点、持续时长；如果是系列谈判，还需确定谈判的次数和每次的大致时长，并制定谈判时间表。在谈判前，双方都应调查对方的期限安排，并注意以下几个问题：一是对方可能会竭尽全力保守谈判期限的秘密；二是在谈判过程中，应通过观察对方的言行，捕捉对方无意中透露的情绪，以了解其期限；三是在国际商务谈判中，要警惕对方故意提供虚假信息；四是我方设定的期限应有一定的灵活性，以避免对方利用期限对我方施加压力。

四、润滑策略

润滑策略是指谈判人员在相互交往过程中，互相馈赠礼品，以表示友好和联络感情的策略。但在使用该策略时，应注意下面一些问题。

(1) 所赠礼品不应带有功利性，而完全是为了联络感情，否则，会给对方一种"行贿"的感觉，使对方产生警觉，也破坏了我方的形象。

(2) 要尊重谈判对手的风俗习惯及个人兴趣，使对方感受到被尊重。

(3) 馈赠礼品也要选择适当的时机和场合，使对方感到很自然，易于接受。

五、私下接触

私下接触是一种非正式会谈的方式。在谈判过程中，双方人员都有比较充裕的时间进行休整，包括休息、就餐、娱乐等。如果谈判人员能充分利用这些业余时间，主动与对手私下接触，不仅可以增进彼此之间的了解和友谊，使双方关系更融洽，还可能得到很多信息，获得意外的收获，从而促进谈判顺利进行。私下接触的形式有很多，如聚餐、游玩、打球、看戏等，在这些活动中能够创造一种轻松愉快的气氛，从而有助于获得更多的信息，有时甚至可以直接促进谈判的达成。双方关系越近、合作的时间越久，采用私下接触的效果就越好。

六、留有余地

在进行谈判的过程中，当对方向我方提出某项要求时，即使我方能全部满足，也不要马上答应，而应留有余地，以备与对方进一步讨价还价。一般来说，在报价阶段、磋商阶段的初期，我方所提的条件与报价应留有一定余地，以备在向对方作出让步时，可以换取对方的让步或妥协。

七、设立专门小组

在谈判过程中，可以根据情况设立专门小组，小组的成员由熟悉情况的专业人员组成，专门解决谈判中某些条款涉及的专业问题。这样可以提高谈判效率，节约时间，使问题得到圆满解决。

第二节　利己型谈判策略

利己型谈判策略是指在谈判中所应用的策略与技巧主要是围绕着对己方有利这一目标。它并不是以损害对方利益为代价的，它的出发点在于努力寻求最佳途径，在不断争取己方利益的同时，也尽量使对方感到满意。

一、声东击西

从军事角度来讲，声东击西就是指当敌我双方对阵时，我方为更有效地打击敌人，先造成从某一方面进攻的假象，借以迷惑对方，然后攻击其另一面。这种战术策略也同样适用于谈判。在谈判中，一方在谈判的一段时间内，出于某种需要而有意地将会谈议题引导到对己方影响不大的问题上，借以分散对方的注意力，达到己方的目的。在谈判的过程中，只有更好地隐藏自身真正的利益，才能更好地实现谈判目标，尤其是在我方不能完全信任对方的情况下，宜使用这种策略。

运用这一策略的主要目的有以下几个。

(1) 尽管双方所讨论的问题对我方而言是次要的，但采用这种策略可能表明，我方对这一问题很重视，进而提高该项议题在对方心目中的价值，一旦我方做出让步后，能使对方更为满意。

(2) 作为一种障眼法，转移对方的视线。例如，我方关心的可能是货款支付方式，而对方的兴趣可能在货物的价格上，这时声东击西的做法是力求把双方讨论的问题引导到订货数量、包装运输上，借以分散对方对上述两个问题的注意力。

(3) 为以后的真正会谈铺平道路。以声东击西的方式探清对方的虚实，排除正式谈判可能遇到的干扰。

(4) 把关于某一议题的讨论暂时搁置起来，以便抽出时间对有关的问题做更深入的了解，探知或查询更多的信息和资料。

(5) 延缓对方所要采取的行动。例如，若发现对方有中断谈判的意图，可运用这一策略，做出某种让步的姿态。

(6) 作为缓兵之计。一方面以继续谈判来应付，另一方面则可以另寻其他对策。

例如，中方某公司与外国某公司为设备转让问题进行商务谈判，该设备包括硬件及其附带的软件。在谈判中，作为买方的中方认为硬件部分的价格太高，而卖方的外国某公司又不愿再降价。买方很为难，想提出来不买了，又怕卖方说自己不守信用，更担心卖方已经允诺的其他有利于买方的协议就此推翻。这时，卖方正好提出希望扩大做设备散件交易的愿望。买方借机行事，把本来要递给对方的采购设备散件的清单收了起来，反过来向卖方纠缠设备的优惠价，并以此作为扩大散件交易的条件。当卖方了解到买方愿意购买其散件，而且数量可观时，便认真地与买方谈判。买方利用了这个有利的时机，表面上和卖方郑重其事地谈判，在场下，买方又做了大量研究工作，尽量减少散件的订购数量。买方从清单上划掉一种又一种不是十分必需的散件，卖方为了尽可能地多卖散件，而降低了软件和硬件设备的总体价格，同时散件价格也给了一定的优惠，从而使买方在谈判中获得了很大的好处。

二、先苦后甜

先苦后甜也称"吹毛求疵"，这是指在谈判中，一方为了达到自己预定的目标，先提出较苛刻的条件和要求，并显得立场坚定，毫不妥协，在与对方相持不下时，然后再和颜悦色，举止谦恭，逐渐让步，放弃苛刻的条件与要求，求得双方一致认可的策略做法。

例如，买方想让卖方在价格上做出让步，但买方又不愿增加订购数量，于是，买方采用了"先苦后甜"战术。除了价格以外，买方同时在品质、运输条件、交货和支付条件等几个方面，提出了较为苛刻的要求，作为合同的蓝本。在针对这些条款的讨价还价中，买方尽力使卖方感到，在好几项交易条件上买方都忍痛做了让步。当转到价格谈判上时，卖方已感到占了不少便宜，因此买方往往不费多少口舌就能获得卖方的价格让步。但是，任何策略的适用都有一定限度，在运用此策略时，起先提出的要求不能过于苛刻，"苦"要苦得有分寸，不能与通行的惯例和做法相差太多，否则会使对方觉得缺乏诚意，从而中断或退出谈判。在谈判中运用此策略时还要注意，所提出的比较苛刻的要求，应尽量是对方掌握较少信息或资料的某些方面，尽量是双方难以用客观标准检验、证明的某些方面。否则，对方很容易识破我方战术，并采取应对的措施。

三、疲劳战术

在商务谈判中，有时会遇到锋芒毕露、咄咄逼人、趾高气扬的谈判对手。当他们以各种方式表现其居高临下、盛气凌人的姿态时，疲劳战术是一个十分有效的策略。这种策略的目的在于通过多个回合的拉锯战，使谈判对手感到疲劳，逐渐削减其锐气，从而扭转不利和被动的谈判局面。待对方感到精疲力竭时，我方再转守为攻，以理服人，促使对方接受我方的条件。采用疲劳战术，首先要求做好思想准备，开始时，对对方盛气凌人的要求应采用回避、周旋的态度。到了后期，即使我方已在谈判桌上占了上风，也不要咄咄逼人，而应采取柔中有刚的态度，切忌以硬碰硬，避免引起对立，致使谈判破裂。

四、不开先例

不开先例是谈判一方拒绝另一方要求而采取的策略方式。当对方提出令我方为难的要求时，以无先例和若开先例将引起连锁反应、导致无法承担的后果为理由，拒绝对方的要求或条件。例如，买方提出的要求令卖方感到为难时，卖方可以向买方解释说，如果答应了对方的要求，对卖方来说就等于开了一个先例，以后对其他的买方要采取同样的做法，这不仅使卖方无法负担，而且对以前的买方也不公平。

五、权力有限

有限权力是指谈判人员使用权力的限制性。权力受到限制的谈判者往往比大权在握的谈判者处于更有利的地位。当谈判双方就某些问题进行协商，一方提出某种要求企图使对方让步时，另一方有效的反击策略之一就是，运用权力有限策略向对方宣称，在此问题上，他无权向对方作出这样的让步，或无法争论既定事实。这样既维护了己方利益，又给对方留了面子。一般而言，谈判人员权力受到限制的原因是多方面的，就金额限制来讲，有标准成本的限制、最高最低价格的限制、购买数额的限制、预算限制等，另外还有诸如公司政策的限制、法律和保险的限制等。会利用权力限制的谈判人员，并不把这些看成对自己的约束，相反倒更能方便行事。

首先，可以以权力有限作为借口，拒绝对方某些要求、提议，但又不伤其面子；其次，利用限制，借口向高层决策人请示，更好地商讨处理问题的办法和对策；最后，利用权力有限策略，还可以迫使对方向我方让步，在有效权力的条件下进行谈判。当然，权力有限策略也不能滥用，过多使用这一策略或选择时机欠妥，会使对方怀疑我方身份、能力，如果对方认为我方不具有谈判中主要问题的决策权，就会失去与我方谈判的兴趣与诚意，这样只会浪费时间，无法达成有效协议。

六、最后通牒

最后通牒，即在谈判进行到一定阶段遇到僵局时，一方提出以某个期限作为决定合同成败的最后条件，并要求对方给出最终答复或选择的做法。在大多数商务谈判中，特别是那些双方争执不下的谈判，基本上都是到了谈判的最后期限或是临近这个期限才达成协议的。规定了最后期限，可以有效地督促双方的谈判人员振奋精神，集中精力。这是因为，随着期限的迫近，双方会感到达成协议的时间很紧，会一改平时拖沓和漫不经心的态度，努力从合作的角度出发，争取问题的解决。有时人们迫于这种期限的压力，会改变自己原先的主张，作出一定程度的妥协，以尽快求得问题的解决。

具体的表达方式有："这是我方的最后条件，请贵方研究"；或郑重宣布"我方将等到明天中午，若接受我方建议，我方将留下签订合同，不然，便乘下午 2 点的飞机回国"。不仅如此，还可以在某个上午或下午将尽时宣布："给贵方最后几分钟，如果没有新的立场或建议，我方建议就此散会。至于下一步怎么办，再商量。"

在谈判中，某一方提出最后期限，开始并不能够引起对方十分关注，但是随着这个期限的迫近，提出期限的一方不断暗示，表明立场，对方内心的焦虑就会不断增加。尤其是当其负有签约的使命时，就会更加急躁不安，而到了截止日期的时刻，不安和焦虑就会达到高峰。因此，在谈判过程中，对于某些双方一时难以达成妥协的棘手问题，不要操之过急地强求解决，要善于运用最后期限的力量，规定谈判的截止日期，向对方展开心理攻势。必要时，我方还可以做出一些小的让步，给对方造成机不可失、时不再来的感觉，以此来说服对方，达到我方之目的。

七、以退为进

以退为进既是谈判策略，又是谈判技巧。其具体做法主要有以下几点。
(1) 不要急于暴露己方的要求，应诱导对方先发表其观点和要求，再伺机而动。
(2) 让步时可以先在较小的问题上让步，让对方在重要的问题上让步。让步不要太快，因为对方等得越久，就会越珍惜。

(3) 在谈判中遇到棘手问题时，应表示愿意考虑对方要求的意愿，使对方在感情上有被接受的感觉。

(4) 己方虽然愿意就某标的与对方达成协议并签订合同，但在诱发对方的成交欲后可以表现出不成交亦可的无所谓态度，从而迫使对方让步。采用这种策略，要以清楚知悉对方的态度、立场为前提。

八、得寸进尺

得寸进尺是指一方在争取对方一定让步的基础上，还继续进攻，提出更多的要求，以争取己方更大的利益。这一策略的核心是：一点一点地要求，积少成多，最终达到自己的目的。运用该策略有一定的冒险性，如果一方条件压得太低，或要求太高，会激怒对方，使其固守原价，甚至加价，以进行报复，从而使谈判陷入僵局。因此，只能在具备下列条件的情况下，才可以采用该策略。

(1) 出价较低的一方，有较为明显的议价倾向。

(2) 须做过科学的估算，确信对方出价的"水分"较大。

(3) 掌握市场行情，在某一商品行情疲软的情况下，有较大的回旋余地。

九、出其不意

出其不意是指在谈判中突然改变手段、观点或方法，使对方惊奇继而产生压力的一种策略。这种策略在谈判中常被采用，因为它能在短时间内产生一种使对方震慑的力量，给对方以压力。在遇到令人惊奇的情况时，克服震惊的最好办法是让自己有充分的时间去想一想，多听少说或暂时休会。谈判不是宣战，也不是在法庭上打官司，在没有适当准备之前，最好不要有所行动。例如，一个美国商人在印度的某市场上偶然发现某大师的三幅名画，决定全部买下。卖画的印度人报价三幅一共 300 美元。美国商人虽然认为名画的确值钱，而且仅有三幅，但仍觉得不能接受对方的一口价，于是与对方讲价。印度卖画人很固执，丝毫不让。争执不下之时，印度卖画人突然烧掉一幅。此举大出美国商人的意料，想要阻止已经来不及了，于是美国商人作出让步，同意以 200 美元买下剩下的两幅。没想到印度卖画人却坚持剩下的两幅仍要 300 美元。美国商人认为不合情理继续与其理论，印度卖画人一怒之下，又烧掉了一幅，剩下一幅仍要 300 美元。美国商人无奈，最后以 300 美元买下最后一幅画。

第三节　处于不同地位的谈判策略

谈判者在谈判中所处的地位不同，采取的策略也不一样。谈判中的地位可分为三种：平等地位、被动地位和主动地位。由此谈判策略也可分为三类：处于平等地位的谈判策略、处于被动地位的谈判策略和处于主动地位的谈判策略。

一、处于平等地位的谈判策略

在双方处于平等地位的情况下，应遵循平等互利、求同存异的原则进行谈判。一般来说，首先要建立一种和谐的谈判气氛，然后双方才能融洽地进行谈判。除了采取"创造和谐气氛策略"和"察言观色策略"之外，还可以采用以下策略。

1. 避免争论策略

在进行商务谈判之前，要做好各方面准备，明确谈判意图，尽量创造有利的谈判气氛。但是在谈判过程中，谈判双方为争得各自的利益，必然会产生分歧。在分歧出现之后，要尽可能避免无谓的争论。因为争论不仅于事无补，还可能使事情变得更糟。为避免无谓的争论，较好的策略是：冷静地倾听对方的意见，不要急于反驳和辩护；对于对方不同的观点，要表示尊重和重视；对于不同的意见，要婉转地提出探索性建议，而不是直接予以否定；此外还可以暂时休会，待双方头脑冷静时再恢复讨论，以达到顺利解决问题的目的。

例如，中国温州的打火机大量出口到欧盟国家，由于中国可以把打火机造价控制在 2 欧元以内，并且产品质量过硬，因此能够迅速占领了欧盟市场。欧盟的打火机生产商为了自己的利益，就市场份额与价格与中国厂商进行谈判，但由于涉及各自的利益，故分歧较大。于是欧盟厂商联合起来，促使欧盟通过了一项立法，该法规是针对 WTO 成员的。其中有一条规定，打火机产品不能是玩具形状，并且必须使参加测试的 85%以上的儿童不能打火成功，完成打火动作后应能自动扳回原位等。由于中国刚刚加入 WTO，因此这项法规对中国的产品也具有约束力。但在当时，中国方面并不能在短时间内生产出这样的产品，而欧盟生产商却拥有这样的技术，且已经申请了专利。这样欧盟方面在谈判中就依据此项法规，迫使中国厂商作出让步，却又避免了与中方的正面冲突。

2. 抛砖引玉策略

抛砖引玉策略是指在商务谈判中主动提出各种问题，但不提供解决方案，而让对方先提出解决方案的一种策略。谈判者应尽可能将问题摆在桌面上，尽量了解对方的真实想法，但要注意避免故意给对方出难题。这一策略一方面可以达到尊重对方的目的，使对方感觉自己是谈判的主角和中心；另一方面，自己又可以摸清对方的底细，争取主动权。然而，当谈判出现分歧或了解到对手是贪得无厌、寸步不让的人时，不宜采用该方法。

例如，广州某公司希望从马来西亚的一家合资电子厂进口一批随身听。在价格谈判中，经过认真且坦诚的谈判，双方都做出了一定的让步，但仍存在 10 美元/台的价格差距。对方报价为 80 美元/台，而我方希望以 70 美元/台成交。后来，由于双方都表示不能再做让步，谈判只好暂时中止。

一周之后，由于对方的合资伙伴——日本松下电器公司出现营销问题，历史上首次出现亏损，导致这家马来西亚合资电子厂资金周转不灵，急需现金。于是，该厂向广州公司发电表示，愿意接受我方先前提出的 70 美元/台的价格，并询问我方是否还有继续交易的意愿。我方即刻表示同意继续磋商。

在谈判过程中，对方坦诚地介绍了厂里的情况，希望能迅速成交。广州公司经过多方调查，证实了这家马来西亚合资电子厂是当地规模较大的企业，并且又因为是松下控股的企业，产品质量值得信赖，因此可以考虑未来的进一步业务合作。于是，广州公司出乎意料地表示愿意以 75 美元/台的价格购买。

对此，对方感到非常惊喜和感激。最终，我方以 75 万美元的价格购进了 1 万台随身听。正如我方所预料的那样，两周后，对方合资电子厂决定购买松下所占的股份，成为一家独资企业，并很快走出了困境。在随后的业务合作中，广州公司一直能够获得对方提供的最大优惠及特权，这些长期的经济利益远远超过了那一笔交易中多支付的 5 万美元。

在这项商务谈判中，表面上看我方虽然放弃了 5 万美元，即放弃了到手的利益，这看似难以理解，然而实际上却是以微小的眼前利益作为"砖"抛出去，最终引来更大的长期利益和双方良好贸易关系的这块"玉"。

3. 留有余地策略

平等地位的谈判双方，一般都需要作出相当的让步，以便最终达成协议。因此，双方在谈判之初及谈判过程中都要注意为以后的让步留有余地。其具体做法包括：在发盘时一定要留有余地，为后面的讨价还价留出空间；在关键时作出让步，在让步时要向对方提出其他要求；对于对方的要求，不要急于承诺。

例如，某公司某一支柱商品，经营效益很好。此商品在 H 国属主动配额商品，由十几家客商和用户联合经营，与该公司合作长达 20 余年。客商对此也十分重视，几乎每年都会派出由进口商、批发商和直接用户组成的十几个人的大型贸易代表团与该公司洽谈，而且每次谈判都十分艰难。

今年 8 月初，该贸易代表团又抵达该公司。谈判开始，双方首先通报了各自的情况。对方称，由于今年本国经济不景气，销售不利，希望在价格上给予优惠并予以理解。而该公司的实际情况是，由于国内养殖成本上升，劳力紧缺，工资提高，国内需求增加，价格上涨幅度很大。很显然，这次谈判双方在价格上必有一番激烈的争斗。首先，该商品对该公司来说属被动配额，主动权在对方手中。其次，该商品的价格主要取决于 H 国的市场需求和该商品的产品质量。在谈判前，该公司认真分析了各种情况，认为虽然对方国内物价上涨，各种成本增加，但由于天气问题，使产品质量下降很大，且 H 国市场确实不景气，价格要想比去年增加难度很大，能争取与去年同价就是胜利，该公司的目的也就达到了。基于这种战略，该公司采取了"筑高台"策略，将价格有意识地提高 20%，并向对方报了过去，打乱了对方的阵脚。对方一阵沉默过后，提出要与各商社协商后给予答复。对方经过很长时间的磋商，谈判重新开始。对方称报价出乎他们的意料，本来他们的价格要比去年降低 10%，但考虑到与该公司 20 余年的合作和我国成本增加的情况，价格最高不能超出去年的水平。这个价格本来就到了该公司的目的，但为了争取最大的效益，该公司仍不妥协，称其已向贵方讲明了己方的实际情况，同时也考虑了贵方的难处，若贵方一点不提高价格，则己方将出现亏损，很难成交。若不能达成协议，对双方 20 多年的友好合作关系也将产生不利的影响。经过对方又一轮磋商，又提出了比去年只高 1%。在这种情况下，为了不使谈判陷入僵局，该公司又灵活地提议比去年高 5%。最终以比去年高 2%的价格结束了谈判，双方均达到了满意的结果。该公司采取了故布疑阵、先入为主、筑高台、情感沟通等多种策略，取得了谈判的成功，不但没有降低价格，而且还提高了 2%。

4. 避实就虚策略

在谈判中要注意不急于暴露真实目标。避实就虚，可以转移对方的注意力。同时也为实现真实目标创造条件。在运用该策略时，要善于使用抓到的筹码与对方进行条件互换。

例如，一位西方记者曾经讥讽地问周恩来总理："请问，中国人民银行有多少资金？"周总理深知对方是在讥笑中国的贫困，如果实话实说，自然会使对方的计谋得逞，于是答道："中国人民银行货币资金嘛，有十八元八角八分。中国银行发行面额为十元、五元、二元、一元、五角、二角、一角、五分、二分、一分十种主辅人民币，合计为十八元八角八分。"周总理就这样巧妙地避开了对方的话锋，使对方无机可乘。

二、处于被动地位的谈判策略

在谈判中，当各方面条件对某方不利，且在双方实力对比中该方明显处于弱势时，被动方应避其锋芒，设法改变谈判的力量对比，保护自身利益，以达到满足己方利益的目的。其具体策略如下所述。

1. 韧性策略

所谓韧性策略，就是要充分提高对不利环境的适应能力。这种适应能力包括多个方面：首先要有充分的心理准备，认识到有利和不利是相对的，是动态的，是可以相互转化的，这样才能面对劣势而不失去自信，面对对方的盛气凌人、提出的苛刻要求而不手足无措，进而泰然处之；其次在谈判中要注意忍耐克制。任对方随意表现，甚至发泄，不意气用事。在谈判中忍耐往往能感动对方，赢得同情与支持。因此，如果处于被动地位，不要急于实现目标，要等待时机。要注意牵制对方，使之不退出谈判。

2. 多听少讲策略

所谓多听少讲策略，即谈判中尽量让对方多说话。这样既能满足对方自尊的需要，又可以调动其积极性，使其说出真实动机。但在实施时要注意抓住要害，有的放矢。要特别注意分寸，不要使对方形成逆反心理，否则就达不到预期的目的。

3. 先入为主策略

先入为主策略，也称"先发制人"策略。在谈判中如果处于被动地位，在适当的时候还可以采用先入为主策略。例如，对重要条款抢先报价，以奠定磋商基础。这样可以避免对方一开始就报出很苛刻的条件，使谈判陷入僵局。抢先报价可起着限制谈判起点的作用，同时也可以达到限制对方过高期望值的效果。因此要掌握时机，在被动中寻求主动因素。

4. 情感沟通策略

所谓情感沟通策略，是指主动创造条件与对方建立情感联结的沟通方式。在谈判处于不利地位时，可以考虑采用这种非正式的沟通策略。其核心是以情感为导向，通过多种方式交往和沟通，增进友谊，使对方了解和体谅我方的暂时困难，从而促进谈判成功。其具体做法多种多样，但应注意因势利导、因人而异。

三、处于主动地位的谈判策略

处于主动地位的谈判者，可以利用我方的优势，给对方造成压力，迫使对方让步，以给自己谋取更大的利益。具体可以采取以下策略。

1. 规定期限策略

规定谈判期限是利用我方的优势地位，抓住对方急于成交的心理，使其产生心理压力。运用这一策略，要注意不要趾高气扬，以势压人，要坚持用客观条件说服对方，使对方心悦诚服。另外，要注意不能过于贪心，在适当的时候做出一定让步，往往效果较好。

例如，红帆船家电商场在元宵节期间搞促销活动，对于在正月十四至正月十六这三天购买微波炉的消费者将赠送 15 件微波炉专用器皿。当消费者在犹豫不决的时候，销售员适时地柔声劝导："这是我们第一次赠送这么多赠品，今天是最后一天。如果您明天购买，就没有赠品了。"让消费者感到机不可失，从而下定决心，马上购买。

2. 前紧后松策略

"前紧"是指在谈判中先向对方提出较高条件，而且坚持不做任何让步，使对方产生紧迫感。通过充分利用己方的优势，使对方认清形势，以降低其期望值。"后松"是指在谈判关键时刻做出一定让步，使对方感到欣慰和满足。在具体运用该策略时，一般需要谈判小组成员相互配合，通过适当分工、扮演不同的角色来达到预期目的。另外，要注意开始时向对方提出的方案不能过于苛刻，否则对方可能会退出谈判。

3. 以战取胜策略

当己方在谈判中处于主动或优势地位时，可以通过战胜对方来赢得谈判目标，满足自身的需要。通常采用的基本手段或方法包括以下几个。

(1) 想方设法寻觅各种获得利益的机会。

(2) 在谈判过程中不断要求得到好处。

(3) 每一个让步都经过深谋远虑，其战略是在取得更大的好处下的让步。

(4) 采取强权的办法。

(5) 以任务为中心，只考虑自己的特殊利益，而绝不考虑对方的荣誉、尊严和彼此间的感情，强迫别人"快点接受，不然的话……"。但是，使用这一策略会有许多弊端：有可能会失去与对方的友谊；失去了将来与对方开展更大业务往来的机会；此外，由于对方被迫屈从，所以不大可能积极履行协议。这种谈判策略有上述诸多危害，因此在实际的商务谈判中需慎重使用。

谈判的策略丰富多彩且千变万化，要使策略发挥作用，关键在于用到该用的时候，用到该用的地方，用得恰如其分、恰到好处。

第四节　应对不同风格谈判者的策略

由于谈判者的文化、修养、性格及经历不同，往往也会表现出不同的谈判风格和特点。这就要求谈判者需要根据对手不同的风格，采取相应的谈判策略。

一、应对"强硬型"谈判者的谈判策略

强硬型谈判者在谈判中，往往表现出态度傲慢、自信，并且盛气凌人。应对这类谈判者的原则是：避其锋芒，以弱制强，以柔克刚。在此，除了沉默策略、忍耐策略、多听少讲策略，还可采用以下策略。

1. 以柔克刚策略

面对咄咄逼人的强硬型对手，己方可暂不做任何反应，以静观动，以忍耐沉默的"持久战"架势来削弱对方的锐气，待他乏力时，己方再伺机反攻，变弱为强。

2. 争取承诺策略

强硬型的谈判者往往比较注重信誉，为此，他会对已经承诺的事情认真履行。所以，谈判中要利用各种方法，尽量争取对方对某项议题的承诺。有了这些承诺，就等于获得了有利的谈判条件。

3. 更换方案策略

谈判之前应准备多项方案，当最初抛出的方案无法实施时，应及时更换备选方案。该策略不仅可以使己方有充分的时间去探索富有创造性的解决问题的方法，以使谈判能顺利地进行下去。同时，还可以防止己方接受不利的条件或失去符合己方利益的条件。

4. "黑脸白脸"策略

"黑脸白脸"策略是把谈判班子分成两部分，一部分人扮"黑脸"，另一部分人扮"白脸"。"黑脸"态度强硬、决不妥协；"白脸"则保持沉默，观察对方反应，思谋对策。待谈判出现紧张气氛时，"白脸"出面缓和局面：一边劝阻自己的伙伴；一边指出这种局面的出现与对方是有很大关系的，如果谈判破裂对双方都是不利的，最后建议双方都做些让步。该策略起到了软硬兼施、刚柔并济的作用。

二、应对"阴谋型"谈判者的谈判策略

在商务谈判中，有些谈判者为了谋求自身利益最大化，常常会用一些不正当手段迷惑对方，企图达成不公平的协议。为了维护己方的正当利益，当碰上"阴谋型"谈判对手时，应采取以下策略。

1. 反车轮战策略

车轮战是一种不断更换谈判对手，以使对方精疲力尽，从而迫使对方作出让步的策略。应对车轮战策略，就要采用反车轮战策略，具体做法如下。

(1) 及时揭穿对方的诡计，敦促对方停止换人。

(2) 制造借口拖延谈判，直到原来的对手重新回到谈判桌上。

(3) 对更换上桌的谈判对手拒绝重复以前的陈述，而静坐听取对方的"报告"。这样，一方面可以挫其锐气，另一方面也给自己一个养精蓄锐的机会。

(4) 如果新上桌的对手否认过去的协定，我方也可以针锋相对地否认曾经许下的诺言。

(5) 在消极对抗中，不要放过新上桌对手的新建议，抓住有利时机及时签约。

2. 应对抬价策略

抬价，本是商务谈判中的常事。但"阴谋型"谈判者往往使用不合理的手段来抬价。比如，谈判双方已经商定好了价款，第二天却突然提出抬价。应对对方的这一手，具体做法如下。

(1) 在讨价还价时，就要对方做出某种保证，以防对方反悔。

(2) 尽早争取对方在协议书或合同上签字，防止对方反悔或不认账。

(3) 如果发现对手的诡计，应及时指出，争取主动。

(4) 终止谈判。

3. 假痴不癫策略

假痴不癫策略是表面装傻，暗中策划，不露声色，等待机会，迫使对方让步，或诱使对方自作自受。比如，某商品原售价 50 元，这时对方故意将该商品的价格提高到 55 元，我方明知对方是故意为之，但仍表示愿以 52 元的价格接受。这样，对方觉得赚了一笔便不再提其他要求。拖些日子后我方再去找对方，提出多项理由作为杀价的筹码，并明确告诉对方现在该商品的市场价最多为 40 元，实在无法按 52 元成交，迫使对方杀价。但是，在预付订金时，不可签合同，仅签订意向协议即可。

三、应对"固执型"谈判者的谈判策略

固执型谈判者的特点是：固执己见，不接受任何人的建议，一切按习惯、按规章制度、按领导意图办事。应对这样的谈判者可采取以下策略。

1. 先例旁证策略

固执型谈判者的观点不是不可改变，而是不易改变。先例旁证策略就是针对对方所坚持的观点，用已有的先例来论证新建议、新方案的合理性和可行性，以使其转变观点。

2. 制造僵局策略

在商务谈判中出现僵局是令人不愉快的。但实践证明：人为地制造僵局，并把僵局作为一种调整谈判节奏、争取利益空间的策略手段，是有利于己方的谈判。但在制造僵局时应考虑以下条件。

(1) 市场情况对己方有利。

(2) 让对方相信自己是有道理的，僵局是由于对方的原因造成的。

(3) 在制造僵局之前要设计好消除僵局的退路，以及完整的僵局"制造"方案。

(4) 制定消除僵局后的提案。

谈判人员应该牢记：制造僵局并不等于宣告谈判结束。打破僵局的真正目的不是相互

道歉，而是达成协议。

3. 以守为攻策略

固执型谈判者总是在坚持其观点时陈述各种理由。对此，一方面必须耐心和冷静，仔细倾听对方的陈述，注意发现漏洞；另一方面要针对对方的观点准备详细的资料，注意引起对手的兴趣，引导其需要，并利用漏洞与弱点，组织攻势，增强谈判的力度。

四、应对"虚荣型"谈判者的谈判策略

虚荣型谈判者的特点是自我意识较强，嫉妒心强，爱表现，且对外界的暗示较敏感。应对这类对手，一方面可以适当地满足其虚荣心，另一方面要抓住对方的弱点，打开突破口，使对方妥协，具体可采取以下策略。

1. 投其所好策略

根据虚荣型谈判者的特点，在谈判中以一些他所熟悉的东西为话题，给他一个充分表现自我的机会，投其所好，从而有利于削弱他抗衡的力度。同时，可通过对方的"自我表现"，了解和分析对方的实情。当然，还要提防对方表现的虚假性。

2. 顾全面子策略

应对虚荣型谈判者，千万不要伤害了他的面子，你对他越尊重他让步的可能性就越大。

3. 强化制约策略

由于虚荣型谈判者多好大喜功，好说大话。抓住对方的这一特点，对他承诺过的、说过的有利于己方的一切话，通通记录在案，必要时还可以用"激将法"让他本人以书面的形式来表示，或对达成的每一项协议都立字为证，以防他日后否认。

总之，谈判中的策略是多种多样的，需要谈判者在实践中灵活运用。如果生搬硬套某一策略，或者孤立地使用某一策略，都不会有好的效果。

本 章 小 结

本章主要阐述商务谈判的多种策略及具体策略的应用情况。在不同地位下，谈判策略可以分为多种应用类型。面对不同类型的谈判者及谈判者具备的个人素质和心理特征，应采用不同性质和不同类型的谈判策略。

复习思考题

1. 什么是谈判策略？
2. 什么是利己型谈判策略？
3. 利己型谈判策略包含哪些内容？

案例分析题

著名青年企业家尤伯罗斯奥运资金筹集策略

1984 年，美国洛杉矶成功地举办了第 23 届夏季奥运会，并盈利 1.5 亿美元，创造了奥运史上的一个奇迹。这不仅得益于其组织者——著名青年企业家尤伯罗斯出色的组织才能和超群的管理才能，更重要的是他杰出的谈判技巧。第 23 届夏季奥运会的巨额资金，可以说基本上都是尤伯罗斯谈出来的。而他运用的谈判策略正是：筑高台、喊价狠。

当时，尤伯罗斯一开始就对经济赞助商们提出了很高的条件，其中包括每位赞助商的赞助款项不得少于 400 万美元。著名的柯达胶卷公司开始自恃牌子老，只愿出 100 万美元赞助费和一大批胶卷。尤伯罗斯毫不让步，并断然把赞助权让给了日本的富士公司。后来柯达公司虽经多方努力，但其影响已远远不及获得赞助权的富士公司。

过高的要价并未吓跑赞助商，由于奥运会的特殊地位和作用，其他各方面的赞助商都纷至沓来，并且相互之间展开了激烈的竞争。最后，尤伯罗斯在众多赞助商竞争者中挑选了 30 家，才解决了所需的全部资金。从而提高了奥运会的身价，也增强了奥运会承办者的信心。

在运作这种策略时，喊价要狠，让步要慢。凭借这种方法，谈判者一开始便可削弱对方的信心，同时还能趁机考验对方的实力并确定对方的立场。

(资料来源：人人文库网. 商务谈判案例解析，2021. https://www.renrendoc.com/paper/166209797.html.)

思考：

1. 尤伯罗斯是通过何种策略筹集奥运资金的？
2. 分析尤伯罗斯运用谈判策略的类型和获得成功的原因。

第七章

商务价格谈判

微课视频

商务谈判过程中的价格谈判，直接关系到交易双方的切身利益，因此价格谈判也是商务谈判的核心。在价格谈判中，首先要了解影响价格的各方面因素，对价格的构成和变化有正确的了解和预期；其次要正确认识和处理各种价格关系，在此基础上明确价格谈判的合理范围，进行合理报价并配合相应的策略。本章最后特别介绍了不同于一般商品的技术商品的价格谈判。

第一节　影响价格的因素分析

商务谈判涉及的交易对象不同，影响其价格的因素也有差别。在进行商务谈判中的价格谈判时，应当首先了解影响价格的各种因素。影响商品价格的具体因素主要有以下几种。

一、商品成本

一般情况下，商品成本是价格的最主要构成。成本包括生产成本、营销成本、资金成本、运输成本等多方面。成本是成交价格的最低界限。成交价低于成本，供应商不仅无利可图，而且还会有亏损。

二、市场行情

市场行情是指该谈判标的物在市场上的一般价格及波动范围。市场行情是市场供求状况的反映，也是价格磋商的主要依据。如果谈判的价格偏离市场行情太远，谈判成功的可能性就很小。这也说明，谈判者必须掌握市场信息，了解市场的供求状况及趋势，从而判断商品的价格水平和走向。只有这样，才能取得价格谈判的主动权。

三、利益需求

由于谈判者的利益需求不同，他们对价格的理解也就各不相同。日常生活中，一件款式新颖的时装，即使价格较高，年轻人也可以接受；而老年人可能侧重于考虑面料质地，并据此评判价格。例如，某公司从国外一厂商进口一批货物，商务谈判中由于利益需求不同，谈判结果可能有三种：一是国外厂商追求的是盈利的最大化，某公司追求的是填补国内空白，谈判结果可能是高价；二是国外厂商追求的是打入我国市场，某公司追求的是盈利的最大化，谈判结果可能是低价；三是双方都追求盈利的最大化，谈判结果可能是妥协后的中间价，或者谈判失败。

四、交货期要求

商务谈判中，如果一方迫切需要某原材料、设备、技术，即"等米下锅"，则可能不太注重价格的高低。相反，如果某方只注重价格的高低，而不考虑交货期，也反而可能吃亏。例如，某远洋运输公司向外商购买一条旧船，外商开价 1000 万美元，该公司要求降低至 800 万美元。最终，外商同意了 800 万美元的价格，但提出推迟交船三个月。该公司认为价格合适，便答应了对方的要求。结果外商又利用这三个月跑了运输，营运收入 360 万美元，大大超过了少获得的 200 万美元船价。显然，该远洋运输公司并没有在这场谈判中赢得价格优势。

五、产品的复杂程度

产品结构、性能越复杂，制造技术和工艺要求越高、越精细，成本、价值及其价格就会越高。而且，这样的产品在核算成本和估算价值时都比较困难，同时，可以参照的同类产品也较少，价格标准的伸缩性也就较大。

六、货物的新旧程度

在商品交易中，标的物的新旧程度对价格影响很大。一些二手商品，如发达国家的二手设备、工具、车辆等，如果折旧年限不是很长，经过检修，技术性能仍相当良好，但售价却相当低廉。

七、附带条件和服务

谈判标的物的附带条件和服务，如质量保障、安装调试、免费维修、供应配件等，能为客户带来安全感和许多实际利益，因此具有相当的吸引力。人们往往宁愿多花钱，买放心、买便利。因此，这些附带条件和服务，能降低标的物价格水平在人们心目中的地位和缓冲价格谈判的阻力。而且，从现代产品的观念来看，许多附带条件和服务也是产品的组成部分，交易者对此自然重视。

八、产品和企业的声誉

产品和企业的良好声誉，是宝贵的无形资产，对价格有重要影响。人们对优质名牌产品的价格，或对声誉卓著的企业的报价，往往有信任感。因此，人们宁肯出高价买名品，也愿意与重质量、守信誉的企业打交道。

九、交易性质

大宗交易或一揽子交易，相较于小笔生意或单一买卖，更能减小价格在谈判中的阻力。在大宗交易中，数千元的价格差额或许微不足道；而在小笔生意中，即使是小额利润也可能被锱铢必较。在一揽子交易中，由于货物质量不等、价格高低不同，交易者往往忽略了价格核算的精确性，抑或是不便提出异议。

十、销售时机

旺季畅销，淡季滞销。畅销时供不应求，则价格上扬；滞销时供过于求，为减少积压和加速资金周转，往往削价促销。例如，在许多西方国家，圣诞节是一个十分重要的节日，也是商家格外重视的一个商机。如果在节前推出商品，虽然价格较高销售量也很可观。但如果错过这一销售时机，节后的价格会下降很多，销售状况往往也不会很理想。

十一、支付方式

商务谈判中，货款的支付方式，是现金结算，还是使用支票、信用卡结算，或以产品抵偿；是一次性付款，还是分期付款或延期付款等，这些都对价格有重要影响。在谈判中，若能提出易于被对方接受的支付方式，将会使我方在价格上占据优势。

第二节　价格谈判中的各种价格关系

商务谈判中的价格谈判，除应了解影响价格的各方面因素，还要正确认识和处理价格谈判中的各种价格关系。

一、积极价格与消极价格

在商务谈判中，对于对方的报价，谈判者常常会觉得对方的价格太高，自己无法接受；但有时候也会认为对方的价格很合理，正合自己心意，故而欣然签约。其实关于价格的高与低，不同的人在不同的情况下会有不同的看法，其含义很难予以科学界定，因为它常常带有浓厚的主观色彩。如果一方的条件能很好地满足对方的要求或愿望，对方就会觉得价格便宜，也会欣然接受。反之，如果对方认为你所提供的条件与自己的要求相去甚远，那么你的价格在他的眼中就一定是太高了而无法接受。这就是所谓的积极价格与消极价格。

人们常常可以发现，有人不愿花 200 元买一台新的厨房电器，却宁愿花 100 元修复旧的；一位教授花 30 元钱买一件衬衫可能觉得很贵，而他花 50 元钱买两本书却不在乎。在上述的例子中，前面不愿购买的感觉是"消极价格"的反映，后面愿意购买的行动是"积极价格"的反映。商务谈判时也应注意，对方所迫切需要的东西，其价格大多数属于"积极价格"；而其不喜欢的或不能很好满足其需要的东西，其价格往往属于"消极价格"。如果厨房电器经销商能够向顾客证明新的比维修后的旧电器更方便、更安全、更有使用价值，并且能够为对方节省大量时间，那么，顾客就会消除疑虑，欣然购买。在这个例子中，经销商的介绍是使消极价格向积极价格转化的重要因素。

运用积极价格进行商务谈判，是一种十分有效的谈判技巧。在谈判中如果善于运用各种策略使消极价格向积极价格转化，那么谈判的最终成功将唾手可得。在谈判中常常会有这种情况，如果谈判的对方迫切需要某种产品，他就会把价格因素放在次要的位置上，他着重考虑的往往是交货期的长短、数量的多少、质量的优劣，而不是价格的高低。所以说，在商务谈判中，不要轻易地为价格的便宜或昂贵所左右，而更重要的是看这个价格是属于积极价格还是属于消极价格，从而采取针对性强的策略，化消极价格为积极价格，正确地进行价格谈判，达成使双方都满意的价格协议。

20 世纪 90 年代初，我国一个经贸代表团访问某发展中国家。这个国家在连年战争之后百废待兴，迫切需要建造几个化肥厂来支持农业的复兴。在我们提出了一揽子方案后，该国的谈判代表认为价格太高，希望下降 30%。我们经过分析，认为他们提出价格太高是由于要引进的项目很多，在支付能力上有困难。于是我们详细地介绍了设备的情况，强调了项目投产对发展农业生产的重要性。与此同时，我们又提出从设计、制造、安装、调试、人员培训等方面提供一揽子服务。对方经过反复比较、分析，最后确认我们的报价是合理的。这样就化消极价格为积极价格，促成了双方的合作。

二、实际价格与相对价格

价格还可分为实际价格与相对价格。以商品生产、流通和服务成本为基础确定的价格是实际价格，而与商品或服务的有用性相关联的价格是相对价格。由于相对价格与双方所获得的利益联系最密切，因此，相对价格是价格谈判中不可忽视的组成部分。谈判者应努力做到不让对方的精力集中在实际价格上，而要将对方的注意力吸引到相对价格上来，也就是说不应该与对方单纯地讨论价格，而应该强调对方所购买的是会满足其愿望的某种价值。如果谈判者难以将对方的注意力从实际价格上引开，那么就应该把价格连同价值一并提出。

在商务谈判中，谈判者当然应该十分重视价格，但是在表面上不应该表现出对价格过分敏感。谈判者应该表现出对价格问题的超脱态度，避免有意无意地提及价格，否则就是自找麻烦。有时候，谈判者抱怨对方过分关心价格的细节问题，而实际上问题的症结恰恰在谈判者自己的身上。正是因为谈判者对价格的敏感，引起了对方的注意，从而使对方对价格也敏感起来，而且会抓住不放。因此，为了引导对方正确地看待价格问题，必须强调产品将给谈判者带来的益处和经济上的好处，这容易使整个谈判取得成功。运用相对价格进行谈判，对商务合作的双方都有意义。在商务谈判中，作为买方应把产品的有用性与对应的价格联系在一起。有时可在对方提出的价格基础上做出一种姿态，向对方表示可以接受这个价格，但希望增加一系列的附加条款，如帮助安装、调试、维修、进行技术培训、技术服务等，应尽力在提高相对价格上提出具体要求。不与对方单纯地讨价还价，而是利用相对价格，增加自己一方的利益。总之，运用相对价格进行谈判，对卖方和买方来说都是十分重要的。

三、固定价格与浮动价格

商务活动中，人们进行的价格谈判，多数是按固定价格来计算的。固定价格有明确、简便、直观、便于谈判的优点，但并不是所有的价格谈判都是围绕固定价格进行的，尤其是对于大型项目价格的确定，采用固定价格与浮动价格相结合的方式进行谈判就很有必要。对于大型项目而言，由于项目延续时间很长，有些设备要到很晚才能供货，所以在项目开始时就确定这些设备的价格不太合适。因为在一段时间后，各种原材料价格、工资、利率、汇率等因素都难以预料，要求即刻定下这些数据风险势必很大。大型项目工程的工期短则一两年，长则六七年，有不少设备到工程结束时才能用到，如果单纯用固定价格就显得不太合理，而谈判者如果正确地选择固定价格与浮动价格相结合的计价方式，这对交易双方来说可以避免工期过长所带来的不确定因素和与此同时带来的风险。因此在项目投资额比较大、建设周期比较长的情况下，要分清哪些设备可以用固定价格来计算，哪些设备需要用浮动价格计算。如果为了图方便，一味要求对方用固定价格报价，就会片面扩大那些不确定因素带来的风险，并把它们全部转移到固定价格中去，使价格上涨。

在用浮动价格确定设备价格时，要了解影响工程远期价格的因素，如原材料价格、汇率、利率、工资等。一般而言，钢材、有色金属、木材等原材料的价格是随着时间变化而变化的；汇率及汇率风险取决于国内外的经济形势和金融状况的变化；工资通常是一项不断增长的费用。这些因素都会影响浮动价格。通常，浮动价格是用专门的公式计算的。由于浮动价格计算所涉及的那些参数不是由哪个公司、哪个人确定的，而是由有关权威机构或部门确定，因而这些参数可以成为各方都能接受的客观标准。这样做，虽然仍不能完全避免汇率风险，但至少在原材料、工资等方面比固定价格更客观、更公平、更合理。

四、综合价格与单项价格

在进行商务谈判时，有时谈判双方会对整个项目的整体价格产生分歧，如果双方的报价差距太大，常常会出现僵持不下的局面，甚至会使谈判破裂。

例如，上海某电器厂与一家外国电器制造商进行转让可编程控制器生产技术的谈判，对方开价 90 多万美元，而我方则感到不能接受，于是提出几套价格方案作为谈判的基础，几轮下来，外方均不肯让步，谈判开始陷入了僵局。这次谈判是在国外进行的，谈判小组一时又无法找到能提供同样技术的厂商参与竞争，十分被动。于是，谈判小组决定绕开总体价格，从产品结构入手进行分别的研究。这项技术由若干个部分组成，每一个部分都和部件的制造有关，部件制造的技术越复杂，其技术的定价也就越高；反之，则应该较低。我们的谈判小组就设法找来了对方产品的销售价格以及各个部件的销售价格，然后再将此与对方提供的各项技术报价相比，发现其中某一个部件相关的技术报价是可以接受的。谈判小组就按此部件技术价格与销售价格之比例，逐项分析各个部件的技术价格，然后综合起来，总价格应该是 40 多万美元。第二天，谈判小组与对方接触时，先对其部件的技术价格做了肯定，并把此价格与部件的销售价格进行对比，得到了对方肯定性的回答，接着再用此比例用部件的销售价推算出各个部件的技术价格，指出这项综合技术的价格应该是 40 多万美元，而不是 90 多万美元。此举使对方大为惊讶，马上表示，他们的分项报价比例可能有误，随后就提出休会。复会时，对方果然将可编程控制器生产技术的价格降至 50 万美元。这个例子说明了，当谈判在综合价格上遇阻时，如果采取单项价格的谈判，常常会取得意想不到的效果。

五、合算价格与合理价格

在价格谈判时，谈判双方常常会特别关注对方提出的价格对己方来说是否合算？从生意的角度来说，追求价格的合算似乎是天经地义。有时人们追求物美价廉，希望价格越低越好，并以此作为追求的唯一目标。在这种观念的驱使下，人们在谈判中往往会反复盘算，反复比较，斤斤计较，甚至认为只有这样做才体现了谈判者的责任，才不会在谈判中吃亏。当然，我们不能排除在商务谈判活动中确有可能做到"价廉物美"，可以尽量做到"合算"，但是更多的情况应该是"一分钱一分货"，是"货真价实"。因为谈判最后的结果应该是"双赢"的。当买方追求"价廉物美"时，其实卖方对于"物美"的东西想得到的是"价高"的回报，这时，双方的想法就发生了冲突，导致双方相持不下，谈判自然就陷入了僵局。于是卖方为了达成交易，就会偷梁换柱，在表面上满足买方坚持的"价廉"，暗地里偷偷地将"物美"改成了与"价廉"相对应的"物不美"，甚至"物劣"。

在现代经济条件下，商品交换的范围越来越广，规模越来越大，尤其在国际商务活动中，交易的双方都不能以实现自己的"合算"为目的，使对方受损。追求价格必须合算是眼光短浅的表现。这也就是人们所批评的"精明不高明"的谈判策略，是商务谈判之大忌。与合算价格相对应的是合理价格。所谓合理价格，是指充分反映买方和卖方利益的，能为买卖双方所接受的，符合"货真价实"原则的价格。在这里，既不能使买方上当，花大钱买个假货、次货、劣货，也不能使卖方吃亏，强迫他用好货来卖个低价。合理价格应该成为买方和卖方共同追求的目标。

总体来说，合理价格的基本标准如下。

1. 合理价格是能体现买卖双方共同利益的价格

这是指买卖双方通过谈判达成的价格，既能体现买方的利益，即要使买方在得到其所需的货物、技术、服务等的同时，付出与此相应的代价，而不是以高价买假货、次货，应该在付出一定的货款后得到相应的东西，保证其应得的利益；又要使卖方在提供买方所需的货物、技术、服务后，获得与此相应的货款，同样保证卖方不吃亏。在商务活动中，只有做到平等互利，才是合理的价格。

2. 合理价格是能满足双方长期合作要求的价格

作为一名谈判者，要从维持双方的长远合作出发，在价格谈判中，价格的合理性不仅体现在眼下，还体现在长远。这样做，可能对于某一方来说会带来暂时的不合理待遇，然而为了维护长期合作的关系，宁可使自己在眼前吃亏些，也要保证价格从长远来看对双方都有利。

3. 合理价格是局部利益服从全局利益的价格

对于商务谈判者来说，如果某项谈判的利益得失与两个主体的整体利益有冲突时，就不能片面追求局部利益最优，这时可能需要为考虑整体利益而在局部问题上适当让一些价。这对于局部来说，可能显得不合理，但只要对全局来说是合理的、必要的，就要坚持局部服从全局，从而体现价格的全局合理性。

4. 合理价格是技术要求与经济要求相统一的价格

经济活动尤其是承包工程、引进技术,常常是把技术与经济紧紧地联系在一起的。追求价格上的合理,就是要追求技术上可行、经济上合理。因此,合理价格必须是能正确反映技术优势和经济利益相一致的价格。

六、主要商品价格与辅助商品价格

某些商品,不仅要考虑主要商品的价格,还要考虑其配件等辅助商品的价格。许多厂商的定价策略采用组合定价,对主要商品定价低,但对辅助商品却定价高,并由此增加盈利。例如,某些机器、车辆,整机、新车价格相对较低,但零部件的价格却较高。使用这种机器或车辆,几年之后,当维修和更换配件时,就要支付昂贵的费用。20 纪 70 年代初,美国伊士曼柯达公司(Eastman Kodak Company)生产的彩色胶卷价格较高,因此销售量较低。此时,柯达公司研制出一种低成本的"傻瓜相机",使摄影变得"你只管按快门"这样简单。而柯达公司的经营战略正是:给你一盏灯,让你去点油。结果,人们纷纷购买这种廉价相机,于是大大促进了高价格彩色胶卷的销售。这就说明,对于价格,包括价格谈判,不仅要关注主要商品价格,也要关注辅助商品价格,包括配件、相关商品的价格。切不可盲目乐观,落入"价格陷阱"。

第三节　技术价格的谈判

在商务谈判中,技术贸易的价格谈判越来越受到关注。和决定一般商品的价格不同,技术商品因其特殊性,使得技术价格的谈判有自己的特点。

一、技术商品的特点

技术商品具有普通商品的基本属性,但与普通商品相比,又具有以下特点。

1. 使用的不灭性

技术开发的投入是一次性的,在使用过程中则无损耗。一项技术一经研制成功,持有者可以多次重复转让,而不必投入新的开发成本。技术买方可以长时期地使用该项技术,既不用维修,也不会损耗。例如五笔打字软件,作为一种计算机程序,千百万用户成年累月地使用,它永无损耗。承载它的软盘是普通商品,时间久了会磨损和老化,但是软件并没有老化,可以转移到其他软盘上继续使用。

2. 交易价格的不确定性

技术商品不能、也没有必要像普通商品一样批量生产。同一技术所采用的研制手段和研究条件不同,开发成本也不同。重复开发的技术,只有最先成功的企业才会得到社会的承认和保护。此外还有智力投入和研制条件常常难以量化,使得技术价格形成的规律比较特殊。技术商品由于投入大量复杂的劳动,转让次数少,而与所生产的产品相比,技术的价格就非常之高。例如，一台液晶电视的价格为数千元人民币，而生产这种电视机的成套技术及生产线，可能价值数百万人民币。

3. 所有权的垄断性

技术商品的所有权往往只属于一家所有。垄断的程度越高，技术买方选择的余地以及讨价还价的可能性越小。技术卖方为了保持垄断，在洽谈过程中要保守技术秘密。既要转让，又要保密，这本身就是一个矛盾。技术买方不可能像购买普通商品那样试用、试穿、品尝。在谈判初期可能看不到样品、图纸，不能进厂、进车间，不能看设备、看操作。一句话，接触不到核心技术，搞不清楚还要购买，这又是一个矛盾。上述情况大大增加了技术贸易洽谈和成交的难度。

4. 开发和持有的风险性

技术商品的开发是高风险投入。由于技术的快速发展和高度竞争，技术开发的成本越来越高。研制一种新型号轿车要投入数亿美元，而一种新药平均开发成本是 10 亿美元，平均耗时 10 年以上，一旦开发失败就会血本无归。技术成果申请专利之后，如果得不到有效的保护，对于技术持有者也有很大的风险。决定技术价格高低的因素还包括技术市场对该技术的承认程度。很多高投入的技术成果在市场上受冷落，收不回开发成本，这也是一种风险。

5. 技术的价值时效

一项技术产生后，若不及时转让，由于科技进步而发生的无形损耗很可能使其完全失去转让价值，在技术市场上变得一文不值。如果技术买方获得技术后使用不及时，或者迟迟掌握不了，也很可能丧失商品市场机会。

6. 交易的不彻底性

技术的交易是一种信息的流动，知识产权的转移。技术买方可以买断技术的所有权和使用权，但是技术卖方在交易之后仍然拥有该技术，在对技术的了解和掌握方面比买方占有很大优势。"买方不可能完全获得，卖方不可能完全失去"，即交易的不彻底性，这也是技术商品的一大特点。交易的不彻底性使得技术买方不可能通过买断而彻底实现独家垄断，而且对技术卖方在很长时间内有不同程度的依赖。技术商品的上述特点决定了技术定价和交易的复杂性。

二、技术价格的构成

在明确了技术商品的特点之后，就可以了解技术价格的构成了。

1. 技术开发的成本

技术开发的成本包括材料费、设备费、科研人员工资、资料费、外协费、咨询费、培训费、差旅费、管理费、折旧费、摊派费和其他费用。由于技术成果可以多次转让，上述费用不应由技术买方全部支付，而是只支付其中一部分。由于技术发明中智力因素和创新思路起着重要的甚至决定性作用，这些作用又难以测量和定价，因此无法包括在上述费用中。技术开发单位很难把某种技术的开发成本记录得很详细，计算得很清楚。技术卖方通常有夸大和强调开发成本的倾向，而技术买方只承认它们合理的成本，却很少能接受卖方的估值。因此，技术开发成本的具体价值在技术价格谈判中是一个模糊问题。

2. 技术转让成本

技术转让成本是指技术卖方为转让技术而产生的费用。包括技术资料费(设计资料、图纸、说明书、维修手册等)、技术交易费(广告、差旅、公证、场租等)和其他费用。相比之下，技术转让成本比较容易确定，也比较容易被技术买方接受。这部分费用在技术商品价格中占 10%左右。

3. 技术服务费

技术商品代表一种系统化的知识。技术商品的交易不仅是商品交换的过程，更是一个传播、学习和掌握的过程，因此也是技术买卖双方长期合作的过程。在技术的实施和运用过程中，技术卖方还要付出辛勤的劳动，包括派人到现场进行安装调试、技术指导、人员培训、市场开拓，甚至交付合格产品和正常运转的成套生产线。这些技术服务和工程实施劳务的费用，大约占技术价格的 1/4。

4. 机会成本

在某些情况下，技术转让会使技术卖方的产品失去某地区全部或部分销售机会，从而给卖方造成损失。因此，技术卖方要求在转让费里给予一定的补偿，这就是机会成本。机会成本很难准确估算。有的卖方很看重机会成本，甚至在自己的产品上市初期，只卖产品而不转让技术。在这种情况下，技术价格中机会成本的比重较高。但是，如果卖方是纯技术转让，自己没有该类产品，也不打算生产这种产品，那么卖方的机会成本为零，因此不会影响转让价格。

5. 新增利润的分成

新技术的实施会给技术买方带来新增利润，新增利润主要体现在：生产成本降低；质量或性能提高，销售价值提高；销售量增加。新增利润可以依据生产规模、合同期限和单位产品利润变化计算得出。新增利润中应有多大比例计入技术价格并归属技术卖方，因不同行业、地区、项目而异。按国际惯例，这一比例通常为 20%～30%，这种做法叫作"利分成法"，是技术转让的普遍做法。

上述价格构成具有理论性和预期性。因为最关键的新增利润部分要在技术转让实施之后逐步实现，本质上是一个预期值。绝大多数情况下，技术买方不可能按此一次付清上述金额。因此，成交价格及付款方式还要进一步落实。在实际成交价格中，上述第一、四项构成了技术价格的主要部分，通常占技术总价的 2/3。

技术买方很少能弄清技术卖方的成本和利润，技术买方主要关心的是购买技术后能够实现的新增利润，即引进技术后所产生的经济效益。新增利润与技术购入价格之比越大，技术买方的购买意愿就越强。技术卖方也认为，新增利润反馈了技术的使用价值，应该体现在技术的价格上。一项技术可能产生的经济效益越高，技术卖方的开价通常也越高。

三、影响技术价格的因素

影响技术价格的因素很多，除了上述直接构成技术价格的因素(即开发成本、机会成本、转让和服务费用、新增利润分成等)外，还有下列几项。

1. 技术的成熟程度

技术的成熟程度直接影响到技术买方的消化、吸收和创收价值，从而决定了技术买方技术风险和投资风险的大小。因此，技术成熟程度对技术价格的影响较大。成熟的技术能使技术买方迅速形成量产能力，连续地、大批量地生产出合格产品。处于开发阶段的实验室技术，尚未进入商业化生产，不够成熟，需要进行生产性试验或进行二次开发，因而价格不高。成熟的技术往往物化在专用设备和流水线中，能够迅速投产，通常能卖出好的价格。

2. 技术的生命周期

技术的生命周期，即技术寿命的长短，是技术买方测算新增利润的重要依据，也是影响价格的重要因素。不同类型的技术，更新速度(即生命周期)差别很大。例如，微电子和计算机技术，发展快、寿命短，即生产周期短；某些基础原料工业技术，如大型合成氨、金属冶炼、水泥生产等技术，技术寿命较长。技术寿命长的，技术卖方可多次转让，均摊开发成本，从而降低转让的价格。而技术买方则可以在较长时间内利用该项技术，获得较高的经济效益，因而肯出较高的价格购买。进入商业化生产，处于成长期和成熟期的技术，成熟程度较高，产品的市场销售处于上升或高峰阶段，技术的价格较高；技术进入衰退阶段，产品竞争比较激烈，行业平均利润下降，投资会有一定风险，因而技术的价格较低。

3. 技术转让的状况

技术买方往往非常关心技术是否已经转让和转让的次数。每一次转让都意味着产品市场的缩小和竞争对手的增加，当然，也反映了技术卖方开发费用的回收情况。因此，通常情况下技术的价格与技术转让次数成反比，即转让次数越多，技术的价格越低。技术转让次数较多，对于技术买方并不完全是坏事。转让次数多，说明市场对产品的需求看好，也说明技术比较成熟可靠，投资的风险较小。在经过若干次转让之后，技术卖方收回了开发成本或获得了期望利润之后，也愿意降低转让费。在这种情况下，只要存在着市场机会，技术买方不应轻易放弃选择该技术的机会，并应合理地压低价格。

4. 技术的法律状态

所谓法律状态，是指一项技术是否申请了专利，能不能受到专利法的保护。通常同一项技术处于不同的法律状态，其价格也不同。受知识产权保护的专利技术的价格，要高于同类的其他专有技术，但是这只是技术卖方的开价而已。

5. 技术买方的自身条件

技术买方技术支撑能力，即技术水平、管理水平、销售能力、经济实力，以及企业的地理、交通、资源、政策环境等，对引进技术的效果和产生的效益有直接影响，对技术成交的价格也有很大影响。技术买方自身条件差，意味着卖方转移技术要花费更大的努力，分享新增利润的把握较小而风险较大。在这种情况下，技术卖方往往会抬高价格，同时还会要求提高买方初期付费的比例，减少自身风险。也有的卖方看到买方条件太差，干脆不愿转让。

6. 技术的垄断程度

如果技术属于买方市场，技术买方可在多种同类技术和多家转让者之间进行选择，技术的价格对技术买方有利。但是当某项技术垄断程度较高，甚至是独家占有，又缺少同类替代技术时，就形成了局部的卖方市场，价格奇高，不利于技术买方。

7. 技术的转让方式

普通商品，通常是使用权和所有权的一次性买断，除售后服务事宜外，买卖双方彼此再无责任。而技术贸易则复杂得多，多数是使用权的转让，即使用许可。这种许可又因对技术的使用范围、时间、程度而有很大区别，技术价格也有很大差异。

8. 支付方式

技术转让费用支付常常贯穿于转让的全过程。技术卖方期望支付的重心前移，早日拿到回报，减少己方责任和风险。技术买方期望支付重心后移，让技术卖方承担更多的责任和风险。各种不同的支付方式当然也对价格的高低有直接影响：一次付清全款的，价格最低；分期付清的价格稍高；入门费加提成支付方式，价格居中；纯提成方式，技术价格最高。

总之，技术的价格就是由多种因素构成并且在多种因素影响下形成的。同类技术由于持有者不同或对于不同的买方，成交价格有时相差 10 倍也不足为奇。技术交易双方只有了解和把握各种因素，在广泛范围内深入地鉴别和选择，才能争取到公平有利的成交价格。

四、技术价格的评估

在进行价格谈判之前，交易双方应在明确技术价格构成及其影响因素的基础上，对技术价格进行正确的评估，从而得出比较接近实际的价格水平，并确定价格谈判的合理范围。

(一)许可方角度

从许可方的角度来说，对技术价格的评估主要依据以下三项因素进行。

(1) 评估技术被利用后可能产生的新增价值或新增利润。因为被许可方引进技术的目的是利用该技术创造比原有技术更高的价值，因此，这部分新增价值就是被许可方愿意支付的使用费的最大值。

(2) 评估许可方为转让技术所需支出的直接费用。这部分费用是许可方为转让技术所垫付的，因此，许可方必须通过收取使用费得到补偿。这部分费用主要包括技术开发成本、技术转让成本以及技术服务费用等。

(3) 评估许可方所期望获得的利润。这一部分一般不低于许可方所在行业的平均利润水平。

(二)被许可方角度

以上三项的总值即为一方报价的基础，或另一方期望支付的最低使用费。

从被许可方的角度来看，确定愿意为一项拟引进技术所支付的费用，主要依据以下四点。

(1) 自己研发这项技术的成本。被许可方为获得所需技术，有两个方式可以选择，即引进技术或依靠自身的技术力量进行研发。如果被许可方准备引进技术，就会将引进技术与自行研发所需投入的人力、物力、财力进行比较(当然，前提是自身具有研发这项技术的能力)。若比较结果显示，被许可方自行研发的投资越大，那么在引进时被许可方愿意支付的使用费也越高。

(2) 使用引进技术所能获得的增值利润。被许可方引进技术的目的，归根结底是获得增值利润，即以较小的投入获得尽可能大的产出。因此，被许可方会通过市场调查，预测利用引进技术生产的产品在未来几年内可能实现的增值总额。如果增值总额较大，被许可方愿意支付的使用费数额也会较大；反之，则较小。

(3) 估计拟引进技术本身的价值。一项技术发明产生后，开始申请专利。一般来讲，这时该技术尚未进行大规模商业化运行，该技术的价值并不大。进入商业化运行后，一旦其经济效益日益明显，技术价值也随之提高。在进入大规模商业化生产后，其经济效益被更多的人认识，技术的价值逐渐达到顶峰。之后，技术开始过时，有新的技术取而代之，此时技术价值则开始下降。了解拟引进技术的发展状况，是被许可方确定使用费数额的一个重要依据。

(4) 有无可选择的其他技术来源。一项技术是否存在替代的供应者，也是被许可方考虑支付使用费的依据之一。若拟引进技术被某一个企业垄断，别无选择，被许可方就不得不支付高额使用费。然而，如果有多个可选择的供应者，被许可方则会选择其中条件优惠且要价较低者。

五、技术价格的谈判

通过上述分析，可以清楚地看到，许可方和被许可方都有各自关于技术价格(即使用费)的估算。但是，最终通过谈判所达成的使用费，可能是在许可方的底价与被许可方的顶价之间的某一点上，即在高于底价且低于顶价的某个价位上。这就需要通过谈判，根据合同条款的平衡以及双方的谈判实力，在底价与顶价之间确定最终的成交价格。因此，技术价格的谈判，主要是围绕合同条款的平衡展开，具体包括以下几点。

1. 独占使用权与非独占使用权的差价

通常，许可方授予被许可方使用技术的权利分为独占使用权和非独占使用权。如果被许可方要求获得在合同规定的时间和地域内的独占使用权，那么许可方在考虑自身利益的情况下，会在底价基础上再提高 20%～50%的使用费；反之，如果被许可方仅要求非独占使用权,则对许可方的底价不会产生任何影响。国际许可证执行者协会的有关资料表明,非独占使用权的许可提成率不超过 5%,独占使用权的提成率可达 6%。

2. 出口销售范围的差价

对被许可方利用引进技术生产的产品的销售地域范围进行限制,也是调整使用费的重要因素之一。销售地域范围可分为:仅限于许可方国内销售;包括部分海外市场;包括全部海外市场。在该产品总市场容量不变的条件下,给予被许可方的销售范围越大,许可方本身失去的销售机会就越多,因此它要求获得使用费也越高。

3. 支付方式的差价

在技术转让交易中,常使用的支付方式主要有三种:总付、提成支付和入门费加提成费支付。原则上,总付金额与逐年提成支付总额的现值应大体相等。但由于总付方式可以使许可方较早地收到使用费的现金,又不承担被许可方所用技术效果的风险,因此,如果许可方使用总付方式,被许可方可以要求比提成支付总额现值更低的使用费。其差额相当于一种现金折扣。

4. 支付费用的汇率差价

支付货币是被许可方履行支付义务时所使用的货币。在技术贸易中,许可方比较愿意接受本国货币作为支付货币,以避免汇率变动的风险。但在实际贸易中,大都习惯使用较为通用的货币,如美元等。这些货币与许可方本国货币之间的汇率经常发生变动,从而给许可方造成了一定的货币风险。因此,当支付货币汇率变动频繁时,许可方通常会在支付金额上另加 5%~10%的风险系数。

5. 索赔与罚款的条件差价

在技术转让合同中,被许可方一般要求许可方做出某些保证。一旦许可方没有履行保证,就须按合同规定支付一定的罚金,甚至将面临撤销合同的危险。这对许可方来说是一种潜在的风险。被许可方要求的担保内容和范围越广泛,许可方所面临的风险也就越大。对于这种风险因素,许可方会在收取的使用费中求得平衡。

本 章 小 结

本章主要探讨了谈判中的经济价格因素。价格因素是企业生存与发展的关键,合理控制价格是商务谈判中的核心目标。影响价格的因素有多种,市场行情也会随着价格因素的变动而产生波动。比较实际价格和相对价格的区别,有助于为企业制定合理价格提供基本标准。技术价格是特定行业企业进行商务谈判的重要筹码,其特点对于特定行业而言具有重要意义。

复习思考题

1. 影响价格的因素有哪些?

2. 什么是市场行情?

3. 什么是实际价格、相对价格?

4. 合理价格的基本标准是什么?

5. 技术价格的特点是什么?

案例分析题

冶金公司巧买组合炉及自动冶炼设备

我国某冶金公司要向美国购买一套先进的组合炉,于是派高级工程师俞安与美商谈判。为了完成使命,俞安做了充分的准备工作,他查找了大量有关冶金组合炉的资料,花了很大的精力将国际市场上组合炉的行情,以及美国这家公司的历史、现状和经营情况等调查得一清二楚。谈判开始,美商一开口要价 150 万美元。俞安列举各国成交价格,使美商目瞪口呆,最终以 80 万美元达成协议。当谈及购买冶炼自动设备时,美商报价 230 万美元,经过讨价还价,将价格压到 130 万美元,俞安仍然不同意,坚持出价 100 万美元。美商表示不愿意继续谈下去了,把合同往俞安面前一扔,说:"我们已经做了这么大的让步,贵公司仍不能合作,看来你们没有诚意。这笔生意就算了,明天我们回国了。"俞安闻言轻轻一笑,把手一伸,做了一个优雅的"请"的动作。美商真的走了,冶金公司的其他人有点着急,甚至埋怨俞安不该抠得这么紧。俞安说:"放心吧,他们会回来的,同样的设备,去年他们卖给法国的是 95 万美元,国际市场上这种设备价格 100 万美元是正常的。"果然不出所料,一个星期后美商又回来继续谈判了。俞安向美商点明他们与法国成交的价格,美商又愣住了,没想到眼前这位中国商人如此精明,于是不敢再虚报价格,只得说:"现在物价上涨得厉害,比不得去年。"俞安说:"每年的物价上涨指数没有超过 6%,一年时间,你们算算,该涨多少?"美商被问得哑口无言,在事实面前,不得不让步,最后以 101 万美元达成了这笔交易。

(资料来源: 原创力文档网. https://max.book118.com/html/2019/0723/8113127100002036.shtm.)

思考:

1. 俞安在谈判中利用了哪些信息为所采取的谈判策略提供支撑?

2. 俞安在谈判中利用了谈判对手什么样的心理使谈判获得成功?

3. 这一案例给我们哪些启示?

第八章

合同条款的谈判

微课视频

合同条款的谈判是商务谈判活动中的关键环节，在签订合同时，双方应格外注意合同条款谈判的原则、构成以及具体实施条款的建立。

第一节　商务合同及其谈判原则

一、商务合同概述

合同是缔约当事人之间为实现一定的经济目的，在自愿、互利的基础上，经过协商一致，以法律形式确定双方各自权利义务关系的一种协议。

(一)合同的特点

对外经济贸易买卖合同的内容应反映买卖双方平等互利、互通有无的原则。对外经济贸易买卖合同的法律性较强，因此签订贸易合同，不仅是一种涉外经济活动，同时也是一种法律行为。合同必须符合法律规定，才能受到法律的保护和约束。它不仅要符合我国法律，还需兼顾对方国家的有关法律，以及国际公约和国际惯例。合同的形式、内容、条款、程序、文字、解释等都要符合签约双方国家的法律规定。因此，对外经济贸易合同的签订，不仅是衡量贸易谈判是否成功、其结果是否合法可行的重要标志，而且也是保证和实现贸易谈判成功的重要形式。因为，合同一经签订就意味着谈判真正取得了成果。谈判各方就要按照合同来履行在谈判中所确定的各自权利和义务，并受到法律的制约。

(二)合同的形式

当交易双方意见协商一致时，合同便正式成立。然而，交易双方并不能认为只有正式签订的书面文件才是合同，未签订书面文件，就可以不承担责任。例如，卖方在实盘电报中发出要约，买方在规定期限内表示承诺，合同即宣告成立。此后，即使未签订书面合同，任何一方都不能以无书面合同为由企图推翻合同或不承担合同责任。

根据《联合国国际货物销售合同公约》第 11 条规定："销售合同无须以书面订立或书面证明，其形式方面也不受任何其他条件的限制。销售合同可以用包括人证在内的任何方法证明。"由此可见，销售合同的形式不受任何形式限制。从法律角度而言，合同可以采用口头的或书面的形式。

1. 口头形式

在国际贸易中，有不少的交易是通过口头或电话达成的，口头订立的合同，无论是当面谈判，还是通过电话洽谈，在法律上同样生效。当然，口头合同一般用于金额不大、履约时间不长、不重要或近距离频繁交易的场合，由于此种方式在发生争议和违约时，举证困难，故采用较少。目前，在国外也有采取录音方式订立合同的情况。

2. 书面形式

有些国家的法律规定，在一定的情况下必须采用书面合同，如美、英、日、匈等国都有法律规定。美国法律规定，超过一定金额的动产买卖，或协议成立后，一年内不能履行完毕的合同，都必须做出书面合同。因此，凡金额较大，交易条件较为复杂，或履行时间较长的，应采用书面形式的合同。我国《涉外经济合同法》也有类似规定。常见的书面合同一般有下列三种。

(1) 正式合同。正式合同的条款较多，内容全面，通常一式两份，双方签字后各自保存一份。我国在与西方国家的进口商品交易中，大都签订正式合同；在出口商品交易中，也有一部分使用正式合同。

(2) 确认书，也可称为简式合同，如销售确认书、订单等。通过函电或口头谈判达成的交易，在成交后，卖方或买方可以向对方寄送确认书，列明达成交易的条件，作为书面证明。由卖方发出的，通常称销售确认书；由买方发出的，叫作订单或购货确认书。确认书内容一般较正式合同简单，确认书一式两份，由发出的一方填制并签字后寄交对方，经对方签字后，保存一份，将另一份寄回。在我国对外出口贸易中，使用销售确认书代替正式合同的方式运用得较多。

(3) 以电报、电传作为合同。在交易磋商中，一方的要约得到对方承诺后，合同即告成立。虽不另签合同，但合同依然有效。因此，如果买卖双方不愿再签正式合同，可以以发实盘与接受的函电代替合同。在这种情况下，合同的形式不是经双方签字的正式文件，而是买卖双方来往的函电，根据《联合国国际货物销售合同公约》第 13 条规定："为本公约的目的，'书面'包括电报和电传。"凡成交金额不大，或经常进行交易的买卖双方，往往不签订正式合同，而以成交的函电代替合同。但在我国对外进出口业务中，不宜采用这种方式。

(三)合同的有效成立

合同有效成立的要件有以下四点。

1. 合同的主要条件须经双方协商一致

《联合国国际货物销售合同公约》第 23 条指出："合同按照本公约规定对发盘的接受生效时订立。"这就是说，在交易磋商中，双方意思表示一致，即达成交易，合同即告成立。

2. 以对价作为根据

对价含有代价与报酬的意义，对价是英美合同法中的一种制度，指在合同中应明确表示，当事人一方所享受的权利以另一方所负的义务为基础，双方应互有权利与义务，没有对价的合同，就没有约束力，合同就不能成立。至于对价是否公平合理，由双方当事人自行考虑，法律不加干涉。但权利、义务相差悬殊，如果是欺骗、胁迫、不道德，或标的物不对等的对价，则当事人就不能以此作为合同依据而提出要求。

3. 由有缔约能力的双方共同签署

合同当事人应有合法行为能力，依照法律规定，能够享受民事权利和承担民事义务的公民和法人，都是民事主体，公民也称自然人，可以签署合同。对于法人，其资格必须具备以下条件。

(1) 有一定的组织机构和经常的业务范围。

（2） 有独立支配的财产或依法经营管理的财产。

（3） 能以自己的名义进行民事活动，享受民事权利，承担民事义务，能在仲裁机构和法院起诉和应诉。

（4） 依照法定程序成立的组织。在日本，公司法人代表，只要在公司章程所规定的经营范围内，均可缔结合同。在美国，对于一般交易的缔约，可由经理、总裁签署，但重大的业务项目，须经公司董事会决议通过，并有授权书或委托书证明。

4. 合同标的物的合法性

交易磋商的标的物，应该是合法和有效的。例如，在我国禁止流通的商品(如毒品、武器弹药等)，不能作为合同的标的物。

二、合同谈判的原则

在商务活动中，商务合同种类不同，每次交易活动的复杂程序不同，合同条款的数量各异，但就商务合同谈判而言，有其共同遵循的基本原则，它对各种商务谈判都是适用的。其基本原则主要有以下几项。

(一)以法律为依据的原则

经济合同是依法签订的合同。一经签订，就在当事人之间产生了一定的权利与义务关系。这种权利义务关系，受到法律的保护，任何一方不履行或不全部履行，都要承担法律责任。因此，这种合同关系是一种法律关系，也是一种民事的法律行为。在国内企业之间进行的商务谈判，必须以我国的法律法规的基本要求为法律依据，如我国的《中华人民共和国民法典》。这是经济合同是否合法、是否具有法律效力的首要问题。如果违反了这项首要原则，无论合同条款订立得如何具体、明确，合同也是无效的。

在国际贸易中，贸易双方进行商务谈判时，不仅要考虑本国的法律，同时也要考虑贸易对方国家的法律，以及国际公约和国际贸易惯例等，并应熟悉国际组织和联合国、国际商会、世界贸易组织、国际货币基金组织等颁布的有关规定、国际贸易术语、法令等。这有利于合同条款的国际化，还能简化谈判内容，并有利于签订合同后得到双方政府的批准。

(二)平等互利、协商一致的原则

平等互利是指经济合同双方当事人在法律地位上一律平等，在经济活动中共同获利。在经济合同中双方当事人都平等享有经济权利和平等承担经济义务，以实现其经营目标。因此不论是订立国际贸易合同，还是国内贸易合同，合同的当事人在订立合同前，都应当相互了解各自的要求和条件。在谈判中，坚持平等互利原则，对合同的每项条款都应认真协商，直至关于整个合同达成一致的协议。

协商一致是经济合同订立的核心原则。经济合同当事人基于各自经济利益和经济目的签订合同，但双方的要求不可能完全一致，因而必须经过协商或磋商，使双方意见达成统一，然后才能形成有效协议，签订经济合同。如果没有经过双方当事人的充分协商，则不能反映双方当事人的意志，双方当事人的意见表达不一致，则不可能达成协议。如果一方凭借自己的有利地位，把自己的意志强加给对方，那么即使签订了经济合同，对方也难以认真履行，该合同起不到经济合同应有的作用。

(三)条文清晰、语言明确原则

条文清晰、语言明确原则主要是指合同应条文清晰，结构严谨，语言准确，以明确双方的权利和义务，避免责任不清。合同条款中的用词和表达方式力求标准化，如果其中某项内容无标准化的提法，则应采取双方一致同意的表述，以使双方都能理解，为合同的履行奠定基础。

第二节　合同条款的构成

合同的基本条款是合同的主体，它主要由品质、数量、包装、价格、装运、保险、支付、检验、索赔、不可抗力和仲裁等条款构成。

一、品质条款

商品品质不仅关系到商品的使用价值，也关系到商品的价格，所以买卖双方都很重视品质条款的规定。在品质条款中，一般要写明商品名称和品质规格。由于商品种类繁多，品质千差万别，而表示品质的方法又多种多样，故品质条款应视商品特性而定。

(一)货物的品质

1. 规定品质的几种方法

货物品质的优劣，不仅影响价格的高低，而且也关系到买卖双方的权利和义务。因此，品质条款在合同中占有重要的地位。不同的商品，有不同的品质规格。在进出口合同中，对货物的品质规定一般有以下几种方法。

1) 凭规格、等级或标准销售

凭规格、等级或标准销售是最简单的一种品质规定，也是最普遍使用的一种方法。规格指标的制定一定要科学、合理、符合实际并能尊重对方消费者的习惯。商品的规格反映了商品品质的若干重要指标，这些指标包括成分、含量、纯度、强度、重量、尺寸、性能等。不同的商品有不同的规格指标。例如，我国出口大豆的合同规格：水分(最高)15%，含油量(最低)17%，杂质(最高)1%，不完善粒(最高)7%。机器设备、船舶或仪器等出口商品的规格就更为复杂，往往要用详细的技术规格说明书、设计图纸、化学分析书以及物理性鉴定等加以说明。商品的等级是指同一种商品有不同的等级。不同的等级有不同的规格指标。一般可分为一、二、三级，甲、乙、丙，或 A、B、C 级等。因此，在洽谈合同时，只需规定等级，即可了解商品的规格。商品标准是指商品规格或等级的标准化。它一般由政府机构或行业协会统一制定。商品标准分为国际标准和国家标准两种，如橡胶的国际标准分为特等、一等、二等、三等、四等五个等级。我国出口商品品质规格都以我国有关部门所颁布的标准为准,当然,在某些情况下也可同意引用国外规定的品质标准。但是,各国的标准会随着技术的发展而不断修改和变动,同一品种的商品在不同的年份,其规格标准会有不同的规定。因此,在引用国外标准时必须注明标准的版本年份。除了上述的品质规格以外,在国际贸易中还可能遇到另外两种比较常用的"标准",具体如下。

(1) 良好平均品质(Fair Average Quality,FAQ),通常用于农副土特产品的成交。按照一些国家的解释,"良好平均品质"是指一定时期内某地出口产品的平均品质规格。具体操作方法是:通常由装货地有关行业的权威机构从该季节出口的各批货物中,抽出一部分样品予以混合并由该机构封存,以做各批装运货物的比较标准。因此,在使用 FAQ 标准时,应注明"当年收获"或"某年产品"的良好平均品质。如果实际交货品质高于或低于该标准,则按比例增减价格。我国在出口农副土特产品时,有时也采用 FAQ 标准,习惯上称之为"大路货"。其品质标准一般是以我国产区当年生产该项农副产品的平均品质为依据。由于这个标准比较笼统,所以在使用时最好附加注明主要规格。例如,"中国桐油,大路货,规格:游离脂肪酸(FFA)4%以下"。

(2) 尚好可销品质(Good Merchantable Quality,GMQ)。所谓"尚好可销品质",是指卖方所交货物应为"品质上好、合乎商销",无须以其他方式另行表示产品的品质。该标准一般用于无法以样品或国际公认的标准来检验的产品,如木材、冷冻鱼虾等。由于这种货物品质的规定方法含义不清且较为笼统,很容易引起争执,因此,我国一般不采用这种方法。

2) 凭样品销售

这是针对某些商品没有国际标准和国家标准或无法用规格指标表示商品品质的情况下所采用的一种方式。凭样品销售,必须以样品作为交货品质的唯一依据。一般说来,提供的样品必须具有代表性。凭样品销售又可分为以下几类。

(1) 凭卖方样品销售。由卖方主动提供交货样品,经过买方确认后,该样品即作为交货品质的依据。为了防止在交货过程中发生品质争议,一般卖方都留有"复样"。在交易数量较大的农副产品合同中,有时还可使用"封样"。所谓"封样",是指把样品用火漆封存并由买卖双方在封口上签章,最后送交公证机构(即商检机构)留存。一旦双方在品质上发生争议,则以此封样为鉴定的最后依据。

(2) 凭买方样品销售。由买方主动向卖方提供所需商品的样品,由卖方确认后,即作为交货品质的最后依据,它也可留有"复样"或"封样"。

(3) 对等样品。它是指卖方按买方样品仿制后,成为品质近似的样品,寄请买方确认;或买方把卖方所选择的样品修改后,寄回卖方确认。这两类样品都称为对等样品。

3) 凭牌号和商标销售

某些工业制成品的品质比较稳定,其规格标准不仅被广大消费者熟悉,而且也博得了广大消费者的信任。由于牌号和商标本身就代表了商品的品质,因此无须再注明具体规格指标。还应当说明的是,凭牌号和商标销售是指凭买方的牌号和商标,但有时买方往往提出在卖方的商品上使用买方指定的牌号和商标,这也被称为定牌。

4) 凭产地名称交货

有些产品,特别是农副产品都以产地的特色而闻名。产地的名称就能代表商品的品质。例如,我国的"景德镇瓷器""金华火腿""北京烤鸭"等。

以上几种规定品质的方法是在国际贸易中经常使用的。它们既可以单独使用，也可以几种结合在一起使用。例如，有的既使用牌号和地名，又列有规格；有的既有样品，又有规格。如果是后一种，最好在合同中注明"以规格标准为交货的最后依据，样品仅供参考"的字样。

2. 合同中的品质条款

出口商品品质的优劣在一定程度上代表了一个企业的形象，它直接反映了一个企业的经济实力、技术和管理水平。为此，在合同中订立品质条款时应注意以下几个方面。

第一，品质规格指标要科学、合理和符合实际，一方面要保持出口商品的优质和信誉，另一方面又要从实际出发，全面考虑国内生产和消费的因素。

第二，品质条款一般包括品名和品质两部分。品名应确切，中外文译名必须一致。对植物类商品最好冠以学名。品质部分包括规格、等级和标准等。规格指标不宜过多、过高；等级要明确；标准要具体并注明版本年份。对进口的机器设备规格要做详细规定，既要保证技术先进性，又要注意适用性。

第三，增订品质的机动幅度与品质公差条款。为便于安排生产和交货，对某些商品，特别是农副产品的品质不能规定得过于死板，可在合同中订立一定的机动幅度与品质公差，具体办法有以下几种。

(1) 规定允许有一定比例的差异。例如，灰鸭毛的含绒量可以规定为 18%，但允许±1%差异，这样，凡是含绒量在 17%、18%和19%都可交货，显得更为灵活。

(2) 规定一个极限指标。用最高、最低、最大、最小等为极限。例如，中国籼米的规格：水分(最高)15%，碎粒(最高)35%，杂质(最高)1%。

(3) 规定一个允许误差的范围，在误差范围内即认为符合标准。例如，手表走时每天误差±30～45 秒，即认为符合标准规定。

(二)洽谈品质条款时应注意的事项

在洽谈品质条款时，一般应注意以下事项。

1. 根据商品特性，正确运用各种表示品质的方法

例如，凡是能用科学的指标说明其质量的商品，则适合凭规格、等级和标准买卖；有些难以规格化或标准化的商品，像工艺品等，适合凭样品买卖；某些质量较好，并具有一定特色的名牌商品，可凭商标和牌号买卖；某些性能复杂的机电仪产品，则适合凭说明书买卖。这些表示品质的方法，不能随意滥用。凡能用一种方法表示品质的，一般就不要用两种或两种以上的方法来表示。例如，凭样品和凭规格的买卖，就不能随意滥用，因为这两者混合使用，则要求交货品质既要与样品一致，又要与规格相符，一般难以做到。

2. 对品质的要求要切合实际

对货物品质的要求要切合实际。对品质要求过高，势必会增加成本，提高购货支出；对品质要求偏低，又会影响正常使用，不能保证产品功能的充分发挥，会影响工作质量。因此，对货物品质的要求，一般是以满足需要为标准。

3. 对某些品质的规定不能过死,可以有一定的机动幅度

例如,在某些农副产品合同中,交货品质可在一定幅度内高于或低于合同规定,并按实际交货品质,给予增价或减价,以体现按质论价的原则。同时,为了维护买方的利益,还可进一步规定,如果实交货物的品质低于约定的幅度,买方有权拒收。在工业品合同中,对某些质量指标应允许有"公差",只要交货品质在"公差"范围内,可免负品质责任,而且也不计算增减价。

二、数量条款

数量条款是买卖双方交接货物的依据,因此,买卖双方应对数量条款做出明确合理的规定。

(一)货物的数量

在国际贸易中,一方以一定数量的货物与另一方以一定金额的货币相交换才能构成一笔交易。因此,货物的数量在进出口货物合同中也是重要内容之一。

1. 数量单位

在对外贸易中,根据不同商品,大致上有以下几种不同的计量单位。

1) 重量单位

一般有公吨(公制)、长吨(英国计量单位)、短吨(美国计量单位),经常使用的是公吨。因此,在合同中一定要注明是公吨、长吨还是短吨。其他的重量单位还有磅、千克、克和盎司等。

重量的计算方法主要有以下几种。

(1) 毛重或以毛计净(gross weight or gross for net),指商品本身重量加上包装重量。对一些价值不高的大宗商品通常都以毛重作为计价基础。

(2) 净重(net weight),即货物的实际重量。

(3) 公量(conditioned weight),指对某些特殊商品,用科学方法除去其中所含的水分,再加上标准水分以得出其真实的重量(如羊毛、生丝等)。

(4) 理论重量(theoretical weight),它适用于某些固定规格和固定尺寸的商品,如钢板、马口铁等。只要尺寸相同,其重量也大体相等。

2) 个数单位

对服装、手帕、袜子、鞋、玩具、纸张和小五金工具等都采用个数单位计量,如套(set)、打(1dozen=12 pieces)、副(pair)、只(piece)、罗(1cross=12 dozens)等。

3) 长度单位

电线、钢管、布匹等都采用长度单位,如码(yard)、英尺(foot)、米(meter)等。

4) 体积和面积单位

例如,立方米(cubic meter)、立方英尺(cubic foot)、平方英尺(square foot)、平方码(square yard)、平方米(square meter)等。

5) 容量单位

例如，汽油、酒精等都用公升、加仑；小麦用蒲式耳。

此外，还有包装单位，如包(bale)、袋(bag)、箱(carton 或 case)等。

2. 合同中的数量条款

1) 采用的度量衡制度

在合同中应明确所采用的度量衡制度。目前国际上常用的度量衡制度包括国际单位制(其代号为 SI)、公制、英制和美制。其中，公制、英制和美制已被广泛应用。国际单位制开始于 1960 年，它以米制为基础，目的是统一各国度量衡制度，以节省人力、物力并加速各国的经贸合作。

2) 溢短量条款

对于某些工矿产品及大宗的农副产品，由于装运技术及运输工具结构等条件的限制，实际装运数量很难完全与合同规定数量相等。在此情况下，可增订一条溢短量条款。例如，"对于合同中的数量，卖方在装运时可多装或少装 5%，溢短量部分按合同价计算"。

3) 数量机动幅度

在合同未明确规定溢短量条款时，为便于装运，根据《跟单信用证统一惯例》的规定，凡属散装货物，在数量上允许有 5%的机动幅度。

(二)注意事项

规定数量条款，应注意下列事项。

1. 正确掌握成交数量

洽商交易时，在出口商品数量的掌握上，既要考虑国外市场容量和价格动态，也要考虑国内生产能力和货源情况。在进口商品数量的掌握上，既要考虑国内实际需要，也要考虑支付能力和市场行情变化的情况。

2. 数量的规定应明确具体

在数量条款中，不要使用诸如"大约""左右"等笼统、含糊的字眼，以免引起争议。

3. 对某些大宗商品的交货数量可以规定一定的机动幅度

在某些农副产品和工矿产品交易中，由于商品特点、船舶装载和包装等方面的原因，有时难以准确地按约定数量交货，为了便于履行合同，可在数量条款中加订溢短量条款，即规定交货时允许多交或少交合同数量的百分之几。对在机动幅度内多交或少交的数量，可按合同价格计价，也可按装船时的市价计价。

三、包装条款

大多数进出口商品都需要包装，以保护商品的质量完好和数量完整。因此，在合同中都应对包装材料、包装方式、包装规格要求和包装费的负担等项内容，做出明确合理的规定。

(一)货物的包装

1. 包装的种类

除了少数商品(如钢材、木材、矿砂等)之外，绝大部分商品都需要进行包装。包装的主要作用有：可以保护商品的品质完好和数量的完整；有利于商品的运输、储存和销售；可以起到广告宣传、美化外观和增加商品附加价值的作用。根据商品的特点、运输方式以及消费者的习惯，不同的商品有不同的包装，但总地来讲，进出口商品的包装可分为运输包装和销售包装两大类。

(1) 运输包装。运输包装又称外包装或大包装。它的主要作用是保护商品，便于运输。运输包装可分单件运输包装(如箱、包、袋、桶等)和集合运输包装(如集装包、集装袋、托盘和集装箱等)。目前，集合运输包装的使用日益增多。它的主要优点是保护商品安全，避免破损和丢失，同时也便于运输，提高装卸效率，减少港口堵塞，从而节省费用。为此，有些国家的港口做出规定，进口货物必须使用集合包装才准许卸货。

(2) 销售包装。销售包装又称内包装或小包装。它的作用除了保护商品之外，主要在于美化宣传、促进销售和便于使用。随着西方国家消费水平日益提高和超级市场不断发展，对商品的销售包装要求更加严格。目前，更趋向小型化、透明化、艺术化和实用化。在国际市场上，随着竞争的日益加剧，各国厂商纷纷开始在销售包装上下功夫，因为同一产品在质量完全相同的情况下，包装很可能成为竞争胜败的关键。

2. 包装标志

包装标志是指在每件货物的外包装上用不易脱落的油墨或油漆，以模板压印一些图形、文字和数字作为标志，便于运输部门及海关人员识别货物、办理托运及检验手续。包装标志可分为运输标志、指示性和警告性标志、原产地标志三类。

(1) 运输标志，又称"唛头"。它主要是为了便于运输，防止遗失、错发或错运。唛头的主要内容包括：货物名称、收货人或发货人代号、合同号、目的港、件号、总件数、重量及制造厂商等。在国际贸易中，运输标志一般由卖方决定，但有时也可接受买方指定的唛头。在后一种情况下，必须在合同中明确规定：买方须在货物装运前若干天告知卖方。否则，由卖方自行决定。

(2) 指示性和警告性标志。根据商品的特点(如易碎、易损、易炸、易燃和有毒等)，在货物的外包装上再刷上各种指示性的标志，以提醒搬运人员注意，保障货物及人员的安全。这种标志可以使用文字表示，也可以使用图案表示。例如，"小心轻放""切勿倒置""防火""防潮""有毒"等标志。联合国有关政府海事协商组织及国际海运协会等都制定了关于国际海运运输危险品的规则。我国也颁布了《仓储与储运指示标志》和《危险货物包装标志》的相关规定。为此，我国在出口带有危险性的商品时，在外包装上既刷有国内规定的危险品标志，又刷有国际海运危险品标志，从而使货物运输更加安全。

(3) 原产地标志。是指表明货物由哪个国家生产、制造或加工的标志。我国出口商品都注明中华人民共和国制造(Made in the People's Republic of China)或中国制造(Made in China)字样。在国际贸易实践活动中，还存在一种中性包装，即在商品的内外包装上不注明原产地，也没有标明生产国别。采用这种包装主要是为了针对某些进口国对某些商品所采取的限制政策。

(二)合同中的包装条款

1. 包装条款的内容

包装条款的主要内容包括包装材料、包装方式、包装规格、运输标志等，有时也包括包装费用。包装材料可以是纸质包装(纸箱)，木质包装(木箱)，金属包装(铁桶)，塑料包装(塑料袋)，棉麻制品包装(布袋、麻袋)，竹、柳、草制品包装(竹篓、蒲包、草包等)以及玻璃制品包装(瓶装)等。若有必要还可再具体规定每箱或每件所含的重量和数量。例如，布包装，每包 20 匹，每匹 42 码；木箱装，每箱 25 公斤。在有些情况下，也可以订立笼统的包装条款。例如"适合海运包装""习惯包装""出口包装"等，但是这种做法很容易引起双方在履约中的争议。通常情况下，如果合同没有明确规定包装，则根据惯例，按照通用或可以保证安全的包装方式交货。

在订立包装条款时，应注意各国对包装的不同要求和规定。例如，有的国家规定禁止使用稻草、干草之类作为包装内垫衬物；有的国家规定每件货物的最高重量；有的国家对危险品有特殊的包装要求；等等。否则，将会造成各种经济损失和不良的影响。此外，包装的材料费和加工费一般都包括在货价之内，如果买方提出特殊的包装要求，则应另行增加包装费。

2. 对包装的要求

随着科学技术日新月异迅猛发展，包装材料不断更新，包装方法和技术已发展成为一门专门的学问，进入国际市场的产品包装要考虑各个国家和地区的储运条件、分销时间、气候状况、消费偏好、销售条件、环境保护、风俗习惯、审美观、收入水平及法律规定。例如，在非洲和拉丁美洲一些国家，由于道路状况不太理想，用玻璃作为包装则不适合；在一些发展中国家，包装消费品在分销渠道中滞留的时间可长达六个多月，而在美国只需两个月左右的时间，这样对包装质量要求就不同；出口到热带国家的食品的包装要适当考虑产品的保质期问题，以避免炎热的气候环境导致产品变质。包装规格也要因国家不同而有所区别，在低收入的国家，消费者更习惯于数量少的包装；现在世界上许多国家，环境保护意识不断增强，对包装材料是否会造成环境污染十分关注，因此要求对商品的包装材料要使用绿色材料，以保护人类的生态环境，在这一点上有些国家要求十分严格。此外，商品包装还需要考虑零售商的要求。

(三)应注意的事项

在规定包装条款时，要注意下列事项。

1. 对包装的规定要明确具体

在包装条款中，不宜使用"海运包装"或"习惯包装"这类笼统、含糊的字眼，以免履行合同时引起争议。

2. 要考虑商品的特性

每种商品有自己的特性,如水泥怕潮湿,玻璃制品容易碎,我们应根据不同商品规定不同的包装条件。

3. 要考虑不同运输方式的要求

不同运输方式,对包装条件有不同的要求,如海运包装要求牢固,具有防挤压的特性;铁路运输包装要求具有防震、耐磨、耐冲击等特性;空运包装要求轻便,等等。

4. 要考虑有关国家的法律规定

各国法律对包装条件的规定不一,如有些国家禁止使用稻草、柳藤之类的材料作为包装用料,因为这些国家怕因此把病虫害带进去;有些国家还对包装标志与每件包装的重量有特殊的规定和要求。

四、价格条款

进出口商品的价格,通常是参照国际市场价格,由买卖双方商定的。在多数情况下,是按个别货物分别计价,但为了简化手续和便于搭配成交,对某些品质规格不一的商品,也可按商品规格和数量算出平均价格,一并出售。买卖双方可以根据商品不同情况采用各种不同的作价办法。

在价格条款中,一般包括商品的单价和总金额,单价和总金额所使用的货币应当是一致的。由于各国币制不同,在规定计价货币时,一定要明确是采用哪一个国家的货币。

(一)出口商品成本核算

加强出口商品成本的核算,对于掌握和正确制定对外成交价格具有重要的意义。出口商品成本价格主要包括进货成本、国内外运费、包装费、仓储费、检验费、出口关税、各种手续费和杂费、中间商佣金以及毛利润等。核算出口商品成本的具体方法有以下几种。

1. 出口商品盈亏率的核算

出口商品盈亏率是指该种商品的出口盈亏额与出口总成本的比率。计算公式如下:

$$出口盈亏额=出口销售人民币净收入-出口总成本$$

出口销售人民币净收入若大于出口总成本,则为盈;反之,则为亏。

$$出口销售人民币净收入=FOB 价×外汇牌价$$

$$出口总成本=出口商品的进货价+出口前的一切费用和佣金$$

出口商品盈亏率的计算公式为

$$出口商品盈亏率=\frac{出口销售人民币净收入-出口总成本}{出口总成本}×100\%$$

如果计算结果是正数,则为盈利;负数时,则为亏损。

2. 出口商品换汇成本的核算

出口商品的换汇成本是指某商品净收入 1 美元所需人民币总成本(即用多少人民币换回

1 美元)。这是从商品出口换汇成本角度考核出口经济效果的重要指标。其公式为

$$出口换汇成本=\frac{出口总成本(人民币)}{出口外汇净收入(美元)}$$

出口商品换汇成本也是用来反映出口商品盈亏情况的一项重要指标,它同出口商品盈亏率有密切的联系。出口商品亏损率越大,换汇成本越高;反之,则换汇成本越低。

3. 外汇创汇率的核算

外汇创汇率,又称外汇增值率,是指加工后成品外汇增加的收入与原料外汇成本的比率。通过这个比率,可以得出成品出口外汇的增值程度。它的计算公式为

$$外汇增值率=\frac{成品出口外汇净收入-原料外汇成本}{原料外汇成本}\times100\%$$

(二)作价原则与方法

我们在制定进出口商品价格时,应严格遵照平等互利的原则,以国际市场价格为依据,结合国别地区政策和购销目的,并针对不同品种、数量、品质、季节、汇率及具体成交的客户等变化情况灵活运用与掌握。同时,还要考虑每一项具体商品的成本核算、换汇成本以及盈亏率等因素。

在通盘考虑上述各种因素的情况下,最后选定最佳的对外签约的合同价。

在选用计价货币方面,一般采用的原则是:如果我国与对方签有政府间贸易支付协定的,则应用协定的货币;如果没有类似的协定,则一般用"可兑换货币"。当然,最好力争在出口合同中用"硬币",在进口合同中用"软币"。如果在出口合同中由于各种因素不得不用"软币"时,则可以在合同中订立保值条款,以保障不会因计价货币的贬值而遭受经济损失。

进出口贸易合同中的价格一般都采用固定价格,一旦价格被确定下来,在合同的有效期内,买卖双方是不能做任何更改的。但也并不排斥对某些特殊商品(如价格变动比较频繁或大型机器设备、交货期限较长的商品)可采用非固定价格,非固定价又可分为暂定价、暂不定价以及滑动价。所谓的暂定价,是指在签合同时只规定一个暂定价格,最后的合同价格等在交货前若干天,再由买卖双方协商确定。所谓的暂不定价,是指针对某些商品价格涨落频繁的特点,有时在合同中采用只规定作价的方法,而暂不确定具体价格的做法。

对某些机器设备和原材料的合同,由于交货期限较长,为了避免原料、工资的上涨而影响产品的价格,故在合同中可以先规定一个基础价格,然后根据交货时的原料、工资的实际变动再做相应的调整,这种价格被称为滑动价格。

(三)佣金与折扣

1. 佣金

在国际贸易中,充分利用和发挥中间商的作用是扩大出口的重要力量,不可忽视。佣金(commission)则是由出口方给予中间商的一种报酬。如果佣金在合同中有明确规定,称为"明佣";如果不在合同中规定,称为"暗佣"。无论前者,还是后者,佣金一般均在出口方收到全部货款后再另行支付。佣金的计算公式为

$$佣金 = 含佣价 \times 佣金率$$

$$含佣价 = \frac{净价}{1 - 佣金率}$$

其中：净价 = 含佣价 - 佣金

＝含佣价 - (含佣价 × 佣金率)

＝含佣价 × (1 - 佣金率)

按照国际贸易的习惯做法，佣金可以按实际成交数量的一定比例进行计算。若按金额，则涉及用什么价格条件作为计算基础。在我国，一般以发票金额为基础计算佣金。但由于我国出口多数采用 CIF 和 CFR 价格条件，而按发票金额计算佣金，实际上把运费、保险费都计算进去了。因此，在签订合同的同时，最好订明"佣金将按 FOB 价格计算支付"，这样，从理论上讲才比较合理。

2. 折扣

折扣(discount)是指卖方按照原价给予买方一定的价格折让(或称优惠)，以提高对方的购买积极性。折扣的高低可根据具体成交条件及买卖双方的关系而定。折扣的支付方法与佣金不同，它是由买方预先主动从货款中扣除。

合同中的价格条款，除上述问题之外，还应注意保持与合同其他条款在内容上的一致，不能发生抵触和矛盾。例如，计价货币与总金额货币、支付货币，在一般情况下应该一致；如果不一致，则必须采用相应条款(如保值条款等)加以说明和调整；计价单位与数量单位必须一致；采用的价格条款必须与运输、保险、品质、包装等条款保持一致；等等。

(四)应注意的事项

制定价格条款时，应注意下列事项。

1. 正确掌握价格水平

在确定成交价格时要根据平等互利的原则，参照国际市场价格，按国别政策，并结合购销意图确定适当的成交价格。还应注意体现品质差价、季节差价、地区差价和数量差价。

2. 考虑汇率变动的因素

要争取采用对自己有利的货币成交，即出口选用"硬币"，进口选用"软币"。当不得不采用对自己不利的货币成交时，应将汇率变动的风险考虑到货价中去，或者在合同中订立保值条款，这样一旦汇率发生变动，可按约定比例调整价格。

3. 正确处理佣金与折扣问题

佣金与折扣会影响商品的价格，凡商品价格中包含佣金的，都叫含佣价。由于国际上对佣金与折扣的运用，有明的，也有暗的，故佣金与折扣有时不一定会在商品单价中标示出来，而由双方当事人另行暗中约定。针对这种情况，有些合同特意标明为"净价"，以表示成交价格中没有包括佣金和折扣。

4. 灵活运用各种不同的作价方法

作价方法多种多样，可以根据不同情况灵活采用。例如：近期交货，可以按固定价格成交；远期交货，若对价格变动趋势一时难以确定，可以暂不固定价格，只规定确定价格的时间和办法，或者先确定一个参考价格，将来再按约定时间和办法确定正式价格；对某些易受原材料价格涨落影响的机械设备等商品，可先约定基础价格，等交货前或交货时，再根据工资、原材料价格的涨落指数加以调整，以确定最后的价格。

五、装运条款

明确、合理地规定合同中的装运条款，是保证装运工作顺利进行和及时完成进出口任务的一个重要环节。装运条款的内容，主要包括运输方式、装运期或交货期、装卸地点、装卸时间、装卸率、分批装运、装运通知和装运单据等多项内容。

(一)运输方式

在国际贸易中，买卖双方相距较远，有的甚至远隔重洋。卖方要把出口商品按照买卖合同规定的时间地点和其他条件交给买方，必须要通过运输。因此，在对外贸易合同中必须对运输条款做出明确的规定。目前国际贸易货物运输方式有海洋运输、铁路运输、航空运输、邮政运输、联合运输等多种方式。

1. 国际货物海洋运输

与其他运输方式相比，海洋运输具有运量大、运输成本低、可利用天然航道而不受道路与轨道的限制等优点。因此，海洋运输量占国际贸易运输总量 80%以上。当然海运也有其缺点，主要表现为航行速度慢、运输时间长、容易受自然条件的影响等，风暴、巨浪、暗礁、港口封冻等自然条件对海运影响非常显著。尽管如此，海洋运输在对外贸易中仍占主导地位。从海洋运输经营方式角度划分，海运有班轮运输和租船运输两种。

(1) 班轮运输，是指按照预定的航行时间表，使用在固定航线和港口往返运输货物的船舶进行货物运输。该运输方式具有固定的船期、固定的航线、固定的停滞港口，以及装卸费由船方负担等特点。与租船运输相比，班轮运输有以下优点：航速快、设备齐全、船员素质好、能及时把货物运到目的港；航次多，有利于小批量的杂货运输，并且对不挂靠的港口也能转运；班轮除普通舱外，还设有冷藏舱、保险舱、油舱等装置，可以满足各种不同货物的装载需求。因此，颇受货主的欢迎，班轮的主要缺点是运费较高。

(2) 租船运输，是指货主向船主租用整条船舶进行货物运输。它的主要特点是：第一，没有固定航线、固定的装卸港口和固定的船期，一切都根据货主的需要进行安排；第二，没有固定的运价，其运价是随行就市，不断变化，但与班轮运输相比运费较低；第三，适用于批量大、数量多的大宗货物的运输。

2. 国际货物铁路运输

在我国对外贸易货物运输中，铁路运输的比重仅次于海洋运输，在我国进出口货物运输总量中占有较大比重。通过海运的进口货物，大多数货物到达港口后，还需要经铁路运到其他各地。同时，海运的出口货物中也有许多首先是通过铁路先运到港口，然后再装船出口。与海运相比，铁路运输具有不受天气自然条件限制、风险较小、运输量大、速度快等优点。

3. 国际货物航空运输

航空运输具有速度快，时间短，安全系数高，货物破损率低，节省包装费、保险费和储存费等优点。航空运输方式可分为固定班机、包机、集中托运以及急件传送服务等。

固定班机具有固定航线、停靠点，以及定期开航与固定到达日期的特点，适用于急需商品、鲜活易腐商品及贵重商品的运送。包机(包括整机或部分包机)，适用于货物数量较大的情况，其运价较固定班机便宜。

航空运价一般分为普通货物运价、特种货物运价和等级货物运价。在实际过程中，一般是按重量或体积计费，从两者中取较高者。

4. 国际货物邮政运输

邮政运输是一种最简便的运输方式。卖方只需到附近邮局办理邮寄手续，并取得邮包收据，即可视为完成交货任务。但是，邮政运输存在以下限制：邮包的运输量有限，费用较高，每件重量不得超过 20 千克，长度不得超过 150 厘米。因此，它只适用于运送某些零部件、药品、某些急需用品或样品。

5. 国际多式联合运输

国际多式联合运输，是指按照多式联运合同，以至少两种或两种以上的运输方式，由多式联运经营人负责将货物从一国境内接运货物的地点运到另一国境内交付货物的地点的一种运输方式。构成国际多式联运必须具备以下五个基本条件。

(1) 必须有一个多式联运的合同，合同规定必须由多式联运经营人负全程运输责任。

(2) 必须是两种或两种以上不同运输方式的连贯运输。

(3) 必须是国家之间的货物运输。

(4) 必须是使用包括全过程的运输单据，即联合运输单据。

(5) 必须实行全程单一运费率。

国际多式联运经营人负有履行多式联运货物的责任，即要承担从接运货物开始一直到交付货物时为止的全程运输的责任。

6. 大陆桥运输

大陆桥运输是一种多式联运方式，它以大陆上的铁路或公路运输系统为中间桥梁，将大陆两端的海洋连接起来。具体来说，大陆桥运输以集装箱为媒介，通过"海—陆—海"的连贯运输模式，达到运输国际货物的目的。

(二)出口合同运输条款

1. 运输时间

通常采用以下三种方法。

(1) 规定具体的期限：明确约定货物的装运日期或时间段。

(2)　以收到信用证为前提：规定在收到信用证后××日内装运。这种规定对卖方有利，因为卖方可以在买方开证后发货，收汇有保障。

(3)　使用习惯性术语：采用国际贸易中常用的术语来表示装运时间。

2. 装运港和目的港

装运港和目的港的正确选定不仅涉及货物价格的高低，而且还关系到买卖双方所承担的运输责任。一般来讲，装运港由卖方提出，经买方同意即可确定。而目的港由买方提出，经卖方同意方能生效。在出口合同中无论是装运港或目的港，一般情况下只规定一个，但有时根据需要，经双方同意，也可定两个或三个。

在选择装运港时，必须注意离货源地较近，交通方便，运费便宜以及港口装卸能力等因素；在选择目的港时，应考虑是否可以直达航班到达，否则要增订"允许转船"的条款。

3. 交货方式

在国际贸易中，交货方式可以分为实际交货(如工厂交货，EXW)、目的港船上交货(EX Ship)、目的港码头交货(EX Dock)等和象征性交货(如 FOB、CFR、CIF FRC、DCP 和 CIP)等。不同的交货方式既关系到价格高低，也涉及买卖双方当事人的权利和义务。例如象征性交货，卖方只需按时交付合同规定的单据，就算完成交货义务。为了取得货运单据，卖方必须办理货物运输手续，而不同的运输方式，又直接关系到费用的高低、运输的速度、货物的安全以及手续的繁简等。因此，必须在合同中对有关交货方式做出明确规定。在出口合同中有关运输方式条款的内容大致包括以下几方面。

(1)　规定具体运输方式(如海洋运输、铁路运输、航空运输、联合运输等)。如果是海洋运输，一般不宜规定由买方指定使用某国籍、某班轮公司的轮船或指定具体船名。

(2)　是否允许分批装运和转运。规定允许分批装运和转运对卖方来讲，能够掌握主动，但必须在合同中做出明确规定。

(3)　装船通知。分两种情况，一种是在 FOB 条件下应订明卖方一般在装运月前若干天须电告买方派船接货，以便买方租船订舱；买方应在一定期限内将船名、船籍、抵港日期通知卖方，以便卖方按时备货装运。另一种是在 CIF 和 CFR 条件下，卖方在货物装船后应将合同号码、品名、数量、船名、装船日期、发票金额等及时电告买方，以便买方及时付款、接货和办理进口报关手续。特别是在 CFR 条件下，卖方更应及时发出装船通知，以便买方办理保险事宜。

(4)　有关货运单据的规定(单据名称、份数以及必要时还规定各类单据的具体内容)。

(三)进口合同运输条款

与出口合同一样，进口合同的运输条款也必须订得明确、具体，以利于分清买卖双方的权利和义务。从进口方角度来讲，有关运输条款在进口合同中应注意以下几个方面的问题。

1. 装运港口

在 FOB 条件下，由买方负责租船。因此应该选择港口设备条件好、装货速度快、港口吃水深能够允许船舶直接停靠的装运港。在 CIF 和 CFR 条件下，如果卖方提出从两个或两个以上港口中选择其一为装运港时，则必须订明装运港的具体名称、停靠日期等。

2. 装运数量增减幅度

为了防止船舶空舱和运载量不足所引起的经济损失，在合同中应订明：若是大宗货物一般允许增减 5%～10%，不得低于 5%。

3. 滞期费和速遣费

为了防止船货不能很好衔接而发生经济上的损失，应在合同中规定，"如果买方所派船舶到达装货港口后，卖方未按通知的受载期备妥货物装船，因此发生的空舱费或船舶滞期费，应由卖方承担。""如果在船到港后，卖方提前装完，则相应收取速遣费。"合同中关于滞期费和速遣费的计算标准与方法应与租船合同规定相一致。一般来讲，滞期费按实际超过日期计算，速遣费按滞期费的一半计算，不足一日者，按比例计算。

4. 索赔有效期

进口货物到达目的港后，若发现品质、重量或数量与合同不符，应在一定的索赔有效期内提出。为此，在合同中应订明："如果货物品质、数量或重量与合同不符，或与发票不符，买方有权在货物全部卸离船舶后××天内，凭国家商品检验局出具的证书，向卖方提出退货或索赔。所有因退货或索赔引起的一切费用(包括检验费)均由卖方负担。"

(四)应注意的事项

合同中的装运条款，应注意下列事项。

1. 要充分考虑货源情况和安排运输的可能性

在确定装运期和交货期时，应从实际出发，既要考虑货源状况，又要考虑运输条件，防止出现车、船、货脱节的现象。例如，按 CFR 或 CIF 条件出口时，一般不宜采用当月成交、当月装运的条款，以免给履行合同造成困难。

2. 装运条款的内容应明确具体

为了便于履行合同，对装运期的规定，应明确具体期限，不能笼统规定为"立即装运"或"即期装运"。例如，对装卸港的规定，也应具体，不能笼统规定为"欧洲主要港口"或"非洲的主要港口"等，因为此类规定容易引起纠纷。

3. 装运条款的规定应合理

对于规定装运期的长短应适当，过长、过短或规定过于死板，都是不当的。例如，对按 FOB 价格条件进口时，不宜在合同中订上"不准转船"的条款，以免在履行中对自己不利。

六、保险条款

进出口货物一般需要通过长途运输，货物在运输过程中，可能遇到各种自然灾害、意外事故和外来风险，为了转嫁风险，就需要办理货运保险，一旦货物遇到承保范围内的损失时，即可向保险公司提出索赔。因此，在买卖合同中，一般都规定保险条款。保险条款的内容，主要包括由谁保险、投保哪种基本险、附加险和保险金额等。

(一)国际海洋货物运输保险

国际贸易货物的保险主要是指运输保险。因为，买卖双方相距甚远，货物需要经过长途运输，而在运输过程中难免会发生由于自然条件和意外事故造成货物受损的情况。为了补偿这些货物受损，需要办理运输保险业务。货物运输保险就是投保人在货物装运以前，估测一定的投保金额，向承保人即保险公司投保运输险。

1. 海洋货物保险中的风险、损失及费用

不同的运输方式有不同的运输保险，如海洋运输货物保险、陆上运输货物保险、航空运输货物保险、邮包保险以及联合运输货物保险，等等。海洋运输保险是货运保险中最主要的一种。通过了解海洋运输保险条款的主要内容，也就不难理解其他各种方式的保险业务。

1) 海洋货物保险中的风险

海洋运输中会遇到各种风险，其中最主要有海上风险和外来风险两种。海上风险亦称海难，是指"自然灾害"和"海上意外事故"所造成的风险。自然灾害如恶劣气候、雷电、海啸、地震、洪水等；"意外事故"系指船舶触礁、搁浅、沉没、互撞以及失火、爆炸等由于意外原因造成的事故。

外来风险是指由于外部原因引起的风险，如偷窃、雨淋、短量、破碎、沾污、锈损等。此外，还包括一些特殊原因造成的风险(如战争、罢工等)。

2) 海洋货物保险中的损失

在海运货物保险业务中，由海上风险或外来风险造成的损失，如果按损失的程度可分为全部损失和部分损失。

(1) 全部损失又可分为实际全损(又称绝对全损)和推定全损两种。构成实际全损的有以下几种情况。

① 被保险货物的实体已经全部灭失。例如，大火把货物全部烧光；船舶连同货物一起整个下沉海底。

② 被保险的货物虽未整体毁灭，但已遭受严重损害，并已丧失原有的用途和价值。例如，水泥被海水浸泡变成硬块。

③ 被保险人对货物的所有权已被完全剥夺。例如，战争使货物为敌国所占有或没收。

④ 载货船舶失踪并在一定时期内(一般为半年)仍无法查询。

推定全损是指被保险货物在海运中受损后，实际全损已经不可避免，或者恢复、修复受损货物并将其运送到原定目的地所需费用将超过货物的本身价值。在这种情况下，被保险人可以要求保险人按部分损失赔偿，也可以要求作为推定全损赔偿全部损失。

(2) 部分损失是指被保险货物的损失未达到全部损失的程度。它可分为共同海损和单独海损两种。

共同海损是指船舶在海运途中遇到危险，船方为了挽救船舶和货物，使得船舶继续行驶，有意地采取某些合理的措施并为此付出某些额外牺牲和费用。例如，遇到船舶搁浅时，为了使船舶浮起，有意地抛去一部分货物，以减轻船的负荷量，这种情况造成的损失，即称为共同海损。共同海损造成的损失通常是由有利害关系的船方、货方以及运费收入各方按获救财产价值或获益大小比例分摊。共同海损必须具备一定的条件，即船舶一定是遇难的，采取的措施是有意识的、合理的，支出的费用必须是有效果的。

单独海损是指被保险货物遭受海损后，其损失未达到全损程度，而且是无共同海损性质的部分损失，只由受损方单独承担。

3) 海上货物保险中的费用

海上风险除了给货物本身带来的损失之外，还会导致一系列的费用支出。这种费用统称为海上费用。保险公司负责赔偿的海上费用主要是施救费和救助费。所谓施救费，是指被保险的货物在保险责任范围内遭到灾害事故时被保险人或其他代理人主动采取抢救和防护措施而支出的合理费用。这笔费用应由保险人负责赔偿。但是，施救费用不包括共同海损及由被保险人以外的第三者救助而支出的费用。所谓救助费，是指被保险货物在承保范围内遭到灾害时，由保险人和被保险人之外的第三者采取救助措施并获成功的费用。这笔费用也由保险人赔偿。救助费用往往也是共同海损费用的一种，即在船货各方共同遭受危难的情况下，为了共同利益而雇用他船前来营救而支出的费用。海上的救助活动是通过订立救助合同而进行的。救助合同又可分为两种：一种是雇佣救助合同，即不论救助是否有效，都要支付救助费；另一种是"无效果，无报酬"救助合同，即根据救助的实际效果付酬。我国通常采用"无效果，无报酬"的原则。

2. 我国海洋货物保险险别

保险公司在保险单中明确规定某承保货物遭受损失时所负的责任范围，就称为保险险别。中国人民保险公司海洋运输货物保险的险种主要有基本险(主险)、一般附加险、特别附加险。每一种险别按承保的风险范围又分为若干种。

1) 基本险

基本险(主险)包括平安险、水渍险和一切险三种。

(1) 平安险的主要责任范围如下：①被保险货物在运输途中由于恶劣气候、雷电、海啸、地震、洪水等自然灾害造成整批货物的全部损失或推定全损；②由于运输工具遭受搁浅、触礁、沉没、互撞或其他物体碰撞失火、爆炸等意外事故造成货物全部或部分损失；③在装卸或转运时由于一件或数件货物落海造成的全部损失或部分损失；④在运输工具已经发生搁浅、触礁、沉没、焚毁意外事故的情况下，货物在此前后又在海上遭受恶劣气候、雷电、海啸等自然灾害所造成的部分损失；⑤被保险人对遭受承保责任内危险的货物采取抢救，防止或减少货损措施支付的合理费用，但不得超过该批货物的保险金额；⑥运输工具遭海难后，在避难港由于卸货引起的损失以及在中途港、避难港由于卸货、存仓和运送货物所产生的特别费用。

(2) 水渍险是指"负单独海损责任"。它的责任范围如下：①平安险所承保的全部责任；②被保险货物在运输途中，由于恶劣气候、雷电、海啸、地震、洪水等自然灾害所造成的损失。

从上述承保险别的范围来看，平安险和水渍险的差别是不大的。因为在保险货物因承保风险造成全部损失时，无论是平安险还是水渍险，保险人都要负责全部赔偿。在对外发生部分损失情况下，平安险只负责由于意外事故所造成的部分损失，不负责由于自然灾害所造成的部分损失，而水渍险对上述两种情况所造成的部分损失则负全部责任。

(3) 一切险并非对一切风险损失都予以负责，它只针对偶然发生的或由外来因素所造成的损失，不包括货物内在的缺陷或自然属性的损失等。具体来讲，除承担平安险、水渍险的责任之外，一切险还包括其他外来原因所造成的全部和部分损失。在三种基本险别中，一切险的范围最广、责任最大。投保人可以单独选择其中一种投保，与此同时，还可根据需要，投保一般附加险或特别附加险。

2) 一般附加险

一般附加险的各项责任都已包括在一切险的责任范围之内。投保人可以在投保平安险和水渍险之后，根据货物易损的特点再选保若干附加险。例如，玻璃器皿可以在投保平安险或水渍险之后，再加保破碎险。一般附加险主要包括淡水雨淋险、短量险、沾污险、串味险、破碎险、碰损险、锈损险、受潮受热险、渗漏险、钩损险等。

3) 特别附加险

特别附加险必须在投保基本险以后再加投保。它主要包括交货不到险(一般都是由于政治原因导致不能交货)、进口关税险、拒收险、黄曲霉素险、舱面险等。

海洋运输货物险的除外责任主要包括：投保人故意行为和过失所造成的损失；货物本身特性所致的损失；原装短缺，品质不良；不是保险事故造成的损失和费用(如价格下跌、运输延迟等造成的损失)等。

3. 其他运输方式下的货物保险

1) 陆上运输货物保险

根据我国保险公司的陆上运输货物条款，陆上运输货物保险的基本险别分为陆运险和陆运一切险两种。此外，还有适用于陆运冷藏货物的专门保险——陆上运输冷藏货物险，以及附加险(如陆上运输货物的战争险)。不过，战争险只有在投保了陆运险或陆运一切险的基础上经过双方当事人协商才可以投保，并须另行支付费用。陆运险的承保责任范围与海洋运输保险条款中的"水渍险"相似。陆运一切险的承保责任范围与海洋运输保险条款中的"一切险"相似。保险公司除承担上述陆运险的赔偿责任外，还负责被保险货物在运输途中由于外来原因所造成的全部损失或部分损失。陆运险与陆运一切险的除外责任与海洋运输货物险的除外责任基本相同。至于保险责任起讫的划分与海洋运输规定也相同，即适用"仓至仓"条款。

2) 航空运输货物保险

中国人民保险公司的航空运输货物保险的基本险别有航空运输险和航空运输一切险两种。此外，航空运输货物战争险是航空运输货物附加险。同样地，航空运输险的承保责任范围与海洋运输货物保险条款中的"水渍险"大致相似。航空运输一切险的承保责任范围除包括上述航空运输险为全部责任外，保险公司还负责赔偿被保险货物由于被偷窃等外来原因所造成的全部或部分损失。航空运输险和航空运输一切险的除外责任与海洋运输货物险的除外责任基本相同。航空运输险与航空运输一切险的责任起讫也是采用"仓至仓"条款，不过最长期限相应改为 30 天而不是 60 天，即如果被保险货物运到目的地而未运达收货人仓库或储存所，则最长期限为被保险货物在最后卸离飞机后满 30 天。

同样地，航空运输战争险只是在投保了航空险和航空一切险的基础上，经买卖双方协商方可加保，并须另付保险费。除战争险之外，还可以再加保罢工险。在投保战争险前提下，加保罢工险可不另收费。航空罢工险的责任范围与海洋罢工险相同。

3) 邮包运输保险

由于邮包的运输可通过海陆空三种运输方式，因此，保险责任兼顾了海陆空三种运输工具。邮包基本险种分为邮包险和邮包一切险两种。这两种险别的责任范围基本上与陆运、航空运输基本险别相似。邮包险和邮包一切险的保险责任是自邮件离开寄件人的处所运往邮局时生效，其保险期限为自被保险邮包运达保险单所载明的目的地邮局发出通知书给收件人当日 0 时起，满 15 天为止。但在此期限内邮包一经递交至收件人的处所时，保险责任即行终止。

此外，在投保了邮包险和邮包一切险的基础上，经买卖双方协商还可以加保附加险——邮包战争险。加保邮包战争险须另支付保险费。在投保战争险的前提下，加保罢工险不另收费。若仅要求加保罢工险，则按战争险费率收费。邮包罢工险的责任范围与海洋罢工险相同。

4) 联合运输货物保险

这是一种新型的国际多式的联合运输方式保险，目前尚未形成一种单独的保险业务。我国也未制定独立的险别和保险条款，如果进出口货物采用多式联运方式，货物的保险与国际上通常做法一样。根据承运货物的不同方式的运输工具，投保相应方式的运输保险。

(二)应注意的事项

规定保险条款，应注意下列事项。

1. 争取有利的条件

各外贸公司对外洽商保险条款时，应根据平等互利、方便贸易和买方自愿的原则，并根据不同地区、不同对象和不同商品，灵活商定保险条件。对进口货物，一般应采用 FOB 和 CFR 这些不带保险的条件成交；对出口货物，应力争按 CIF 这种带保险的条件成交。

2. 选择适当的险别

要充分考虑货物的性质及包装的特点。不同货物在遭受风险后所导致的受损后果是不同的。例如，有的货物容易吸潮，有的容易燃烧，有的容易生虫发霉，散装货物容易发生短量，玻璃器皿容易破碎等。总之，要根据货物的特点，选择最适当的险别投保。

3. 合理确定保险金额

由于保险公司一般是按保险金额的一定百分比收取保险费，若货物发生损失，也按保险金额赔偿，因此规定保险金额应适当，不能偏高或偏低。

七、支付条款

在国际贸易中，货款如何支付，是买卖双方密切关心的一个重要问题。为了保证货款的安全收付，买卖双方必须对支付条款做出明确具体的规定。支付条款的内容，主要包括支付的时间、地点、途径、方式和用于支付的货币等。

(一)支付条款的具体内容

1. 支付金额

在一般情况下，支付金额就是合同规定的总金额，但在某些情况下不一定完全一致。这是由于有些费用不能在签订合同时确定。例如，分批交货、分批付款、品质增减、数量的短溢、暂定价或滑动价、订有保值条款以及在运输途中发生的临时性费用等。此类情况往往不能事先规定。因此，在签订合同时对支付的金额应根据不同情况做出不同的规定。

2. 支付货币中的保值条款

在汇率波动幅度较大的情况下，在进出口业务中，支付货币的选择是十分重要的。一般选用的货币要更具稳定性、安全性和可兑换性。在出口业务中力争多用"硬币"，在进口业务中力争多用"软币"。有时为了避免汇率变动的风险，也可在合同中订立保值条款。保值条款一般有以下两种形式。

(1) 外汇保值条款。就是指签订合同时用"硬币"和"软币"搭配的方法，使得货币汇率无论怎样变化，也不会影响出口方收回货款的利益。

(2) 一揽子货币保值条款。合同的计价和支付货币，事先确定它们与另几种货币综合的平均汇率，按支付当日与另几种货币算术平均汇率做相应的调整，折成原货币支付。折算的方法，可以是平均法，也可以是加权法。

3. 支付方式

支付方式包括汇付、托收、信用证等。

(1) 汇付。汇付是由进口方主动将货款通过银行付给出口方。它属于顺汇法，是一种商业信用，多用于预付货款。出口方要求进口方汇付全部货款后，才装货交单。但也有个别用于"先装后付"的情况。汇付又分为信汇、电汇和票汇三种。

(2) 托收。托收是由出口方在发货后开出汇票连同合同规定的全套单据，委托本国银行通过它在进口方的分行或代理行向进口方收取货款的一种方式。它属于逆汇法，并且也是一种商业信用。托收有光票托收和跟单托收之分。

(3) 信用证。信用证是指银行应进口方的请求向出口方开出的一种保证付款的凭证。它是一种银行信用，只要出口方严格执行信用证中的各项规定，银行就能保证付款。

(4) 其他支付方式。在对外贸易支付方式中，除了汇付、托收和信用证之外，有时还采用一些其他支付方式，如分期付款、信用证与汇款相结合等方式。

(二)应注意的事项

规定支付条款时，应注意下列事项。

1. 选择有利的支付货币

在当前普遍实行浮动汇率的情况下，货币汇率经常上下浮动，为了避免汇率变动带来的风险，采用何种支付货币，应当在权衡利弊的基础上做出正确的选择。

2．灵活运用各种支付方式

国际贸易中的支付方式很多，它们各有利弊，我们应根据经营意图，灵活加以运用。例如，少量成交的货款，可以采用汇付，也可以为了扩大销路采用托收；在大宗交易的情况下，一般采用信用证付款方式，以利安全收到货款。

八、检验条款

凡是进出口货物，都需要进行检验，以确定所交货物的品质、重量、数量与包装是否符合合同的要求，因此，买卖双方签订合同时，都要规定检验条款。检验条款的内容，主要包括检验权、检验机构、检验时间与地点、检验标准与方法以及检验证书等。

(一)货物的检验

合同中的数量、品质及包装条款必须通过检验才能得到实施。因此，商品检验是十分重要的合同条款，检验条款的主要内容包括以下几个方面。

1．检验的时间与地点

在对外贸易合同中，有关检验的时间与地点有三种不同的规定。

(1) 以离岸品质、重量为准。以出口国装运港的商品检验机构在货物装运前对货物品质、数量及包装进行检验后出具的检验合格证书为交货的最后依据。换句话说，货物到达目的港后买方无权复验，也无权向卖方提出异议。这种规定，显然对卖方单方面有利。

(2) 以到岸品质、重量为准。货物到达目的港后，由目的港的商品检验机构对货物的品质、数量和包装进行检验，并出具检验证书为货物的交接依据。这种规定对买方十分有利。

(3) 两次检验、两份依据。以装运港的检验证书作为交付货款的依据；在货物到达目的港后，允许买方公证检验机构对货物进行复验并出具检验证书作为货物交接的最后依据。这种做法兼顾了买卖双方的利益，是国际上采用比较多的。为了体现对外平等的原则，我国也采用这种条款。

2．商品检验机构及检验证书

在国际贸易中，商品检验一般是由专业性部门或企业进行的。在西方国家，这种机构可以是官方的，也可以是私营的，还可以是行业协会的。经营的范围有的是综合性的，有的是专业性的，有的甚至只限于检验单一性的商品。《中华人民共和国进出口商品检验法实施条例》规定，一切进出口商品的检验均由中国进出口商品检验局负责。同时，在保证国家商品检验局统一监督管理的前提下，我国对不同的商品，根据不同的情况，分别授权由各省、自治区、直辖市商检局及其分支机构和国家指定的其他检验机构以及有关部门自行负责检验。

商品检验机构根据不同的检验项目，签发相应的检验证书。例如品质检验证书、重量检验证书、数量检验证书、兽医检验证书、卫生检验证书、健康检验证书、清毒检验证书、验残检验证书、验舱检验证书及衡量证书等。检验证书的主要作用：一是作为买卖双方支付货款时结算的依据；二是作为买卖双方交接货物的依据；三是作为买卖双方索赔和理赔的依据。

3. 合同中的检验条款

首先，应坚持独立自主、平等互利的原则。对我国的出口商品，一般坚持由我国商品检验机构按我国有关检验标准及规定的方法进行检验。目前暂无统一标准的，可参照同类商品的标准或由我国生产部门会同商检部门共同商定的标准及检验方法进行。同时，也不排斥对个别商品采用国外标准及方法进行检验。对我国的进口商品检验，除按合同规定办理外，也可按生产国标准或国际通用标准进行检验。

其次，应明确规定出口商品复验期限及复验机构。复验时间的长短可根据商品性质及港口具体情况而定。

(二)应注意的事项

规定检验条款时，应注意下列事项。

1. 应体现平等互利的原则

在国际贸易中，关于检验条款的规定不一，有的采用离岸品质、重量，有的采用到岸品质、重量。前者对卖方有利，后者对买方有利，这两种做法都不尽合理。比较公平合理的做法是：以卖方国家的检验证明作为议付货款的依据，但货到目的地后，买方有权复验。在我国对外贸易业务中，一般采用此法。

2. 条款内容应明确合理

检验条款应明确具体和科学合理，以利于合同的履行。

九、索赔条款

在履行合同过程中，由于合同一方违约，使合同另一方受到损失，则受到损失的一方向对方索赔的情况时有发生。为了便于解决履约中的索赔问题，在合同中规定索赔条款是十分必要的。索赔条款的内容，主要包括索赔的依据、索赔期限和索赔办法等。

(一)索赔与理赔

在国际贸易中，由于一方不能全部或部分履行合同的规定，而给另一方造成经济损失，则受损失的一方可向违约的一方提出赔偿经济损失直至解除合同的要求，这就称为"索赔"。违约的一方对受损失一方提出的索赔要求采取一定的措施进行合理的处理，这就称为"理赔"。在国际贸易活动中，发生索赔情况的主要原因不外乎有三种：一是卖方违约；二是买方违约；三是由于合同条文订得不明确而导致的经济损失。根据上述不同情况，可在合同中订立不同的索赔条款。例如，针对信用证支付方式，若买方不按期开证，卖方有权解除合同或要求赔偿损失。又如，针对 FOB 合同，可规定：若买方不按时派船，卖方有权解除合同或要求赔偿损失。归纳起来，索赔条款通常有两种规定的方法，一种是异议和索赔条款，另一种是罚金条款。

1. 异议和索赔条款

这一条款是针对卖方交货的品质、数量或包装不符合规定而订立的。例如，"买方对于装运货物的任何异议，必须于货物运抵目的港 30 天内提出，并须提供经卖方认可的公证机构出具的检验证书。如果货物已经加工，买方即丧失索赔权利。属于保险公司或轮船公司责任范围索赔，卖方不予受理"。

在异议和索赔条款中，除了明确规定一方若违反合同，另一方有权提出索赔外，还包括索赔依据和索赔期限。索赔依据主要是指提出索赔必须提供的证据以及出证机构。凡是证据不足或出证机构不符合规定要求的索赔都将遭到拒绝。因此，在提供索赔依据时，要注意与检验条款规定的内容相一致。此外，索赔一定要在索赔的有效期限内提出，逾期提出的索赔是无效的。不同的商品，有不同的索赔有效期。例如，对食品、农产品及易腐商品，索赔期应规定得短一些；对一般货物的索赔期，通常限定为货到目的地后 30 天或 40天；对于机器设备则可更长一些，即机器的试用期即为索赔期。

2. 罚金条款

罚金条款与异议和索赔条款的不同之处在于，罚金条款适用于卖方延期交货或买方延期接货的情况。同时还规定了计算罚金的具体办法。例如，"若卖方不能按期交货，在卖方同意由付款行从议付的货款中或从买方直接支付的货款中扣除罚金的条件下，买方可同意延期交货。延期交货的罚金不得超过交货金额的 5%。罚金按每 7 天收取延期交货金额的 5%，不足 7 天按 7 天计算。若卖方未按合同规定的装运期交货超过 10 周时，买方有权撤销合同，并要求卖方支付上述延期交货罚金"。值得注意的是，即使违约方支付了罚金，只要受损方未予同意，仍不能解除继续履行合同的义务；反之，若违约方延期交货到一定的期限，受损方则有权要求撤销合同并要求支付罚金。关于罚金条款在各国也有不同的解释和规定。因此，在签订合同时应对不同国家法律规定加以分析研究，尽量做到既不与对方法律规定有抵触，又能符合国际惯例。

(二)应注意的事项

规定索赔条款时，应注意下列事项。

1. 根据可能出现的不同的违约情况规定不同的条款

在规定索赔条款中，通常可分为罚金条款与异议和索赔条款两种情况。由于罚金条款是在出现延期交货或延期接货等违约行为时应向对方支付预先约定的金额，作为赔偿对方的损失，因此，该项罚金的规定要合理，如果金额过大，超过对损失的补偿，带有惩罚性质，这样是不合适的。异议和索赔条款，主要是在交货品质、数量与合同规定不符时而提出的索赔，因此，赔偿金额不是预先约定，而是根据实际损失程度确定。

2. 应体现公平合理的原则

当买卖双方按 FOB 条件成交时，若卖方未按时交货或买方未按时接运货物，都是违约行为，都应赔偿对方的损失，不能在条款中只是片面地约束一方。此外，有的索赔条款规定，索赔只能通过友好协商解决，这显然是不符合法律规定的。

十、不可抗力条款

这是国际贸易中普遍采用的一项例外条款，它的作用是买卖双方签订合同后，由于受到政治、经济因素和自然条件变化等影响，发生了双方当事人无法预料、无法避免和无法控制的事件，如自然灾害或战争，使合同不能履行或不能如期履行，遭受事故的一方，可以据此免除责任，对方无权要求赔偿损失。因此，有必要在合同中预先规定不可抗力条款，以便在处理意外事故时有所遵循。不可抗力条款的内容，主要包括不可抗力事故的范围、处理不可抗力事故的原则、出具不可抗力事故证明的机构及发生事故后通知对方的期限等。

(一)不可抗力

在对外贸易合同中的不可抗力条款，又称为免责条款。根据这一条款，如果当事人一方因不可抗力事故不能履行合同的全部或部分义务的，可免除其全部或者部分责任；不能按合同规定的期限履行其义务的，免除其迟延履行的责任，而另一方当事人不得对此要求赔偿。

1. 不可抗力的意义

不可抗力事故是指当事人在订立合同时不能预见、对其发生和后果不能避免并不能克服的事件。也就是说，不可抗力事故不是当事人本身能预料和克服的一种意外事故。这种意外事故是由两方面原因造成的：一是"自然原因"，如水灾、暴风雪、地震等自然灾害而引起的；二是"社会原因"，如战争、罢工、政府禁令等所引起的。

2. 不可抗力事故发生后的通知

不可抗力事故发生后，当事人必须及时地将事故的发生及事故对履行合同义务能力的影响如实地通知另一方，并按合同规定提供有关公证机构的证明，以利对方及早安排，免受更大的经济损失。

3. 免责的处理方法

在不可抗力事故发生后，根据事故对履约的影响程度和事故的持续时间可分别采取全部解除履行合同和部分变更履行合同的办法。但解除合同要特别慎重，尤其不能由于解除合同而使对方遭受巨大的经济损失，应尽可能采取妥善措施尽量少受损失。一般情况下都采用部分履行、推迟履行或替代履行的办法，以利于合同继续履行。

4. 合同中不可抗力条款

在合同条款中应明确规定不可抗力事故包括的范围，提供的有关证明以及事故通知的日期等。例如，如果由于战争、地震、水灾、火灾、暴风雪或其他不可抗力的原因，致使卖方不能全部或部分装运，或迟延装运合同货物，卖方对这种不能装运或迟延装运合同货物概不负有责任。

(二)应注意的事项

规定不可抗力条款,应注意下列事项。

1. 应明确不可抗力事故的范围

在国际贸易中,有些商人力图扩大不可抗力事故的范围,以便日后能找到更多的理由为他们开脱违约的责任。对此,我们应高度重视。对不可抗力事故的规定,有的采取一一列举的做法,有的只做笼统的规定,这两种规定办法都有缺陷。正确的做法是把这两者结合起来使用。

2. 应体现对等的原则

不可抗力条款,应对双方当事人都适用。任何一方当事人都可援引此条款来免除责任,不能只是片面地约束其中任何一方。

十一、仲裁条款

在履行进出口合同过程中,买卖双方如果发生争议,按照国际贸易的习惯做法,可以通过友好协商、仲裁或司法诉讼三种不同的方式解决。如果双方友好协商达不成协议,而又不愿到法院起诉,可以采用仲裁方式解决。由于仲裁机构是民间性组织,仲裁员可由双方当事人指定,仲裁比司法诉讼具有较大的灵活性,而且仲裁员一般都是国际贸易界的专家或知名人士,他们比较熟悉业务,处理问题较快,费用也较低,所以仲裁便成为较普遍采用的方式。买卖双方如果同意通过仲裁解决争议,可在合同中订立仲裁条款。仲裁条款的内容,主要包括仲裁地点、仲裁机构、仲裁程序、仲裁裁决的效力和仲裁费的承担等。

(一)仲裁

对外贸易中买卖双方发生的争议,一般通过协商、调解、诉讼和仲裁等方式解决。友好协商是最妥善、最常用的解决争议的一种方式。它既可以解决争议,又可以继续维持业务往来。若双方协商不成,也可通过第三方进行解调,这实质上也是一种协商。不过协商是由当事人本人出面,而调解则有当事人之外的第三方参与。

如果协商、调解都不能解决争议,在双方意见分歧比较大的情况下,可以诉诸法律。但诉讼手续烦琐,费用较高,时间较长,且受专业知识的限制,有时做出的判决不一定完全公平合理。因此,一般比较多的是采用仲裁方式。所谓仲裁是指买卖双方发生争议通过协商无法解决时,双方自愿将争议提交双方都同意的第三方进行仲裁,其裁决是终局的,对双方都有约束力,双方必须依照执行。仲裁与协商相比,仲裁具有一定的灵活性(即仲裁地点、机构及人员均通过当事人协商确定)。有关仲裁地点、仲裁机构、仲裁程序及仲裁费用等要在合同仲裁条款中加以具体规定。

1. 仲裁地点

正确选择仲裁地点关系到仲裁时采纳哪国的仲裁程序法规和选定哪国仲裁机构裁决。一般来说,在哪国仲裁就由该国仲裁机构根据该国的仲裁程序法规做最后裁决。因此,当事人都愿意力争在本国进行仲裁。

我国本着平等互利的原则，根据不同国家和地区以及不同的情况采取不同的仲裁地点。目前主要有以下三种方式。

(1) 规定在本国仲裁。

(2) 规定在对方所在国仲裁。

(3) 规定在双方同意的第三国仲裁。

2. 仲裁机构

国际贸易中的仲裁机构一般分为常设仲裁机构和临时仲裁机构。前者可以是国际性的(如国际商会仲裁院)，可以是全国性的(如中国国际经济贸易仲裁委员会)，也可以是某特定行业性仲裁机构(如伦敦谷物商业协会内专业性仲裁机构)；后者是临时性的机构，它是为了解决某个特定的争议而临时组织的仲裁机构，争议处理完后即自行解散。

3. 仲裁程序

仲裁程序主要是指仲裁的具体手续和做法。它包括仲裁的申请、仲裁员的指定、仲裁案件的审理、仲裁裁决的效力和仲裁费用的支付等。各国常设的仲裁机构一般都制定自己的仲裁程序规则。一般做法是，在哪个国家仲裁就按哪个国家的仲裁程序法规办理。而且一旦裁决，就成为最终定局，当事人双方都必须遵守，不得向法院上诉要求变更。除非裁决有明显的不合理或违背法律规定，才可以个别地向上级仲裁机构或法院上诉。

4. 仲裁员的指定及仲裁费用的支付

仲裁员可以由双方当事人共同指定一人，称为独任仲裁员，由他负责单独审理案件并做出裁决；也可以由双方当事人各指定一人，然后由仲裁机构主席推选另一位首席仲裁员组成仲裁庭，由集体共同审理并做出裁决。在这种情况下，双方当事人指定的仲裁员并不是当事人的代理，而只是根据适用的法律审理争议事件。

仲裁费用的承担方式与其他案件相同，通常由败诉方负责，或者按照仲裁裁决的具体规定执行。无论采用何种方式，均应在合同中予以明确约定。

(二)应注意的事项

在规定仲裁条款时，应特别注意仲裁地点的选择，因为仲裁地点涉及法律适用问题。在选择仲裁地点时，应优先考虑在本国进行仲裁。如果双方无法就此达成一致，也可以约定在被告方所在国或双方均认可的第三国进行仲裁。

以上内容仅就如何商订合同条款进行了简要介绍。在对外商订合同时，还会涉及诸多其他问题，尤其是法律方面的问题，这些问题需要引起足够的重视。

第三节　合同条款谈判

一、商务合同的成立

各国和地区法律均要求合同的有效成立必须具备一定条件，这些条件通常被称为合同有效成立的要件。然而，不同国家和地区对合同有效成立的具体要求并不完全相同。合同有效成立的条件主要包括以下几个方面。

(一)要约

合同的订立是当事人之间达成意思表示一致的过程，主要通过要约与承诺两个步骤完成。依据我国《民法典》第四百七十二条，要约是指一方希望与他人订立合同而发出的意思表示。如果一方当事人向另一方当事人提出要约，而对方对该要约表示承诺，则双方当事人之间便成立了一项具有法律效力的合同。

1. 要约及其构成要件

要约是一方当事人向另一方提出的、愿意按照一定条件与对方订立合同的意思表示。该意思表示包含一旦要约被对方承诺，即对提出要约的一方产生约束力的内容。提出要约的一方被称为要约人，另一方则被称为受要约人。要约可以通过书面形式做出，也可以通过口头或行为方式做出。

要约必须符合以下条件：一旦受要约人表示承诺，合同即告成立。具体而言，一项有效的要约须满足以下要求。

(1) 内容的确定性。要约的内容必须明确肯定，具体说明所建议的交易条件，以便一旦受要约人表示承诺，即可成立一项有效合同。因此，要达到要约明确，一项买卖要约必须明确写明货物的名称、数量、价格等关键交易条件。要约无须详细写明合同的全部内容，只要足以确认合同的主要内容即可。至于某些条件，可以留待日后确定。在这一点上，世界各国的要求是一致的。

为适应当代国际商务交往的实际需要，避免某些合同因缺少条款而不能成立，一些国家采取了更为灵活的规定。例如，美国《统一商法典》规定："即使在买卖合同中对某一项或某几项条款没有做出规定，只要当事人之间确有订立合同的意图，并有合理确定的依据给予相应的补救，合同仍然可以成立。"因此，只要当事人具有订立合同的意图，其要约具备货物的名称与数量，即可视为一项有效的要约。价格不再被视为必不可少的条款，可留待日后按照合理标准确定。

(2) 以订立合同为目的。要约的核心在于订立合同，因此必须明确表明，一旦受要约人表示承诺，要约人即受其约束。所谓受要约约束，是指要约人愿意按照要约中提出的条件与受要约人订立合同。如果缺乏接受约束的意思，则依照法律规定，该行为根本不能构成要约，而仅是一种希望对方发出要约、表明是否准备好进行谈判，或接受磋商邀请的表示。此时，建议将其称为要约邀请。

要约邀请的目的虽也是为了订立合同，但其本身并非要约，而只是邀请对方发出要约。在某些情况下，要约邀请与要约较容易区分。如果一项建议明确表明具有法律约束力，如使用了"本要约具有约束力""预约""无约束力的要约""无义务"或"视协议而定"等表述，则可从字面上判断其性质。然而，若缺乏此类明确表述，则需结合接受人的合理理解以及具体交易背景来确定其法律效力。例如，如果受要约人知道该建议已发给多人，那么这一建议很难被视为具有法律意义的要约。因为如果是这样的话，每一个受要约人都可以通过承诺而订立合同，而发出建议的人将不得不对所有那些他无法提供货物或满足其要求的受要约人承担损害赔偿责任。因此，在这种情况下，通常散发的是价目表、商品目录或广告。实际上，凡向多人发出的建议，一般不被视为要约。

然而，这一原则存在许多例外情况，尤其是在要约是否必须向特定人发出的问题上。针对这些问题，各国法律往往存在差异。此类问题通常与广告相关，因为广告的对象是公众而非特定个人。广告能否构成要约，需视具体情况而定。例如，悬赏广告通常被视为一项要约，而普通商业广告一般仅被视为要约邀请。

在我国，《民法典》第四百七十三条规定，商业广告和宣传通常被视为要约邀请。然而，当广告内容具体明确，并表明广告发布者在受要约人承诺后愿意受其约束时，该广告可被视为要约。

2020年12月29日，最高人民法院根据《民法典》的规定，同步修订了《最高人民法院关于审理商品房买卖合同纠纷案件适用法律若干问题的解释(2020 修正)》。其中，第三条规定："商品房的销售广告和宣传资料为要约邀请，但是出卖人就商品房开发规划范围内的房屋及相关设施所作的说明和允诺具体确定，并对商品房买卖合同的订立以及房屋价格的确定有重大影响的，构成要约。该说明和允诺即使未载入商品房买卖合同，亦应当为合同内容，当事人违反的，应当承担违约责任。" 该条将"应当视为"要约修改为"构成"要约，并将"应当视为"合同内容修改为"为"合同内容。

从上述变化可以看出，在因宣传广告引发的商品房买卖合同纠纷案件中，为保持法律适用的一致性，法院更倾向于将房地产开发企业所作的宣传广告认定为要约。

例如，2021年6月，被告艾某在某楼盘的商品房销售传单上看到"购房送车位"的广告宣传，并在售楼处向销售人员确认后决定购房。随后，艾某与开发商签订了《商品房预售合同》并支付了1万元定金。然而，在合同签订后，开发商却表示车位需要购买，并非赠送，双方因此发生争议。艾某认为开发商存在欺诈性销售，要求解除购房合同并拒绝支付购房款；开发商则主张合同未明确约定"购房送车位"，要求解除合同并索要违约金。

法院认为，商品房的销售广告通常属于要约邀请，但在本案中，开发商的宣传单明确载有"购房送车位"，并对购房者的决策产生了重大影响。虽然《商品房预售合同》中未写明该内容，但开发商的广告承诺已构成要约，应视为合同内容。由于开发商未履行"购房送车位"的承诺，法院认定其构成违约，支持艾某解除购房合同的请求，并驳回开发商要求支付违约金的诉求。

综上所述，要约与要约邀请的区别在于：要约一经对方承诺，要约人即受其约束，合同随即成立；而要约邀请即使对方完全同意或接受其所提出的条件，发出要约邀请的一方仍不受其约束。要约原则上应向特定人发出，但这并不意味着只有向特定人发出的建议才构成要约。向不特定人发出的建议仍可构成要约，但必须满足以下两个条件：一是明确表示该建议为要约；二是明确表明发出人愿意承担向多人发出要约的责任。

(3) 要约必须送达受要约人后才能生效。要约是一种意思表示，其目的在于让受要约人知悉要约内容并对要约做出承诺。只有到达受要约人手中，要约才能使其知悉内容并做出答复。因此，大多数国家的法律规定，要约必须在送达受要约人之后才能生效。

例如，有人向对方发出一项要约，表示愿意向对方转售某项物品，而对方在收到要约之前，主动去信表示愿意购买该物品。尽管此信内容与要约一致，也不能将其视为承诺，而只能视为一项交错的要约，合同不能成立。对此，《联合国国际货物销售合同公约》第

15 条和《国际统一私法协会国际商事合同通则》第 2.3 条均规定，要约于送达受要约人时生效。

至于如何确定要约送达受要约人的时间，应视具体情况而定。口头要约或电话要约，一旦对方听到即视为送达；以其他方式发出的要约，在其进入受要约人的控制区域或受要约人能够获得该信息时，视为送达。因此，邮寄的要约在投入受要约人的信箱或交付给其授权代表时，视为送达受要约人。

2. 要约的约束力

要约的约束力包含两个方面的含义：一是对要约人的约束力；二是对受要约人的约束力。对于受要约人而言，要约原则上对其无法律约束力。受要约人收到要约后，仅在法律层面获得承诺的权利，而非被强制要求必须做出承诺，即不承担承诺的法定义务。在一般情形下，受要约人若决定不承诺，也无须通知要约人。但有些国家的法律规定，在某些情况下，受要约人无论承诺与否，均应通知要约人。例如，《德国商法典》和《日本商法典》均规定，商人在其营业范围内，对于经常往来的客户，在接到要约时应立即发出承诺与否的通知，如怠于通知，则视为承诺。

至于要约对要约人是否具有约束力，各国的观点基本一致，但具体规定有所不同。要约对要约人的约束力问题，主要涉及要约发出后、对方承诺前，要约人是否可以反悔、变更要约内容或撤销要约。这一问题主要产生于要约送达受要约人之后、承诺之前这段时间。在要约送达之前，要约人撤销或变更要约通常不受限制，因为此时要约尚未生效。例如，要约人以邮寄方式发出要约，在寄达受要约人之前，可通过电话或电传方式撤销或变更要约内容。然而，一旦要约送达受要约人并生效，要约人是否受要约约束，各国法律有不同的规定和要求。

(1) 英美两国的法律认为，原则上要约对要约人无约束力，在受要约人承诺之前，要约人可随时撤销要约或修改要约内容。其理由在于：合同的实质在于当事人的允诺，而一项具有法律约束力的允诺，必须基于对方提供的对价，或者基于允诺人采取了法律所要求的特定形式，如签字蜡封等。要约作为要约人所做出的允诺，只有在具备对价或采用签字蜡封形式的情况下，才对要约人具有约束力。对价可以是金钱或其他有价值的东西。例如，要约人可以在要约中要求对方支付一定数额的金钱，以保证要约人在一定期限内不撤销其要约。如果受要约人同意，则双方成立了一个关于保证该要约在约定期限内不可撤销的担保合同或选择权合同。在这种情况下，要约人在规定期限内不得撤销或修改要约内容。

然而，英美法律的上述原则显然不适应当代经济社会的需要，因为它对受要约人缺乏应有的保障。例如，在经常有交易往来的当事人之间，受要约人可能基于对要约的信赖，在做出承诺之前，已经采取了与其他方订立合同或支付费用等准备工作。如果要约被撤销，受要约人将蒙受损失。因此，英美法系国家已开始改变这一原则。

美国《统一商法典》第 2~205 条规定，在货物买卖中，一定条件下可以承认无对价的确定要约，要约人在一定期限内不得撤销要约。这些条件包括：①要约人是商人；②要约已规定期限，或者如果没有规定，则在合理期限内不得撤销，合理期限不得超过 3 个月；③要约经要约人签字，以书面形式交由各方保存。

(2) 德国法律认为，要约原则上对要约人具有约束力，除非其在要约中明确注明不受约束的条款。如果要约中规定了有效期限，则在该期限届满前，要约人不得撤回或更改要约；如果要约中未规定有效期限，通常应在期望收到答复之前，要约人不得撤回或更改要约。瑞士、希腊、巴西等国也采用这一原则。要约人可在要约中注明"不受其约束"等词句来排除要约的约束力，但一般来说，如果要约中含有此类词句，则在法律上已不构成要约，而是要约邀请。此时，对方据此做出的意思表示才是要约，其必须经过发出要约邀请一方的承诺，才能成立合同。

(3) 法国法律原则上认为，要约在受要约人承诺之前是可以撤销的。但如果要约人指定了承诺期限，要约人在期限届满前撤销要约，则必须承担赔偿损失的责任。即使要约中未明确规定承诺期限，只要根据正常的交易习惯或具体情况，要约应视为在一定期限内等待承诺，要约人若不适当地撤销要约，亦须承担赔偿损失的责任。在这种情况下，受要约人可以因要约人过早撤销要约而要求赔偿。

(4) 我国《民法典》第四百七十六条和第四百七十七条对要约的撤销与失效做出了明确规定。根据第四百七十六条规定，要约在受要约人承诺之前原则上可以撤销，但在两种例外情形下不得撤销：一是要约人以确定承诺期限或其他形式明示要约不可撤销；二是受要约人基于合理信赖认为要约不可撤销，并已为履行合同做出合理准备。第四百七十七条则规定了要约失效的四种情形：受要约人拒绝要约、要约人依法撤销要约、承诺期限届满而未做出承诺，以及受要约人对要约内容做出实质性变更(此时视为新要约)。要约失效后，要约人不再受其约束，受要约人亦无法再通过承诺使合同成立，从而终止了要约的法律效力。

由于各国在要约的法律规则方面存在分歧，这给国际贸易带来了诸多不便。为此，许多国际机构致力于拟定一部关于国际货物买卖的统一法。例如，《联合国国际货物销售合同公约》对要约的约束力问题做出了以下规定，要约在其被受要约人接受之前，原则上可以撤销。但有下列情形之一的不得撤销：要约写明了承诺期限，或以其他方式表明要约不可撤销；受要约人有理由信赖该要约不可撤销，并已基于对该要约的信赖采取了行动。

上述公约的规定实际上是调和了世界各国，特别是英美法系国家与大陆法系国家之间有关要约的法律规则分歧，其内容与我国《民法典》的相关规定一致。

(二)承诺

1. 承诺及其构成要件

承诺是指受要约人按照要约所指定的方式，对要约的内容表示同意的意思表示。要约一经承诺，合同即告成立。一项有效的承诺应具备以下条件。

(1) 承诺必须由受要约人发出。承诺应由受要约人或其授权的代理人做出。受要约人是经要约人选择的相对方，因此只有受要约人才能做出承诺。任何第三人即使知晓要约内容，向要约人做出同意的意思表示，也不构成承诺，而应视为向原要约人发出的新要约。

(2) 承诺必须在要约的有效期内做出。如果要约规定了有效期，则承诺应在该期限内做出；如果未规定期限，则应在合理期限内做出承诺。超出要约有效期的承诺称为"迟到的承诺"，仅视为向原要约人发出的新要约。大陆法系与英美法系在这一问题上的规定基本一致，只是大陆法系将英美法系中的"合理时间内"表述为"依通常情形可期待承诺到达的时间内"。根据《联合国国际货物销售合同公约》和《国际统一私法协会国际商事合同通则》的相关规定，合理期限可按以下标准计算。

① 对于口头要约，除非另有表明，原则上应立即做出承诺。

② 对于非口头要约，合理期限应考虑要约人使用的通信方式的快捷程度及其他交易的具体情况。具体而言，如果要约人在电报或信件中规定了期限，则从电报交发时刻或信件载明的发信日起算；如果信件未载明发信日期，则从信封所载日期起算。

③ 在计算承诺期限时，法定节假日或非营业日应计入期限内。但如果承诺期限的最后一日恰逢法定节假日或非营业日，导致承诺通知无法在该日送达要约人地址的，则承诺期限顺延至下一个营业日。根据《联合国国际货物销售合同公约》和《国际统一私法协会国际商事合同通则》的相关规定，对于超出要约规定时限或合理承诺期限的承诺，可在一定条件下承认其效力。条件是：要约人必须毫不迟延地通知受要约人该承诺有效。在此情况下，合同的成立时间为"迟到的承诺"到达要约人之时。我国《民法典》第四百八十条也有类似规定。

对于因传递错误而非受要约人的过错导致的逾期承诺，上述国际文件做出了附加条件的效力认定。如果受要约人已及时发出承诺，但因不可预见的传递延迟导致承诺逾期送达要约人，则只要要约人未毫不迟延地通知受要约人拒绝该承诺，该逾期承诺仍然有效。在此情况下，载有逾期承诺的信件或其他书面文件必须能够证明：在正常传递条件下，该承诺是可以及时送达要约人的。我国《民法典》第四百八十六条也有类似规定。

在一些大陆法系国家，对于逾期承诺的效力问题，其处理方式更为宽松。例如，在德国法院的一些判例中，认为在接到逾期承诺后，如果受要约人保持沉默，则视为接受该承诺。其依据在于：承诺虽未在合理时间内到达，但受要约人可能无法准确知晓该时间的长短，且延迟可能微不足道，受要约人也可能不知要约人是否会因期限届满而改变立场。

(3) 承诺必须与要约内容一致。承诺是受要约人愿意按照要约内容与要约人订立合同的意思表示。承诺的内容必须与要约完全一致，才能使合同成立。根据两大法系的传统理论，承诺必须与要约完全一致，合同才能成立，否则该承诺被视为一项反要约。英美法中的"镜像原则"(Mirror Image Rule)要求承诺应像镜子一样反映要约的内容。

然而，在实践中，要求承诺与要约内容绝对一致可能会不利于许多合同的成立。例如，要约人发出一项出售某种产品的要约，载明：数量为 2000 公吨，单价为每公吨 500 美元，在上海港交货，装船日期为 2023 年 10 月，付款条件为即期不可撤销信用证付款。如果受要约人在承诺中将数量改为 1000 公吨，或价格改为每公吨 450 美元，或交货地改为香港，或装船日期改为 8 月等，这些变更均不符合要约的实质条件，因此不能视为承诺，而应视为一项新要约或反要约。但如果受要约人仅在其承诺中增加了验收条款，而该条款并不改变要约的实质条件，是否也应因其与要约不一致而视为一项新要约或反要约？如果将其视为新要约或反要约，将不利于合同的成立。

因此，各国法律对于承诺与要约内容一致的问题采取了较为灵活的规定。例如，美国《统一商法典》第 2~207 条规定，在商人之间，如果受要约人在承诺中附加了某些条款，只要要约中未明确规定承诺中不得附加条件，或附加条件未对合同做出重大修改，承诺仍然有效，除非要约人在接到承诺后在合理时间内明确拒绝附加条件。

综上所述，对于要约的非实质性内容进行修改，不妨碍承诺生效，除非要约人已事先声明承诺不得对要约作任何更改，或要约人在收到承诺后即时提出反对。至于对要约内容做出实质性变更的承诺，则视为一项反要约。何谓实质性变更是一个需依据实际情况具体确定的问题。通常，涉及价格、支付方式、交货时间和地点、当事人一方对他方的责任范围或争议解决方式等附加条件或不同条件的变更，均被视为实质性变更。

(4) 承诺的方式必须符合要约所提出的要求。承诺的方式涉及两个方面：一是承诺的表现形式；二是承诺的传递方式。承诺的表现形式通常包括书面或口头通知形式，以及行为形式。根据《国际统一私法协会国际商事合同通则》第 2.6 条规定，受要约人通过声明或其他行为表示同意一项要约，即构成承诺。承诺通知在送达要约人时生效。但如果根据当事人之间的习惯做法，受要约人可以通过某种行为表示同意，则无须向要约人发出承诺通知，承诺在该行为做出时生效。例如，商人收到要约后，可以通过口头或书面方式通知对方做出承诺，也可以根据双方以往的习惯做法，直接向对方发出货物或支付要约中所指的货款，以上两种情况均视为当事人做出了承诺。但需指出的是，承诺的行为不包括缄默或不作为。缄默或不作为是指受要约人未做出任何意思表示，无法确定其具有承诺的意思。

然而，根据某些国家的法律，如法国法院的一些判例，以及《联合国国际货物销售合同公约》的相关规定，在特定条件下，如果当事人之间的合同关系或商业习惯将缄默或不作为视为承诺，则可将缄默或不作为视为承诺的一种方式。

关于承诺的传递方式，如果要约人在合同中做出了具体规定，如指定使用电报或传真，则受要约人在承诺时必须按照要约规定的方式进行。如果要约中未作具体规定，则受要约人可采用与要约相同的传递方式。但在任何情况下，承诺均可采用比要约指定方式更快捷的途径做出。

2. 承诺生效的时间

承诺何时生效是合同法中的一个重要问题，因为承诺一旦生效，合同即告成立，当事人双方均受合同约束，具有相应的权利和义务。在此问题上，英美法系与大陆法系，尤其是德国法存在较大分歧。

英美法系采用"投邮主义"(Mailbox Rule)原则，即认为以邮件或电报方式做出的承诺，一经投邮或发送即刻生效，合同随即成立。即使承诺在传递过程中丢失，只要受要约人能够证明其已正确支付邮资、填写地址并将函件交递邮局，合同仍可成立。其理由在于，要约人既然指定以邮件或电报方式承诺，应视为要约人默认邮局为其接受承诺的代理人。因此，受要约人将承诺交到邮局，就如同交到要约人手中，应即时生效。

英美法系采用投邮主义的目的在于缩短要约人能够撤销要约的时间。由于英美法系坚持对价原则，认为要约人在要约被承诺前有权随时撤销要约，这明显对受要约人不利。通过在承诺生效上采用投邮主义原则，可以在一定程度上缩短要约人能够撤销要约的时间，从而平衡当事人之间的利益。

大陆法系，尤其是德国法，在承诺生效时间上采取的原则与英美法系不同。大陆法系采用"到达主义"(Reception Theory)原则，根据该原则，承诺的意思表示在到达要约人的支配范围时生效。所谓"要约人的支配范围"，通常指要约人的营业场所或惯常居所等，并不要求承诺必须送达到要约人。德国是采用到达主义的典型国家。而大陆法系中的法国法则将承诺的生效时间视为一个需根据具体情况确定的事实问题，并且通常倾向于适用投邮主义。

《国际统一私法协会国际商事合同通则》第 2.6 条在承诺生效时间上基本采用了大陆法系的到达主义。该条第 2 款规定："对一项要约的承诺表示，于送达要约人时生效。"《联合国国际货物销售合同公约》中也有类似规定。

二、合同与协议

不同国家或地区对合同与协议的含义有不同的理解。在对外贸易中，我国外贸企业在与国外客户谈判时，如果所有主要交易条件已经谈定，则认为达成了合同，并在签订书面文件时通常以"合同"作为标题；如果通过谈判仅对原则性问题取得一致性意见，或者所谈内容本身仅为一般性原则，则认为仅达成了初步协议，或仅达成协议，并在签订书面文件时以"协议"作为标题。由此可见，符合法律规范的合同与协议均具有法律效力，对当事人都具有约束力，但因其内容和目的不同而有所区别。

在实际业务中，协议通常是指为日后达成合同而就某些原则性问题进行磋商并达成一致意见，但不对合同条件做出具体、全面和肯定的规定。因此，在谈判过程中应注意区分。例如，在订立协议时，应标明"以合同为准"或"以正式合同为准"，从而明确协议的含义。

三、商务合同主要条款谈判条件

商务合同的主要条款是指商务合同中必备的条款，是反映当事人所要实现的特定经济目标、发挥合同功能作用所必须具备的条款。如果缺乏这些条款，则无法明确当事人的权利和义务关系，合同也无法成立。此外，因商务活动的具体业务性质而必须具备的条款，以及当事人一方要求必须规定的条款，也属于商务合同的主要条款。

在国内商务活动中，根据我国《民法典》第四百七十条规定，各种合同都必须具备以下主要条款：当事人的姓名或者名称和住所、标的、数量、质量、价款或者报酬、履行期限、地点和方式、违约责任、解决争议的方法。在国际贸易中，构成合同成立所必需的条款以及维护权益不可或缺的条款包括：品质、数量、包装、价格、交货、支付、商检、索赔、不可抗力、仲裁等。在一些纯技术引进合同和成套项目合同中，条款则更为丰富和复杂，合同文本附件中还包含许多具体内容。

依据我国《民法典》，国内合同的主要条款如下所述。

1. 当事人的姓名或者名称和住所

姓名是社会交往中指代自然人的词语，名称则是指代法人和非法人组织的词语。明确合同当事人，首先需明确其姓名或名称。由于自然人重名现象较为常见，除姓名外，还需附加其他身份信息以准确指代，防止混淆。虽然法人和非法人组织名称完全相同的概率较小，但也并非不可能，因此同样需要在名称之外补充其他身份信息。

补充当事人身份信息时，住所是首要内容。《民法典》对民事主体的住所做出了明确规定：根据第二十五条，自然人以户籍登记或其他有效身份登记记载的居所为住所；经常居所与住所不一致时，经常居所视为住所。根据第六十三条，法人以主要办事机构所在地为住所；依法需办理法人登记的，应将主要办事机构所在地登记为住所。

在合同中明确当事人的住所，便于合同纠纷发生时及时联系当事人。此外，明确住所还有其他重要作用。例如，《民法典》第五百一十一条第三项规定，合同履行地点约定不明且无法依据第五百一十条确定时，"给付货币的，在接受货币一方所在地履行；交付不动产的，在不动产所在地履行；其他标的，在履行义务一方所在地履行"，其中的"所在地"首先指当事人住所地。在《民事诉讼法》中，住所地还用于确定法院的地域管辖。

不过，合同中未说明当事人住所，并不影响合同的成立。当事人也可以在合同中附加自然人的居民身份证号码、法人或非法人组织的身份识别代码(如统一社会信用代码)等其他身份信息，以实现准确指代，避免混淆。

在合同中说明当事人的姓名或名称，是为了使合同权利义务指向特定当事人。因此，法律并不要求当事人必须使用经登记的真实姓名或名称，也不要求使用全称。只要能够准确指代，笔名、艺名、网名、字号、简称等均可使用。

2. 标的

首先，标的是指合同双方当事人的权利、义务所指向的对象。任何合同都必须有明确的标的。没有标的或标的不明确，双方当事人的权利与义务就无所依据，合同也无法履行，因而合同不能成立。在国内商务合同中，大量合同为购销合同，其标的一般为某种商品。但需注意，国家已明确限制流通的物品，不能作为商务合同的标的。

其次，在表述商品名称时，必须准确、规范。有国家统一名称的，应使用国家统一名称；没有国家统一名称的，双方当事人应协商统一名称。若有必要，应留存样品。我国《农副产品的购销合同条例》第八条第一款规定：使用产品名称必须准确。例如，在"香油购销合同"中，使用"香油"这一名称是不准确的。因为在南方一些地区，芝麻油被称为麻油，菜籽油被称为香油；而在北方地区，芝麻油被称为香油。这种不准确的表述容易引发问题。因此，合同中应明确商品的具体名称。

再次，商品的产地必须明确。如果产地不明确，供货人可能从多个来源采购同类产品以保证大宗交易的完成。例如，供货人可能从二三流加工厂以较低价格采购商品，而买方可能以"正宗"或"原装"的价格购买到非正宗的商品。以计算机为例，IBM 公司的工厂遍布全球。如果在订购 IBM 机器时不注明产地，供应商可能从美国、英国、日本等任何有其加工厂的地区供货。最终用户收到的机器虽然商标相同，但铭牌上可能标注"法国制造"或"英国制造"。如果中间商未明确产地，可能会受到最终用户的质疑，甚至遭受经济损失。此外，某些原材料因产地不同，在品质上可能存在明显差异。

最后，对于机械、食品、药品、化学等商品，应注明出厂时间。出厂时间是判断商品新旧、性能和寿命的重要依据，因此应在合同条款中予以明确。

3. 数量

这里所提及的数量，即标的的数量。根据合同的不同情形，其涵盖范围广泛，既可能是应移转所有权的标的物数量(如房屋买卖中的房屋套数)，也可能是应移转使用权的标的物数量(如设备租赁中的设备台数)，还可能涉及承运人应运输的标的物数量、保管人应保管的标的物数量及其保管时间长度，或者提供服务的时间长度、提供服务项目的数量等。在确定标的物数量时，需依据合同需求进行约定。

合同对数量的约定既可以采用个数、件数等常见计量单位，也可以使用重量、面积、体积等其他计量单位。一般情况下，合同会使用具体数字来明确数量，以实现精准交易；但根据合同的特殊需要，也可运用某种计算公式来确定数量，适用于一些数量需根据特定条件动态变化的场景。此外，在某些合同中，数量还可约定为由一方当事人在合同履行过程中单方指定。例如，在根据需方需求进行长期供应的合同中，通常采用这种方式约定数量，以满足需方灵活多变的需求。如果合同完全未对数量作任何约定，导致数量根本无法确定，那么合同的主给付义务内容便难以明确，合同也无法成立。

4. 质量

质量是指标的的质量。根据合同的具体情况，质量可能涉及应移转所有权或使用权的标的物的质量，或应提供的服务的质量等。如果合同未对质量做出约定，可根据《民法典》第五百一十条、第五百一十一条的规定加以确定。因此，质量并非合同的必要构成要素，未作约定并不影响合同的成立。

《民法典》第五百一十一条规定，质量要求不明确的，按照强制性国家标准履行；没有强制性国家标准的，按照推荐性国家标准履行；没有推荐性国家标准的，按照行业标准履行；没有国家标准、行业标准的，按照通常标准或者符合合同目的的特定标准履行。

5. 价款或者报酬

价款或者报酬是合同中一方当事人从对方当事人处获得给付而应支付的对价，其约定方式较为灵活。合同对价款或报酬的约定，既可以使用具体的数字以实现金额的精确确定，也可以运用某种计算公式根据特定变量动态计算，还可以指向某种价格基准，如石油买卖合同中约定执行北海布伦特原油价格，借助市场公开价格保证交易的公平与合理。

在约定价款或报酬时，除明确数字、计算公式或价格基准外，还应着重明确计价货币和计价单位。若未明确约定计价货币，一般应将其解释为合同履行地的法定货币，这是基于合同履行地的交易习惯和法律环境做出的合理推定；未明确约定计价单位的，通常应解释为相应货币的基本单位。在我国，人民币的基本单位为"元"。

价款或报酬这一要素仅适用于有偿合同。在无偿合同中，一方虽从对方处获得给付，但无须支付价款或报酬。因此，当合同对价款或报酬未作约定时，需要依据合同未作约定的事实，结合合同目的、相关条款以及交易习惯等进行合同解释，以此判断合同究竟是有偿合同还是无偿合同，进而明确双方的权利义务关系。

6. 履行期限、地点和方式

这是实现订立合同的经济目的所必需的，也是检查合同是否完全履行的重要依据。

(1) 履行期限。合同的履行期限是反映双方当事人经济活动目的的重要内容之一。违反期限要求可能导致损失，使商务活动丧失其原本的意义。例如，商品在畅销期或旺销季节延误交付，或使用期限已过等。商务活动中的合同期限规定得越具体，越有利于当事人安排经营活动，减少库存积压，调节供求关系，节省流动资金，提高资金周转率，并降低风险。因此，在商务活动中，交货期限对买卖双方都具有重要的利害关系。履约期限无论在何时，都应明确约定，如"×月×日交付""×月×日至×月×日之间""×月上旬""自签约之日起或自合同生效之日起×个月或×天内交付"等表述均应明确具体。但应注意，"之间""以内"的时间范围应尽量缩小，以便于控制。应避免使用"×月以前"或"×日以后"等模糊的时间概念。

(2) 履行地点。履行地点是指履行合同义务与接受履行的地点和场所。合同履行地点不仅直接关系到实现合同的经济目的，还涉及地区差价、运输费用等与当事人直接相关的经济利益。因此，合同中应明确规定履行地点。履行地点可以是当事人一方所在地，也可以是双方约定的其他地点，或者是标的物所在地。一般来说，交货地点应便于运输，并尽可能选择买卖双方之间的最短距离。

(3) 履行方式。履行方式是指采用何种方式履行合同义务。在商务合同中，应明确是提货制还是送货制。例如，若为送货制，需明确是一次性送货还是分批送货。此外，运输方式包括铁路、公路、水运、航空等，还应涵盖交接和验收方式、产品包装以及结算方式等内容。

7. 违约责任

《民法典》合同编第八章对违约责任进行了专门的系统性规定，同时在有关典型合同的各章节中，也分布着一系列针对各类典型合同违约责任的具体条文。这些条文依据其性质，可分为强制性规定与任意性规定。强制性规定是法律的刚性要求，当事人不得随意变更；任意性规定则赋予当事人一定的自主协商空间。

当合同对违约责任进行约定时，本质上是对法律既定的违约责任进行细化与明确。这种约定的范畴可涉及法律已有任意性规定的部分。例如，《民法典》第五百八十二条规定，合同可以对违约责任的具体承担方式予以约定，当事人可以根据合同的具体性质和交易目的，确定诸如继续履行、采取补救措施、赔偿损失等责任承担形式；第五百八十五条则规定，当事人既可以约定一方违约时应根据违约情况向对方支付一定数额的违约金，以此作为对违约行为的预先制裁，也可以约定因违约产生的损失赔偿额的计算方法，为损失赔偿提供清晰的计算依据。

在合同谈判阶段，当事人双方应就各自的责任进行明确界定，并清晰约定若任一方出现不履行或不完全履行责任的情形，需承担相应的违约责任。这样的明确约定，能够在合同签订后，促使双方秉持诚信原则，认真履行各自的责任，从根本上保障双方的合法权益，维护合同关系的稳定性与可预期性，避免因责任不明和违约后果不确定而引发的纠纷与争议。

8. 解决争议的方法

解决争议的方法并非合同的必要构成要素。如果合同中未对解决争议的方法做出约定，那么在发生争议时，将依据法律规定进行处理。同时，合同中有关解决争议方法的条款具有相对独立性。根据《民法典》第五百零七条的规定，即便合同出现不生效、无效、被撤销或者终止的情况，也不会影响合同中解决争议方法条款的效力。

当合同对解决争议的方法进行约定时，主要涵盖以下几种情形。

(1) 当事人可以在合同中约定仲裁条款，一旦发生争议，可依据该条款将争议提交至约定的仲裁机构进行仲裁。

(2) 当事人可以约定发生纠纷后提起诉讼的管辖法院，明确具体的法院，有助于在诉讼时确定管辖，避免因管辖不明产生纠纷。

(3) 在涉外合同中，当事人还可以约定选择合同适用的法律。

四、合同条款的谈判

合同条款的谈判也可视为合同的拟定过程。这一过程涉及当事人双方的权利和义务，直接关系到双方的经济利益，因此应当在以下方面给予高度重视。

(一)文字准确、字斟句酌

合同的每项条款内容需通过文字表达。首先，要求文字表述准确无误。其次，涉及专业术语时，双方应确认其定义，确保每个词汇都能准确表达双方的意愿。最后，用词需保持一致。无论合同条文多少，对于同一事物应使用相同的词汇描述。如果对同一事物使用不同词汇，可能在合同执行过程中，尤其是换人执行时，引发争议。

例如，在《××商品购销合同》中，关于数量条款的规定，若表述为"不限"，这种提法是错误的。数量条款是该合同的主要条款之一，不仅要求准确、具体地标明数量，还要求科学地使用度量衡单位。同时，还需根据不同物品的性质预计未来的增减。因此，将数量规定为"不限"显然是错误的。因为任何事物或物品的需求量和供应量在一定期限内都是有限的。作为供方，不可能在有限的时间内无限制地供给；作为需方，也绝对不可能无限制地接受。因此，此类条款极易引发纠纷或争执，是不合理的。

在合同中有关结算的条款，如果仅规定"通过银行转账结算"，这种提法是不妥的。根据中国人民银行印发的《支付结算办法》规定，付款单位的承付方式包括验单付款和验货付款两种形式。在这两种不同的承付方式中，付款单位(需方)和收款单位(供方)的权利和义务是不同的。

如果是"验单付款"，付款期限为三天，从付款单位的开户银行发出承付通知的次日算起。付款单位在承付期内未向银行表示拒绝付款的，银行即视为同意支付，并在承付期满的次日上午(遇节假日顺延)将款项主动从付款单位账户划出，按照收款单位指定的划款方式划给收款单位。

如果是"验货付款"，支付期限为十天(遇节假日顺延)，从运输部门向付款单位发出提货通知的次日算起。因此，不同的承付方式对双方当事人的权益影响是不同的。

综上所述，将结算方式笼统写为"通过银行转账结算"是不科学且不合适的。合同中应具体注明是"验单付款"还是"验货付款"。

(二)条件公正与实用

合同条件的公正性体现在双方权利与义务的对等性上，任何一方都不能只享受权利而不承担义务。只有满足这些要求，合同条件才能被认为是公正公平的。应当指出，"真正好的合同是均衡的合同，是双方都满意的合同"。公正中的均衡可以通过文字和条件来体现，但条件是关键，文字只是表达手段。在合同中，常采用"互相""对称"的写法，如

"买方将负责……""卖方将承担……"。

所谓实用，即合同条件应实惠且易于理解和执行。合同条款应避免使用模棱两可或令人费解的文字，确保缔约双方以及旁观者都能理解。即便在时过境迁、人员更换的情况下，条款依然清晰易懂，不致产生误会。此外，条款应言简意赅，便于执行。

例如，在商品购销合同中，关于交货方式的规定："由供方出车送至×地，费用由需方承担。"这一条款对需方来说是不合理的。虽然规定了"由供方出车送货至×地"，但并未明确供方使用何种车辆以及沿何种路线送货。在这种情况下，规定"费用由需方承担"，可能导致供方不讲求经济效益，随意派车、确定行车路线，从而增加运费开支，给需方造成经济损失。因此，该条款对需方是不公平的。如果合同文字含糊不清、模棱两可，在执行过程中往往会引发争议和纠纷，后患无穷。

同时，从条件的实际效用来看，部分合同条款表述过于笼统。这些条款乍看有利，实则缺乏可操作性。例如，"可提供一切新技术"这一表述，在现实中根本无法落实，容易引发后续合作的不确定性与潜在风险。

(三)前后统一、协调一致

合同条款应前后统一、协调一致，不能自相矛盾。如果合同条款出现矛盾，很容易被人钻空子，从而造成重大损失。例如，某企业与外商签订了一份合同，在价格条款中规定："上述价格包括卖方装到船舱时的一切费用。"但在交货条款中又规定："买方负担装船费用的二分之一，凭卖方费用单据支付。"这样的条款显然是自相矛盾的。

能否做到前后呼应是合同条款谈判的基础。经验证明，要使合同达到前后呼应，应注意以下几点。

(1) 一致性。在关联的条款和技术附件的描述中，可能多次提到某一规定。涉及同一问题的规定条文在写法上应完全一致。例如，在验收条款中，合同可能规定："一次验收不合格，可进行二次验收。第二次验收时，若责任在卖方，则一切费用由卖方承担。"但在技术附件中又规定："一次验收不合格，可进行二次验收，第二次验收时，若责任在卖方，则买方不支付卖方技术指导费。"显然，这就出现了"一切费用"与"技术指导费"之间的矛盾。

(2) 互补性。合同条款本身具有互补作用。在谈判中，不能疏忽大意，应密切配合。合同条款和附件之间应互相引证、支持和参考，体现互补和相依的作用。

(四)关键词句据理力争、态度明确

在对外贸易中，合同签订后，供方银行通常需出具《履约保证书》，担保供方严格履行合同规定的责任和义务。如果供方未能履行这些责任和义务，则由出具保证书的银行向受方支付合同规定的损失补偿。

例如，在某次进口贸易谈判中，外商在合同附件中要求写入这样一条："在发生受方索取损失补偿时，需先取得供方认可。"围绕是否保留"认可"二字，双方展开了激烈争论，僵持了两天。最终，我方以充分的理由说服对方，使其放弃了这一要求。理由显而易见：如果保留"认可"条款，供方银行的《履约保证书》将形同虚设。因为，若供方不认可，银行就可以不受理受方的索赔要求，这使得银行的保证失去了应有的意义。

(五)力争先出初稿

在商务谈判中，合同条款的谈判往往耗时最长，争议也最多，尤其在国际贸易中的大型谈判中更是如此。然而，经验表明，在谈判桌上，谁先提出初稿，谁就掌握了主动权。因为，率先拿出建议稿的一方能够先入为主，占据先机，从而确定谈判的基调，即明确谈判的方向和重点。此外，自己拟定的稿子自然更为熟悉，这无疑有利于谈判的推进。即使受到某些条件限制而无法争取到主动，也应尽最大努力，避免仅在对方的草案基础上展开讨论。

第四节 签订合同与合同的履行

合同是交易双方为明确各自的权利和义务，以书面形式确定下来的协议，是仲裁机构处理矛盾纠纷的依据，具有法律效力。也就是说，合同一经双方签订，便成为约束双方的法律性文件，双方必须履行合同规定的义务，否则将承担法律责任。因此，在谈判中必须高度重视合同的签订，不仅要严肃、认真地讨论合同的每一项条款，还要慎重对待合同签订过程。因为合同签订后，每一个漏洞都可能影响合同的实际履行，甚至造成不可挽回的损失。例如，某钢铁公司在引进设备时，由于粗心大意，将填料也列入引进范围。合同签订后才发现，引进的填料竟是黄沙。黄沙在我国随处可见，无须用外汇购买，因此我方希望退货，但对方不同意。经过多次协商，最终填料虽未装运，但费用仍需支付，这真是花钱买教训。从实际情况来看，在谈判中签订合同，应注意以下几方面的问题。

一、合同文本的起草

当谈判双方就交易的主要条款达成一致意见后，便进入了合同的签约阶段。这首先涉及合同文本由哪一方起草的问题。一般来说，文本起草至关重要，因为它关系到谈判主动权的掌握。毕竟，将口头商议的内容转化为书面文字，仍须经历一个严谨的梳理过程。有时，仅仅是一字之差，意思便可能大相径庭。起草方的主动性在于，其可以根据双方协商的内容，认真斟酌写入合同的每一项条款，选用对己方有利的措辞，合理安排条款的顺序，甚至对相关条款进行解释。而此时，对方往往对此缺乏思想准备。

即使双方认真研究了合同中的各项条款，但由于文化差异，对同一问题的理解仍可能不同，难以发现对己方不利之处。特别是在涉外谈判中，己方应重视合同文本的起草，尽量争取起草合同文本；如果做不到这一点，也要与对方共同起草合同文本。然而，目前一些涉外谈判往往由外商一开始就提出一份完整的合同文本，迫使己方按照合同文本的内容讨论每项条款。这种做法会使己方在谈判中处于极为被动的地位。

一方面，由于思想准备不足，我方容易让对方加入一些对己方不利的条款，或遗漏一些对方必须承担的义务条款；另一方面，按照对方事先拟好的合同文本进行谈判，极大地限制了我方谈判策略和技巧的发挥，我方很难对合同进行较大的修改和补充，甚至有时只能在对方的合同上签字。此外，如果以外文文本为基础，对我方也极为不利。翻译时，不仅要逐字逐句反复琢磨，确保精准还原每一处细微语义，还要深入研究法律语境下的特殊含义，以及当地约定俗成的表达习惯。稍有不慎，就可能引发一系列麻烦，甚至导致合同纠纷。因此，翻译工作不仅要反复推敲内容，弄清外文的基本含义，还要考虑法律上的意义，包括一些约定俗成的用法和外文的一词多义，否则很容易造成意想不到的问题。

起草合同文本需要做大量工作，它可以与谈判的准备工作结合起来。例如，在拟订谈判计划时，所确定的谈判要点，实际上就是合同的主要条款。起草合同文本不仅要提出双方协商的合同条款，以及双方应承担的责任和义务，而且己方还要对所提出的条款进行全面细致的讨论和研究，明确哪些条款不能让步，哪些条款可以适当让步，以及让步的限度。这样，当双方就合同草稿进行实质性谈判时，己方就能掌握主动权。

二、明确合同双方当事人的签约资格

合同是具有法律效力的法律文件，签订合同的双方都必须具备签约资格。否则，即使签订了合同，也是无效合同。在签约时，应要求当事人相互提供相关法律文件，调查对方的资信情况，以证明其合法资格。一般来说，对于重要谈判，签约人应是董事长或总经理。但有时出面签约的并非上述人员，因此需要审查签约人的资格，如核实对方提交的法人开具的正式书面授权证明、授权书、委托书等，确认对方的合法身份和权限范围，以确保合同的合法性和有效性。

审查当事人的签约资格必须严肃认真，切忌草率行事。在对外贸易谈判中，因盲目轻信对方、草率签订合同而吃亏受骗的现象屡见不鲜。一些企业急于开展招商引资或发展外贸业务，仅凭熟人介绍而不进行资信调查，便签订巨额合同，结果给企业造成重大损失。因此，了解对方企业的信誉、行为能力和责任能力是签约的前提条件。

此外，在与外国公司打交道时，需区分子公司与母公司。如果与子公司合作，不能仅依据母公司的信誉和资产情况来判断，因为母公司对子公司通常不负连带责任。同时，不要轻易相信对方的名片，名片不能代替证书。有些人名片上的头衔看似很高，但实际上并无实际意义。

三、明确规定双方应承担的义务、违约的责任

许多合同仅规定了双方交易的主要条款，却忽略了各自应尽的责任和义务，尤其是违约后应承担的责任。这无形中等于解除了双方应负的责任，削弱了合同的约束力。还有一种情况是，有些合同条款写得含糊笼统，即使规定了双方的责任和义务，但如果条款不明确，也无法追究违约者的责任。

例如，我国南方某城市与港商签订了一份出售矿渣的合同，合同仅明确港商每天可拉一车，为期一个月，但未明确货车的型号。结果对方拉货的车辆越来越大，我方虽明知吃亏，却也无可奈何。

在签约中，最容易出现的问题是合同标的不详细、质量条款笼统含糊，以及缺少索赔条款，这些都可能给对方造成可乘之机。如果整个合同文字含糊不清、模棱两可，后果将不堪设想，往往会导致争议纠纷不断，甚至遗患无穷。

例如，某一合同中有这样一条："合同生效后不得超过 45 天，乙方应向甲方缴纳×

×万美元的履约保证金……超过两个月如未能如期缴纳，则合同自动失效。"这里"两个月"究竟从哪一天开始算起，是合同生效之日，还是合同生效 45 天以后，根本无从考证。

此外，对于合同中的关键条款和表述，必须谨慎推敲，不能含糊迁就。有时仅一字之差，就可能"失之千里"。例如，福建某企业在与外商谈判合同履行保证书时，外商要求写入"在发生受方索取损失补偿时，要先取得供方认可"。围绕"认可"二字，双方展开了激烈辩论，僵持了两天。最终，我方以理服人，使外商放弃了这一要求。如果我方同意保留"认可"二字，则供方银行出具的《履约保证书》将失去实际意义。因为一旦供方不认可，银行可以拒绝受理受方的索赔要求，从而使《履约保证书》形同虚设，仅成为获取信任的一种形式。

四、注重合同条款的严密性与准确性

商务谈判的结果通常以双方协商一致的协议或合同来体现。合同条款实质上反映了双方的权利与义务，其严密性与准确性是保障谈判成果得以实现的重要前提。然而，有些谈判者在商务谈判中虽费尽心思，为自己争取到了较为有利的结果，对方也迫于签订合同的压力，做出了诸多让步。此时，谈判者似乎已取得了谈判的胜利。但如果在拟订合同条款时掉以轻心，未能确保条款的完整性、严密性、准确性、合理性与合法性，谈判对手可能会利用措辞上的技巧设下陷阱，导致自身权益受损。这不仅可能使即将获得的利益化为乌有，甚至还可能因此付出沉重的代价。因此，在商务谈判中，谈判者不仅要重视口头承诺，更应严格审查合同条款的准确性和严密性，以确保自身权益得到有效保障。

五、合同执行中的免责因素

许多大型谈判项目所签订的合同，执行期往往较长。在这一过程中，可能会出现诸多意外情况，因此需要重视"不可抗力"等免责条款在合同执行中的作用。20 世纪 90 年代初，我国的"引水工程"面向国际招标。该工程投资数十亿，旨在打通几十座山脉，修建一条水渠，将南部的大河引入西北部地区。这一工程吸引了全球众多企业参与投标，最终，意大利一家世界著名的工程公司(简称 E 公司)中标。在施工期间，E 公司向我方公司采购了几十万吨截面直径为 12mm 的线材。然而，E 公司接货后，却以我方延期交货构成违约为由，拒绝支付几十万美元的货款。由于我方公司对交易免责条款的法律规定了解不足，盲目与对方交涉长达三个月，却毫无结果。最终，我方公司聘请律师与 E 公司进行交涉。律师经调查发现，我方延迟一天交货是因为水灾冲毁铁路所致。在掌握相关证据后，考虑到多种因素，我方决定先与 E 公司进行庭外调解。经过我方律师有理、有据、有力的交涉，E 公司最终支付了全部货款。此次双方纠纷的根本原因在于，我方对不可抗力在合同执行中的免责作用缺乏认知，既未及时通知对方延迟交货的原因，也未充分利用这一法律条款维护自身权益、追索货款。

六、争取在己方所在地举行合同的缔约或签字仪式

比较重要的谈判，在双方达成协议后，会举行合同缔约或签字仪式，这时要尽量争取在己方所在地举行。因为签约地点往往决定采用哪国法律解决合同中的纠纷问题。根据国际法的一般原则，如果合同中对出现纠纷采用哪国法律未作具体规定，一旦发生争执，法院或仲裁庭就可以根据合同缔结地国家的法律来做出判决或仲裁。

根据我国《民事诉讼法》第三十五条的规定，合同或者其他财产权益纠纷的当事人可以书面协议选择被告住所地、合同履行地、合同签订地、原告住所地、标的物所在地等与争议有实际联系的地点的人民法院管辖。如果未明确约定，一旦发生争议，法院可能依据合同签订地等因素确定管辖权。

例如，在一起案件中，杭州 A 公司与芜湖 B 公司签订一份产品买卖合同，约定芜湖 B 公司向杭州 A 公司购买蚊香等产品。在该买卖合同中，双方以格式条款形式约定合同签订地为浙江省杭州市萧山区，并约定解决合同纠纷的方式为双方协商或向合同签订地人民法院起诉。同时，芜湖 B 公司在合同签字栏又以手写体的形式在签名旁标注"签于芜湖市"字样。法院最终认定合同签订地为浙江省杭州市萧山区，并据此享有管辖权。

因此，在合同签订过程中，应谨慎选择签约地点，并明确约定合同签订地，以避免因管辖权问题带来的不利后果。

第五节 谈判协议的鉴证和公证

谈判协议的鉴证和公证是保障谈判双方利益的最优途径，因而在具体商务谈判的实施过程中举足轻重，不可或缺。

一、谈判协议的鉴证

谈判协议的鉴证，是指国家有关合同管理机关，依据双方当事人的申请，依照国家法律、法令和政策，对经济协议的合法性、可行性与真实性进行审查、鉴定和证明的一项制度。经济合同作为一种法律文件，要确保其合法性、可行性和真实性，仅由合同双方当事人签订是不充分的，还须获得国家有关部门的认可，接受国家管理部门的审查，主要原因如下。

(1) 鉴证是确保谈判协议合法有效的必要手段。谈判协议由协议双方基于自愿原则，经互相协商达成一致意见后签订。然而，签订的协议是否合法，能否在合法前提下履行，这需要通过鉴证和公证予以审查。审查内容涵盖：协议是否符合国家法律、政策要求，是否契合国家指导性计划要求；谈判协议的主体是否具备合法身份，是否拥有权利能力和行为能力，主体身份是否合格等。此外，双方协议的标的物是否为国家允许流通的商品，是否会损害国家利益和社会公共利益，这些同样是审查的重点方面。对谈判协议进行鉴证，审查双方当事人的法人资格及交易内容的合法性，能够切实有效地保障谈判的合法性、可行性，也为协议履行过程中出现矛盾和纠纷时的调解与仲裁提供了可能。

(2) 实行鉴证是国家有关部门进行合同管理的有效举措。谈判协议的合法性与可行性，不仅直接关系到谈判双方当事人的切身利益，还关乎社会效益。在我国社会主义市场经济体制下，主要经济活动均在国家的宏观调控下开展，任何交易行为都需契合国家的法令、政策，且应具备良好的社会效益。因此，国家必须对合同的签订、履行实施监督管理，以确保交易活动的合法性和有效性。例如，鉴证机关有必要审查交易双方当事人是否存在欺骗行为，代理人是否超越代理权限与对方签订协议，当事人的履行能力状况是否符合协议内容的要求等。

(3) 实行鉴证有助于保障谈判双方切实有效地履行协议。经济协议的履行，唯一依据便是协议书。协议书是否合法合规，其条款是否完备无缺，文字表达是否清晰准确，双方当事人的权利、义务与责任是否明确界定，以及协议的签订是否遵循法律程序等，这些因素都会直接对协议的履行产生影响，进而关乎协议双方的利益。有时，仅仅是一时的疏忽，便可能带来难以弥补的损失。因此，国家有关部门对合同实行鉴证极为必要。通过对合同内容的审查鉴证能够明确合同中双方当事人的责任与义务，切实有效地保障经济协议的履行，从而维护当事人的合法权益，有力地促进谈判协议的顺利履行。

二、经济合同的公证

经济合同的公证，是指国家公证机关依据当事人的申请，依照法定程序对经济协议予以审查，旨在证明其真实性、合法性，并赋予其法律上的证据效力的一种司法监督制度。这是对合同实施法律监督、运用法律手段进行管理的一种方式。

实行合同公证：其一，能够更为有效地贯彻执行党和国家的方针政策，支持并保护合法的经济活动，制止且打击违法的经济活动；其二，可增强合同双方的法治观念，促使双方以严肃认真的态度对待合同的签订与履行；其三，便于从法律层面监督合同的履行情况，提高履约率，及时察觉并纠正可能影响合同履行的问题，做到防患于未然。

经济合同的鉴证与公证作用大致相同，然而其监督性质和作用范围存在些许差异。鉴证由国家工商管理机关负责，属于对协议的行政监督；而公证由国家专门的公证机关负责，是一种法律监督手段。因此，在合同执行过程中若出现问题，工商管理机关有权采取措施妥善处理。若发生纠纷，工商管理机关则负责调解、仲裁，而公证机关并不具备上述职责。

第六节　谈判协议的履行

履行谈判协议，要求当事人全面履行合同规定的义务。在履行义务的过程中，需遵循相应原则，并提供相应担保。

一、谈判协议履行的原则

为确保合同顺利履行，必须秉持实际履行和适当履行两大原则，二者缺一不可。
所谓实际履行，是指严格依照协议规定的标的履行，协议如何规定，便如何履行，不可随意以其他标的替代，亦不能以支付违约金或赔偿金的方式替代合同原定标的的履行。基于此，这就要求双方在谈判时，对有关标的物的内容讨论尽可能详尽、清晰、明确，并在合同中明确规定供货方所交付产品的质量、性能、规格、特点等方面内容以及检验标准。若供方未能履行协议，就必须依照合同规定承担全部责任，向需方支付违约金和赔偿金。需注意的是，此时协议并未中止，罚款不能替代标的履行，违约方依然负有实际履行的义务。

总之，合同签订后，双方必须按照合同规定的内容认真履行，除非出现不具备实际履行的情形，才被允许不完全实际履行，主要包括以下几种情况。

(1) 以特定物为标的的协议，当特定物遗失时，实际履行协议的标的已不具备可能性。

(2) 由于债务人延迟履行标的，标的对于债权人而言已失去交付的实际意义。例如，供方到期不交付原材料，需方为避免停工待料，已设法从其他地方取得原材料。此时，若再交付，对需方已无实际意义。

(3) 法律或协议本身明确规定，若不履行协议，仅承担赔偿责任。比如，货物运输原则一般均规定，货物在运输过程中灭失时，仅由承运方承担赔偿损失的责任，无须实际履行。

所谓适当履行，是要求协议的当事人，不仅要严格按协议的标的履行协议，而且对于协议的其他条款，如质量、数量、期限、地点、付款等，都要以适当的方式全面履行。凡属适当履行的内容，如果双方事先在协议中规定得不明确，一般可按常规做法执行，但这是在不得已情况下采用的。严格来讲，适当履行原则本身就要求当事人在订立协议时，尽量做到具体、明确，以便双方遵照执行。

总而言之，贯彻实际履行原则和适当履行原则，就是要求双方当事人必须严格按照协议的条款去履行。

二、谈判协议的担保

协议的担保是确保协议切实履行的一种法律关系。担保是指在谈判过程中，一方或双方聘请保证人或以其他方式来保障其切实履行协议的一种形式。担保由国家法律规定，或者由双方当事人协商确定。贸易谈判协议的担保主要有以下几种形式。

1. 保证

保证人以自己的名义担保被保证人履行合同，当被保证人不履行合同或不完全履行合同时，由保证人承担连带赔偿损失的责任。保证的作用主要体现在两个方面：其一，监督被保证人认真履行合同；其二，在被保证人不履行合同时，由保证人承担连带赔偿损失的责任。若被保证人不履行合同或不完全履行合同，另一方当事人有权要求保证人承担连带赔偿损失的责任，同时有权要求被保证人继续按照合同约定履行合同。所谓承担连带赔偿损失的责任，是指保证人和被保证人都负有赔偿另一方当事人经济损失的责任。保证人在追偿被保证人违约给另一方当事人造成的经济损失后，有权向被保证人请求偿还所赔偿的损失。

2. 定金

定金是签订经济合同的一方当事人，为证明合同成立并确保合同得以完全履行，在标的物价款或酬金的数额范围内，预先向对方当事人支付一定数额的货币。

定金的作用主要体现在以下两个方面：其一，证明合同成立。一方当事人在签订合同时，担忧对方当事人悔约，故而给付定金。只要对方当事人接受定金，这便成为经济合同成立的法律依据。其二，作为一种担保形式。这是在没有第三人参与的情况下，双方当事人为保证合同切实履行而协商约定的法律关系。因此，若接受定金一方不履行合同，应当双倍返还定金；若给付定金的一方不履行合同，则无权请求返还定金。由此可见，定金既具有担保作用，又能够补偿因不履行合同所造成的经济损失。

定金与预付款存在差异。定金一方面是为了证明合同成立，另一方面是为了保证合同履行。而预付款并不具备这样的作用，支付预付款的一方不履行合同时，在承担由此造成的经济责任之后，有权请求返还预付款或者将其抵作赔偿金、违约金；当接受预付款的一方不履行合同时，在承担经济责任之后，应当如数返还预付款，但无须双倍返还。

3. 留置

留置同样是协议担保的一种法律手段，是指在对方未履行合同义务的情形下，当事人一方对对方的财产予以扣留，以此促使其履行合同义务或偿付债务。这种担保方式常见于来料加工、保管和工程项目等合同关系之中。例如，在加工承揽合同里，定做方将一定的原料交付给承揽方进行加工，若定做方未按约定期限领取定做物，承揽方有权留置该定做物；若超过领取期限仍未领取，承揽方有权将定做物变卖，所得价款在扣除报酬、保管费用之后，以定做方的名义存入银行，承揽方所享有的这项权利，被称作留置权。

4. 违约金

违约金亦是保证协议履行的一种形式，是指一方当事人未按照合同标的履行或履行不当，依照法律规定或双方约定向对方支付的一定金额。违约金是经济合同的主要担保形式之一，其作用主要体现在以下两个方面：其一，具有惩罚性质，发挥经济制裁的作用；其二，具有补偿性质，起到补偿损失的作用。在此情况下，违约一方不履行协议时，无论是否给对方造成损失，均应支付违约金。这与赔偿金有所不同，赔偿金是指因给对方造成损失而支付的补偿款项。

5. 抵押

抵押亦属于一种担保形式，是指协议当事人一方或第三人为履行协议向对方提供的财产保障。提供抵押的一方当事人或第三人称为抵押人，接受抵押财产的当事人称为抵押权人。若抵押人不履行协议，抵押权人有权依法变卖抵押物，并从所得价款中优先获得清偿。然而，国家法律、法令禁止流通或禁止强制执行的财产，如枪支等，不得用于抵押。

第七节　谈判协议的变更、解除与纠纷处理

谈判双方经共同协商后签订的协议具有法律效力，要求双方认真履行，任何一方均无权单方面变更或解除。然而，客观情况是不断变化的。若签订协议时的客观条件发生变

化，导致实际履行协议已不可能或无意义，则需要对协议进行变更或解除。因此，绝对禁止谈判合同的变更与解除是不切实际的。

一、谈判协议的变更和解除

所谓变更，是指对原协议的修改和补充；所谓解除，则是指原协议失去法律效力。签订协议是极为严肃的事项，修改、变更和解除协议同样必须秉持严肃态度，不可草率行事。这一系列行为必须具备法律依据，并依照一定程序进行，任何一方均不能单方面随意变更或解除，否则将被视为违法行为，并承担相应的法律责任。允许变更或解除协议的情形主要有以下几种。

(1) 协议中的一方，因内部原因出现了必须修改合同的因素，在不影响、不损害国家利益和对方利益的前提下，经双方协商一致，并通过法定程序，可允许变更协议。

(2) 由于签订协议时的客观条件发生变化，如协议订立所依据的国家计划被修改或取消，相应地，所订协议也可予以变更或解除。

(3) 协议一方的企业或公司，因停产、倒闭等原因无法继续履行协议，此时也允许对协议进行变更或解除。

(4) 由于不可抗力或一方当事人虽无过失但无法防止的外因，致使合同的履行变得不必要，受害的一方可依据法律规定，变更或解除合同。

(5) 由于协议一方违约，致使对方遭受严重损失。通常情况下，若出现此类情形，可依据法律规定变更或解除协议。然而，参与签订协议的承办人或法人代表发生变更，不应作为变更或解除协议的理由。

根据我国《民法典》第六十一条和第六十七条的相关规定，法人原有的权利和义务并不因人员变更而消灭，应由新法人承担。在法人合并时，合并后的法人承继原法人的所有权利和义务；法人分立时，分立后的法人依据具体情况承担连带债务、享有连带债权，除非债权人和债务人另有约定。这一规定进一步明确了法人在合并与分立过程中的权利义务承继问题，强调法人的权利义务与法人这一组织本身紧密相关，而非与具体人员变动相关联。法人原有的权利和义务关系不会因人员变更而消灭，应由变更后的新法人承担。

二、谈判协议的转让与中止履行

谈判协议除可变更和解除外，还可进行转让。谈判协议的转让，并非转让协议本身，而是指协议主体的变更。具体而言，是协议中一方当事人因某种原因退出原经济法律关系，在征得原协议当事人同意且不改变协议内容、条款的情况下，可将原协议规定的权利与义务转让给第三方。

谈判协议的转让与协议的变更存在差异。转让不改变协议内容，仅改变协议主体；而协议的变更恰恰相反，其不改变协议主体，仅改变协议内容。协议的转让需首先确保获得原协议当事人的同意，而协议的变更则无须此前提条件。

部分特殊的协议转让，还必须经有关部门批准，否则转让无效。此外，协议的转让必须符合法律规定，不得违背国家相关法令、政策，不得损害国家和社会的公共利益。在转让前，还需审查第三方的权利能力、行为能力及经营范围，若发现第三方不具备转让协议中规定的经营项目，则不得转让。否则，该转让应被视为非法且无效。

中止履行是指对合同暂时停止履行，当合同当事人一方有另一方不能履行合同的确凿证据时，可采取中止履行措施 。

三、合同纠纷的处理

在合同实际履行过程中，出现矛盾与纠纷属于正常现象。这不仅关乎合同当事人双方的切身经济利益，还关系到合同能否继续履行。因此，一旦出现矛盾纠纷，必须及时、妥善地予以解决。从我国经济合同纠纷的处理情况来看，多数纠纷是通过调解和仲裁解决的。

1. 协商

协商，也称和解，是指合同当事人就合同争议进行平和、理性的洽商，以达成一致意见，进而形成和解协议来解决纠纷的一种方式。在合同执行过程中，极易出现对条款解释的分歧。例如，条款文字表述为 "甲方对乙方提供生活上的方便"，乙方可能理解为甲方将尽可能提供免费生活服务，而甲方却认为是在手续办理方面提供协助。此类涉及双方权利与义务的争议，通常适合通过协商来解决。

对于合同执行中出现的一些重大分歧，如货物损失、产品质量不合格、付款延误等情况，如果双方有着长期友好的合作关系，也应当本着平等互利、坦诚合作的精神，通过友好协商来解决纠纷。在此过程中，双方应展现出足够的灵活性。比如，若上批交货确实存在一些质量问题，下批交货时务必保证质量，并在价格上给予优惠，以弥补对方的损失，如此一来，问题便能得到圆满解决。

通过协商解决争议，有利于及时化解矛盾，维护并促进双方之间的信任与合作关系。

2. 调解

调解，是指借助第三方的努力，协助合同当事人解决争议的一种方式。调解与仲裁的主要区别在于，调解不具备强制性。调解方不能强迫当事人接受某一解决方案，而是通过提供建议、方案，或者凭借第三方的公信力，促使当事人自愿接受并执行解决方案。

进行调解，需要有调解人。调解人既可以以组织的名义出现，如企业的主管单位、上级单位、工商行政管理部门等；也可以是组织中的成员，如法院的工作人员、上级主管部门的负责人、企业的经理人员等。

调解人的调解方法是通过倾听各方意见，了解相关情况，收集有关资料，并进行客观分析，进而提出一个公正且可行的解决方案。一般情况下，由于调解人站在中立立场，不带偏见和感情色彩地提出对双方都有利的处理办法，往往能够为纠纷双方所接受。因此，调解人的威望至关重要。需要指出的是，若调解人以组织形式出面，调解的形式会有所不同。由合同纠纷双方提出申请，由工商行政管理部门出面进行的调解称为行政调解，一旦达成协议，双方都应当履行。若纠纷当事人一方或双方向法院提出申请，要求法院依法裁决，在裁决之前，法院进行的调解属于司法调解，若调解成功并达成协议，该协议便具有法律效力，双方应当严格履行，否则，法院可依法强制执行。

3. 仲裁

仲裁，是指商务合同的当事人双方在合同履行过程中产生争议，在通过协商或调解无法解决的情况下，自愿将相关争议提交给双方认可的第三方进行裁决。裁决结果对合同双方均具有约束力，双方必须遵照执行。较具影响力的国际仲裁机构有国际商会位于巴黎的仲裁院、英国伦敦仲裁院、瑞典斯德哥尔摩仲裁院，我国也设有中国国际经济贸易仲裁委员会。

国际商事仲裁规则对仲裁庭的组成、仲裁员的选定、仲裁裁决以及仲裁费用等方面均做出了规定。但凡在商务合同中已订立仲裁条款的，仲裁机构均可受理；若合同中未设置仲裁条款，则必须由双方达成书面仲裁协议，仲裁机构方可受理。合同中写明仲裁条款或仲裁协议，其作用在于明确规定双方发生的争议通过仲裁方式解决，不向法院起诉，从而使仲裁机构获得争议案件的管辖权，排除法院对有关争议的管辖权。

在一般国际经济交往中发生的争议，各方都倾向于通过仲裁方式解决。这有利于维系双方的合作关系，避免因诉讼而损害企业形象，而且仲裁手续和程序相对简便，在费用和时间方面也较为节省。

(1) 在决定将争议提交仲裁时，需注意以下两个问题。

首先是仲裁地点的选择。在哪个国家进行仲裁，就需遵循该国有关的规则和程序。对于我国企业而言，仲裁地点有三种选择：①规定在中国国际经济贸易仲裁委员会进行仲裁；②规定在对方所在国家进行仲裁；③规定在第三国进行仲裁。在这三种选择中，在我国进行仲裁无疑对我方最为有利。然而，若外方不同意，我方可以选择仲裁规则和程序较为熟悉的第三国作为仲裁地，以此确保仲裁程序的公平性与可预测性，同时降低因法律体系差异带来的不确定性。

其次是掌握仲裁进程，做好材料准备。仲裁机构在仲裁过程中会先经历一个调查阶段，随后进行审理。争议相关当事人应依据仲裁各阶段的进程，做好充分的材料准备工作。

(2) 在仲裁过程中，还需注意以下要点：①应收集有关争议的资料和证据，深入了解争议的实质与具体情况，进行充分的分析研究，预测可能的仲裁结果。②将掌握的材料和证据进行归纳整理，寻找充足的法律依据，形成"诉状"或"答辩状"，及时提交给仲裁庭。③当事人在仲裁庭发言时，需遵循礼仪规则，思路清晰，态度坚定，应对灵活；要把握时机，观察仲裁员的态度，有利则进，不利则退；力求及时结案，既维护双方面子，又降低费用支出。

4. 诉讼

在商务活动中，合同双方当事人发生纠纷后，若通过协商或调解均未能解决问题，其中一方向有管辖权的法院提起诉讼，请求通过司法程序解决双方之间的争议，此即所谓诉讼。诉讼需遵循严格的司法程序，双方需耗费较多时间，承担相当数额的费用。通常情况下，诉讼结果能够强制性地解决争议，但往往也会致使双方关系最终破裂。因此，企业经营者一般都不愿以诉讼方式解决双方之间的纠纷。

本 章 小 结

本章围绕商务谈判中的合同展开阐述。合同不仅是商务谈判活动的成果体现，更是企业开展商务谈判活动所追求的最终目标。本章全面涵盖了合同条款谈判的诸多方面，具体包括合同的概念、形式、有效成立要件、谈判原则、条款构成、合同的签订与履行、鉴证与公证，以及变更与纠纷处理等内容。

合同是缔约双方为实现特定经济目的，基于自愿、互利的原则，以法律形式明确彼此权利义务关系的协议。合同形式主要包括口头和书面两种，不同形式适用于各异的交易场景。企业在进行合同条款谈判时，必须遵循一系列基本原则。其中，以法律为依据原则要求企业在谈判过程中，无论开展国内业务还是从事国际贸易，均需严格依照相关法律法规、国际公约以及国际惯例，确保合同的每一项条款都在法律框架内，具备合法性；平等互利、协商一致原则确保合同双方在谈判中处于平等地位，促使双方充分沟通、相互协商，从而达成公平合理的协议，保障双方的合法权益；条文清晰、语言明确原则能够有效避免合同条款出现歧义，确保合同内容准确无误，为合同的履行提供坚实基础。

合同条款具体涵盖品质、数量、包装、价格、装运、保险、支付、检验、索赔、不可抗力、仲裁等方面。企业在签订合同时，需谨慎对待合同文本的起草工作。起草方应充分考量双方协商的成果，运用恰当的措辞拟定合同条款，确保条款准确表达双方的真实意愿。同时，企业务必严格审查双方的签约资格，明确双方的义务以及违约应承担的责任，确保合同条款严密准确，充分考虑免责因素，并争取有利的签约地点，以降低潜在风险。

合同的鉴证、公证以及纠纷处理机制为合同的顺利履行提供了有力保障。当合同履行过程中出现纠纷时，协商、调解、仲裁和诉讼为当事人提供了多样化的解决途径。在实际操作中，企业应严格遵循相关规则，精心对待每一项条款的谈判，谨慎签订合同，积极履行合同义务。一旦出现纠纷，企业需根据具体情况，理性、客观地选择恰当的解决方式。唯有如此，企业才能在商务活动中有效防范风险，切实保障自身的合法权益。

复习思考题

1. 什么是合同？
2. 合同有什么特点？
3. 合同谈判的原则有哪些？
4. 什么是协商？
5. 什么是调解？

案例分析题

合同的成功签订

日本某化学产品生产销售公司(以下简称日方)与中国某进出口公司(以下简称中方)就某

几种化工产品签订了进口合同，且已有数年的交易历史。2022 年，上海一家化学产品经销公司(以下简称上海公司)有意与日方谈判，以期将原有的交易转至上海公司进行。此消息传至中方后，中方邀请日方前往中方公司进行会谈。日方则借助其他业务机会，顺道拜访了中方公司。

从中方业务人员得知日方负责该项业务的副科长离开日本之时起，便一路通过电话追踪其行程，对该代表在中国其他城市办理事务完毕后前往中方所在地的行程了如指掌。

日方代表所乘坐的抵达中方所在城市的航班于凌晨 3 点以后才降落，中方业务人员驱车前往机场迎接，并安排了住宿，还贴心地准备了夜宵。次日清晨，中方派车前往日方代表住处，接其前往公司，随后中方业务部门总经理与日方代表展开了会谈。

会谈过程中，部门总经理认真倾听了日方代表对当前与中方业务合作的看法，并征求了日方对中方工作的意见。在确认上海公司的情况属实后，双方坦诚地就合作利弊展开了分析。至于最终结论，中方谈判代表请日方自行斟酌，中方也利用上午的谈判时间，充分展示了己方的工作实力与合作态度。

中午，部门总经理安排公司领导宴请日方代表。席间，公司领导回顾了自己带队前往日方公司访问的情景，以及自那以后两家公司高级领导推动双方合作发展的过程，认为几年来虽取得了一定成果，但距离预期目标仍有较大差距。日方代表汇报了与中方业务人员的合作情况，公司领导对日方代表的工作予以肯定，随后坦率地提出了关于上海公司的问题。

日方代表说道："上午，我们已与贵公司业务部门进行了坦率且深入的讨论，双方都展现出了友好、诚恳的态度。贵公司的人员并未对我施加压力，反而让我自行得出结论。对此，我深受感动。现在，我向您郑重表态，我公司领导一直强调要推动双方的合作，毕竟这是两个大型公司之间的合作。"

公司领导对日方的决定表示感谢，同时强调："推动和加强两家公司的合作，符合双方共同的战略利益，各级人员都应积极贯彻落实。此次您的表现值得赞赏，我希望我方同事能向您学习。"

最终，中方成功避免了一次业务流失。从中方的谈判组织来看，采取的策略十分明确，即让对手满意。中方在接待工作上考虑周全，给予了较高的礼遇，在谈判过程中也表现出了极大的理解与耐心，既不抱怨对方，也不强求对方，同时始终保持接触，从而使谈判达到了预期效果。

(资料来源：第一范文网. 中日谈判案例(精选 16 篇). 2022. https://www.diyifanwen.com/fanwen/tanpanjiqiao/7444765.html，有改动.)

思考：

1. 分析中日谈判的过程，阐述双方所采取的谈判策略。

2. 从分析中日双方谈判的过程来看，从谈判到签订合同需要具备哪些条件？

第九章

商务风险的规避

微课视频

当今市场风云莫测，瞬息万变，影响商务活动盈亏的因素十分复杂，有时一个细微的变化也可能造成经营的风险。因此，我们首先要明确：在商务交往中，风险是难以避免的。有风险不一定是坏事，风险大，往往意味着一旦成功，经济效益就会非常好。同时，我们也要量力而行，不能冒不必要的风险。就具体项目而言，则应寻求增加有相对稳定收益的机会，降低未来各种损失的概率。

商务谈判中需要研究的风险，既包括商务活动进行过程中存在的风险，也包括由谈判活动所带来的风险。对此，必须搞清在商务谈判中可能造成的直接和间接的经济损失的原因与程度，以及在谈判中应该采取怎样的对策，来避免和减少这种损失。商务活动中的风险，对于谈判双方来讲，都是同样存在的，只是有些风险是需要双方共同承担的，有些则可能是在双方之间来回转换，而有些仅是一方所独有。商务活动中，谈判双方存在的共同利益是合作的基础，但在某些方面双方又存在利害冲突，这也是客观存在的事实。我们要在这种既有一致性又有矛盾性的利益关系中，努力"把蛋糕做大"，寻求增加共同利益、减少共同风险的途径。同时又要虚心学习，谨慎行事，尽可能避免由于经验不足所带来的风险。

第一节　商务活动的风险分析

商务谈判中的风险主要包括政治风险、文化风险、市场风险、技术风险和素质风险等。下面将逐一进行介绍。

一、政治风险

经济作为社会生活的基础，决定着政治格局，而政治又反过来推动或抑制着经济的发展。自古以来，两者之间的这种辩证关系，不断反映在国际政治、经济生活中。

在商务谈判中，政治风险首先是指由于政治局势的变化或国际冲突给有关商务活动的参与者可能带来的危害和损失。例如，战后一些发展中国家先后实行国有化政策，一夜之间，外来资本被剥夺。至今，这一做法仍使少数发达国家在向发展中国家进行投资时顾虑重重。其次，政治风险也包括由于商务合作中的不当或者误会给国家间的政治关系蒙上阴影。例如，中国布鞋曾风靡一些西欧和中东国家，在法国几乎人均一双中国鞋。然而，突然有一天，在一些阿拉伯国家，有人发现一批中国鞋鞋底波纹近似于阿拉伯文"真主"字样，即刻引来一片愤怒，我国驻外使馆也因此遭到骚扰，这批鞋被封存，最后通过埃及一位颇有影响力的宗教领袖出面解释，风波才渐告平息。

由此可见，政治因素与商务活动有着千丝万缕的联系，这种联系决定了政治风险的客观存在。一旦造成不良后果，往往难以挽回消极影响，经济损失更是难以弥补。因此，提高预防政治风险的能力，是开展国际商务合作的重要课题。

二、文化风险

商务谈判是通过具体的人进行的，如果谈判主体的文化背景不同，那么由于文化差异而导致的文化冲突，会使商务谈判活动达不到预期目标的可能性增加，即为文化风险。国际商务谈判具有国际性、跨文化性的特点，这也决定了文化因素对商务谈判活动有很大的影响。

文化差异决定着谈判者的思维方式、行为方式，决定着谈判者的价值观念与判断标准，因此在实际的谈判中，有可能导致沟通误会、语言与非语言交际障碍等，从而对商务谈判目标的达成造成重大的影响。文化背景不同，思维模式、语言习惯也大不相同。即使双方使用同一种语言进行交际，也会因语言思维模式的差异而产生一定的误解。

在国际商务谈判中，由于双方有不同的价值观念体系，双方对一些问题的理解自然也就不同。如果缺乏应有的文化敏感度以及处理在异文化背景中出现的问题的技能，商务活动就会出现阻碍。例如，美国某著名电子公司经过一番相当艰苦而漫长的讨价还价之后，如愿以偿地谈妥了一笔买卖，但是在签约仪式上，日本公司的总裁仍在非常专注地阅读合同内容，他逐字推敲、一丝不苟的态度使美国公司的总裁心慌意乱，误认为日方在最后关头又犹豫不决了，于是就主动将各项商品的报价下降了 100 美元，结果使公司损失了数十万美元。其实他有所不知，日本总裁只不过是按照日本的商业惯例，在签约之前故作姿态阅读合同条文以彰显自己的权威而已。

由此可见，在商务谈判中，文化因素对谈判双方的信息沟通、充分交流有着非常重要的影响。忽略了文化因素的影响，轻者会使双方产生误解，影响合作；重者会导致冲突，使谈判破裂。文化风险常常渗透到谈判的各个方面，如谈判人员以自己的价值标准来衡量对方，即本文化中心主义的心理倾向，在谈判中往往表现为素质风险。又如，文化差异导致的文化冲突有时也会表现为政治事件，影响双方的友好关系。因此，在进行风险分析时，不能孤立地看待某一因素，而是要从多方面来综合分析。

三、市场风险

商务合作，只有以国际市场为背景，而不是仅以某一国家国内市场为依据，才能保证其公平性和合理性。然而，国际市场上的各种因素时刻都在变化，这就不可避免地给市场参与者带来各种损益的可能性，其风险主要有外汇风险、利率风险、信用证风险、海运提单风险等。

1. 外汇风险

外汇风险是指因汇率波动而蒙受的损失以及丧失所期待的利益的可能性。严格地讲，它是指一个经济实体或个人，在国际经济、贸易、金融等活动中，以外币计价的资产或负债因外汇汇率的变动而使价值上升或下降所造成的损益的可能性。

外汇风险的结果或是得到收益，或是遭受损失。由于各国使用的货币不同，而各国货币的汇率又变化无常，因此，从事对外贸易、投资及国际金融活动的公司、企业、个人或政府，在国际范围内收付大量的外币，或具有外币债权或债务，或者以外币表示其财产和负债的价值时，都会产生外汇风险。在国际贸易、国际借贷以及国际储备的管理与经营等国际经济活动中，外汇风险涉及交易双方的经济利益。各国外贸企业、外汇银行在其经营活动中，把避免外汇风险作为管理外汇资产的一个重要方面。外汇风险的类型总体来讲可以分为四大类，即外汇买卖风险，外汇交易风险，折算风险，经济风险。

(1) 外汇买卖风险是由于进行本国货币与外国货币的交换而产生的外汇风险。这种风险是以一次买进或卖出外汇，将来又必须反过来卖出或买进外汇为前提的。以外汇买卖为业务的外汇银行负担的风险主要是外汇买卖风险。而银行以外的企业以外币进行贷款或借款,以及伴随外币进行外汇交易时，也会产生同样的风险。

(2) 外汇交易风险是指在以外币计价的贸易或资本项目交易中，因汇率变动而使经济主体蒙受损失的可能性。它是伴随着商品资本买卖的外汇转移而产生的，而不是外汇买卖本身而产生的风险。

(3) 折算风险又称会计风险，是指一个经济主体在对资产负债表进行处理时，对以外币标价的经济交易用本币进行折算而产生的账面损益差异。由于一般企业采用本国货币作为记账本位币来表示一定时期的经营状况，因此，以外币表示的资产或负债项目，在结算时必须将其折算成本国货币并加以评价。由于折算时所适用的汇率不同，因此资产负债表中的某些项目的价值也会发生相应的变动。

(4) 经济风险又称经营风险，是指意料之外的汇率变动通过影响企业生产、销售数量、价格、成本，引起企业在未来一定时期内收益或现金流量减少的一种潜在可能性。在这里，收益指税后利润，现金流量指收益加上折旧额，这是用来衡量企业盈利状况的两个常用指标。汇率的变动通过影响企业的生产成本、销售价格，从而引起产销数量的调整，并由此带来最终盈利的变化。值得注意的是，经济风险中的汇率变动是指意料之外的汇率变动，而不包括意料之中的汇率变动。因为企业在预测未来的获利状况而进行决策时，已经将意料之中的外汇风险考虑进去了，因此它并不构成风险。对于一个企业来说，经济风险比其他风险都更为重要，因为其影响是长期的，而其他的风险的影响只是暂时的。

2. 利率风险

20 世纪 70 年代以后，国际金融市场上普遍实行浮动利率制。特别是近年来国际金融市场的动荡，使利率的波动更加频繁，利率风险已成为两大金融风险之一。利率风险是指在未来资金筹集或资金的使用者由于资金的价格——利率的不确定性，从而使最终结果与预测的有所变化而造成的某种损失。

利率风险的产生往往表现为以下两种情况：在借入资金的前提下，如果预期的利率高于到期时的实际利率水平，有可能会预先确定较高的偿还利率水平；同样地，在贷出资金的前提下，对预期的利率高估会使到期资金的实际收益价值降低，增加机会成本，造成利率风险。由此可以知道，形成利率风险的条件有以下几个因素：借贷关系的发生；利率的波动；远期利率与即期市场利率的差异等。

3. 信用证风险

信用证方式虽然较易被买卖双方共同接受，但由于其固有特性常被不法分子利用，客观上也存在一系列风险。从出口方的角度来看，信用证方式的风险主要表现在以下几个方面。

(1) 进口商不依照合同开证。由于各种原因，进口商不依照合同开证，从而使得合同执行困难或使出口商蒙受额外的损失。最常见的是在市场变化频繁和外汇、进口管制严格的情况下，进口商不按期开证；进口商在信用证中添加一些对自己有利的附加条款(如改变保险金额，变换目的港等)；进口商在信用证中添加了许多限制性的条款。

(2) 进口商故意设置障碍。进口商往往利用信用证"严格一致"的原则，蓄意在信用证中添加一些难以履行的条件或设置一些陷阱，如规定不确定、字误以及条款内容相互矛盾等。

(3) 进口商伪造信用证。进口商使用非法的手段伪造信用证，或窃取其他银行已经印好的空白格式信用证，或与已经倒闭或濒临破产的银行的职员勾结开出信用证，出口商稍有疏漏就会导致货款两空。

(4) 信用证规定的要求与有关的国家法律规定或有关部门的规定不一致。实践中，进口商开具的信用证表面上对于卖方非常有利，但出单的有关国家或主管部门的规定不允许信用证上的有利条件得以实现。

(5) 涂改信用证诈骗。进口商将过期失效的信用证刻意涂改，变更原证的金额、装船期和受益人名称，并直接邮寄或面交受益人，以骗取出口货物，或迫使出口方向其开立信用证，骗取银行融资。

4. 海运提单风险

海运提单是承运人签发给托运人的货物收据，是货物所有权的凭证。在国际商务活动中，由于环节太多使得提单风险也越来越多，因此会导致以下几种情况。

(1) 伪造提单。在信用证贸易中，银行往往只根据信用证付款，而不审查单证的来源及其真实性。一些不法分子利用信用证贸易中这一法律漏洞伪造提单，以骗取买方付出货款。

(2) 倒签和预借提单。提单的签发日期应是货物装船后的真实日期，托运人为了使提单的签发日期符合信用证的要求，顺利结汇，往往会倒签或预借提单，但对收货人来说则构成合谋欺诈，可能使收货人蒙受巨大损失。同时，作为非法签发的提单不具有法律效力，因此当事人的合同争议会转变成侵权纠纷。

四、技术风险

谈判中所要考虑的各类技术问题十分广泛，不仅涉及项目的工艺技术要求，还涵盖项目管理的技术问题。因此，从广义上来理解，谈判中的技术风险所反映的内容很多，包括因过分奢求而引起的风险、因合作伙伴选择不当而引起的风险等。

1. 因技术上过分奢求引起的风险

在涉及引进技术、引进设备等项目谈判中，引进方在进行项目技术谈判时，常有不适当地提出过高技术指标的情况。这种情况，对于发展中国家来讲比较普遍，特别是那些参与谈判的工程技术人员，总是希望对方提供的技术更先进、更完善、功能更全。这样做，实际上必然会增加项目成本。俗话说，一分钱一分货。在项目合作中，我们在向外方提出任何技术要求时，都要有承受相应费用的准备。而且需要明确的是，费用的上升幅度有时会大大超过功能、精度的提高幅度。事实上，我们会发现这些要求中有相当部分在实际运用中往往是不必要的。例如，在一项远距离控制系统设备的引进及项目管理中，我方技术人员向外方提出了过多的要求，这给我方商务人员在合同价格谈判时带来了很大困难。需要指出的是，在项目管理中，我方要求外方承担部分责任，而这部分工作涉及我方负责的项目部分。外方感到要承担这种责任，存在过多的不确定因素，这些因素对外方来讲都是未知的。因此，外方认为做这些事情风险很大，依据"较大的风险，较多的收益"这一准则，外方提出的报价就比较高。外方企图在最大的风险条件下，依旧能获得稳定的收益，因此想通过抬高合同价格这一方式把风险重新转移给我方。

由此可见过分奢求也会带来风险。我们的工程技术人员、谈判人员在提出有关要求时，应考虑这些要求既要符合我方的需要，又要符合对方的技术规范。这样，不仅在技术上可行，在经济上也可以达到合理的目标，并且有助于商务谈判的顺利进展。

2. 因合作伙伴选择不当引起的风险

发展中国家在开展国际经济合作中，常常以引进资金、技术、设备及管理为主要内容。但能否如愿以偿地从发达国家的合作伙伴中得到这些东西，往往不能十分确定。不能仅仅认为对方是发达国家的企业，拥有先进技术，就一定保证合作顺利成功。例如，在我国某市的一个大型项目中，谈判者选择了美国的一家中型企业 M 公司作为技术设备供应商。M 公司技术比较先进，但它的资金实力、商务协调能力比较差，对中国情况不了解，缺乏在中国开展活动的经验。尤其是它在美国收购了另一家 T 公司，且 T 公司曾向银行借过一笔款项，到期无力偿还，这笔债务就转而由 M 公司承担。然而，M 公司此时亦无足够资金抵债，导致其银行账户被银行冻结了，各项业务也被迫全部停止，并影响与某市合同的履行。鉴于某市这个项目的重要性，本已紧张的工期不能再拖延，最后我方只得采取非常措施，帮助 M 公司继续履行合同，使其摆脱困境，也使某市工程得以完成。

在商务合作项目中，除考虑合作伙伴的技术状况之外，考查其资信条件、管理经验等方面情况也是一个相当重要的问题。只有选择了合适的伙伴，才有可能保证项目合作达到预期的目的。对于那些重要的、敏感的工程，我们更要寻找信誉良好、有实力的合作伙伴，即使要为此承担稍高的合同价格也是完全值得的。合作伙伴选择不当，不但会使项目在合作进程中出现一些难以预料甚至难以逆转的困难，造成不可挽回的损失，而且在项目尚未确定之时，就有可能使我们蒙受机会成本的损失。例如，亚洲开发银行曾有个大型贷款项目进行国际招标，我国两家公司联合了 A 国一家公司、B 国一家公司、C 国一家公司参加了投标。然而，C 国公司在联合投标过程中采取了不太合作的态度，不仅对其将要承担的部分报价过高，而且对合作者提出了一些令人难以接受的要求，给由我方牵头的联合投标报价造成了极大困难。最后经反复权衡，我方与 A、B 两国公司毅然决定抛弃这家 C 国公司，由另一家较为合作的 D 国公司替代。由此终于使联合投标行动以 7900 万美元的标的额夺得了第一标，而第二标又恰好是以 8000 万美元紧随其后中标。如果当初不甩掉 C 国那家公司，我方就会因伙伴不配合而丧失成功机会。

由此可见，在商务活动尤其是国际商务活动中，合作伙伴的选择至关重要。选择好的合作伙伴，可以使其风险降低。

3. 因强迫性要求造成的风险

在国际政治事务上，往往会有一些大国凭借自己的实力，强迫弱小国家接受他们提出的方案，否则就以各种制裁相威胁。在这种形势下，事态的发展要么以弱小国家屈服妥协为结局，要么导致冲突加剧升级，甚至可能带来战争。与此类似，在商务活动中，一些实力强大的大企业与相对实力弱小的企业进行商务合作时，往往盛气凌人，提出较苛刻的要求。在国际商务活动中，一些发达国家的企业在与发展中国家企业交往中，针对发展中国家的企业有求于发达国家的实际，如希望给予政府贷款，要求转让某些技术等，在项目合作条件中，对发展中国家提出苛刻要求的事情也时有发生。于是，发展中国家的企业就面临着"强迫风险"，要么接受不公平的条件，承受利益分配上的不平等，要么拒绝无理要求，承受机会成本损失。对于发展中国家企业来讲，既要维系与发达国家企业的合作，又要维护自己的合法利益，这确实是有相当难度的。反过来，部分发展中国家的企业在开展对外商务合作时，作为业主仍然对国外客商提出的合作条件横加挑剔，强迫对方做一些他们根本做不到或做不好的事情。甚至以为这是理所当然的，唯有如此才能保证自己的利益不受分割，殊不知这样一来，谈判就容易陷入僵局。即使最终外商被迫让步，接受了我方的要求，也会在日后的合作中伺机把他们事先失去的利益，再偷偷地补回去。这种明放暗补的做法，最常见的莫过于偷工减料，由此会对整个项目造成危害。例如，有一个重大工程项目，由中方某公司与外方某公司联合承包，并由中方公司提供部分技术和设备，但在合作谈判中，中方公司为降低自己的风险，坚持要求外方公司负责整个项目的管理工作。外方公司认为，整个项目主要是由中方公司承担的，故而项目管理工作不应由外方公司负责，不愿因此承担连带责任。由于外方公司曾在十多年前，因连带责任陷入危机，险些破产，心有余悸，因此谈判陷入僵局。后来，中方公司做了适当让步，矛盾才得以解决。

事实上，发展中国家在国际商务谈判中，采取"强迫"的做法与"奢求"的态度是有原因的。当奢求的愿望变得愈加强烈，并且自恃处在有利地位，于是逐渐在态度上变得强硬起来，那么"强迫"行为就发生了，同时，风险也随之而来。因此，在对外商务合作中，我们既要反对国外合作伙伴的大国沙文主义立场，也要警惕我们自身某种强人所难的态度和做法可能会给合作带来的危害。

五、素质风险

在开展商务活动中，参与者的素质欠佳会给谈判造成不必要的损失，我们把造成这种损失的可能称之为素质风险。实际上，商务谈判过程中可能出现的各种风险，可划分为非人员风险和人员风险，前者主要是由环境因素决定，后者主要是受人员素质的影响。从根本上讲，各种状况的技术风险，是因为人员素质欠佳造成的。这些现象，反映了商务活动参与者，包括谈判人员经验不足，管理水平、谈判水平亟待提高的事实。此外，项目实施与管理过程中表现出来的人员内在素质缺陷，在很多情况下也构成了对商务合作潜在利益的威胁。有的谈判人员，在谈判过程中表现出急躁情绪，如急于求成、好表现自己，或者拖泥带水、迟缓犹豫、怕承担责任，无法真正把握时机，争取最佳获利。事实上，造成这种风险，固然有谈判人员先天的性格因素，但更重要的往往是谈判作风方面的问题。有些谈判人员，不敢承担责任，一遇到来自对方的压力，或来自自己上司的压力，就感到难以适应，不能相机决断。具体表现为：有时在未与对方充分交涉洽商的情况下，匆忙做出承诺，使经过努力争取可以获取更大利益的局面丧失殆尽；有时则久拖不决，不从工作的角度出发，而是过度考虑谈判结果对于个人得失的影响，不能争取更有吸引力的合作前景。有的谈判人员刚愎自用，自我表现欲望过强，在谈判中坚持一切都要以他的建议为合作条件，寸步不让，从而使有些合作伙伴不得不知难而退。例如，上海某机械厂拟引进一批先进设备，经有关部门牵线搭桥和多方比较，最终选定某国 F 公司的产品。F 公司以前从未与中国有直接业务来往，因而合作态度十分积极，希望借此机会开拓中国市场。为此，F 公司在商务谈判中报出了非常优惠的价格。然而中方主谈人是一位新上任的副厂长，为了表现自己，把谈判看成一场胜负赛，不顾实际情况，一而再、再而三地向对方压价，并在合作条款上，向 F 公司提出了许多实在难以让人接受的条件。对于一台定制设备，要求 F 公司货到上海 10 天内必须安装调试完毕。这种表面看来有些毛糙的性格，实际上却是作风不踏实、责任心不强的反映。显然，这种做法也只会把客商吓跑，白白浪费一个良好的合作机会。

在商务活动中，缺乏必需的知识，又没有充分地调查与研究，以及不能虚心地向专家请教，也会带来隐患。其实，在国际商务合作中，对客观环境不够了解，对专业问题不够熟悉，是很正常的事情，关键是谈判人员要正视自己的这种不足。对那些应该掌握的情况、可以预知的知识缺陷，应通过一定途径、方式加以了解和弥补。否则，就有可能蒙受不必要的经济损失。如果我们所面临的未知因素是事先无法预测和控制的，即主要是由外界环境的意外变化引起与决定的，那么我们也只能被动应对。尽管有些情况反映了我们在专业知识方面存在不足，但是只要我们事先能充分地进行调查分析，认真全面地做好可行性研究，特别是聘请一些专家顾问，如工程技术人员、律师、会计师等参与可行性研究，那么就有可能对这些客观因素的影响做出"预先"估计，并可相应地采取措施。

因此，在商务活动中，我们要不断保持风险意识、积累实践经验、悉心观察、虚心求教，从而降低风险发生的概率。

第二节　商务风险的预见与控制

风险规避并不意味着完全消除风险，我们所要规避的是风险可能给我们造成的损失。一是要降低这种损失发生的概率，这主要是指采取事先控制措施；二是要降低损失程度，这包括事先预控、事后补救两个方面。

风险有造成损失、却没有受益机会的纯风险，如货物运输途中，货物主人要面临船覆货毁的风险等；也有另一种既会带来受益机会，又可能存在损失的投机风险，如出口某种产品，开拓海外市场，既有可能成功，也有可能失败。

纯风险是令人厌恶的，而投机风险却十分诱人。通常情况下，纯风险和投机风险是同时存在的。例如，房产所有者同时面临诸如火灾之类的纯风险和诸如经济形势变化引起房产价格升降的投机风险。在商务谈判中，善于区别这两种风险并采取不同的应对策略具有重要意义。评价风险的焦点集中在两个方面：一是对损失程度的估计；二是对事件发生概率大小的估计。如果未来损失程度对整个事件是无足轻重的，那么事件发生的概率再大，花费很大的精力和财力去应对它并不值得；反之，即使事件发生的概率较小，然而一旦发生会导致损失惨重，这就需要认真考虑对策，并不惜承担必要成本。因此我们首先要对风险做出比较可靠的预测。一般来说，由人员因素引起的风险，大都比较容易预先估计到，如技术人员出于对技术完美性的追求，他们往往追求最完美的设计、最健全的功能、最高的质量、最好的材料等，而不顾制造成本大小，反映在有关引进技术设备的商务谈判中，就会表现为一种奢求风险。事实上，在一定"标准"或均衡的性能价格比率基础上，每提高 1%的性能要求，价格上升就会超过 1%，并呈几何级数增长，对此可做出较为准确具体的估计，并对不同情况下各种方案的优劣做出评价，确定经济上较合理、技术上又先进可行的对策。对于其他由人为因素造成的风险，诸如现场管理、人员素质等，只要谈判人员以及其他参与人员规避风险的意识提高，那么这些风险是较容易预见的，也是较容易控制的。

预见和控制非人员风险的难度较大，如非人员风险中的政治风险、自然灾害风险，往往是不可预测的，其发生常会令人不知所措。因此，只有采取事后补救的办法，但实际损失的绝大部分将无可挽回。例如，苏伊士运河被切断、在拉美的外国私人企业被没收、海湾战争，以及突如其来的地震、台风、海啸、旱涝等自然灾害，给商务活动造成损失的例子不胜枚举。由于这些风险事先无法预见，损失就无法避免。

风险管理理论告诉我们，要规避商务合作中可能出现的风险，通常可采取以下的措施。

第一，完全回避风险，即通过放弃或拒绝合作，停止业务活动来回避风险源头。虽然潜在的或不确定的损失能就此避免，但与此同时获得利益的机会也会因此而丧失殆尽。

第二，控制风险损失，即通过减少损失发生的机会并降低损失发生的严重性来应对风险。

第三，转移风险。将自身可能要承受的潜在损失，以一定的方式转移给第三者，包括保险与非保险两种方式。在商务活动中，普遍采用的保险方式就是出于转移风险的需要；而让合作方的担保人来承担有关责任风险，就是一种非保险的风险转移方式。

第四，自留风险。自留风险可以是被动的，也可以是主动的；可以是无意识的，也可以是有意识的。当风险未被提前预见，企业未做好应对准备时，自留风险就是被动的或者是无计划的。这种自留风险的方式是常见的，而且在一定程度上不可避免。所谓主动的或有计划的自留风险，通常是采取建立一笔专项基金的做法，以此来抵补可能遭遇不测事件所带来的损失。在某些情况下，自留风险可能是唯一的对策。因为，有时完全回避风险是不可能或很难做到的，这时采取有计划的自留风险，不失为一种规避风险的有效方式。

由此可见，在商务活动中，源自政治、自然灾害的风险损失常常是我们被动、无计划自留风险所导致的，因为这种风险是难以预测的。采取主动的、有计划的自留风险措施，也往往只是杯水车薪之举。而对于那些根据已经观察到的事实，而判断出来的政治风险和自然灾害风险，采取完全回避风险的策略显然是较好的办法。例如，取消在战争或动乱可能持续下去的国家或地区的投资计划，停止在洪水经常泛滥的河谷地带建厂等，这些都可称得上是明智的选择。

在保险业日益发达的今天，通过保险来转移自然风险所造成的损失已成为一种普遍的选择。同时，对政治风险的保险已经成为一种现实，只是这种保险业务的内容目前尚被严格地限制在一定的范围之内。风险越不容易被预见，就越难以得到控制；反之，风险一经被识别和衡量，相应的对策和措施就会较容易被找到。对于非人员风险中的市场风险，如汇率风险、利率风险、价格风险，我们可以通过加强预防措施，来达到降低风险的目的。例如，在寻找设备供货商时，选择单一伙伴，往往会面临因其设备性能或价格难以符合目标要求，以及资信状况不佳而有可能导致供货不及时等风险，因此应该详细地考察该供应商各方面的合作条件，对合同中的违约责任予以细致明确的规定。若有必要，还可以通过联系多家供应商，形成竞争局面，从中选择最有利的合作伙伴，以此来降低或消除损失发生的概率，这就是风险损失控制策略的体现。

再如，对汇率风险，当我们能够通过对历史资料的分析及对今后国际外汇市场走势的预测，确信某种外币对本国货币将升值，我们就可采取远期交易的方式，以现汇汇率或约定汇率来买入未来某个时刻的外币。这样，外币价格就被锁定，如若日后该外汇汇率果真上升，不仅损失得以避免，而且相对而言还会产生一笔额外的收益。同时，在商务谈判中积极地采取其他一些风险转移策略：或让合作伙伴分担风险，或向保险商投保，这些都是降低市场风险的一种有效途径。

一般来看，处理风险主要有完全回避风险、控制风险损失、转移风险、自留风险四种方式。对于政治风险、自然风险这类纯风险，有时采取完全回避风险的策略而终止商务活动的做法是有积极意义的，而被动的自留风险的做法，往往也是迫于无奈。但如果采用完全回避风险的方式来应对汇率风险这种投机风险，则无疑是"因噎废食"的愚蠢举措；即使运用有计划的自留风险策略来应对它，也不是最佳的选择。针对汇率风险隐含投机可能的特性，我们可以采用外汇的期货交易或期权交易方式，因为它不仅是一个争取套期保值的过程，同时也是一个可能获利的过程，这或许是处理风险更为积极的做法。也就是说，风险规避，从广义上理解，不单单是指消灭风险，同时也是要在寻求减少未来可能损失的同时，寻求未来收益增长的机会。

第三节　规避风险的手段

在商务谈判中体现上述风险规避思想的具体措施和手段如下。

一、提高谈判人员素质

在商务合作过程中，风险可谓无处不在。谈判主题一经明确、谈判人员一经确定，风险即已形成。因此，谈判人员应当依照一定的素质标准从严挑选。虽然不可能在这些候选人完全达到标准以后，才允许他们走上谈判桌，但是由于商务谈判，尤其是涉外谈判的责任重大，因此不得不对谈判人员，特别是首席谈判代表提出严格的要求。最终被选定的谈判人员应该以事业为重，有较强的自我控制能力，敢于承担责任。同时，还要知识面广，谦虚好学，能够虚心请教他人。这样，人员的素质风险就可能在一定程度上降低。

例如，我国某公司曾在泰国承包了一个工程项目，由于不了解施工时期是泰国的雨季，运过去的轮胎式机械在泥泞的施工场地上根本无法工作，只得重新再采购履带式机械。因为耽搁了采购、报关、运输时间，以致延误了工期，于是对方提出了索赔。如果当初我们能多懂一点世界地理知识，知道泰国的气候特点，或主动向专家了解一下在泰国施工可能遇到的困难，那么最终蒙受的经济损失和信誉损失就能够避免。谈判人员工作作风应该深入、细致，洞察力强，信息渠道多，善于应对竞争局面，多方择优。这样，可以克服伙伴选择方面的风险隐患。谈判人员要懂得一分钱一分货，既能坚持合理要求，又不能提过分条件，这样就可以降低奢求风险。谈判人员还应该对政治与经济的辩证关系有深刻而清醒的认识，从事国际商务活动者，应不断努力提高对国际政治形势的分析预测能力，由此而提高应对政治风险的控制能力。

一个具有世界冠军潜质的优秀运动员，要降低奖牌落空的风险，只有长年累月坚持不懈地艰苦训练。同样地，商务谈判人员要试图避免或减少由其素质条件引发的各种谈判风险，也必须通过不断提高自身素质来规避风险。

二、请教专家，主动征询

一般情况下，一个商务谈判人员知识再全面，整个商务谈判班子知识结构再合理，也难免会有缺漏，特别是对于某些专业方面的问题，难免会缺乏全面的把握与深刻的了解。因此，请教专家、聘请专家顾问，常常是商务谈判取得成功所必不可少的条件。

专家可以帮助谈判人员了解客观环境。就上述在泰国承包工程一例来看，倘若当初能预先向专家求教地理环境、气候条件等方面的情况对施工的影响，一开始就组织履带式机械施工，就能避免赔款。又如，我国在菲律宾承包的一项工程，因打桩机造成噪声污染而向附近一家医院赔款 60 万美元。从这一案例来看，若能当时预先聘请一位当地律师，请他审查一下合同条款是否有疏漏，请他来施工现场考察一番，那么因噪声污染而影响医院环境一事就会被及时发现，通过采取必要预控措施，就可避免向该家医院赔款 60 万美元。

在选择合作伙伴时主动征询专家的意见，可以帮助我们避免因伙伴选择不当而造成的风险损失。这种专家来源渠道有很多，它既可以是国内的有关专业外贸公司、同行业企业，也可以是国外，特别是项目所涉及的有关国家的政府部门、行业机构，甚至还可以是国内外银行等金融机构、外国驻我国使领馆和我国驻外使领馆，等等。值得一提的是，以往我们不太重视从银行渠道获得开展商务活动所需要的信息，但实际上金融机构之间频繁的业务往来已经使银行成为各种商务信息的天然集散地。我们曾提及的为上海一个大型项目提供有关技术设备的 M 公司，由于缺乏资金实力而被银行冻结往来账务，结果严重影响了项目的合作进程。事实上，有一家外国银行曾在咨询报告中推荐另一家公司来代替 M 公司，可惜当时未引起重视，否则我们就不会陷入十分被动的尴尬境地。

政治风险、自然灾害风险都是纯风险，它们难以被预测，一旦造成了危害，后果就会非常严重。对此，请教有关方面专家可能会得到有价值的信息与启发。例如到海外投资，一定要请国际政治问题专家帮助考证当地政治环境是否稳定，与周边国家和地区关系的状况如何等；与国外大公司、金融财团合作，一定要设法搞清楚它们与该国政府、议会之间的关系；为国外客商发射通信卫星，一定要请气象专家精确推算计划发射的时间内的气象变化趋势，请他们参与发射方案的制定。专家不能保证完全消除这些风险，但总要比外行更了解这些风险，而这正是商务谈判人员所需要的。

三、审时度势，当机立断

一个谈判人员是否能审时度势，当机立断，很大程度上要归结于心理素质的优劣，谈判的准备是否充分。然而实际情况是纷繁复杂的，要进行反复比较，做出最佳选择往往是非常困难的。决策理论告诉我们，现实生活中很少存在对某一事务绝对最佳方案，或者说，即使人们花了大量时间、精力、资金，经反复研究、演算、论证找到了这样一个理想的方案，似乎据此便可以做出最优决策，但事实上极可能由于决策成本过高或者由于贻误时机，使这种决策最终丧失了其最优的特性，甚至变得一文不值。

商务谈判既不可急于求成，也不可当断不断。有些外商利用我们有求于他的心理，在谈判中提出苛刻的合作条件，如果我们急于求成，就要承受价格不合理的风险；反之，在谈判中表现出过多的犹豫，想把方方面面的情况条件，包括各种细微之处都考虑周全再做决策，那就得承受失去合作机会的风险。例如，前述我国与 A、B、C 三国联合投标的例子，如果我们当时瞻前顾后，犹豫不决，不把 C 国的一家企业放弃掉，那么我们就要背上包袱。这样我们是不可能以与第二标仅差 100 万美元的微弱优势夺得第一标的。风险不会是一成不变的，在商务活动中，大量存在的是投机风险，即损失与收益的机会同时存在。因此要想彻底消灭风险，那收益的机会也会同时被剥夺。而对于投机风险是不应该简单地、消极地运用完全回避风险的策略的，而应该以积极、主动的态度去对待它。

在商务谈判中，有些具体方面必须相当谨慎细致地反复推敲权衡，但在总体上，不能过于计较细节。一旦条件基本成熟，就应该当机立断，对于大型项目谈判尤其是如此。

四、采用适当的技术手段规避风险

可以采取以下几种方式来规避商务活动中的风险。

(一)风险控制的方法

1. 经营的多样化

经营的多样化包括经营项目的多样化和经营地点的多样化，这里主要是指国际经营多样化。在各国经济发展不均衡时，通过国际经营多样化有可能及时了解这种情况，并对它做出具有竞争力的反应，并且能较为及时地发现各国的货币购买力之间的差异，并对之做出积极的反应。各国的货币汇率的变动是不可避免的，但通过国际经营的多样化，可以使所有这些由汇率变动引起的风险相互抵消，使其总和趋向于极小化。

2. 分散筹资

筹资的分散化策略的主要作用是：可以通过借款货币结构与经营中预期收入货币结构相适应的方法，抵消交易风险和折算风险；可以降低由于商业周期引起的现金流量的易变性；可以分散战争、资金冻结、没收等政治风险；可以分散因金融市场动荡所引起的证券风险等。

3. 本币计价

以本币计价对本国的进出口商都有利。进口商以本币计价支付货款时，可以确切地知道最终将支付多少本币，而不管汇率如何变动；出口商以本币计价收入货款时，可以确切地知道将取得多少本币收入。以本币计价的实质是从根本上回避外汇交易，从而完全避免了外汇风险。

4. 平衡抵消

平衡抵消是指在对外贸易活动中，按照使用货币的不同，使货币的收支数额达到或接近平衡，以抵消或减轻汇率变动的风险。平衡抵消分为单项平衡和综合平衡两种。单项平衡是指一个单位以外汇借款来引进技术设备，扩大产品出口时，力争使借款的外汇、进口支付的外汇以及产品出口收入的外汇，都使用同一种外币，以避免汇率风险和利率风险。例如，一家生产出口产品的工厂，决定为扩大再生产而进行的技术改造，从银行借入一笔美元贷款，用于进口设备，为了避免汇率风险，应力争在进口设备时也使用美元；在设备安装投产后，推销产品出口时，也争取使用美元；最后用出口收汇的美元偿还贷款本息。从借款、引进、出口到还款过程的外汇收支，都以同一种货币进行，这样可以避免套汇，自然也消除了外汇风险。

综合平衡是指一种货币汇率上升或下跌时，必然出现另一种货币汇率的相反变化，即下跌或上升。例如，美元对日元汇率的下跌就意味着日元对美元汇率的上升，如果单纯地使用其中一种货币，必将承担汇率风险。一个单位在同一时期的出口业务中，既要力争多收日元(硬货币)，也要适当地做一些以美元(软货币)计价收汇的出口业务。这样日元汇率上升的收益，就可以弥补美元下跌的汇率损失，从而抵消美元下跌的汇率风险，这种做法就是出口的综合平衡。

当一个企业在美元下跌时，成交了一笔以美元收汇的出口业务，显然要承受汇率风险。但是，如果它能在一笔金额相当的进口业务中，争取到以美元付款，结果出口收入和进口支付均以美元衡量，就能抵消汇率风险，这种做法就是进口的综合平衡。

综合平衡显然比单项平衡更富有灵活性。它不仅可以在一个公司内进行，而且可以扩大到一个系统、一个地区的范围内进行。只要各种对外交易收付的外币种类、金额、期限等能进行有效的搭配，运用得当，在防范外汇风险上就有可能取得明显的效果。

5. 组合配对

组合配对是指涉外经济主体在一笔交易发生后，再进行一笔与该笔交易在币种、金额、收付日上完全相同，但资金流向正好相反的交易，通过这种方式，两笔交易所面临的汇率变动影响可以相互抵消。例如，某公司出口一批货物，6个月后收款，价值500万美元。为了避免美元贬值的损失，它可以在两个月后(或其他期限)进口500万美元的货物，并争取将付款日期安排在4个月后。这样，在该公司收到500万美元出口货款的当日，就能用这一笔款项履行支付进口货款的义务。

6. 对等贸易

对等贸易是一种将进口与出口联系起来，进行货物交换的贸易方法。对等贸易方法的具体形式有很多，其中能较好地避免外汇风险的有易货贸易、清算协定贸易和转手贸易。

(二)风险转嫁的方法

1. 出口、资本输出争取用"硬币"，进口、资本输入争取用"软币"

"硬币"是指在外汇市场上汇率呈现上升趋势的货币；"软币"则是指在外汇市场上汇率呈现下降趋势的货币。出口商或债权人如果争取以硬货币作为合同货币，当合同货币的汇率在结算或清偿时升值，就可以兑换回更多的本国货币或其他货币。同样地，进口商或债务人如果争取以软货币作为合同货币，当合同货币的汇率在结算或清偿时，就可以少支付一些本国货币或其他货币。这一方法的实质在于将汇率变动的风险转嫁给对方。但由于各种货币的"软"或"硬"并不是绝对的，其"软""硬"局面往往会出现转变。严格地说，这种方法并不一定能保证其免遭汇率变动的损失。

2. 远期外汇买卖

远期外汇买卖可以起到防范汇率风险的作用。通常在对外经济贸易中，交易双方在一笔交易成交后，为了使定期(如 6 个月)应收的外汇或应付的外汇不受到将来汇率变动的影响，从而使预定成本或收益得以实现，一般会采取这样做法：在合同签订之日，按照 6 个月的远期汇率，将 6 个月后到期应收的外汇在外汇市场上售出，或将 6 个月后到期应付的外汇在市场上买入。在远期合同到期之前，不管汇率怎样变化，都会按照合同规定的汇率办理交割。通过远期外汇买卖，付出的只是有限的远期交易费用，却能有效防范汇率波动的风险，避免损失。

3. 外汇期权交易

外汇期权交易，是买卖双方以签订协议的形式，明确规定"期权的买方"有以下选择权利：到期按照协议汇价，购进或卖出规定数量的某种外币进行交割；或者根据市场汇率情况，到期放弃买卖权利，让协议过期作废，只承担预付的期权费用的损失。货币期权交易在当今外汇市场颇为流行，原因是该种交易能使企业用很低的费用得到无限的收益。

4. 采用提前或延期结汇

这是指涉外经济主体根据对计价货币汇率走势的预测，将收付外汇的结算日或清偿日提前或延期，以达到防范外汇风险或获取汇率变动收益的目的。对于出口商或债权人来说，如果预测计价货币的汇率将下浮，应争取提前收取外汇，以避免因所收外汇兑换成本币数额减少而遭受的损失；反之，如果预测计价货币的汇率将上浮，可以争取或同意延期收取外汇，以获得因所收外汇兑换成本币数额增加而带来的好处。对于进口商或债务人来说，如果预测计价货币的汇率将下浮，则可以延期支付外汇；反之，如果预测计价货币的汇率将上浮，则可以争取提前支付外汇。

5. 利用福费廷交易

福费廷(Forfeiting)是在延期付款的大型设备出口业务中，出口商把经进口商承兑的、期限在半年以上至五六年的远期汇票，无追索权地向出口商所在地银行(或大金融公司)进行贴现，从而提前取得现款的一种金融融通形式。它是出口信贷的一种类型，由于办理福费廷所贴现的票据对出口商没有追索权，出口商在贴现这种票据时属于卖断行为，以后票据拒付与出口商无关，出口商将拒付的风险完全转嫁给银行。这是福费廷交易与一般贴现的最大区别。

通过这项业务，出口商与进口商之间的信贷交易变为现金交易。这使出口商不仅能够立即获得现金，而且可以将面临的外汇风险转嫁给经办这项业务的银行，使出口商不受汇率变动与债务人情况变化的影响。但由于福费廷业务的风险由银行或金融公司承担，因此其费用也较高。福费廷交易的贴现率通常参照欧洲货币市场有关的利率，并综合考虑国家风险和外汇风险等费用确定。

6. 风险的保险

这是目前针对世界汇率、利率波动的保险。一般的做法是：投保者向保险公司提供有关证明并缴纳一定的费用，保险公司对投保货币的汇率和利率的波动幅度加以规定。如果在规定的波动幅度内，保险公司对投保者遭受的损失予以赔偿，对超出规定幅度的损失，则不予赔偿。如果因波动幅度超过规定幅度而产生的收益则归保险公司所有。通过投保风险保险，出口商即使用软货币对外成交，在一定范围内的汇率损失，也可以得到补偿。由于出口商把风险转嫁给保险公司，这就可以促进进出口贸易的扩大。

(三)风险回避的方法

在商务谈判中，我们经常会同对方处于相对立的地位，因此既要全面考虑，又要灵活掌握。所谓全面考虑，是指在合同签订时，必须坚持把风险作为一个重要因素进行考虑；所谓灵活掌握，是指在一笔交易的主要条件对己方有利的情况下，可以灵活调整其他条件。具体而言，主要体现在以下几个方面。

1. 商务谈判中要谨慎选择贸易伙伴

在国际贸易中，对客户的资信情况进行全面的了解是保障业务顺利进行的先决条件。若对贸易伙伴的资信情况没有进行很好的调查和了解，仅凭熟人介绍或贪图小便宜而与之达成交易，则往往容易出事。资信情况好包括两个方面内容：一是有相当可观的资产且经营状况良好，有履约的能力；二是能够在诚实守信的原则下履约，不会随意撕毁合同。同时要对各种票据严格审查，防止欺诈行为。

2. 谈判中货币的选择

货币选择是对外谈判中防范外汇风险最普遍、最基本的方法之一。由于在对外贸易的活动中，交易双方的成交日与外汇收付日之间总要有一段时间差，在外汇汇率不断变动且各种货币的"硬""软"属性经常变化情况下，使用什么货币，往往会成为双方谈判和签订合同时的焦点。结合我国的情况，在对外谈判中对外汇风险的处理应坚持以下几个原则。

(1) 选择可自由兑换的货币。我们所指的可自由兑换货币，主要是那些既实行浮动汇率制又在人民币挂牌交易的货币，如美元、日元等。这样的货币，既适用于资金的调拨和运用，从而帮助转移汇率风险，又可以根据汇率的趋势进行兑换和转移。

(2) 货币的选择要与贸易相结合。在国际贸易中选择使用哪种货币在策略上应与商品的购销意图、商品国际价格等因素结合起来全面考虑。既要防止因选择货币不当而蒙受外汇风险及其带来的损失，又要避免因为单纯考虑外汇风险而影响商品的出口和急需物资的进口。一般来讲，用硬货币报价时货价要低一些，用软货币报价时货价要高一些。但如果出口货物是畅销货，并且国际市场价格趋涨，此时用硬货币报价即使贵一点，对方也容易接受；如果出口货物是滞销货，国际市场价格趋跌，为了打开销路，出口商可以接受用软货币计价成交，同时为了防止在收汇时因货币汇率下跌而遭受损失，可以利用外汇市场的远期外汇买卖来避免风险。同样地，对急需进口的商品，如果对方坚持用硬货币也可以接受，同时进口商可以事先买进将来付款时的远期硬货币，从而避免外汇风险。此外，为了使交易双方共同承担风险，在策略上还可以采取以下措施：第一，如果出口商坚持用硬货币而进口商又急需进口，在其他条件不变情况下，可采取软硬各半的方式；第二，在成交合同中对双方商定的货币加一个外汇风险的保险系数；第三，采用记账结算方式。总之，在选择出口收汇用硬货币，进口付汇用软货币的同时，必须结合国别政策、价格水平及客户的资信加以综合考虑，采取既有原则又有灵活性的策略。

3. 货币保值

货币保值即在交易谈判中，经过双方协商，在合同中签订适当的保值条款(往往在长期合同中)以防止汇率多变的风险。在国际支付中，常用的保值条款有以下几种形式。

(1) 黄金保值条款。在西方货币黄金平价失去作用以后，有的国家曾用黄金价格来保值，即在签订合同的同时按当时的黄金价格将支付货币的金额折合为若干盎司的黄金，到实际支付日若黄金价格上涨，则支付货币的金额相应增加；反之则相应减少。

(2) 用硬货币保值。我国出口贸易中有一部分出口商品的计价货币，长期习惯使用某种货币，而当这种货币的汇率波动幅动较大，但又不便立即改为其他货币时，这种情况下可以在合同中增设硬货币保值条款，把买卖双方承担的风险限制在一定的范围内。

(3) 用"一揽子"货币保值，指在合同中规定用多种货币保值，因为在浮动汇率制度下货币的汇率每时每刻都在变化，但变动幅度并不一致，而"一揽子"货币的汇率比较稳定，在签订合同时应确定支付货币与"一揽子"货币的汇率并规定保值的幅度。

由于"一揽子"数种保值货币的汇率有升有降，汇率分散就可以有效避免外汇风险，把最大风险限制在规定的幅度内。目前在国际支付中，特别是对一些长期合同用"一揽子"货币保值比较普遍，以"一揽子"货币保值相对较为稳定，交易双方一般都愿意接受。

本 章 小 结

本章主要阐述商务谈判中的人员相关问题，如在商务活动中的人员风险和非人员风险有哪些，为了规避这些风险可以采取哪些手段进行预测和控制。人员及相关风险的界定与规避可以使得企业在日常商务谈判过程中提升防范风险的能力，提前做好相关准备工作。

复习思考题

1. 商务活动中的人员风险主要有哪些？
2. 商务谈判中的非人员风险有哪些？

3. 商务谈判风险规避的含义是什么？

4. 如何对商务活动中的风险进行预测和控制？

5. 风险规避有哪些手段？

案例分析题

一次有风险的谈判

A 国某进出口公司与 B 国某技术公司就某项技术交易以及相关设备的交易达成协议，签了合同，但在 B 国的审批过程中遇到了阻力，使合同不能履行。于是 A 国公司与 A 国有关政府官员以及技术人员组成谈判组赴 B 国进行交涉与谈判。

A 国谈判组长为政府高级官员，组员有公司领导、商务主谈、技术主谈、译员等 8 人。B 国谈判组长为政府高级官员，组员有工艺技术主管、外交部官员、商务主谈、技术主谈、译员等 9 人。

谈判地点在 B 国外交部大楼的会议室。双方人员坐定之后，就合同审批问题进行谈判。B 国代表对延迟审批的理由做了解释，大意是政府是支持的，但需要与盟国成员商量，因为该项交易有违同盟国之间某些规定。通过第一轮谈判，双方知道了使合同生效的重要性，以及影响合同生效的客观原因。该怎么解决面临的问题呢？双方又进入第二轮的谈判。

围绕如何解决上述矛盾的问题，双方进行了认真严肃的谈判。B 国提出了三个方案：方案一，B 国外交部将派使者与盟国协商，争取能获得支持，但需要时间且不能保证结果；方案二，请 A 国变通合同方案，B 国保证目标仍不变；方案三，请 A 国考虑降低技术等级，避免第三方的限制。对此，A 国代表认为：方案一是 B 国政府的事，A 国公司并未与第三方签约。B 国需与谁商量，我们不反对，但合同生效时间应有保证，否则对 A 国公司损失太大。方案二虽没有降低合同涵盖的技术水平，但变成了"拼凑"的技术工艺生产级，这将存在技术可靠性、稳定性和设备水平屈从第三方要求的问题，这是以 A 国的利益去满足 B 国政府对其盟国的承诺，明显不公平，也算 B 国单方违约。在第二轮的谈判过程中，双方基本观点矛盾很大。

第三轮谈判时，双方就放弃方案三达成了一致，即不能降低合同技术和设备的水平。于是方案一和方案二就成为讨论的焦点。方案一，A 国谈判代表同意 B 国政府与盟国协商，但必须有时限。B 国代表认为时限不能明确，因为协商结果没把握。对方案一，双方观点陷入对峙之中。为了减少不愉快，双方把议题又转入方案二。

方案二，A 国代表认为，在不降低技术和设备水平的前提下，拼凑这条生产线也有问题：谁去拼线？谁去采购设备？技术许可证怎么办？这些问题未知数太多。B 国代表提出，可由他们负责拼线。双方配合，采取一定措施，有可能获取技术许可证，设备许可证大部分没问题，尤其是 B 国生产的设备。不过，少数几种设备由第三方生产，其中有盟国的产品，该部分的许可证需要时间。A 国代表认为，B 国负责拼凑生产线，双方配合，获取许可证是可行的，但少数第三方生产的设备存在不确定性。因为，当土建工作、绝大部分设备和人员均到位后，仅因几台设备使技术不能贯通全线，生产不能进行，造成的损失更大，该方案也存在极大风险。B国必须承诺全部问题解决的时间表。B国代表无法回答，显得十分尴尬。怎么办呢？B国代表建议大会暂时休会，请A国谈判组长与其政府代表单独交换意见。

大会休息，A国谈判组长带着翻译与B国组长离开会议室，到办公楼的一个走廊尽头的沙发处，三人坐下促膝而谈。B国代表讲："贵方的意见，我明白，我想了解一下贵方最终的立场。"A国代表讲："原合同内容对我方很重要，必须全面履约。唯一可以通融的是，允许贵国政府走应有的程序，但结论应是肯定的。"

B国代表面有难色。A国代表问："贵国政府到底能不能保证获得盟国许可？"B国代表讲："外交部已派人与有关盟国协商，暂无结果。在没完成该程序前，我们不会批准合同生效。"A国代表："若我理解没错的话，贵方近期不可能获得盟国的赞同。"答："是的。""那贵国政府可否独自行使政府的权力批准呢？"答："不能。这么做会引起外交事件。""这么说，双方所签合同近期不会批准？"答："我会尽力而为。""我方认为这么做不符合贵国政府的一贯政策，也有损两国之间的合作。"答："我方注意到贵方说法，我会将此看法向我国政府转达。"

双方直截了当地交换了"底牌"，均知谈判不会有结果。结束时，B国谈判组长提出："刚才所言，建议双方均不对外讲，权当没说，忘掉它。"A国谈判组长："可以，我希望贵国政府能坚持自主原则，尽快批准合同。"

回到会议室，双方组长让专家继续交换一阵技术性意见后，即宣布散会。会后，A国谈判组成员问组长："谈了什么，谈得怎样？"组长回答："准备探讨别的可能。"再往下问，组长只说："他们同意再努力。"

(资料来源：人人文库网. https://www.renrendoc.com/paper/166209797.html.)

思考：

1. A国和B国的谈判中遇到了哪些问题？根据你的经验判断关键的问题是什么？

2. 如果你作为A国代表你将做出何种主张？采取何种谈判策略？

3. A国和B国可能采取的策略有哪些？分析这些策略对谈判结果的影响。

第十章

各国的商务谈判风格

微课视频

商务谈判是人际关系的一种特殊形式，它涉及不同的地区、国家和民族。由于世界各国的历史传统、政治制度、经济状况、文化背景、风俗习惯及价值观念存在明显差异，所以各国谈判者在商务谈判中都会形成不同的谈判风格。只有联系各国的历史和民族文化，才能客观了解各国商务谈判的谈判特点和谈判风格，从而在商务谈判中做到知己知彼，并取得预期的谈判效果。

第一节　跨文化商务谈判与谈判风格

一、影响谈判的文化特征

随着国际商务活动的日益频繁，跨文化商务谈判在谈判中的地位和作用日益受到重视。跨文化商务谈判中的一个重要特征就是文化差异。文化差异不仅会影响谈判双方对各种言行举止的运用和理解，而且会影响谈判者的思考方式和各自的价值观念，从而致使谈判复杂化，即第九章中提到的文化风险。

影响谈判的文化特征可以概括为以下几个方面。

1. 沟通方式和语言

对于沟通方式，无论是语言的还是非语言的，都可以将不同文化的人群区分开来。不同国家有不同的语言，而许多国家的不同地区，还存在着不同的方言、口音、俚语、术语等。而且，在不同的文化中，相同的手势也有不同的含义。因此，即使某种身体语言被普遍接受，它的应用范围也具有很大局限性。

2. 服饰与仪表

服饰与仪表涵盖外表的服饰、配饰及身体装饰等，这些元素往往因文化差异而呈现出不同特色。我们所熟知的例子有：日本的和服、英国人的礼帽与雨伞，以及苏格兰男性的格裙等。

3. 食物与饮食习惯

食品的选择、加工及进食方式因文化而异。在一种文化中被视为宠物的动物，在另一种文化中可能成为美味佳肴。此外，不同文化的饮食习惯也是不同的：在饮食工具方面，有的用手，有的用筷子，还有的习惯使用成套餐具；即使同样使用叉子，欧洲人与美国人的握持方法也大不相同。

4. 时间观念

时间观念也是因文化而异的，只是这些区别有的是绝对的，有的则是相对的。一般而言，德国人以时间观念强而著称，而拉丁族人则对守时不以为意。在另一些文化中，是否守时是由年龄和地位决定的。在职员会议上，下属要按时到会，而老板则可以姗姗来迟。以季节来计时的时间观念在不同的文化中也是不同的。世界的大部分地区是以春、夏、秋、冬来表示季节的，而少数地区则用雨季、旱季来表示季节。

5. 人际关系

文化是以年龄、性别、地位、家族的地位，以及健康、权威和智慧将人们之间和组织之间的关系固定下来的，其中家庭单位是最典型的。在有些文化中，为公众所认可的婚姻关系是一夫一妻制，而在有的文化中则通行一夫多妻制或一妻多夫制。在有些文化中，家庭中的权威角色是男性，这种固定的关系从家庭延伸到社会，这也说明了为什么有些社会倾向于选男性作为国家元首。在有些文化中，年长者是受到尊重的，而在有的文化中则不然。在有些文化中，女性必须披戴面纱和表现得恭顺，而在有的文化中男女的地位是平等的。

6. 价值观和规范

正如不同的行为在群体中的优先顺序不同一样，文化的需求系统也是变化的。那些为解决温饱问题而努力的人们，自然会看重吃、穿、住等生存方面的问题；而那些具有较高安全需要的人们则重视金钱、工作性质、法律和秩序等问题。

从价值观系统看，无论何种文化，都为其所在的社会设定了一套行为规范。正如一位人类文化学家所提醒我们的那样，不同文化中的人们对不同事情的感觉(欣喜、关注、烦恼)是完全不同的，因为他们是以不同的前提感知世界的。由于习俗是可以继承的，因此有的文化把诚实作为本地人的标准，但对外来人则采用较为宽松的标准。这些习俗有许多表达方式，如送礼、婚礼、丧礼、出生礼仪等。

7. 信仰和态度

可以肯定地说，最困难的事情莫过于对人的信仰主体，以及影响人们对自身和他人态度的因素进行分类。所有文化中的人似乎都有一种对超自然力量的关注，这可以从他们的宗教实践活动中得到证明。在各种文化中，宗教传统或自觉、或不自觉地影响着人们对生死的态度。西方文化受基督教、犹太教的影响更大，而东方文化则受佛教和印度教的影响更甚。从某种程度上说，宗教信仰体现了人们对生活中重要事物的哲学认知，它在受到文化影响的同时也在影响着文化的发展。

8. 心理过程与学习

不同文化对智力发展的重视程度存在差异，由此衍生出人们思维与学习方式的显著区别。部分文化人类学家认为，思维是一种具有主观性的文化现象，涵盖了人们组织和处理信息的过程。在生活的特定场景中，学习哪些信息、是否学习及采用何种方式学习，都受到文化的明确规范。比如，德国人注重逻辑思维，而日本人对西方的逻辑观念持有不同看法。一些文化崇尚抽象思维与概念化思考，另一些文化则更倾向于机械记忆式学习。尽管如此，所有文化都具备各自的推理过程，且这些过程呈现出独特的文化特征。

所有文化因素都相互关联、彼此影响，某一文化要素的改变往往会引发整体文化系统的连锁反应。

二、商务谈判风格的含义与特征

"谈判风格"是一个几乎人人都使用的词。但是，对于这个词至今还没有比较确切的定义。通常认为，谈判风格是指谈判人员在谈判过程中，通过言行举止表现出来的，建立在其文化积淀基础上的，与对方谈判人员明显不同的谈判思想、策略和行为方式等的特点。这一概念包括以下几层含义：首先，谈判风格是在谈判场合与过程中表现出来的关于谈判的言行举止；其次，谈判风格是对谈判人员文化积淀的折射和反映；再次，谈判风格有其自身的特点，不同国家或地区的风格存在显著的差异；最后，谈判风格经历了反复实践和总结。谈判风格所包含的内容太多、太广，因此很难用简短的语言来概括。但这丝毫不影响人们对谈判风格的运用。

概括地说，谈判风格具有对内的共同性、对外的独特性和成因的一致性等特征。

1. 对内的共同性

同一个民族的谈判人员或者有着相同文化背景的谈判人员，在商务谈判中会体现出大体相同的谈判风格。这就是谈判风格的共同性特点。

2. 对外的独特性

谈判风格的独特性是指特定群体及其个人在谈判中所体现的独特气质和风格。从社会学角度看，任何人群的集合都构成一种群体。不同群体均拥有自己的主文化和亚文化，从而体现群体之间的差异。即使在同一个群体内，个体之间也存在差异。因此，谈判风格的独特性决定了其表现形式的多样化。不同国家、民族，或同一个国家、同一个民族，由于文化背景、生活方式、风俗习惯等因素的影响，都会表现出不同的谈判特点和风格。

3. 成因的一致性

无论哪种谈判风格，其形成原因大体一致，主要受文化背景、个人性格及文化素养等因素的影响。

无论个体是否意识到、是否承认，都会受到本民族风俗习惯、价值观念和思维方式等的潜移默化的影响，以形成他们的世界观，并借此指导自身行为，表现该民族在特定的文化背景下形成的共同气度和作风。如果忽视这一点，则很难对其表现出来的谈判风格做出合理而深刻的理解，很难适应对方的谈判风格，当然也难以获得谈判的成功。

人的性格与文化背景有着源远流长的关系。根据社会心理学研究，在先天因素的基础上，人的性格与后天环境影响有着密切的联系，是社会化的结果。例如，我国北方人曾经多以农牧业为主，故而形成了直爽、慷慨的性格。

一个国家和一个民族的价值观、文化传统及思维方式造就了体现自己风格的优秀谈判人员，并不等于其国家和民族所有的人都具有这些素质。同时，不同性格的人，同样可以成为优秀的谈判人员，这就是后天因素的影响。后天因素是指个体的受教育程度，表现为知识、修养、能力的提高等。谈判人员的风格不仅与其性格、民族有一致性，更与其文化素养一致。为此，要想形成和培养良好的谈判风格，谈判人员还需要努力学习，以提高自己的文化素养。

三、谈判风格的作用与意义

谈判风格对谈判有着不可忽视的作用，甚至关系到谈判的成败。学习和研究谈判风格，具有重要的作用和意义。

1. 营造良好的谈判气氛

良好的谈判气氛是保证谈判顺利进行的首要条件。如果我们对谈判对手的谈判风格十分熟悉，那么言行举止会非常得体，能比较快地赢得对方的好感，即他们会从感情和态度上接纳你。在这样的氛围下开展谈判，深入探讨问题，自然会容易得多。谈判风格是一种看不见摸不着的东西，但它会在谈判中反复地表现出来，并成为贯彻始终的因素。我们可以通过了解对方的民族、宗教、习惯、习俗、文化背景、思维方式、价值取向等来掌握其谈判风格。

2. 为谈判策略提供依据

学习和研究谈判风格不仅是为了营造良好的谈判气氛，更重要的是为谈判谋略的运筹提供依据。如果我们不研究对方的谈判风格，不了解谈判风格的形成、表现形式及其作用，或缺乏这方面的知识，那么就会在制定谈判策略的时候束手无策，更谈不上主动根据对方的谈判风格制定策略。谈判风格所涉及的知识领域非常广阔，既有天文的、地理的、社会的、宗教的、民俗的、文化的，又有心理的、行为的、政治的、经济的。这些知识本身就会为谈判提供依据和帮助。

第二节 日本人的文化背景和谈判风格

日本作为亚洲发达国家之一，与我国商务往来密切，因此了解日本人的谈判风格可以更好地处理我国在商务谈判中遇到的问题。

一、日本人的文化背景

日本属于东方文化类型的国家。早在公元 7 世纪，中国的儒教文化就传入日本，儒家思想中的等级观念、忠孝思想、宗法观念深深根植于众多日本人的内心深处，并在其行为方式中体现出来，形成富有特色的大和民族文化——个人、家庭、团体和政府信念一致，民族向心力大。然而，日本通过历代的社会变革，从明治维新开始，逐渐将传统的价值观念与崭新的现代理念结合起来，出色地完成了从传统的古老社会到现代社会的过渡。现代的日本人兼有东、西方的文化思想，具有鲜明的性格特征。他们讲究礼仪、注重人际关系；等级观念强、性格内向、不轻信人；工作态度认真、慎重、办事有耐心；精明自信、进取心强、勤奋刻苦。这些特征在日本商人身上表现为事先工作准备充分、计划性强，注重长远利益，善于开拓新的市场。

二、日本人的谈判风格

1. 注重人际关系

日本商人可谓是人际关系的"专家"。在日本人的观念中，个人之间的关系占据了统治地位。日本商人在同外商进行初次商务交往时，喜欢先进行个人的直接面谈，而不喜欢通过书信交往。相较于找上门的客商，他们更乐于接触经熟人关系介绍来的，因此在初访日商时，最好事先托朋友、本国使馆人员或其他熟悉的人介绍。日本商人善于把生意关系人性化，从而探明情况、研究对策、施加影响、争取支持。日本谈判者总是善于创造机会，与谈判对手的关键领导拉近关系，以奠定发言的基础。重视发展人际关系，是日本商人在商务谈判中屡获成功的重要因素。

2. 富有团队精神

日本商人的团体主义精神或集团意识在世界上是首屈一指的。在日本有许多家族式企业，它们使个人、家庭和企业紧密相连，使个人对集体产生强烈的依赖感、归属感和忠诚感，使企业组织内部有高度的统一性和协调性。在日本企业中，决策往往不是由最高领导层武断地做出，而是要在公司内部反复磋商，凡有关人员都有发言权。企业高层领导通常指派某人专门负责整理所需决策的事务情况，然后集中各方面意见，最终再做出决策。与此相适应，日本企业的谈判代表团多是由曾经共过事的人员组成，彼此之间互相信赖，有着良好的协作关系，团体倾向性强。谈判团内角色分工明确，每个人都有一定的发言决策权，实行谈判共同负责制。

3. 等级观念强

日本人的等级观念根深蒂固，他们非常重视尊卑秩序。日本企业都有尊老的倾向，一般能担任公司代表的人都是有 15 至 20 年资历的人，他们讲究资历，不愿与年轻的对手商谈，因为他们不相信对方年轻的代表会有真正的决策权。日本商人走出国门进行商务谈判时，总希望对方派出的人员的地位能与他们自己的地位相当。在日本谈判团内等级意识也很强。在谈判过程中，一般都是谈判组成员率先据理力争、反复磋商，最后由核心领导者出面适度让步，以达到谈判目的。因此，在与日方谈判时，派出场的人员最好是官阶、地位都比对方高一级的，这样可以在多方面占据优势。

4. 说话婉转、注重礼仪

日本人待人接物讲究礼仪，他们在贸易活动中常有送礼的习惯。他们认为礼不在贵，但要有特色、有纪念意义，并且对待地位不同的人所送礼物的档次也要有所区别，以示尊卑有序。日本商人重视交换名片，一般不论在座有多少人，他们都要一一交换。

日本人非常讲面子，他们不愿对任何事情说"不"字。他们认为直接地拒绝会使对方难堪甚至恼怒，是极大的无礼。因此，在谈判过程中即使他们对对方的提议有保留意见，也很少直接予以反驳，一般是以迂回的方式陈述自己的观点，或是支支吾吾以示为难。因此，在与日本人的洽谈中，必须善于察言观色，仔细体会，这样才能准确把握日本人的实际态度。

日本商人在谈判时总显得彬彬有礼，富有耐心，实际上他们深藏不露，固执坚毅。许多场合下，日本谈判者在谈判过程中显得态度暧昧，婉转圆滑，即使同意对方观点，也不直截了当地表明，往往给人以模棱两可的印象。他们非常有耐心，一般不愿率先表明自己的意图，而是耐心等待、静观事态发展。

5. 尽量避免诉诸法律

只要有可能，日本谈判团里就不包括律师。他们觉得每走一步都要同律师商量的人是不值得信赖的，甚至认为带律师参加谈判，就是蓄意制造日后的法律纠纷，是不友好的行为。当合同双方发生争执时，日本人通常不选择诉诸法律这一途径。他们善于捕捉时机签订含糊其词的合同，以便将来形势变化可以做出有利于他们的解释。

第三节　美国人的文化背景和谈判风格

美国作为西方国家的典型代表，多年来一直处在世界经济的中心位置，因此了解美国人的谈判风格显得尤为重要。

一、美国人的文化背景

美国是个年轻的国家。历史上大批拓荒者从欧洲来到北美，从美国东海岸进军西海岸，冒着极大的风险，开拓出一片片土地，这种开拓精神世代流传，使现代的美国人仍具有强烈的进取精神。美国是个移民国家，人口流动性大，开放程度较高，现代观念强烈，传统的东方君主制和西方贵族世袭制在这里找不到生存的根基，因此美国人很少受权威和传统观念的支配，而是具有强烈的创新意识和竞争意识。

从总体上讲，美国人的性格是外向的、随意的。有些研究美国问题的专家，将美国人的特点归纳为外露、坦率、诚挚、豪爽、热情、自信、说话滔滔不绝、不拘礼节、幽默诙谐、追求物质上的实际利益等。

二、美国人的谈判风格

1. 谈判方式灵活多样

美国人办事干脆利落，不兜圈子。在谈判桌上，他们精力充沛，头脑灵活，会在不知不觉中将一般性交谈迅速引向实质性谈判，并且一个事实接一个事实地讨论，直爽利落，不讲客套，并总是兴致勃勃，乐于以积极的态度来谋求自己的利益。为追求物质上的实际利益，他们善于使用策略，采用各种手法。正因为他们是这样的性格，所以也十分欣赏那些说话直言快语、干净利落，又精于讨价还价，为取得经济利益而施展各种策略的人。正因为美国人具有这种干脆的性格，所以与美国人谈判，表达意见要直接，"是"与"否"必须表达清楚。如果美国谈判者提出的条款、意见是无法接受的，就必须明确告诉他们不能接受，不得含糊其词，使他们存有希望。有人认为，为了不失去继续洽谈的机会，应装出有意接受的样子而含糊作答，或者答应作答以后却迟迟不答，这种做法实际上适得其反，不仅易给对方留下不良印象，还易导致纠纷的产生。

2. 珍惜时间、重视效率

美国人在谈判时重视效率，喜欢速战速决。因为美国经济发达，生活、工作节奏极快，造就了美国人守时的习惯。在美国人看来，时间就是金钱。美国人常以"分"为单位计算时间，在谈判过程中，他们十分重视办事效率，会尽量缩短谈判时间，力争每一场谈判都能速战速决。美国人认为，最成功的谈判人员是能把一切事物用最简洁、最令人信服的语言迅速表达出来的人。因此，美国谈判者为自己规定的最后期限往往较短，谈判一旦突破其最后期限，就很有可能破裂。

3. 律师在谈判中扮演重要角色

美国人的法律意识根深蒂固，律师在谈判中扮演着重要角色。生意场上普遍存在着不守诺言或欺诈等现象，美国谈判者往往注重防患于未然，凡遇商务谈判，特别是谈判地点在外国的，他们一定要带上自己的律师，并会在谈判中一再要求对方完全信守有关承诺。一旦发生争议和纠纷，最常用的办法就是诉诸法律。美国谈判者提出的合同条款大都由公司法律顾问草拟、董事会研究决定，谈判者一般对合同条款无修改权，因此他们一般不会对法律条款轻易让步。

4. 喜欢一揽子交易

美国人在谈判方案上比较倾向于全盘平衡的"一揽子交易"。所谓一揽子交易，主要是指美国商人在谈判某项目时，不是孤立地谈生产或销售，而是将该项目从设计、开发、生产、工程、销售到价格等放在一起商谈，最终达成全盘协议。美国文化培养的谈判者较注重大局，善于通盘运筹，他们虽讲实利，但在权衡利弊时，更倾向于从全局入手。因此，美国谈判者喜欢先总后分，先定下总的交易条件，再谈具体的细节。他们这种一揽子交易手法，对于开拓谈判思路、打破僵局有一定的积极意义，但有时难免显得居高临下，咄咄逼人。

5. 精力旺盛、热情、自信

美国谈判者有着与生俱来的自信感和优越感，他们总是十分自信地步入谈判会场，不断发表自己的意见和权益要求，往往不太顾及对手，因此显得咄咄逼人，而且语言表达直率，爱开玩笑。他们坦率外露，善于直接向对方表露真挚、热忱的感情，以营造良好的谈判气氛。

6. 不同地区谈判风格迥异

虽然一般美国谈判者都普遍具有上面所述的共同特点，但是，由于美国地域宽广，不同地域的美国人的处事方式、商业习惯或多或少又存在差异，因此有必要分别研究，这样才能在谈判中得心应手。

美国的东部，特别是东北部，以纽约等大城市为中心，是美国现代文明的发祥地。200多年的发展，使这一地区成为美国的政治、经济、金融、贸易活动中心。该地区的人们深受现代文明的熏陶，运用现代科学技术，随时掌握全球经济动态，在谈判中严格按照国际惯例办事，雷厉风行，寸利必争。

美国中西部地区以汽车、电机、钢铁工业及制造业为主，是美国工业的心脏。该地区的人比较保守，同时又比较和蔼朴素，易于交往。如果准备与他们做生意，就常以朋友的身份款待他们，比如邀请他们去高尔夫球场等娱乐场所，日后与他们进行商业谈判时，就会收到很好的效果。

美国西部地区(太平洋沿岸)开发较晚，商业习惯尚未完全定型，传统束缚较少。在该地区洽谈生意，往往须亲自进行，认真谈判，才能有良好的效果。美国西部地区非常注重信用，若他们发现对方有违背信誉的行为，就等于把该不守信用的人判了"死刑"，日后再与其做生意就很难了。

美国南部地区的人待人比较殷勤，和蔼可亲。他们直爽，不记仇，但有时稍显急躁。南方人较为保守，这点决定了他们的谈判节奏相对较慢，需要较长时间才能同他们建立起良好的商业关系。

第四节　俄罗斯人的文化背景和谈判风格

俄罗斯地处亚欧大陆，与我国东北接壤，故两国商务贸易往来十分密切。俄罗斯人的谈判风格也颇具特色。

1. 固守传统、缺乏灵活性

苏联是个外贸管制的国家，是高度的计划外贸体制。在这种体制下，人们已经习惯于照章办事，因此在一定程度上忽视了个人创造性的发挥。苏联解体后，俄罗斯在由计划经济向市场经济的转变过程中进程最快，外贸政策有了巨大变化，企业有了进出口自主权，对外贸易额大幅增长。但是，在涉外谈判中，一些俄罗斯人还是带有明显的计划体制的烙印，在进行正式洽商时，他们喜欢按计划办事，如果对方的让步与他们计划的具体目标相吻合，就容易达成协议；如果有差距，想要让他们让步会特别困难，甚至有时候即使他们明知自己的要求不符合客观标准，也拒不妥协让步。

一些俄罗斯人缺乏灵活性，还有一个原因是他们的计划制订与审批要经过许多部门、许多环节。这必然要延长决策与反馈的时间，而且这种体制要求经办人员对所购进商品的适用性、可靠性和质量进行审查，并要对所做出的决策承担全部责任。因此，他们非常谨慎，缺乏敏锐性和创新精神，喜欢墨守成规。

2. 重视技术细节

俄罗斯人的谈判能力很强，他们特别重视谈判项目中的技术内容和索赔条款。这是因为引进技术要具有先进性、实用性。由于技术引进项目通常都比较复杂，对方在报价中可能会有较大的水分，为了尽可能以较低的价格购买最有用的技术，因此他们特别重视技术的具体细节，索要的东西也五花八门。例如，详细的车间设计图纸、零件清单、设备装配图纸、原材料证明书、各种产品的技术说明、维修指南等。因此，在与俄罗斯人谈判时，要有充分的准备，并就产品的技术问题进行反复、大量的磋商。另外，为了能及时准确地对技术问题进行阐述，在谈判中还要有技术方面的专家参加。同时，要十分注意合同用语，表达要精确，不能随便承诺某些做不到的事情；对合同中的索赔条款也要十分慎重。

3. 善于讨价还价

俄罗斯商人沿袭了古老的以少换多的交易之道，因此在谈判桌前显得非常精明。他们非常善于寻找合作与竞争的伙伴，也非常善于讨价还价。如果他们想要引进某个项目，首先要对外招标，引来数家竞争者，从而不慌不忙地进行选择，并采取各种手段，使争取合同的对手之间竞相压价，最后从中渔利。

他们很看重价格，会千方百计地迫使对方降价。不论对方的报价多么公平合理，怎样精确计算，他们都不会轻易接受。他们总会千方百计地要挤出其中的水分，使之达到他们认为理想的程度。

第五节 欧洲人的谈判风格

欧洲大陆是由众多经济发达国家构成的，它们在国际商务活动中占有十分重要的地位。

一、法国人的谈判风格

在近代世界史中，法兰西民族在社会科学、文学、科学技术等领域成就卓著，他们性格开朗、眼界豁达，对事物比较敏感，为人友善。

1. 在商务谈判中坚持用法语

法国人以本民族的灿烂文化和悠久历史为骄傲，也为自己的语言而自豪。因此，在进行商务谈判时，他们往往习惯于要求对方同意以法语为谈判语言，即使他们的英语讲得很好，也很少让步。

2. 注重人际关系

法国人天性比较开朗，非常重视人际关系。有人说，在法国"人际关系是用信赖的链条牢牢地互相联结的"。法国人也很重视交易过程中的人际关系。一般来说，在尚未成为朋友之前，他们是不会轻易与他人做大宗生意的。因此，与法国人洽谈生意时，不应只顾谈生意上的事务与细节，否则很容易被法国对手视为"太枯燥无味、没情趣"的人。法国人喜欢在谈判过程中谈些新闻趣事，以创造一种宽松的气氛。法国人在谈判中讲究幽默与和谐，但他们不愿过多提及个人和家庭问题，这是与他们谈话时应尽量避免的话题。

3. 偏爱横向谈判

与美国人逐个议题磋商的方式不同，法国人在谈判方式上偏爱横向谈判，即先为协议勾画出一个轮廓，然后达成原则协议，最后再确认谈判协议各方面的具体内容。他们虽不过分严谨，却喜欢追求谈判结果，重视谈判记录。不论什么会谈、谈判，在不同阶段，他们都希望有文字记载，而且名目繁多，诸如"纪要""备忘录""协议书""议定书"等，用于记载谈过的内容，为以后的谈判及正式的协议奠定基础。

二、德国人的谈判风格

1990年，东德与西德合并为统一的德国，虽然统一前由于意识形态的差别，东德人和西德人在价值观念、思维方式等方面存在着许多差别，但从整个民族的特点来看，德国人自信、谨慎、保守、刻板、严谨，办事富有计划性，工作注重效率、追求完美。德国谈判者身上所具有的这种日耳曼民族的性格特征会在谈判桌上得到充分的体现。

1. 重视谈判前的准备

德国人严谨保守的特点使他们在谈判前的准备工作做得非常充分周到。他们会想方设法掌握大量翔实的一手资料，不仅要调查研究所要交易的产品，还要仔细研究对方的公司，以确定其能否成为可靠的商业伙伴。只有在对谈判的议题，日程，标的物品质、价格，以及对方公司的经营、资信情况和谈判中可能出现的问题及对应策略做了详尽研究、周密安排之后，他们才会坐到谈判桌前。这样，他们立足于坚实的基础之上，就会处于十分有利的境地。

2. 注重效率

德国人非常讲究效率，他们信奉的座右铭是"马上解决"，他们不喜欢对方"研究研究""考虑考虑"等拖拖拉拉的谈判语言与行为。他们具有极为认真负责的工作态度，以及高效率的工作程序。因此，在德国人的办公桌上，看不到搁了很久、悬而未决的文件。德国人认为，一个谈判者是否有能力，只要看一看他经手的事情能否快速有效地处理就清楚了。因此，德国人在谈判桌上会表现得非常果断、不拖泥带水，他们喜欢直接表明所希望达成的交易，确定交易方式，详细列出谈判议题，提出内容详尽的报价表，清楚、坚决地陈述问题。

3. 自信心强、讨价还价的余地小

德国在世界上是经济实力强大的国家之一，其工业极其发达，生产效率高，产品质量堪称世界一流。这主要是由于企业的技术标准十分精确具体，对这一点德国人一直引以为傲。因此，他们对本国产品极有信心，在谈判中常会不知不觉以本国的产品作为衡量标准。德国人自信而固执。他们总是强调自己方案的可行性，不大愿意向对方做较大让步，有时甚至显得十分固执，毫无讨价还价的余地。

4. 重合同、守信用

德国人素有"契约之民"的雅称，他们崇尚契约，严守信用。在商务谈判中，他们坚持己见，权利与义务划分得清清楚楚；涉及合同任一条款，他们都非常细心，对所有细节认真推敲，要求合同中每个字、每句话都准确无误，然后才同意签约。德国人受宗教、法律等因素影响，比较注重严格遵守各种社会规范和纪律。在商务往来中，他们严守合同信用，一旦签约，就会努力按合同条款一丝不苟地去执行，不论发生什么问题都不会轻易毁约。因此，德国人在国际商务交易中有较好的信誉和形象。

三、英国人的谈判风格

英国全称"大不列颠及北爱尔兰联合王国"，是最早的工业化国家。早在 17 世纪，英国的贸易就遍及世界各地。尽管从事贸易的历史较早，范围广泛，但是其贸易洽商特点却不同于其他欧洲国家。作为往日的世界霸主，英国人经常表现出一副悠然自得的样子。此外，他们又依然保留着岛国居民的特性：传统、保守，并且显得高傲、矜持，给人难以接近的印象。

1. 冷静、持重

英国人在谈判初期，尤其在初次接触时，会与谈判对手保持一定距离，决不轻易表露情感。随着时间的推移，他们才与对手慢慢接近，并且熟悉起来，同时我们会逐渐发现，他们精明灵活、善于应变、长于交际，待人和善、容易相处。他们常常在开场陈述时十分坦率，愿意让对方了解他们的有关立场和观点，同时也常常考虑对方的立场、行动，对于建设性意见反应积极。

2. 注重礼仪、崇尚绅士风度

英国人十分注重礼仪，他们谈吐文明、举止高雅、富有礼让精神。英国人讲究绅士风度，对谈判对手的修养与风度也很注重。如果能在谈判中显示出良好的教养和风度，就会很快赢得他们的尊重，为谈判成功打下良好的基础。曾有人用描述欧洲人吃菜的方法来概括各国人的性格特点：法国人是夸奖着厨师的技艺吃，英国人是注意着礼仪吃，德国人是考虑着营养吃，而意大利人则是痛痛快快地吃。从这几句话中我们就可以体会出其中的差别。英国商人的绅士风度还表现在他们谈判时不易动怒，也不易放下架子，喜欢程序性强的谈判，一招一式恪守规定。

3. 等级观念较强

由于古老的等级传统，使得英国人的等级观念变得严格且深厚。在对外交往中，英国人比较注重对方的身份、经历、业绩，而不像美国人那样更看重对手在谈判中的表现。因此，在与英国人谈判时，派出的人员应在官衔、年龄、文化教育、社会地位上尽可能与对方相当，以表示出平等和尊重。这对于推进谈判有一定的积极作用。

四、北欧人的谈判风格

北欧主要是指挪威、丹麦、瑞典、芬兰等国家。北欧是一个文化、经济高度发达的地区。这几个国家地域广阔，人口稀少，社会政治经济十分稳定，与世界各地的贸易交往也具有较长的历史。北欧人大都信奉基督教，历史上多次遭到别国侵略，曾互相结盟，或宣布中立以求安全和平。这种文化背景使北欧人形成了自立、谦恭、稳重、坦率、和蔼的性格特点。

1. 谈判节奏较为舒缓

北欧人谈判的特点是按部就班，有条不紊，按议程顺序逐一进行，比起与其他国家商人的谈判，北欧人要沉着、冷静得多。然而，他们处事平稳、从容与他们的反应机敏并不矛盾，他们的长处是善于发现和把握达成交易的最佳时机并能及时做出成交的决定。

2. 不喜欢进行激烈的讨价还价

北欧人在谈判中非常讲究礼仪风度，善于同对方搞好关系，不喜欢进行长久的价格战。如果北欧人在对方的提议中看到了明显的漏洞，他们将重新评估对方的职业作风和业务能力。他们认为，与其同对方争论那些第一次就应该解决的琐碎问题，还不如把生意拿到别处去做。

3. 过于保守

作为性格保守的表现，北欧人倾向于把精力用于保护他们现在所拥有的东西。因此，在谈判中，他们更多地将注意力集中于怎样作出让步才能保住合同，而不是着手准备其他方案以防做出最大限度让步也保不住合同的情况。

第六节　阿拉伯人的文化背景和谈判风格

阿拉伯人分布的国家比较多，主要集中在西亚的阿拉伯半岛和北非。它们经济单一，绝大多数国家盛产石油，靠石油及石油制品的出口维持国民经济，而进口商品则主要是粮食、肉类、纺织品及运输工具、机器设备等。

一、阿拉伯人的文化背景

在阿拉伯国家，伊斯兰教一向被奉为国教，和阿拉伯语一起成为阿拉伯世界的重要凝聚力量。阿拉伯人非常反感别人用贬损或开玩笑的口气来谈论他们的信仰和习惯，嘲弄或漠视他们的风俗。由于受地理、宗教、民族等因素的影响，阿拉伯人以宗教划派，以部族为群；家庭观念较强，性情固执而保守，脾气也很倔强；重朋友义气，热情好客，却不轻易相信别人。他们喜欢做手势，以肢体语言表达思想。尽管不同的阿拉伯国家在观念、习惯和经济力量方面存在较大差异，但作为整个民族来讲却有较强的凝聚力。

二、阿拉伯人的谈判风格

1. 热情好客

阿拉伯人十分好客，对于来访的客人总是十分热情地接待，尤其对远道而来并亲自登门拜访的外国客人十分尊重。当他们问及拜访的原因时，最好表明是为了寻求他们的帮助，因为他们很少拒绝"帮助"某个已逐渐被他尊重的人。

在阿拉伯人看来，信誉是最重要的，谈生意的人必须先赢得他们的好感和信任。当合同开始生效时，拜访次数可以减少，但定期巩固和加深已有的良好关系仍非常重要。这有助于他们看到一个重信义、讲交情的友商形象，从而为以后的谈判争取意外收获。

另外，崇尚兄弟情义的阿拉伯人不会因为商务缠身而冷落了自己的阿拉伯弟兄。常与他们打交道的外商经常会遇到这样的情况：谈判正在紧张进行，阿拉伯一方的亲友突然到访，他们会被请进屋内边喝茶边聊天，外商被冷落一旁，直到亲友离去谈判才会继续。在阿拉伯人看来，这不是失礼行为，外商对此只能表示理解与包容。

2. 谈判节奏较为缓慢

阿拉伯人的谈判节奏较缓慢。在阿拉伯国家进行商务谈判，不可能像在其他国家那样，仅通过电话就可以谈妥某项事务。从某种意义上说，与阿拉伯人进行的单次谈判，更像是初次磋商，因为他们往往要很长时间才能作出谈判的最终决策。如果外商为寻求合作前往拜访阿拉伯人，第一次拜访大概率是得不到期望的结果的，而且还可能因他们的健谈而忽视谈判重点，有时甚至第二次乃至第三次都接触不到实质性话题。遇到这种情况，就需要保持耐心与镇静。

阿拉伯人特别重视谈判的早期阶段，在这一阶段，他们会下很大工夫打破沉默局面，制造气氛。经过长时间、友好的会谈，在彼此敬意不断增加的同时，他们其实已就谈判中的一些问题进行了试探、摸底，并间接地进行了讨论。应该注意的是，谈话时的话题要把握分寸，不要涉及中东政治，不要谈论国际石油政策及宗教上的敏感问题。只有这样，才能赢得阿拉伯人的信任。这种内容宽泛、氛围友好的会谈，可以提升正式谈判成功的可能性，最终可能会在看似不经意间促成协议签订。

3. 代理商必不可少

在阿拉伯商界还有一个阶层，那就是代理商。几乎所有阿拉伯国家的政府都坚持，无论外商的生意伙伴是个人还是政府部门，其商业活动都必须通过阿拉伯代理商来开展。此举为阿拉伯国民开辟了生财之道。如果没有合适的代理商，外商很难在生意中进展顺利。如果有一个好的代理商，会为外商提供便利，对业务的开展也大有裨益。比如，代理商可以帮助雇主尽早与政府有关部门取得联系，促使他们尽快作出决定；快速完成日常文书工作，助力突破繁杂的公文审批流程；协助安排货款回收、劳务调配、货物运输、仓储管理乃至食宿安排等事宜。

4. 中下级谈判人员在谈判中起着重要作用

在阿拉伯国家，谈判决策由上层人员负责，但中下级谈判人员向上司提供的意见或建议却会得到高度重视，他们在谈判中起着重要作用。阿拉伯人等级观念强烈，其工商企业的总经理和政府部长往往自视为战略家和总监，不愿处理日常的文书工作及其他琐事。许多富有的阿拉伯人是靠金钱和家庭关系获得决策者的地位，而不是依靠自己的能力，因此他们的实际业务经验较少，有的甚至对公司有关方面的运转情况一无所知，从而不得不依靠自己的助手和下级工作人员。因此，外商在谈判中往往要同时与两种人打交道，首先是决策者，他们只对宏观问题感兴趣，其次是专家及技术人员，他们希望对方尽可能提供一些结构严谨、内容翔实的资料以便加以论证。与阿拉伯人做交易时千万别忽视了后者的作用。

5. 偏爱讨价还价

阿拉伯人极爱讨价还价。无论交易金额大小，他们均可讨价还价。更有甚者，在某些情况下，不还价就直接购买商品的人，反而不如讨价还价后什么也不买的人更受卖主的尊重。在阿拉伯人的观念中，前者是小看他，而后者是尊重他。在商务谈判中，阿拉伯人对讨价还价更是十分看重。高明的讨价还价不仅需要智慧，还要找准理由，使理由令人信服，做到在形式上遵循规则，在实质上追求实际利益。

6. 利益具有层次性

阿拉伯人注重小团体和个人利益，他们谈判的目标层次极为鲜明，谈判手法也不尽相同。因此，在整体谈判方案中，应预先分析他们利益层次的所在范围。在处理层次范围时，要注意交易的主体利益与小团体和个人利益之间的相互关系，应尽量以某种小的牺牲换取另一种更大利益。只有先解决好利益层次的问题，在谈判时才会有合理的利益分配，从而为最终的成功打下基础。

第七节　拉美人的谈判风格

拉丁美洲是指美国以南的地区，包括墨西哥、中美洲和南美洲。这些国家与我国的商务贸易往来越来越密切，因此了解谈判风格举足轻重。

1. 非常自信

固执、不妥协的性格特点体现于拉美人的商务谈判中，就是对自己意见的正确性坚信不移，往往要求对方全盘接受，很少主动作出让步。如果他们对别人的某种请求感到不能接受，那么一般是很难让他们改变主意的。

2. 重视谈判者个人的地位和作用

个人人格至上的特点使得拉美人特别注意谈判对手本人，而不是对手所属的公司或者团体。他们往往根据对手讲话的语气和神情来判定谈判对手的工作能力，以及在公司中所处的地位。他们一旦认定对方取得过重大成绩、有丰富的工作经验和较强的工作能力，并且在公司中是很重要的人物，便会对他非常尊敬。自然而然，以后的谈判也就顺利多了。

3. 谈判节奏缓慢

和处事敏捷、高效率的北美人相比，拉美人则比较悠闲、恬淡，他们不注重物质利益，而比较注重感情，这与崇尚实际利益的美国人大为不同。因此，想与拉美人做生意，最好先与他们交朋友，一旦我们成为他们的知己后，他们会优先考虑把我们作为做生意的对象。拉美人是享乐至上主义者，即便是谈判做生意，他们也不愿意因此而使一些娱乐活动受到妨碍。拉美人处理事务节奏较慢，这往往会让性急的谈判对手无可奈何。如果想用速战速决的办法和拉美人谈判只会令他们非常恼火，甚至会使他们更加停滞不前。因此，最好的办法还是放慢谈判节奏，始终保持理解和宽容的心境，并注意避免工作与娱乐发生冲突。

4. 不太注重谈判协议的严肃性

拉美商人时间观念淡薄，责任感不强，因此在这方面信誉较差。跟拉美人打过交道的谈判者十有八九都会提到拉美人不讲信用，仅就货款回收这一点就令人深有感触，他们接到货物后，期限往往会被拉长，付款比预期要延迟。对于约定的见面时间，一些拉美人也不能很好地遵守。

本 章 小 结

本章主要阐述各国文化间的差异对商务谈判的影响。随着经济全球化的发展，企业在日常谈判过程中难免会与其他国家取得联系，而国际商务谈判与国内商务谈判又存在诸多异同，因此了解东西方文化差异有助于企业日常商务谈判的实践。在众多国家中，日本、美国、英国、德国及法国等国家或地区与我国经济贸易来往密切，因此需着重注重以上国家的谈判风格。

复习思考题

1. 文化差异对国际商务谈判有何影响？
2. 国际商务谈判与国内商务谈判有何异同？
3. 东西方文化差异主要表现在哪些方面？
4. 日本人的谈判风格是怎样的？
5. 美国人的谈判风格是怎样的？
6. 英国人的谈判风格是怎样的？
7. 法德两国商人的谈判风格有何不同？
8. 与阿拉伯商人谈判应该注意什么？

案例分析题

我国企业引进设备的一次谈判

某年，我国的一家大型铝厂为引进意大利 B 公司的先进技术设备，派代表前往意大利进行谈判。对方极为重视这次谈判，派出了由公司总裁、副总裁和两名高级工程师组成的谈判团与中方进行谈判。

谈判一开始，对方企图采用先报价、报高价的谈判手法，为谈判画定一个框架，以在中方身上大砍一刀，获取大笔利润。因此，意方抛出了一个高于国际市场上最高价格的价码，企图先声夺人地镇住中方谈判代表。

中方主谈人是该铝厂的厂长，既精通技术，也精通谈判之道。他并没有被对方的计谋吓唬住，而是一边耐心地倾听对方公司代表吹嘘他们的技术设备世界第一，一边暗自想好应对他们的策略。等到对方报价、吹嘘完毕以后，他很有礼貌地向对方说："我们中国人是最讲究实际的，既然贵公司的技术水平世界第一，请你们把图纸拿出来让我们看看到底哪先进吧！"

对方只好把图样拿来摊开，中方主谈人从容不迫，持笔在图纸上逐项标注，中肯而又专业地分析出哪些地方不够合理、哪些地方不如某国的先进。眼看对方代表面面相觑、无法下台，中方主谈人又抓住时机给了他们一个台阶："贵公司先进的液压系统是对世界铝业的重大贡献。"接着又颇有意味地说，"我们在 20 年前就研究过。"B 公司的谈判代表被深深地折服了，外方主谈人由衷地说："了不起！了不起！你们需要什么，我们就提供什么，一切从优考虑！"

这一仗打得非常漂亮，该铝厂最终以极为优惠的价格引进了一套世界先进水平的铝加工设备，不仅为该厂节约了一大笔外汇，而且使该厂迈入全国同行中的先进行列。

这就是国际商务谈判中我国谈判者风采的一个缩影。在长期的国际商务谈判实践中，我国谈判者给外国同行留下了精明能干、经验丰富、认真敬业的印象。当然，除了知己外，我们也要知彼，要详细地了解国外谈判者的特点和优缺点，以便在实际工作中做到有的放矢。

(资料来源：殷庆林，姚盛辉，张燕．商务谈判[M]．3 版．大连：东北财经大学出版社，2016.)

思考：

1. 在谈判中意大利公司首先采取了何种谈判战略？并分析该谈判策略的运用条件。
2. 中方公司在谈判中是如何扭转谈判局面，使谈判结果达到预期目的的？
3. 获得谈判的成功应该具备哪些条件？分析该案例获得成功的原因。

参 考 文 献

[1] 李爽. 商务谈判[M]. 北京：人民邮电出版社，2017.

[2] 潘肖珏，谢承志. 商务谈判与沟通技巧[M]. 2 版. 上海：复旦大学出版社，2019.

[3] 樊建廷. 商务谈判[M]. 5 版. 大连：东北财经大学出版社，2018.

[4] 汤海滨. 商务谈判[M]. 北京：清华大学出版社，2022.

[5] 卢润德. 商务谈判[M]. 重庆：重庆大学出版社，2012.

[6] 吕亮. 商务谈判实训[M]. 北京：清华大学出版社，2022.

[7] 刘必荣. 中国式商务谈判[M]. 北京：北京大学出版社，2011.

[8] 列维奇，巴里，桑德斯. 商务谈判[M]. 8 版. 王健，译. 北京：中国人民大学出版社，2021.

[9] 张强. 商务谈判学：理论与实务[M]. 北京：中国人民大学出版社，2010.

[10] 白远. 国际商务谈判·理论案例分析与实践[M]. 6 版. 北京：中国人民大学出版社，2022.

[11] 聂元昆. 商务谈判学[M]. 2 版. 北京：高等教育出版社，2016.